SOCIALPROBLEMS

사회문제론

사회문제론

김태현 · 이문숙 지음

SOCIAL PROBLEMS

(주)교문사

머리말

사회문제의 역사는 인류의 역사와 함께 진행되었고, 그 영역도 인간이 삶을 영위하는 모든 시점과 장소에서 다양하고 복잡하게 전개되었으며, 다양한 관점과 이해에도 불구하고 사회문제는 산업화와 자본주의에서 비롯되었다는 인식이 일반적이다. 또한 자본주의의 발달과 함께 도시화, 핵가족화, 산업구조의 변화 등에 따른 사회문제가 심각해지고, 그 해결책을 발견하려는 노력이 꾸준히 진행되고 있다.

한국사회에서도 산업화와 자본주의적 시장경제가 필연적으로 전개되고 있으며, 그 역사는 약 반세기에 불과하나 그 과정은 초고속으로 변화의 부침을 펼치고 있다. 여기에 사회복지를 하나의 학문 영역으로 받아들이고 인정한 것도 매우 짧은 역사를 가지고 있어 사회문제와 사회복지의 관계에 대한 학문적 연구 작업이 활발하게 진행된 것은 지난 20여 년을 전후한 일이다. 다행히도 21세기에 들어서면서 사회문제의 연구는 사회학 · 사회복지학 그리고 다른 제반 사회과학에서 가장 자주 요청되며, 흥미를 끌고, 발 빠르게 나아가는 영역 중의 하나가 되었다.

이 책은 사회복지학에 대한 기초적 지식을 얻고자 하는 학생들에게 하나의 입문서로서의 역할과 사회복지학에서 이론적 방향을 제시해 줄 수 있으리라는 기대를 갖고 출간하였다. 또한 기초 사회과학 교양서로서의 기능뿐 아니라 사회복지학을 전공하는 학생은 물론 현장에서 사회복지를 실천하고 있는 실무자와 전문요원 등에게도 다양한 관점과 지식을 소개하는 계기가 될 것으로 본다.

물론 이 책이 모든 사회문제를 다루고 있다고 할 수는 없으나 우리사회에서 시급을 요하는 문제들에 대해 이론과 실제 사이의 거리를 가능한 좁히려 노력하였다. 그럼에도 불구하고 많은 문제를 심도 있게 다루는 데에는 한계가 있었음을 지적해 본다.

이 책의 체계는 6부로 나누었다. 1부에서는 사회문제에 대한 이해를 사회문제의 개념 · 조건 · 유형, 이론적 관점 그리고 사회문제와 사회복지의 관계에 대해 살펴보고, 2부에서는 개인의 복지와 관련된 사회문제를 청소년비행, 범죄, 성매매와 여성, 약물남용, 정신건강문제로 파악해 보며, 3부에서는 사회구조와 관련된 사회문제를 가족문제, 교육문제, 노동문제, 빈곤문제, 성차별문제, 다문화가족문제, 새터민문제로 나누어 살펴볼 것이다. 4부에서는 삶의 질과 연관된 사회문제를 인구 · 도시문제와 환경문제를 중심으로 파악할 것이며, 5부에서는 과학기술의 발전에 따른 사회문제를 인터넷윤리문제와 의료윤리문제를 중심으로 살펴보고, 6부에서는 사회문제와 사회복지정책의 상관성을 앞선 논의들과의 관계 속에서 정리하고자 한다.

이 책의 여러 면에서 나타나는 미비점은 전적으로 집필자의 책임이며, 이는 지속적으로 보완될 것임을 독자들에게 약속한다.

이 책이 세상에 나오기까지 많은 분들의 도움을 받았다. 그 분들의 도움이 아니었다면 이 책이 출판되기는 힘들었을 것이다. 특히 대단한 작품이 아님에도 이 책이 세상에 나올 것을 인내로 기다려준 학생들과 교문사 관계자 여러분들께 미안함에 더해 감사함을 전한다.

2009년 5월
저자 일동

차 례

contents

PART 2 개인의 복지와 사회문제

contents

PART 3 사회구조와 사회문제

contents

PART 4 삶의 질과 사회문제

PART 5 과학기술의 발전과 사회문제

PART 1

사회문제에 대한 이해

제1장 사회문제의 개념 · 조건 · 유형

제2장 사회문제의 이론적 관점

제3장 사회문제와 사회복지

CHAPTER 1

사회문제의 개념·조건·유형

주요용어

사회문제, 사회문제의 성립 조건, 영향력, 집단행동

사회문제의 개념

사회문제는 시대와 사회 또는 사람에 따라 다양하게 볼 수 있다. 일반적으로 알려진 사회문제의 개념은 사회부적응 현상인 탈선행위(deviant behavior) 또는 반사회적 행위로 보는 것이었고 이는 기능주의의 견해이다. 그러나 20세기 전반에 강조되었던 사회문제는 탈선행위보다는 사회불평등과 사회해체였다.

설리번 등은 사회의 다수인이나 사회의 강력한 집단에 의해 바람직하지 못하거나 주의가 필요하다고 생각되는 사회조건을 사회문제라고 인식하고 집단적 행동으로 치유할 수 있을 때 사회문제로 간주한다(Sullivan & Thompson et al., 1980 : 10).

호튼과 레슬리(Horton & Leslie)는 사회문제는 많은 사람에게 영향을 주는 조건으로, 사회현상에 영향을 미치는 조건이 바람직하지 못해서 사람들이 이러한 조건에 대해 무엇인가가 행해지기를 요구하게 된다고 말한다. 이렇게 요구하는 행위는 집단적 사회행동에 의한 사회개입이 존재함을 의미한다고 주장하고 있다(Horton & Leslie, 1995 : 4).

여기에서 사회문제는 사회구성원 다수에 의해 문제시되어야 하고, 문제시되는 상황을 집단적 사회행동(collective social action)을 통해 시정하고 해결할 수 있다고 보는 것이다.

머튼은 사회문제는 사회변동과정(제도의 갈등, 사회이동, 개별화, 아노미현상)에서 기인하며 그것은 사회현상으로서 현재화(顯在化)되었을 경우에만 사회문제라고 보고 있다.

따라서 '어떤 상황이 불거지기 전에는 잠재적 조건으로 사회문제라고 할 수 없다'는 주장을 펼치고 있다. 그러나 이 이론은 많은 비판의 대상이 되고 있다.

셰퍼드와 보스(Shepard & Voss)는 '사회문제란 한 사회의 다수 또는 영향력 있는 일부 사람들이 바람직하지 못한 것이라고 여겨 주의를 요하는 사회적 상황(Shepard & Voss, 1978 : 1)'이라고 정의하고 있다. 한편 페리 부부(Perry & Perry)는 '사회문제를 사회구성원의 상당수가 그들의 가치와 윤리기준에 의하여 사회질서를 위협한다고 판단하고 사회적 행동으로 개선이 가능하다고 생각하는 현상'(Perry & Perry, 1974 : 4-5)이라고 설명하고 있다.

이렇게 살펴본 여러 학자들의 '사회문제'에 대한 정의는 공통의 특징을 보이고 있다. 이는 어떤 사회적 현상이 "① 사회구성원이 사회적 가치나 규범에서 벗어나야 한다, ② 대다수의 사람이 그 현상으로 부정적 영향을 받아야 한다, ③ 원인이 사회적인 것에 있다, ④ 다수의 사람 또는 영향력 있는 사람들이 사회문제로 규정해야 한다, ⑤ 사회가 그 개선을 요구한다, ⑥ 집단적 사회행동을 통해 해결해야 한다."는 것이다. 이러한 공통의 특징을 살펴보면 다음과 같다.

사회문제의 성립 조건

사회문제는 어떤 사회적 현상이 일정 조건을 갖출 때 사회문제라 할 수 있다. 그 일정 조건은 아래와 같다.

사회문제는 사회구성원이 사회적 가치나 규범에서 벗어나야 한다

사회적 가치 또는 규범은 어떤 법률규정을 포함하여 대다수의 사람들이 가진 사회적 가치관을 포함한다. 어떤 사회현상이 사회적 가치에 벗어나거나 위배된다는 판단이 사회문제로 인정되는 가장 핵심적인 조건이 된다. 그러나 어떤 사회현상이 법률규정에 위배되는가의 여부는 쉽게 판단할 수 있지만, 가치관에 위배되는가의 여부는 쉽게 판단할 수 없는 경우가 많다. 예를 들어 자녀가 경제적 능력이 없어 노부모를 부양하지 못한다거나, 맞벌이 부부라서 불가피하게 건강이 좋지 못한 노부모를 보호하지 않는 것은 엄격한 전통 경로효

친사상이라는 가치관을 고수하는 사회에서는 기존의 가치관에 위배가 되는 것이나, 현대 사회의 여건에 맞는 보다 합리적인 경로효친의 가치관을 지닌 사람에게는 경로효친의 위배라고 할 수 없을 것이다. 사회적 가치에 위배되는가의 여부는 어떤 현상이 개인의 문제인가 또는 사회적 문제인가를 판단하는 하나의 기준이 될 수 있다. 즉, 어떤 현상이 한 개인의 특별한 가치관에 위배된다면 그것은 사회문제라고 볼 수 없는 것이다.

대다수의 사람이 그 현상으로 부정적 영향을 받아야 한다

대다수의 사람들이 사회문제로 직접 피해를 입거나 또는 본인이 다수의 다른 사람에게 피해를 입히는 경우가 포함된다. 여기서 상당수의 사람이란 상대적 비율을 고려해야 하기 때문에 전체사회의 인구 수에 따라 상대적으로 결정될 수 있다.

사회문제의 원인이 사회적인 것에 있다

어떤 현상이 사회문제가 되기 위해서는 그 원인이 인간관계 및 사회의 조직, 구조 및 제도 등과 같이 인간이 만든 현상이어야 한다. 이와 같은 조건은 어떤 현상이 사회문제인지 자연재해문제인지를 가늠하는 기준이 될 수 있다.

사회문제의 원인이 사회적인 것에 있다는 말은 사회문제가 불완전한 사회체계에 의하여 발생함을 의미한다. 그런데 어떤 문제의 원인이 사회적인 것인지 아닌지에 대한 판단은 쉽지 않다. 흔히 그 원인이 개인적이며 비사회적인 것처럼 보이는 현상도 실제로는 사회적인 경우가 대부분이다. 예를 들어 최근 급증하고 있는 자살의 경우, 경제적 압박이나 소외감이 그 원인임을 알 수 있다.

사회문제는 다수의 사람 또는 영향력 있는 사람들이 사회문제로 규정해야 한다

어떤 현상이 사회문제가 되기 위해서는 그 사회의 성원 전체는 아닐지라도 다수의 사람이나 사회에 영향을 미칠 수 있는 일부의 사람들이 그 현상을 사회문제라고 판단해야 한다. 또한 전체 사회의 상대적 인구 수에 따라 사회문제로 결정되며, 얼마나 많은 사람이 관심을 가지고 있는가는 신문 · 방송 · 잡지 등에서 얼마나 자주 그러한 현상이 취급되는가를 관찰하여 결정할 수 있다. 사회적 영향력이 큰 집단을 여론지도층이라고 하는데, 정치인,

종교계의 지도자, 대학교수, 신문기자, 전문직 등이 그에 포함된다. 이들은 경우에 따라 여론을 만들기도 하는데, 특히 강력한 힘을 가진 정부와 기업은 여론을 조작하여 특정 상황을 사회문제로 만들기도 한다(Eitzen & Zinn, 2000 : 6).

사회문제를 규정하는 영향력은 관심을 나타내는 사람의 수, 관심표출의 강도, 관심을 나타내는 사람들의 권력 등 세 가지 측면에서 측정할 수 있다. 예를 들어 환경문제나 여성문제 등은 많은 사람들이 관심을 나타냈기 때문에 사회문제가 된 것이라 할 수 있다. 또한 미국사회에서 에이즈가 사회문제로 부상한 계기는 1985년 미국의 유명 영화배우인 록 허드슨이 자신이 에이즈에 걸렸다는 사실을 대중들에게 고백한 이후였다. 이는 관심 표출의 강도가 사회문제의 규정에 매우 중요하다는 것을 말해 주는 것이다. 다른 한편 1989년 미국의 전 대통령 부시가 '마약과의 전쟁' 을 선포한 후 마약문제가 중요 사회문제로 부상한 것은 관심을 나타내는 사람의 권력도 영향을 준다는 것을 보여 주는 예이다(Zastrow, 2000 : 4).

이렇게 사회문제는 사회적 다수이든, 사회적으로 영향력이 있는 집단이든, 힘있는 집단이든 누군가에 의해 사회문제로 규정되어야만 한다.

사회문제는 사회가 그 개선을 요구한다

어떤 현상이 사회문제가 되기 위해서는 그 현상을 제거하거나 관련된 부정적 영향을 감소시키기 위해 그 현상을 변화시킬 수 있다는 전제 아래 어떤 조치를 취해야 한다고 다수의 사람들이 생각해야 한다. 사람들이 그 문제를 해결할 수 있다고 생각하고 그것을 해결하기를 원할 때 그 문제는 비로소 사회문제가 된다는 것이다. 예를 들어 빈곤문제를 개인의 무지나 신이 내린 벌이라 생각했을 때는 해결을 바랄 수 없었으나 현대사회에서는 빈곤문제도 해결할 수 있게 됨으로써 그것이 사회문제로 인식되었다.

사회문제는 집단적 사회행동을 통해 해결해야 한다

어떤 사회현상이 사회문제가 되기 위해서는 그 문제의 해결조치가 집단 · 사회적 차원에서 이루어져야 한다. 사회문제는 그것이 다수의 사람들에게 부정적 영향을 미치고 그 원인이 사회적 요인 때문에 야기된 것이므로 문제의 해결을 위해서는 개인 또는 가족 차원의 노력으로는 해결이 거의 불가능하고 집단차원에서 사회적 행동이 있어야 한다.

집단적 사회행동이란 사람들의 공동의 노력으로서 파업, 데모, 대중홍보, 로비, 이익집단의 결성 등을 말하는데, 어떤 유해조건으로부터 고통을 받는 당사자가 자신의 힘만으로는 해결이 불가능하다고 생각하여 타인의 도움을 얻어 사회복지정책을 변화시키거나 새로운 복지정책을 만들려고 할 때 발생한다. 집단행동은 사회문화의 변동을 가져오는데, 1960년대 미국의 인종차별철폐운동이 대표적이다(Zastrow, 2000 : 5).

앞에서의 특성을 갖추면 사회문제의 성립 조건이 될 수 있지만, 같은 현상이라도 시대와 사회, 국가의 변화에 따라 사회문제의 성립 조건은 적용될 수도 있고 그렇지 않을 수도 있다. 예를 들어 인종차별문제는 미국보다 파키스탄이나 사우디아라비아 같은 전통사회에서 더 심각함에도 미국에서는 인종차별문제가 다른 어떤 사회보다 가장 심각한 국내문제로 간주된다. 왜냐하면 미국인들에게 인종차별이란 허용될 수 없는 매우 심각한 문제성을 내포한다고 의식하기 때문이다. 한편 음주로 인해 직장생활이나 사회생활에 문제가 되는 현상도 미국과 같은 사회에서는 엄격한 규정을 적용하여 음주로 인한 직장결근이나 술주정은 알코올중독으로 규정하여 사회문제가 되나, 한국사회에서는 음주로 인해 가정생활이나 직장생활에 피해를 준다 해도 이를 관용적으로 보는 분위기여서 쉽게 사회문제로 판단하지 않는 경향이 있다. 이렇게 사회문제를 보는 시각은 시대, 사회, 나라마다 다르게 규정되는 상대적인 면모를 가지고 있다.

사회문제의 범주와 유형

사회문제의 분류는 사회문제에 대한 정의만큼이나 다양하다. 이는 사회문제연구자들이 각자의 기준으로 사회문제를 분류하기 때문이다. 국내 · 외 연구자들의 분류기준을 소개하면 아래와 같다.

머튼과 니스벳의 분류(Merton & Nisbet, 1971)

■ 사회해체문제 : 인구문제, 인종문제, 가족해체, 노동과 자동화문제, 빈곤문제, 도시

문제, 빈곤과 프롤레타리아, 지역사회의 해체 및 갈등, 집단폭력 등

- 일탈행위문제 : 정신장애, 범죄 및 청소년비행, 약물중독, 알코올중독, 자살, 성문제 등

헨슬린의 분류(Henslin, 1976)

- 사회적 상황에서의 일탈행동 : 성적 일탈행위, 알코올 및 약물중독, 강간, 살인, 범죄 등
- 사회적 불평등 : 부와 빈곤, 인종차별, 성차별, 신체 및 정신건강 등
- 사회변화 및 거대문제 : 가족변화, 도시문제, 인구 및 식량문제, 환경문제, 테러리즘 등

슈나이더 등의 분류(Schneider et al., 1981)

- 비극으로서의 사회문제 : 정신질환, 자살, 알코올중독
- 부정의로서의 사회문제 : 인종차별, 빈곤, 성차별
- 위협으로서의 사회문제 : 범죄, 인구문제, 흡연, 약물중독
- 추행으로서의 사회문제 : 대량살인, 대량자살, 아동학대, 강간, 전쟁
- 고압적이고 주제 넘는 간섭으로서의 사회문제 : 낙태, 안락사
- 문명의 예측된 결함으로서의 사회문제 : 관료주의, 공모된 부도덕

김영모의 분류(1982)

- 구조적문제 : 빈곤, 소득분배, 노동문제, 교육 불평등
- 해체적 문제 : 가족해체, 빈민지역, 인구문제, 환경문제
- 일탈적 문제 : 범죄, 청소년비행, 성매매, 자살, 알코올중독, 정신질환

최일섭 · 최성재의 분류(1995)

- 사회변동 또는 사회해체문제 : 가족문제, 환경문제, 노인문제
- 사회적 불평등문제 : 빈곤문제, 성차별문제, 노사문제
- 사회적 일탈문제 : 청소년비행문제, 범죄문제, 성폭력문제, 약물중독문제, 정신건강 문제

파릴로, 스팀슨 부부의 분류(Parrillo, Stimson & Stimson, 1999)

- 개인의 복지를 위협하는 문제 : 알코올 · 약물남용문제, 성적 문제, 범죄, 폭력 · 테러리즘
- 사회적 평등을 위협하는 문제 : 인종문제, 빈곤, 성차별문제
- 사회제도를 위협하는 문제 : 가족문제, 교육문제, 기업과 노동문제, 보건의료문제
- 삶의 질을 위협하는 문제 : 도시문제, 인구 · 환경문제

아이젠과 진의 분류(Eitzen & Zinn, 2000)

- 체제문제 : 부 · 권력과 관련된 문제로 사회체제, 부의 집중, 정경유착, 권력집중 등
- 인간 · 환경 · 지역문제 : 인구문제, 글로벌 불평등, 환경문제, 인구문제, 노령화, 도시문제 등
- 불평등문제 : 빈곤, 인종문세, 성차별, 동성애 등
- 사회제도문제 : 노동(고용)문제, 가족문제(이혼과 아동학대 포함), 교육문제, 보건의료문제, 국가안전보장문제(폭력과 테러리즘) 등
- 일탈문제 : 범죄, 약물중독 등

자스트로의 분류(Zastrow, 2000)

- 일탈문제 : 범죄, 비행, 정신질환, 약물남용, 동성애 등
- 불평등문제 : 인종문제, 성차별, 노령화, 빈곤 등
- 제도적 문제 : 가족문제, 보건의료문제, 교육문제, 대기업 · 기술 · 노동문제 등
- 글로벌문제 : 폭력, 테러리즘, 전쟁, 도시문제, 인구문제, 환경문제 등

설리번의 분류(Sullivan et al., 2000)

기업과 정부의 권력의 증대문제, 가족문제, 보건의료문제, 빈곤문제, 인종문제, 성차별, 노령화, 호모, 범죄, 알코올 · 약물남용, 성매매, 포르노그래피, 섹스산업, 인구문제, 도시문제, 환경문제, 폭력 · 전쟁 · 테러리즘, 교육문제, 과학기술문제 등을 포함한다.

원석조의 분류(2005)

- 개인의 복지를 위협하는 문제 : 일탈행위이론, 범죄, 청소년비행, 성매매, 정신질환, 약물남용, 가정폭력 · 성폭력 등
- 사회적 평등을 위협하는 문제 : 소득의 불평등, 빈곤, 성차별 등
- 사회제도를 위협하는 문제 : 가정문제, 교육문제, 노동문제, 보건의료문제 등
- 삶의 질을 위협하는 문제 : 인구문제, 도시문제, 환경문제, 노인문제 등

본 서의 분류

본 서에서 다루고자 하는 사회문제의 범주와 유형은 우리 사회에서 제기된 문제들을 기준으로 분류하였다.

- 개인의 복지와 사회문제 : 청소년비행, 범죄, 성매매문제, 약물남용문제, 정신질환문제, 가정폭력문제, 성폭력문제
- 사회구조와 사회문제 : 가족문제, 교육문제, 노동문제, 빈곤문제, 성차별문제, 다문화 가족문제, 새터민문제
- 삶의 질과 사회문제 : 인구 · 도시문제, 환경문제
- 과학기술의 발전과 사회문제 : 인터넷윤리문제, 의료윤리문제

내용요약

1. 사회문제는 어떤 사회적 현상이 "① 사회구성원이 사회적 가치나 규범에서 벗어나야 한다. ② 대다수의 사람이 그 현상으로 부정적 영향을 받아야 한다. ③ 원인이 사회적인 것에 있다. ④ 다수의 사람 또는 영향력 있는 사람들이 사회문제로 규정해야 한다. ⑤ 사회가 그 개선을 요구한다. ⑥ 집단적 사회행동을 통해 해결해야 한다."

2. 사회문제의 범주와 유형
   ① 개인의 복지와 사회문제 : 청소년비행, 범죄, 성매매문제, 약물남용문제, 정신질환문제, 가정폭력문제, 성폭력문제
   ② 사회구조와 사회문제 : 가족문제, 교육문제, 노동문제, 빈곤문제, 성차별문제, 다문화가족문제, 새터민문제
   ③ 삶의 질과 사회문제 : 인구 · 도시문제, 환경문제
   ④ 과학기술의 발전과 사회문제 : 인터넷윤리문제, 의료윤리문제

check list

1. 사회문제를 어떻게 정의할 것인가?

2. 한국사회의 사회문제를 범주화해 봅시다.

CHAPTER 2

사회문제의 이론적 관점

주요용어

가치, 사회규범, 구조기능론, 갈등론, 상징적 상호작용론, 사회병리, 사회해체, 가치갈등, 일탈행위, 낙인

사회문제에 대한 사회과학적 인식

본 절에서는 '왜 사회문제를 연구하는가?'에 따른 사회과학적 인식의 내용에 대해 살펴보고자 한다.

왜 사회문제를 연구하는가

사회문제의 이해증진은 사회문제 연구의 중요한 목적이다. 우선 사회문제를 연구함으로써 사회문제를 이해하고 그 문제에 대처하는 데 있어서 사회과학의 역할에 보다 친숙해지며, 둘째, 사회문제에 관한 지식은 바람직하지 못한 사회상황이 개인의 일상생활에 어떻게 나쁜 영향을 주는지에 관한 이해를 증진시키고, 셋째, 비록 많은 사회문제는 일탈의 결과로 발생한 것이긴 하지만 또 다른 많은 문제는 사회적 기대에 대한 동조로부터 발생한다는 사실이 이해될 수 있다는 것이다.

이러한 목적은 사회문제가 정확하게 이해될 때 달성될 수 있는 것이다.

사회문제의 인식에는 가치가 개입된다

문제라는 용어에는 어떤 현상에 대한 부정적 이미지가 내포되어 있다. 그런데 그 문제라는 것이 무엇에 대해 문제적이고 또한 비정상적인가 하는 것을 제시하는 준거가 요구되는데, 사회과학적 인식에서는 그 준거라는 것이 문제를 인지하는 사람에 따라 달라진다. 그리고 그러한 사실을 이해하는 것은 사회문제를 정확하게 이해하는 데 매우 중요하다.

사회문제를 규정하는 기준은 항상 변화한다

현대인들은 일상의 생활 속에서 빈곤문제, 실업문제, 성매매문제, 교육문제, 주택문제, 청소년문제 등 수많은 문제에 접해 있다. 그런데 이러한 문제들은 사회가 변화함에 따라 사회문제로 이해되는 문제적 상황도 바뀔 수 있다.

사회문제는 문화적 상대성에 기초해 이해되어야 한다

사회문제는 사회규범에 의해 규정됨으로 인해 문화가 다른 지역이나 국가에서는 같은 문제라할지라도 문제의 의미가 매우 다르게 나타나게 된다. 즉, 사회문제를 이해하는 데 있어서는 문화적 상대성을 고려하는 것이 중요하다.

사회문제가 사회규범을 바꿀 수 있다

사회문제가 반드시 사회구성원에게 부정적 영향만을 주는 것은 아니다. 사회문제는 일시적으로는 사회적 · 지배적 규범에서 벗어나는 바람직하지 못한 현상으로 비춰지지만 사회의 지배적 규범 자체가 인간의 권리와 상충하는 요소가 많은 경우에는 궁극적으로 그러한 규범을 타파하고 규범을 세우는 역할을 하기도 한다. 예를 들어 현재 한국사회에서 이혼의 급증은 심각한 부작용을 낳는 사회문제이지만, 이것이 사회문제화됨으로써 여성의 권리를 보장해 주고 있지 못하던 우리사회의 해묵은 규범을 여성의 인권이 보장되는 새로운 규범으로 바꾸는 계기를 마련해 주고 있다고 할 수 있는 것이다.

사회문제는 체계론적 사고로 이해되어야 한다

체계론적 사고는 사회의 여러 부분이 서로 긴밀하게 연결되어 하나의 체계를 이루고 있으며, 서로 떼어놓고 생각해서는 안 된다는 점을 강조한다. 사회문제는 이렇게 부분과 부분이 상호 영향을 주고받는다는 사고에 기초하여야 한다.

사회문제의 이론적 접근

사회문제에 관한 연구와 사회학의 발전

사회문제에 대한 과학적 연구는 19세기 초반 유럽에서 시작되어 미국에서 그 학문적 꽃을 피웠다. 유럽은 근대사회로 접어들면서 급속한 산업화와 도시화를 경험한다. 이러한 사회변동은 기존의 정치, 경제, 사회질서를 파괴하고 새로운 사회질서를 창출하게 된다. 이러한 과정에서 인간은 전통적 사회규범을 따를 수 없어 혼란과 방황에 휩싸이는 동안 자살, 방화, 사회적 소요 등 각종 사회문제가 심각하게 대두되었다. 콩트(August Comte, 1789~1857)는 사회의 안정과 질서를 위협하는 요인이 무엇인지에 대하여 관심을 갖고 연구하기 시작하였고, 사회학을 연구하는 사람은 사회문제의 원인을 규명하여 일반대중에게 알리고 사회문제의 해결을 제시함으로써 사회의 발전에 공헌할 수 있다고 생각하였다(Sullivan et al., 1980 : 7).

콩트 이후 더욱 체계적으로 사회문제에 관심을 갖고 연구한 사람은 에밀 뒤르켕(Emile Durkheim, 1855~1917)이다. 뒤르켕은 당시 유럽에서 만연했던 사회문제의 일종인 자살의 원인을 규명하는 작업에 몰두하였다. 그는 이 연구에서 유럽 각 국가 간의 자살률을 통계적으로 분석한 뒤 신교를 믿는 국가의 자살률이 구교를 믿는 국가의 자살률보다 높은 경향을 발견하고 자살은 사회적으로 또는 집단적으로 결속력이 약화된 상태에서 더욱 빈번하게 발생된다는 연구결과를 제시하였다.

비슷한 시기에 독일의 칼 마르크스(Karl Marx, 1818~1883)는 보다 거시적인 차원에서 사회문제의 원인을 규명하려는 노력을 하였다. 마르크스는 산업화와 도시화에 따른 사회문제의 원인을 자본주의 경제제도의 모순에서 찾고 노동자와 극빈자는 체제의 희생자로 보았다. 따라서 노동자와 극빈자로 대표되는 프롤레타리아 계급은 투쟁과 혁명으로 자본가 계급인 부르조와지를 타도하여 공산주의 국가를 건설하면 빈곤과 노동착취라는 사회문제는 제거될 것이라고 보았다(Pearman & Rotz, 1981 : 22-26).

미국에서도 산업주의가 등장하면서 미국사회를 연구하려는 움직임이 일어났다. 1880년대에는 미국사회에 대한 연구물이 출판되기 시작하였으며 1890년대 중반부터 대학에서 사회학을 하나의 학문으로 수용하여 강의하기 시작하였다. 루빙톤과 와인버그(Rubington & Weinberg, 1989 : 7)는 사회문제의 연구와 결부된 미국사회학의 발전단계를 기반성립기(1905~1919), 과학적 정책 형성기(1918~1935), 이론, 조사, 연구 및 응용의 통합기(1935~1954), 전문성 연마기(1954년 이후~)로 나누어 설명하고 있다.

사회문제에 관한 거시론적 접근

사회문제를 설명하는 여러 가지 이론적 접근을 종합 정리한 학자로 설리번(Sullivan), 에치오니(Etzioni), 헨슬린(Henslin) 등을 들 수 있다. 이들은 조금은 다른 용어를 사용하면서 사회문제에 대한 사회학 이론을 제시하고 있다. 그러나 공통적으로 사회문제를 설명하는 거시적 접근에는 구조기능론적 접근, 갈등론적 접근, 상징적 상호작용론적 접근이라는 세 가지 이론체계를 제시하고 있다. 본 서에서는 이 세 가지 이론을 ① 사회에 대한 기본 시각과 전제, ② 사회문제의 발생과 원인, ③ 사회문제의 해결방안, ④ 비판으로 나누어 파악하고자 한다.

구조기능론

구조기능론(structural functionalism) 또는 기능주의이론은 사회학의 기원에 그 뿌리를 두고 오늘날까지 사회학의 주류이론으로 간주되고 있다(Henslin, 1996 : 36). 사회를 생물학적 유기체에 비유하고 사회를 구성하는 각 요소가 제 기능을 발휘하지 못할 때 사회문제가 야기된다고 했던 콩트 이후, 스펜서(Spencer H., 1820~1903)는 이러한 논리를 더욱 발전시켜 사회의 각 요소는 하나의 구조(structure)를 형성하면서 제각기 사회의 발전을 위한 독특한 기능(function)을 수행하고 있다고 보았다.

사회에 대한 기본 시각과 전제

사회는 상호의존적 부분들이 독특한 구조를 갖추고 기능하는 하나의 체계로 간주된다. 그리고 사회체계는 생물학적 유기체와 같아 체계 내·외적으로 각 요소들이 상호작용하여 균형상태를 유지하고자 하는 속성이 있다. 따라서 사회는 상호의존적 부분들이 기능적으로 통합된 하나의 체계라는 기본적 전제가 제시된다.

사회문제의 발생과 원인

머튼에 의하면 사회문제는 어떤 사회적 조건이 사회라는 체계의 순탄한 작동을 파괴하고 사회의 각 부분이 역기능(dysfunctions)적 현상을 보일 때 나타나는 현상이다. 이렇게 구조기능론에서는 사회문제의 원인을 효과적으로 작동하지 못하는 사회체계의 기술적 실패에서 찾는다. 여기서 사회문제는 사회구성원이 주관적으로 문제시하여 의미를 부여하는 것보다는 효과적으로 작동하는 사회체계에 위협을 주는 특정한 사회적 조건의 객관성이 더욱 강조되고 있다.

사회문제의 해결방안

구조기능론에 의하면 원만하게 기능하는 사회는 새로 태어난 아이를 사회화시킬 수 있는 비교적 명확한 일련의 규범과 역할을 가지고 있다고 본다. 따라서 개인은 사회적 규범에 따라 적절히 사회화되고 주어진 역할기대를 훌륭히 충족시킬 수 있을 것이다. 반면 부적절한 사회화 과정을 거치거나 주어진 사회적 규범에서 벗어나는 사람들은 문제를 일으키고 급기야는 사회의 순기능을 저해한다는 것이다.

구조기능론자들은 사회문제를 잘못된 사회화와 일탈행위를 하는 개인의 탓으로 돌리기 때문에 이를 해결하는 방법은 결국 재사회화를 추구하거나 일탈자를 통제하는 것에 크게 의존하고 있다. 이렇게 볼 때 구조기능론자들은 문제행위의 원천을 사회 자체에 있다기보다 개인과 가족의 병리현상과 일탈적 하위문화에 있다고 보는 점에 주의할 필요가 있다.

비 판

구조기능론은 사회변동을 설명하고 사회문제에 대한 해결책을 제시하는 데 너무 보수적인 입장을 취하고 있다. 사회변동은 부분적 사회구조의 변화에서부터 전체 사회체제의 변화에 이르기까지 그 범위와 폭이 다르다. 구조기능론은 서구 민주적 자본주의 국가를 염두에 두고 이러한 사회체제 그 자체는 모순이 없는 것이라는 점을 은연중에 부각시킨다. 그러나 구조기능론은 제3세계에서의 혁명과 같은 급격한 사회변동을 설명하지 못한다는 한계를 갖는다. 또한 사회문제의 원인을 개인의 책임으로 돌리는 성향에서 국가나 자본주의 경제체제에 면죄부를 주고 있으며 어떤 경우에는 체제의 희생자인 빈곤계층과 소외계층에 대해서 희생자를 비난하는 결과를 초래하기도 한다.

갈등론

칼 마르크스는 산업혁명이 유럽을 변화시켜 농민이 도시화된 지역에서 일자리를 찾기 위해 모여드는 것을 목격했다. 그는 노동자와 그의 가족들의 처참한 생활상을 개선시킬 방안을 모색하기 위해 역사와 사회를 탐구하였다. 그는 역사는 지배집단이 다른 집단을 압제하는 순환과정을 되풀이하는데, 당시 유럽은 소수의 자본가 집단이 모든 생산의 수단을 소유하고 대다수의 노동자 집단을 착취하고 있었다고 보았다.

또한 짐멜(George Gimmel, 1858~1918)은 사회에서는 어떠한 위계질서가 나타나는데, 상급자와 하급자 간의 갈등이 언제나 내재되어 갈등 양상을 나타낸다고 보았으며, 다렌도르프(Ralf Dahrendorf, 1929~)는 사회에서 권력을 가진 자와 그렇지 못한 자 사이에 언제나 희소한 권력을 놓고 대립하고 갈등하는 관계에 있다는 것을 주장하고 있다.

사회에 대한 기본적 시각과 전제

사회는 사회를 구성하는 다양한 집단 간의 갈등과 투쟁의 현장으로 그려진다. 어떠한 사회이든 집단 간에는 갈등이 상존하고 있는데, 그것은 사회구성원의 가치를 부여하는 희소자원은 한정되어 있기 때문이다. 따라서 사회적으로 희소자원인 권력과 부를 놓고 대립과 투쟁을 벌이고 있는 것이 사회라는 것이다.

짐멜은 인간은 사회적 존재이며 본질적으로 또는 생물학적으로 갈등을 유발시키는 본성이 있기 때문에 항상 어떤 사회든 인간사회는 갈등을 피할 수 없다고 주장하고 있다.

마르크스와 짐멜은 사회적 갈등의 보편적 법칙을 밝히고자 했다는 점에서 공통점이 있지만 마르크스는 갈등이 영속화되는 사회적 조건, 즉 자본주의 사회의 압제와 통제의 구조에 관심을 보인 반면 짐멜은 반드시 계급적 갈등만이 아닌 사회에서 다양한 정도의 갈등이 나타나는 조건에 관심을 두었다.

짐멜의 전통을 이어받은 미국의 사회학자인 코저(L. Coser)는 갈등의 기능적 측면을 중시하고 경쟁과 같은 갈등은 오히려 사회체계를 유지시키고 발전시키는 데 긍정적으로 작용하고 있다고 보았다.

사회문제의 발생과 원인

마르크스의 변증법적 갈등론과 코저의 기능적 갈등론은 사회문제의 발생에 대한 해석에서 약간의 차이를 보인다. 변증법적 갈등론에 의하면, 사회문제는 희소한 사회자원의 불균등한 분배에 의해서 발생되는 갈등현상으로 파악된다. 따라서 권력과 자본에 독점적 지배권을 갖는 사회구조에 의해서 빈곤과 같은 사회문제는 피할 수 없는 문제현상으로 나타난다.

기능적 갈등론은 사회문제를 자원의 불평등한 배분에 의한 결과로서 생겨나는 사회체계의 통합과 발전의 역기능적 현상으로 보고 있다. 즉, 사회문제의 원천은 희소한 자원의 불평등한 분배에 두고 있지만 그로 인해 사회통합이 저해되는 현상을 직접적 원인으로 보고 있다. 따라서 자본주의 시장 경제제도가 불평등한 부의 분배를 조장하지만 그 제도의 모순을 제거하는 방법으로 권력과 부의 균형적 배분이 일어난다면 사회통합을 이룰 수 있기 때문에 사회문제는 해결될 수 있다고 보는 점이 변증법적 갈등론과 다르다.

어쨌든 갈등론은 사회문제의 원인을 정당성 없는 특정계급의 사회통제와 노동착취나 불균등한 희소자원의 배분을 가져오는 권위와 권력의 구조에 두고 있다. 여기에서 변증법적 갈등론은 사회문제의 원인을 개인에게 있는 것이 아니라 사회구조와 제도에 있다고 보지만 기능적 갈등론은 사회문제의 원인을 사회제도와 개인에 두고 있다.

사회문제의 해결방안

변증법적 갈등론은 사회문제의 원인을 희소자원의 불균등한 소유 또는 지배구조에 있는 것으로 보기 때문에 그러한 사회구조를 타파하여 계급적 통제나 소유의 평등화를 보장하는 방법이 사회문제를 해결하는 방안으로 제시된다.

마르크스는 인류사회는 봉건사회에서 자본주의 사회를 거쳐 사회주의 사회로 변화하고 궁극적으로는 공산주의 사회로 발전하게 되는데, 공산주의 사회 이전의 단계는 자체 모순으로 필연적으로 붕괴하고 결국은 공산주의 사회로 귀착할 것을 예측하였다. 따라서 사회문제는 공산주의 사회가 건설되면 자연적으로 해결되는 것으로 보았다. 다시 말해 자본주의 사회는 구조적으로 상당한 모순이 있기 때문에 각종 사회문제가 심각하여 착취의 대상인 노동자 계급이 궐기하여 투쟁과 혁명으로 새로운 사회를 건설하면 사회문제의 근본 원인은 해결할 수 있다는 것이다.

기능적 갈등론자들은 사회에 갈등이 존재하는 것은 피할 수 없으나 각종 사회문제가 체제의 전면적 붕괴나 변화로 이끄는 원동력이 되는 것이 아니고 사회문제의 성격에 따라 현 체제를 유지하면서 개혁과 개선작업으로 사회문제는 해결될 수 있다고 보고 있다. 이렇게 기능적 갈등론자들은 자본주의 경제제도의 모순을 시정하기 위해 보다 적극적인 사회복지제도를 도입하여 부의 불평등한 배분을 시정하는 조치를 취하는 것이 바람직하다고 보았다.

비 판

갈등론은 사회의 다양한 집단 간의 대립과 갈등양상을 분석하는 데 유용한 이론적 틀을 제공하고 있다. 이러한 이론은 특히 빈곤과 노동문제를 설명하는 데 적합하다. 그러나 변증법적 갈등론이 사회문제를 전적으로 자본주의 사회구조나 체제로부터 비롯되었다고 보는 시각을 제시하는 데에는 비판의 여지가 있다. 왜냐하면 사회주의 국가에서도 범죄, 마약, 일탈행위 등의 사회문제가 상존해왔음에도 이를 설명하지 못하기 때문이다.

상징적 상호작용론

상징적 상호작용론(symbolic interactionism)은 구조기능론과 갈등론이 사회현상을 정치, 경제, 교육, 종교 등 거시적 사회구조에 초점을 두어 접근하려는 입장인 것과는 대조적으로 관심의 초점을 사회에서 개인 간의 상호작용 과정과 그러한 상호작용이 개인과 사회에 미치는 영향에 두는 이론적 접근이다. 본 이론은 인간이 상호관계를 형성할 때 상징(symbols)을 주고받는 의사소통을 하면서 서로 의미를 주고받으며, 인간이 사회와 세상을 인식하는 것도 상징을 통해서 이루어진다는 점을 강조한다.

상호작용이론은 제임스(James)의 자아(self) 개념, 쿨리(Cooley)의 영상자아(looking glass self) 개념, 듀이(Dewey)의 실용주의 개념, 미드(Mead)의 정신 · 자아 · 사회의 이론적 체계, 짐멜의 사회화와 베버의 사회적 행동이라는 개념이 통합되어 형성되었다고 할 수 있다(Tuner, 1991 : 369-390).

미드에 의하면, '인간은 상징을 창조할 능력을 보유하면서 사고하고 다른 행동 유형을 그릴 수 있는 정신(mind)이 있는데, 그러한 인간이 타인과 상징을 주고받으며 대체적인 역할획득을 한 후 자신의 행동을 수정할 수도 있는 자아를 보유하고 사회는 이러한 인간들, 즉 정신과 자아를 갖고 있는 사람들의 다양하고 복잡한 의사소통과 행위가 이루어지는 그물망' 이라고 설명하고 있다(Hewitt, 1948 : 89-95).

또한 쿨리는 영상자아의 개념을 설명하면서 '거울 속에 비친 자신의 모습은 타인이 자신을 보는 것과 같아 타인에게 어떤 모습으로 비추어지고 있는가를 생각하고 거울을 통해서 상상 속의 자신과 타인은 서로 많은 의미를 주고받는 상호작용을 한다' 고 설명하고 있다.

사회에 대한 기본적 시각과 전제

상징적 상호작용론에 의하면, 사회는 하나의 인정된 사회구조와 법률과 역할들로 구성되어 있는 고정적인 것이 아니고 인간이 상호작용을 통해서 의미를 부여하는 대로 달라질 수 있는 가변적인 것이다.

미드는 '사회는 인간의 행위와 상호작용이 서로 뒤섞인 복잡한 의미의 집합체로 인간이 어떠한 상황에서 특정한 의미를 부여하면 그 자체가 사회의 진정한 모습' 이라고 설명하고 있다. 이는 '상황의 정의(definition of situation)' 로 설명되는데, 예를 들어 사교육비에 시달리는 학부모가 자신의 상황을 정의하면서 '오늘날 우리 사회는 심각한 교육문제를 안고 있다' 고 사회를 묘사한다면 그것이 바로 사회문제가 되는 것이다.

사회문제의 발생과 원인

상징적 상호작용론자들에 의하면 사회문제는 어떤 것이 사회문제라고 고정되어 있지 않다. 사회문제는 특정한 인간 집단이 어떤 사회적 현상을 문제로 규정하고 인식하여 어떤 조치가 필요하다고 판단할 때 비로소 사회문제가 되는 것이다. 즉, 사회문제는 특정 집단의 사람이 어떤 상황을 어떻게 규정하고 문제로 삼느냐에 의해 결정된다는 것이다. 여기서 특정 집단이란 일반 시민이나 영향력 있는 개인들로 구성된 사람들의 집단을 의미한다.

상징적 상호작용론의 기본 가정에 의하면 사회문제란 반드시 어떤 객관적인 사회적 조건이 있고 그러한 사회적 조건이 문제를 야기하는 것은 아니다. 그것은 하나의 주관적 현상으로 어떤 현상에 대한 의미의 공유가 있고 그것에 기초한 상황의 정의가 있을 때 나타난다. 이러한 의미에서 상징적 상호작용론은 특정한 사회문제의 원인을 어디에도 귀속시킬 수 없으며 사회문제라는 것은 어떤 사회현상과 실체를 어떻게 해석하느냐에 달려 있다고 보는 것이다.

사회문제의 해결방안

상징적 상호작용론자들은 개인 자신과 타인의 문제행동에 새로운 상징과 의미를 부여하며 변화된 사회적 인식을 창출할 수 있다. 개인적 차원에서 일탈행위를 한 사람으로 하여금 자신의 행위를 설명하도록 하는 두 가지 방법이 있다. 하나는 다른 중요한 가치를 이유로 자신의 행동을 정당화함으로써 일탈성을 부인하는 것이며, 다른 하나는 자신의 위법과 잘못을 인정하고 그에 따른 대가를 지불하겠다고 하면서 자신의 행동이 일탈적인지 아닌지를 판단하는 기준이 되는 규범의 타당성을 인정하는 것이다.

일탈행위자를 통제하는 방법은 다양하다. 사회는 범죄자를 격리 수용하여 교화시키고 알코올중독자와 마약복용자를 강제구금하여 치료시킨다.

비 판

상징적 상호작용론은 사회를 주관적으로 보기 때문에 객관적 실체로서 존재하는 사회제도와 규범에 따른 인간행동을 설명하지 못하는 한계를 가지고 있다. 또한 주관적 사회의 정의는 개인에 따라 집단에 따라 천차만별이기 때문에 결국 특정한 현상을 합의된 절차에 의해서 과학적으로 분석하지 못하는 학문방법상의 문제를 지니고 있다.

사회문제이론

루빙톤과 와인버그는 사회문제연구에서 사회문제를 체계적으로 설명하는 5가지 이론을 제시하고 있다. 각각의 이론을 ① 사회문제의 정의, ② 사회문제의 원인, ③ 사회문제의 조건, ④ 사회문제의 결과, ⑤ 사회문제의 해결책 등 다섯 가지 기준에 의해 서술하기로 한다.

사회병리론

사회병리론(social pathology)은 사회문제에 대한 이론 가운데 가장 오랜 역사를 가지고 있으며, 구조기능론의 시각을 갖고 사회를 하나의 유기체로 보면서 사회화에 실패한 사람들이 사회문제를 야기한다는 논거를 제시한다.

사회문제의 정의

사회병리론에는 사회의 조직과 기능을 유기체의 그것과 유사하게 부분들이 상호의존적이며 성장발전함에 따라 구조와 기능이 복잡해지고 어느 특정 부분의 삶을 능가하는 사회 전체의 삶이 있다고 보는 것이다(Rubington & Weinberg, 1981 : 17). 따라서 사회문제의 정의는 규범에 적합한 사회적 조건과 장치는 건전한 것으로 보는 반면, 도덕적 기대에서 이탈하는 사람 내지 상황은 병들었다고 보는 것이다. 즉, 사회문제는 도덕적 기대의 위배인 것이다.

사회문제의 원인

사회문제의 원인은 사회화의 실패에 있으며 이러한 실패는 결함을 갖고 출생한 개인이 있거나 불건전한 사회환경이 존재할 때 생긴다는 것이다. 즉, 사회는 학교나 가정과 같은 사회화 기관을 통해 각 세대에 도덕적 규범을 전달할 책임이 있는데, 이 노력이 효과적이지 못한 경우 이것이 사회문제의 원인이 되는 것이다. 본 논리는 사회문제의 책임을 개인에게 두지만 사회적 책임을 부분적으로 수용한다.

사회문제의 조건

초기 병리론자들은 비행자, 심신박약자, 빈민 등에서 보는 바와 같이 유전요인이 작용하여 자손에게 문제가 지속되는 것으로 생각하였고, 개인의 비도덕성이 사회문제를 지속시키는 조건이라 생각하였다. 그러나 후기 병리론자들은 개인보다는 비도덕적 사회환경을 사회병리에 기여하는 조건으로 파악하였다.

사회문제의 결과

사회문제의 확산으로 나타나는 사회혼란은 합법적 사회질서를 유지시키기 위해 필요한 대가를 지불하는 것으로 간주했다. 그러나 최근의 사회병리론자들은 사회적 결함에 대해 도덕적으로 분개하고, 이 병리현상의 만연으로 전 인구가 비인간화될 수 있다고 생각한다.

사회문제의 해결책

초기에는 유전적 결함이 있는 개인을 제거하는 데 초점을 두었으나, 최근에는 일탈자를 중산층의 도덕론으로 교육시키는 것이 효과적이라고 주장하고 있다. 따라서 사회 자체의 병든 부분도 사람의 가치를 변화시킴으로써 문제해결이 가능하다고 여겨 사회문제의 유일한 해결책은 '도덕교육'에 있다고 보고 있다.

사회해체론

사회해체론(social disorganization)은 제1차 세계대전 이후 사회와 사회학 분야에서 나타난 일련의 특정한 사건들에 대한 반응으로 대두되었다. 전후 미국은 이민, 도시화, 산업화 등 사회변동으로 인해 빈곤, 청소년비행, 정신병 등 다수의 사회문제가 양적 증대와 더불어 질적 심각성의 확대로 기존의 사회병리론적 시각은 그 효능을 잃게 되었다. 사회학에서는 콩트와 뒤르켐에 이르기까지 사회학을 하나의 체계적 학문으로 발전시키고자 노력하는 과정에서 사회해체론이 전개되었다. 즉, 사회해체론은 사회학의 독자적 개념을 개발시키고자 했던 미국 사회학자들의 노력의 일환으로 발전하게 된 것이다.

여기에서 독자적 개념이란 사회문제를 전체 사회의 질서정연한 상태를 지칭하는 조직

(organization)에 대칭되는 개념으로 이러한 상태의 교란을 해체(disorganization)로 파악하는 것이다. 쿨리(1902)는 사회병리를 개별적이며 지속적 대면관계에서 비개별적 · 비접촉적 관계로 사회가 변화해 나가는 것, 즉 전통사회가 도시화되면서 1차적 집단통제가 붕괴되는 현상으로 보았다.

오그번(Ogburn, 1922)의 문화지체(cultural lag)론에 의하면 문화의 상이한 부분들은 상호의존관계에 있는데, 상이한 부분이 상이한 속도로 변하면 한 부분은 다른 부분과 일치하지 못해 무질서가 창출된다고 보았다. 즉, 물질문화의 변화속도에 비물질문화가 따라가지 못하는 경우 사회해체현상이 나타난다는 것이다. 이렇게 사회해체는 부분 간의 적응이 결여되어 있거나 잘못된 상태를 말하는 것이며 사회문제는 사회해체의 지표가 된다.

사회문제의 정의
사회해체는 규칙의 불이행으로 간주된다. 사회해체의 세 가지 형태는 무규범, 문화갈등, 와해현상이다. 첫째, 규칙이 없어 행동의 혼란과 마비를 일으키는 무규범상태에서는 인간이 어떤 행동을 해야 할지 혼란스럽다. 둘째, 둘 이상의 행동규범이 마찰을 일으키는 문화갈등상황이 사회해체로 이어진다. 셋째, 규칙이 존재하지만 규칙에의 동조는 반드시 보상도 없고 오히려 처벌을 받을 수 있는 상태가 나타날 때 발생하는 현상이다.

사회문제의 원인
사회문제의 근본적 원인은 사회변화에서 찾을 수 있다. 사회변화는 사회체계 상호간의 부조화 현상이 일어날 때를 지칭한다.

사회문제의 조건
사회체계는 역동적 균형상태를 유지한다. 그러나 기술 · 인구학적 · 문화적 변화는 이러한 사회체계의 균형상태를 뒤집는 조건으로 작용하여 사회해체가 촉진될 수 있다.

사회문제의 결과
개인을 긴장시키고 정신병과 알코올중독 등으로 개인을 해체시킨다. 다른 한편 사회는 해체현상에도 불구하고 그대로 유지되거나 부분적 변화가 일어나거나 전체 사회가 붕괴될 수 있다고 본다.

사회문제의 해결책
불균형상태의 사회체계를 균형상태로 되돌리면 된다. 기술적 변화의 속도를 늦추어 문화의 발전속도와 균형을 이루는 방법이 그 예가 될 수 있을 것이다.

가치갈등론

가치갈등론(value conflict)적 시각은 유럽과 미국의 갈등이론이 종합되면서 태동하기 시작했다. 사회문제의 종류는 물리적인 것, 개선을 요하는 것, 도덕적 문제로 나누어진다. 물리적인 것에 의한 문제는 지진, 홍수, 가뭄 등 자연재해에 의한 문제로 바람직하지 못한 것이나 원인에 대해 아무런 조치를 취할 수 없다는 점에서 모두 사회문제로 인식하지 않는 데 동의한다. 개선을 요하는 문제에 속하는 바람직하지 못한 빈곤이나 범죄 등의 행위는 교정될 수 있다는 사람들의 동의는 있으나 어떤 조치가 필요한지에 대해서는 상이한 의견들이 존재한다. 도덕적 문제는 도박이나 임신중절 등이 그 예로 바람직한 것인가의 여부나 해결방안 또는 조치에 대해서 의견을 달리한다.

사회문제의 정의

사회문제는 특정 사회집단의 가치와 양립할 수 없는 사회적 조건으로 그 집단이 이러한 사회 조건에 관한 조치의 필요성에 대하여 일반의 관심을 불러일으키는 데 성공한 경우에 나타난다.

사회문제의 원인

사회문제의 원천은 가치 또는 이해관계의 갈등에서 비롯된다. 사회의 상이한 집단들은 대립관계에 있게 되고 그 대립이 갈등으로 화하면 사회문제가 발생하는 것이다.

사회문제의 조건

사회문제의 양상, 빈도, 기간 그리고 결과에 영향을 미치는 배경은 집단 간의 경쟁과 접촉이다. 사회문제의 객관적 조건에 해당하는 것은 집단 간의 접촉과 경쟁이고 주관적 정의에 해당하는 것은 접촉과 경쟁의 대상물에 대한 서로 다른 규정과 평가에 기인한다.

사회문제의 결과

갈등의 결과 취약한 위치에 있는 당사자는 실패나 손실을 갖기도 하고 갈등 당사자 간 적대적 감정의 전통을 만들기도 한다. 긍정적 결과로 집단은 그들의 가치를 더욱 명료하게 한다.

사회문제의 해결책

사회문제의 해결방안은 보다 높은 가치를 위한 합의, 타협, 무조건적 권력행사 등이다. 갈등의 당사자들이 모두 공감하는 보다 큰 가치에 합의한다면 갈등은 해소된다.

일탈행위론

사회는 하나의 체계이며 그 체계는 각 부분으로 구성되고 생존과 기능의 유지를 위하여 필요한 기능을 수행한다. 적절한 기능수행을 위하여 사회에서 기대하는 행동규범이 있는데 이러한 규범으로부터 벗어나는 행위가 일탈행위이다.

일탈행위론의 뿌리는 미국 사회학의 양대 주류인 하버드학파와 시카고학파에 둔다. 하버드학파에서는 뒤르켕, 베버, 파레토 등에 의한 사회구조의 이론연구가 활발하였고, 시카고학파에서는 시카고 지역의 동심원설(同心圓說)[1]에 의한 사회과정의 실천적이고 기술적인 학문이 발달했다.

일탈행위론은 뒤르켕의 자살이론, 머튼의 아노미이론, 쇼와 멕케이의 비행지대론, 서덜랜드의 접촉차이론, 코헨의 비행하위문화론, 히르시의 사회통제론 등이 대표적이다.

뒤르켕은 자살이론을 이기적 자살, 이타적 자살, 아노미적 자살, 숙명적 자살로 나누어 설명하고 있다. 이기적 자살은 사회통합이 약화되어 개인의 생명을 지탱해 줄 수 없을 때 나타난다. 이타적 자살은 일본과 같이 강하게 통합된 사회에서 흔히 발생한다. 아노미적 자살은 실직이나 파산 등 갑작스런 생활의 변화가 일어날 때 나타난다. 일탈행위론에서 강조하는 개념은 아노미(anomie)이다. 아노미현상은 어떤 사회에서 개인의 행동을 지도하는 분명한 기준이 존재하지 않을 때 발생한다는 것이다. 따라서 아노미상태에서 개인은 생활의 방향감각을 잃고 불안해 한다. 뒤르켕은 자살이 흔한 사회가 아노미상태에 있다고 보았다. 숙명적 자살은 사회의 구속성 정도가 높은 사회에서 발생한다.

머튼의 아노미이론은 개인의 문화적 목표와 제도적 수단과의 괴리에 따라 다섯 가지 적응 양식을 제시하고 있다.

첫째, 동조(conformity)는 문화적 목표달성이라는 가치와 합법적 수단에 모두 동의하는

---

1) 버제스(Ernest Watson Burgess, 1886~1966)는 도시지역은 도시의 발전에 따라서 중앙 상업지역을 중심으로 하고, 외주(外周)를 교외 고급주택지로 하는 다섯 개의 동심원적 구조를 이루면서 팽창해 간다는 것이다. 동심원설에 대해서는 많은 비판이 있으나 쇼(Shaw) 등은 동심원지대와 가족 유형, 사회해체 등 사회현상이 대응하고 있다는 것을 밝히고 이를 지지하였다.

것이다.

둘째, 혁신(innovation)은 문화적 목표달성을 위해 새로운 불법수단을 추구하는 것이다. 화이트칼라 범죄나 입시부정 등이 그 예이다.

셋째, 의례(ritualism)는 목표를 포기하고 제도화된 수단을 그냥 따르는 형태이다. 불평분자가 이에 속한다고 할 수 있다.

넷째, 도피(retreatism)는 목표나 제도화된 수단 및 규범을 모두 포기하는 것이다. 마약, 정신질환, 알코올중독 등에 빠지거나 몰두하는 것 등이다.

다섯째, 반역(rebellion)은 지배적 가치를 거부하고 새로운 가치로 대체하는 것이다.

머튼은 문화적 속도가 지나치게 강조되고 그 목표성취를 위한 기회가 차단될 때 아노미는 마치 정상상태처럼 만연된다고 주장했다.

사회문제의 정의

사회문제는 규범적 기대의 위반행위가 나타날 때 발생한다. 즉, 규범으로부터 빗나가는 행위 내지 상황은 일탈적이다.

사회문제의 원인

일탈행위의 원인은 부적절한 사회화에 있다. 즉, 잘못된 사회화로 일탈적 방식에 대한 학습이 비일탈적 학습방법에 의해 극복되지 않을 때 나타난다. 예를 들어 타인의 물건을 훔치는 행위가 교정되지 않으면 범죄문제는 그러한 개인에 의해서 자행된다는 것이다.

사회문제의 조건

사회문제의 발생조건은 첫째, 인습적 방법을 활용할 수 있는 기회가 제한되어 있는 경우이다. 둘째, 일탈적 방식을 습득할 수 있는 기회가 증대하는 경우이고, 셋째, 합법적 목표달성을 위한 기회가 한정되어 있는 경우에도 조장된다. 넷째, 긴장감이 증대하여 일탈적 해소방식이 쉽사리 사회에서 이용될 수 있는 경우에 사회문제는 지속된다.

사회문제의 결과

일탈행위는 사회에 큰 손실을 가져온다. 극단적인 경우 확고화된 비합법적 사회집단(예 : 마피아, 조직폭력집단)의 형성을 가져온다. 그러나 일탈은 어떤 종류의 행위가 사회적으로 처벌을 받게 되는지를 보여 주는 하나의 모형을 제공하므로 어느 정도 사회의 유지와 발전에 유용성이 있다.

사회문제의 해결책

일탈행위의 주된 해결책은 재사회화에 있다. 재사회화의 최선의 방법은 합법적 행위 유형을 학습시키고 가족과 같이 의미 있는 원초적 집단과의 접촉을 증가시키면서 위법적 행위 유형과 관련성이 있는 집단과의 접촉을 없애는 방법이 있다. 이렇게 하면 합법적 기회의 증대로 규범에 따르는 행동방식의 동기를 부여할 수 있을 것이다.

낙인이론

낙인이론(labeling theory)은 사회문제를 용인하는 어떤 측면을 검토하는 것이다. 일련의 사회학자들은 인간의 상황에 문제가 있다고 낙인하는 조건, 즉 문제를 규정하는 사람에 관심을 집중했다. 낙인적 관점은 일탈의 사회적 규정을 검토하고 사람들이 어떻게 문제의 상황과 사람, 과정 또는 사건을 규정하는가를 알려고 한다. 최근의 낙인이론가들은 사회문제의 객관적 규정보다 주관적 규정의 과정을 더욱 관찰한다. 따라서 낙인이론은 재범자의 범법행위를 설명하는 데 유용하다.

낙인이론에 의하면 어떤 현상이나 행위가 일반대중이나 사회통제기관의 반응을 유발할 때 사회문제가 된다. 이러한 현상을 베커는 '국외자(outsider)' 라고 하였다. 그는 사회집단이 일탈을 구성하는 규칙을 만들어 특정한 사람에게 적용하여 국외자로 낙인 찍음으로써 일탈을 만든다고 설명하고 있다(Becker, 1963 : 8-14).

낙인은 어떤 행위자의 최초 행위를 바람직하지 못한 것으로 규정함으로써 사회의 일반인들도 그런 행위자를 부정적 의미가 부여된 특정행위자로 규정하는 것이다(예 : 알코올 중독자, 전과자, 조직폭력배 등). 그 행위자는 그러한 낙인에 어울리는 행동을 하도록 기대되고, 또한 낙인 찍힌 행위자도 그 낙인에 어울리는 행동을 하게 된다.

사회문제의 정의

하나의 사회문제나 일탈행위는 규칙이나 기대가 위반되었다고 하는 주장에 대한 사회적 반응에 의해 규정된다. 즉, 누가 어떤 상황을 문제로 규명하는지에 달려 있는 것이다. 이 이론은 특정행위나 상황이 문제성을 띠고 있거나 일탈적이라고 규정하는 조건에 초점을 맞춘다.

사회문제의 원인

궁극적으로 일반대중이나 사회통제기관으로부터 받게 되는 관심이다. 궁극적으로 공적

기관 또는 사회통제기관의 반응을 보일 때 발생한다. 왜냐하면 사회적 상호작용은 행위나 상황에 혐의가 씌워질 때까지는 일어날 수 없기 때문이다.

사회문제의 조건

어떤 상황이 문제성을 띠거나 일탈적인 것으로 낙인될 때에 낙인을 찍는 사회집단이나 개인은 그것으로부터 이득을 얻는 위치에 있다. 일반적으로 낙인을 부여하는 집단은 권력기관이나 언론기관일 경우가 많은데, 일반인도 다른 사람의 특정행위에 낙인을 부여한다.

사회문제의 결과

일단 낙인이 찍힌 일탈자나 문제상황에 관련된 사람들은 그 일탈과 문제상황을 더욱 촉진시키는 방향으로 인간관계를 재정립하게 된다. 낙인이론의 창시자인 레머트(Lemert)의 1차적 일탈과 2차적 일탈에 의하면, 우연히 범죄를 저지른 1차 일탈에서 전과자 낙인이 찍히면 그 전과자는 낙인으로 말미암아 직업을 구하기 어렵게 되어 생계유지를 위해 다시 범죄를 저지르는 2차 일탈을 한다는 것이다.

사회문제의 해결책

낙인이론은 두 가지 해결책을 제시한다. 첫째, 개념규정을 변화시키는 것이고, 둘째, 낙인행위로 얻어지는 이득을 제거하는 것이다. 예를 들어 개념규정의 변화는 알코올중독자를 일탈자가 아닌 환자로 새로운 의미를 부여하여 행동의 변화를 유발시켜 낙인을 찍는 행위로부터 빚어지는 이득을 제거하면 낙인행위가 줄어들고 낙인으로 생기는 문제가 감소될 것이다.

앞에서 살펴 본 다섯 가지 관점이 강조하는 개념은 모두 다르지만 근본적으로 인간사회의 문제를 어떠한 관점에서 파악하느냐 하는 것이다. 사회병리론은 인간에 관심을 집중하고, 사회해체론은 사회규칙을 강조하며, 가치갈등론은 가치와 이익을 관찰하고, 일탈행위론은 역할을 강조하며, 낙인론은 사회적 상호작용을 중요시하고 있다.

내용요약

1. 사회문제에 관한 거시론적 접근

① 구조기능론

② 갈등론

③ 상징적 상호작용론

2. 사회문제이론

① 사회병리론 : 사회병리론은 사회문제에 대한 이론 가운데 가장 오랜 역사를 가지고 있으며, 구조기능론의 시각을 갖고 사회를 하나의 유기체로 보며 사회화에 실패한 사람들이 사회문제를 야기한다는 논거를 제시한다.

② 사회해체론 : 사회해체론(social disorganization)은 제1차 세계대전 이후 사회와 사회학 분야에서 나타난 일련의 특정한 사건들에 대한 반응으로 대두되었다.

③ 가치갈등론 : 가치갈등론(value conflict)적 시각은 유럽과 미국의 갈등이론이 종합되면서 태동하기 시작했다.

④ 일탈행위론 : 사회는 하나의 체계이며 그 체계는 각 부분으로 구성되고 생존과 기능의 유지를 위하여 필요한 기능을 수행한다.

⑤ 낙인이론 : 낙인이론(labeling theory)은 사회문제를 용인하는 어떤 측면을 검토하는 것이다. 일련의 사회학자들은 인간의 상황에 문제가 있다고 낙인하는 조건, 즉 문제를 규정하는 사람에 관심을 집중했다.

check list

1. 현재 우리사회의 문제를 하나 택해 본인이 가장 타당하다고 생각되는 사회문제에 관한 거시론적 접근 중 한 이론을 가지고 분석해 봅시다.

2. 최근 우리 사회에서 자주 발생하고 있고 사회문제화되어 있는 '자살의 문제'는 어느 사회문제이론으로 설명하는 것이 가장 타당한가에 대해 생각해 봅시다.

CHAPTER 3

사회문제와 사회복지

주요용어

사회사업, 사회복지, 정책적 접근, 전문적 접근, 통합적 접근

사회문제와 사회복지

사회문제가 현재의 일상생활에 불편을 끼치고 갈등을 야기시키는 것으로 인식되고, 이러한 문제의 예방과 경감 그리고 그 해결을 위해 지속적으로 노력하고 있음에도 사회문제가 더욱 심각해지는 것은 어떤 의미인가? 사회문제의 발생과 정도의 변화는 우리가 살고 있는 사회의 변화와 관련이 있다. 따라서 사회문제에 대한 이해를 위해서는 사회의 변화에 대한 이해가 전제되어야 할 것이다.

사회문제를 하나의 독립된 주제로 설정하여 이를 학문적으로 조명하고자 하는 노력은 그리 오래된 일은 아니다. 사회문제를 중요한 주제로 다루고 있는 사회학에서조차 실증적인 연구가 축적될 때까지 이를 전문적으로 다룬 연구서가 출간되지 않았었다. 그러나 연구의 폭을 넓혀 살펴보면, 각 학문 분야가 다루고 있는 주제의 근본은 사회문제와 어떤 형태로든 관련되어 있음을 알 수 있다. 예를 들어 여타의 사회과학에서 다루는 주제는 각각의 학문 분야와 관련한 사회문제가 존재하기 때문에 가능하다. 여기에서는 사회복지 또한 예외가 아니다. 사회복지는 인간의 삶의 질에 관심을 갖는다. 이는 사회복지에서 중요하게 다루는 영역별 사회복지뿐만 아니라 지역사회복지 또한 사회를 구성하는 구성원 모두의 삶의 질 향상과 관련을 갖는다. 그런데 사회문제는 인간의 삶의 질을 위협하는 가장 중요한 요소이며, 사회복지는 사회문제가 있어 존재 가능한 학문으로 그 출발을 사회문제로

보아도 무방할 것이다(김대원 외, 2007 : 30).

이러한 관계성에서 볼 때, 사회복지를 추구하기 위해서는 사회문제 해결이 최우선 과제이다. 따라서 사회문제를 논하기 위해서는 사회복지에 대한 올바른 개념정립이 선행되어야 한다.

사회복지의 개념

사회복지는 사회현상을 연구하는 순수과학이 아니고 사회문제를 해결하는 응용과학이다. 응용과학은 사실발견과 인과관계를 규명하는 순수과학의 기초 위에서 성립하고 발전한다. 따라서 사회복지학은 사회학, 심리학, 인류학, 정치학, 철학, 생물학, 간호학, 정신분석학 등 제 학문의 지식이 필요한 종합과학이다.

또한 사회복지는 인간의 복지를 추구하는 사회적 노력이다. 이러한 사회적 활동을 상호부조, 자선사업, 박애사업, 사회사업, 사회정책, 사회운동이라는 여러 개념으로 표현한다. 일반적으로 상호부조, 자선사업과 박애사업은 전통사회에서 주로 볼 수 있던 사회복지의 전통적 형태이며 사회사업, 사회정책, 사회봉사 및 사회운동은 현대사회의 전형적 복지활동의 형태라 할 수 있다.

사회복지라는 개념은 주로 영 · 미에서 사용되었다. 이곳에서 사용된 사회복지의 개념은 일반적으로 인간의 요구에 대한 서비스를 말한다. 이는 인간을 기존 사회구조에 적응시키는 것을 핵심 목적으로 한다.

인간의 요구는 어떤 것을 획득하기 위한 것이며, 그 요구를 충족하는 것이 재화와 서비스다. 재화와 서비스가 기존의 사회구조에서 불평등하게 배분되었기 때문에 인간의 요구를 해결할 수 있는 재화와 서비스를 어떻게, 어느 정도 재고해야 되는가를 검토하는 것이 사회복지의 중요한 과제이다. 복지를 평등과 보장의 의미로 간주하는 것도 그 때문이다. 평등과 보장이 이루어지기 어려우면 재화와 서비스의 분배는 사회문제가 될 수 있다. 이러한 사회문제를 해결하려는 노력도 사회복지의 개념에 포함되는 것이다. 재화와 서비스의 결핍으로 인한 요구는 불평등, 부적응과 같은 사회문제에서 나오는 것이다. 따라서 사회복지의 개념은 ① 인간의 요구와 사회문제에 대한 서비스, ② 평등과 보장, ③ 기존 사회구조에의 적응을 목적으로 한다.

사회복지는 사회사업, 사회정책, 사회보장 및 사회봉사 등과 매우 유사한 개념으로 사용되지만 이러한 개념의 통합개념인 것이다. 일반적으로 사회복지는 사회문제를 해결하기 위한 제도적 시책을 의미한다. 반면 사회사업은 인간관계의 문제를 조정하는 전문기술로 인식하며, 사회정책은 사회적 욕구와 문제를 해결하기 위한 국가정책을 의미한다.

던햄(Dunham)은 사회사업과 사회복지를 구분해 설명하고 있다. 사회복지는 인간이 노력하는 광범위한 분야이고, 사회사업은 그러한 분야에서 특화된 전문 분야라는 것이다. 다시 말해 '사회복지가 인구의 일부 또는 전체의 경제 조건, 사회적응, 생활수준 및 사회적 관계성과 같은 영역에서 인간의 욕구를 해결하도록 도와줌으로써 사회적 행복을 추구하기 위한 조직적 노력' 이라면, '사회사업은 지역사회의 요구와 능력의 틀 안에서 사람들의 충분한 생활수준을 획득하기 위해 그들을 도와주는 전통적 서비스를 의미한다' 고 설명하고 있다(Dunham, 1970 : 14).

사회복지와 사회사업의 개념을 행위의 주체 면에서 파악한다면 전자는 개인과 집단뿐 아니라 국가에 의해 시행되는 모든 사회적 시책을 의미하고, 후자는 주로 개인 또는 집단과 같이 민간기관에 의하여 시행되는 것을 말한다.

이와 같이 일반적으로 사회문제를 해결하는 여러 방법을 사회복지라 한다. 사회문제는 자본주의 사회제도상의 모순 · 결함과 인간행동의 부적응(일탈행동)에서 초래된다. 전자에서 비롯한 사회문제의 유형은 실업문제, 빈곤문제, 교육불평등문제, 노사문제, 환경오염, 도시문제 등이 있는데, 이의 해결방법론이 사회정책이다. 한편 후자에서 비롯한 사회문제의 유형은 이혼, 비행 및 범죄, 약물중독, 성매매 및 폭력, 정신질환문제 등이 있으며 이의 해결방법론이 사회사업인 것이다.

사회복지의 방법

사회복지의 대상을 사회문제로 보는 경우에는 사회불평등에 대한 갈등주의적 접근방법과 사회부적응에 대한 기능주의적 접근방법 그리고 사회해체에 대한 통합주의적 접근방법으로 나누어 볼 수 있다.

정책적 접근

사회복지의 정책적 접근은 사회문제와 사회복지를 역사 · 사회적 존재형태로 간주하며 사회제도의 결함으로 생긴 사회문제를 해결하는 사회정책으로 보는 견해이다. 이러한 관점에서는 사회문제를 개인보다는 사회 · 국가의 책임으로 여기므로 국가정책에 의해 사회복지가 이루어져야 한다고 생각한다. 이러한 접근의 사회복지는 빈민 및 노동자계급의 복지에 관심을 둔다. 자본주의 제도의 결함으로 생긴 빈민, 노동자, 불우한 자를 위한 정책에는 사회보장, 사회봉사, 단체교섭제도가 있다.

전문적 접근

전문적 접근은 사회복지를 인간관계의 조정기술로 보는 견해이다. 인간의 욕구를 위기 또는 문제상황으로 규정하고 문제가 부적응이나 욕구불만에서 일어난다고 여긴다. 따라서 개인의 탈선행위의 문제해결은 주로 환경조건의 개선과 퍼스낼리티 개발에 관심을 둔다. 따라서 심리요법이나 사회요법(환경조정)으로 개인의 퍼스낼리티를 치료하려 한다. 이러한 것을 전문 사회사업이라 하고 그 원조의 내용은 사회심리 서비스를 특징으로 한다.

오늘날의 사회복지사업은 고도의 전문지식과 기술을 지닌 사회복지사의 원조 아래 이루어진다. 전문기술과 지식은 사회사업의 주요 방법인 사회복지실천, 사회복지실천기술, 지역사회사업, 사회행동 등을 말한다.

통합적 접근

사회복지의 통합적 접근은 중간 의미의 사회복지를 말하는 것으로 주로 사회해체(가족해체, 지역사회해체 등)의 결과로 생긴 문제(예 : 가출, 이혼, 빈민지역 등)를 예방 · 치료하기 위한 것이다. 사회해체로 인해 발생한 사회문제는 정책적 접근이나 전문적 접근방법 중 한 가지를 택하는 것이 아니라, 이 두 방법을 동시에 적용해야 해결이 가능한 것이다. 사회복지의 정책적 접근방법은 국민을 대상으로 하고, 전문적 접근방법은 개인을 강조하며, 통합적 접근방법은 사회(개인과 집단)를 중요시한다.

사회문제의 해결방안

앞에서 살펴본 사회문제와 사회복지의 연관성 속에서 사회문제는 어떻게 해결 가능할 것인가? 전 장의 설명에서와 같이 사회문제를 해결하기 위해서는 어떠한 현상을 사회문제로 정의하고, 사회문제의 원인 또는 관련 요인들이 무엇인가를 과학적으로 연구 · 분석하는 작업이 선행되어야 한다. 제 사회과학 중에서는 사회학에서 가장 먼저 사회문제를 설명하려는 작업을 시작하였고, 이는 사회학이 발전하는 계기가 되었다. 콩트(A. Comte, 1798~1857)의 학문적 출발은 당시의 사회적 혼란을 극복하기 위한 노력의 일환으로 시작되었던 것이다. 이렇게 사회학에서의 사회문제에 대한 이해는 사회문제를 이해하고 설명하려는 작업으로 시작되었고 발전되었다고 할 수 있다(Sullivan et al., 1980).

이렇게 사회문제에 대한 연구의 시작은 사회학에서 시작되었지만, 사회문제의 해결을 위한 제도적 장치의 발전은 사회복지를 중심으로 전개되어 왔다고 할 수 있다. 따라서 사회문제를 이해하고 그 원인을 규명하며, 이에 대한 해결책을 찾는 연구는 사회복지학의 핵심적이고 기초적인 연구 분야인 것이다(최일섭 외, 1995).

그런데 사회문제를 해결하고자 할 때, 사회학에서 논의하는 바와 같이 사회문제를 일탈이나 사회해체에 한정하게 된다면 그 대책도 처벌만을 연상하게 된다. 그러나 법적 처벌은 사회문제에 대한 사회적 대책의 한 면일 뿐이다. 대부분의 사회는 처벌 이외에도 사회복지제도를 통해 보다 적극적이고 예방적인 차원에서 사회문제에 대응하고 있다. 예를 들어 빈곤에 대한 치료책으로서의 공적 부조, 예방책으로서의 각종 사회보험, 불평등 완화를 위한 조세정책과 사회보장, 각종 일탈행위와 사회해체에 대응하기 위한 사회사업과 사회복지서비스 등이 그것이다.

사회문제와 사회복지와의 관계는 개인적 곤란과 공적 쟁점, 사회문제의 두 가지 유형, 즉 일탈행위와 제도적 문제에 대응시켜보면 보다 확실히 드러난다. 개인적 곤란이 주로 전문사회사업(professional social work)의 주된 대상이 된다면, 공적 쟁점은 사회복지정책(social welfare policy)의 대상이 되고, 일탈행위가 전문사회사업의 주된 대상이 된다면, 제도적 문제는 사회복지정책의 주된 대상이 되는 것이다.

본 서에서 다루는 개별적 사회문제도 사회복지제도와 사회복지실천 분야와 대응된다. 즉, 개인의 복지와 사회문제에서 청소년비행은 청소년복지, 범죄의 문제는 교정복지, 성매매문제는 여성복지, 약물남용문제와 정신질환문제는 정신보건사회사업에 대응되고, 사회구조와 사회문제에서 가족문제는 가족복지, 교육문제는 교육복지, 노동문제는 산업복지와 사회보장정책과, 빈곤문제는 공공부조와 사회보장정책과, 성차별문제, 다문화가족문제, 새터민문제 등은 인권과 사회복지일반에 대응되며, 또한 삶의 질과 관련된 인구 · 도시문제는 지역복지와 노인복지에, 환경문제는 환경복지에 대응되는 것이다.

내용요약

1. 던햄(Dunham)의 사회사업과 사회복지

사회복지는 인간이 노력하는 광범위한 분야이고, 사회사업은 그러한 분야에서 특화된 전문 분야이다.

2. 사회복지 대상을 사회문제로 보는 경우

사회불평등에 대한 갈등주의적 접근방법과 사회부적응에 대한 기능주의적 접근방법, 사회해체에 대한 통합주의적 접근방법으로 구분이 가능하다.

3. 사회문제와 사회복지와의 관계

개인적 곤란과 공적 쟁점, 사회문제의 두 가지 유형, 즉 일탈행위와 제도적 문제에 대응시켜 보면 보다 확실히 드러난다. 개인적 곤란이 주로 전문사회사업(professional social work)의 주된 대상이 된다면, 공적 쟁점은 사회복지정책(social welfare policy)의 대상이 되고, 일탈행위가 전문사회사업의 주된 대상이 된다면, 제도적 문제는 사회복지정책의 주된 대상이 되는 것이다.

check list

1. 사회문제와 사회복지의 개념에 대해 정확히 파악해 봅시다.

2. 개별적 사회문제가 사회복지 영역에서 어떻게 대응되는가를 생각해 봅시다.

PART 2

개인의 복지와 사회문제

CHAPTER 4

청소년비행

주요용어

갱생보호, 보호관찰, 불량행위소년, 청소년비행

청소년비행의 개념

청소년비행(juvenile delinquency)은 청소년일탈, 청소년비행, 청소년문제, 청소년범죄와 혼용해서 사용되고 있다. 본 절에서는 청소년일탈과 청소년비행의 개념을 주로 살펴보기로 한다.

청소년일탈은 청소년과 관련된 일탈행위로 예를 들어 유흥가 배회하기, 부모에게 거짓말하기, 물건 훔치기, 본드 흡입하기, 학교수업 빼먹기, 담배 피우기 등을 들 수 있다. 이들 행위는 규칙이나 규범을 위반한 행위이지만 규범에 대한 합의 정도, 사회적 반응의 정도, 사회적 피해의 정도에 따라 네 가지 유형으로 범주화될 수 있다.

첫째, 살인이나 강도, 강간같이 전통적으로 사회구성원 대다수가 범죄라고 인정하고 사회적 피해도 큰 합의범죄(consensus crime), 둘째, 인공중절수술이나 안락사와 같이 범죄 여부에 대해 논쟁의 여지가 있는 갈등범죄(conflict crime), 셋째, 범죄만큼의 강한 비난이 이는 것은 아니지만 사회 관습이나 학교 학칙 등을 위반하는 행위로 좁은 의미에서의 일탈행위이다. 넷째, 대다수 사람들의 평범함에서 조금 벗어나기는 하지만 규제나 처벌의 대상이 되는 행위는 아닌 것으로 조금 지나치게 개성을 표현한 행위들로 간주되고 평가되는 행위들이다.

이렇게 일탈행위는 개성 있는 행동에서부터 범죄행동까지를 포함하는 용어로 사용되고 있다.

한편 청소년비행의 개념은 다양하게 정의되고 있다. 일반적으로는 형법을 위반하여 범죄로 간주되는 행위(예 : 패싸움, 강도, 강간 등)와 범죄는 아니지만 청소년이기 때문에 규제되는 행위인 지위비행(예 : 음주, 흡연 등)을 포함하고 있다.

청소년비행은 범죄와 함께 대표적인 일탈행위이다. 일탈행위라는 점에서 사회적 규범이나 규칙을 위반한 청소년들의 행위로 좁게는 청소년이 법을 어겨 소년법정에서 소송의 대상이 되는 경우를 말한다. 예를 들어 무단결석, 성관계, 가출, 난폭한 행동, 통행금지 위반, 부모에의 불복종 등이 이에 속한다.

청소년비행에 대해 미국에서는 두 가지로 분류한다. 하나는 신분범으로 청소년들만이 범하는 불법행위를 말하는데, 예를 들어 가출, 무단결석, 미성년자 음주 등을 들 수 있다. 다른 하나는 소년범으로 성인이 범하면 범죄가 되는 불법행위로, 예를 들어 절도, 살인, 강도 등의 불법행위의 경우이다(Mooney, Knox & Schacht, 2002 : 104).

한편 미국의 비행청소년들의 경우 비행집단을 형성한다는 특징을 보이고 있는 것으로 나타나고 있다(Zastrow, 2000 : 46). 모랄레스는 비행집단을 다음과 같이 유형화하고 있다.

- 범죄적 비행집단 : 범죄행위를 통해 물질적 이득을 취하는 것이 주된 동기(예 : 재물의 절도, 강도, 밤도둑, 마약밀매 등)
- 갈등적 비행집단 : 세력권을 지키기 위한 비행집단. 자신의 영역을 경쟁 비행집단으로부터 지키기 위해 폭력을 불사한다. 비행집단 보스에 대한 존경심이 중요한 가치가 된다.
- 도피적 비행집단 : 약물을 안정적으로 공급받기 위한 것이 주된 목적이 되는 비행집단으로 범죄적 비행집단이 마약을 돈벌이 수단으로 이용하는 데 비해, 도피적 비행집단은 마약을 소비의 대상으로 삼는다.
- 밀교적 비행집단 : 악마숭배를 위한 비밀스런 비행집단이다. 일부 집단은 성과 폭력을 강조하여 아동이나 처녀를 성적으로 폭행하는 의식을 치르기도 한다.

한국의 경우 청소년비행은 이런 면이 결여되어 있으나 최근 들어 비행청소년들 사이에 갱(gang)이 형성되는 경향이 나타나고 있어 주목되고 있다. 다음 기사들이 그러한 경향을 보여 주고 있는 예이다.

눈이 유난히 커 보이는 김선희(기사에서 언급되는 모든 학생의 이름은 가명이다. 비밀을 누설했다는 이유로 선배나 친구들에게 보복당할 수 있어서이다) 양은 중학교 3학년이다. 어른들에겐 귀염성 있게 보이는데, 일진회 선배들과 친구들에겐 그렇지 않은 모양이다. 얼굴과 몸매가 통통하다는 이유로 따돌림을 당했다.

선희가 일진회 멤버가 된 뒤 선배 언니들로부터 자주 매를 맞은 것은 커다란 눈 때문이다. '노려본다'는 것이다. 중학교 1학년이 끝나갈 무렵, 그가 생활지도부 교사에게 일진회 활동을 진술한 내용엔 이런 글이 적혀 있다.

"만약 1년 전으로 돌아간다면 정말 잘할 수 있을 텐데, 이젠 후회해도 어쩔 수 없습니다."

서울에서 초등학교 6학년에 다니던 선희는 어느날 친구들과 한강 둔치에 놀러갔다. 그곳에서 여중생 몇 명을 만났다. 이들은 선희에게 다짜고짜 "너 놀거냐?"고 물었다. 뱀처럼 매서운 눈매, 생전 못 들어본 욕설에 기가 죽어 마지못해 "놀겠다"고 말했다. 그렇게 일진회 멤버가 됐다.

초등학교 시절의 마지막 여름방학, 선희에겐 무시무시한 통과의례가 기다리고 있었다. '너지'라고 불리는 일종의 신고식이었다. 집이 빈 한 선배의 집으로 선희와 친구 몇 명이 불려갔다. 그곳에서 한 언니로부터 따귀 세 대를 맞았다. '선배들에게 깍듯이 인사하지 않은 죄'라고 했다. 이렇게 맞는 매는 '감정빵(감정을 상하게 만들어 맞는 매)'이라고도 했다. 분위기가 워낙 험악해 아픈 줄도 몰랐다.

신고식은 맞는 것으로 끝나지 않았다. 선배들은 같이 온 친구들과 싸움을 하라고 했다. 마치 토너먼트로 우승자를 가려내듯 싸움에서 이긴 학생이 또 다른 학생과 싸웠다. 얼떨결에 친구들과 싸운 선희는 언니들 표현으로 '짱'이 됐다. 선희에게 맞은 친구들은 구석에서 훌쩍거리며 울었다.

중학교에 올라가자 선배들에게 돈 상납까지 해야 했다. 선희는 "맞고, 돈 모으고, 인사하고, 이런 일만 했다"고 털어놓았다. 선배들이 요구한 돈을 마련하기 위해 초등학생들에게서 돈을 뜯었다. 처음이 어려웠지, 몇 번 하니까 요령이 생겼다. … 선배가 요구하는 돈은 3만~4만 원. 모자라면 매를 맞아야 한다.

"그럼, 몇 대 맞을래?"

시키는 대로 했지만, 선희는 자주 붙들려 가서 맞았다. 선배들을 노려본다는 이유에서다. 하루는 학교 근처 노래방으로 모이라는 명령이 떨어졌다. '또 맞는구나' 싶었다. 선생님께 털어놓을까도 했지만 그러면 혹독한 대가를 치러야 한다. 얘기해봤자 문제가 되는 학생 몇 명이 하루쯤 혼나는 것으로 끝난다. 그렇지만 선희는 끊임없이 시달려야 한다. 졸업하려면 2년이나 남았고, 전학을 가도 보복은 피할 수 없다. 언니들은 서울 시내 거의 모든 학교에서 논다는 친구들을 사귀는 것 같았다. 소문이 퍼지면 선희는 숨을 곳이 없어진다. 하는 수없이 노래방으로 갔다.

이미 한 선배가 20여 명이 들어갈 만한 방을 잡아놓았다. 2, 3학년 선배들 10명이 자리를 잡고 앉았다. 2학년 선배 하나가 "노래방 주인이 기웃거리면 그냥 노래 부르는 척해라"라고 주의를 줬다. 뭔가 큰일이 일어날 것 같았다. 3학년 선배 중에서도 가장 싸움을 잘한다는 언니가 일어나 목소리를 깔고 말했다.

"평소에 인사를 잘 하지 않고, 돈을 제대로 모으지 못해 불렀다. 무릎 꿇고, 손은 뒤로 하고 앉아라."

그러더니 바닥에 침을 뱉고는 그 위에 무릎을 꿇으라고 했다. 선희의 교복이 침과 담뱃재로 얼룩졌다. 그래도 눈을 꼭 감았다. 눈을 뜨면 더 맞는다.

"선희, 너, 잘못한 게 뭐야?"

"돈도 못 모으고, 인사도 안 하고…"

2학년 선배 하나가 노래를 부르기 시작했다. 맞는 소리가 밖으로 새나가는 것을 막으려는 것 같았다. 3학년 선배가 말했다.

"그럼, 몇 대 맞을래?"

"…30대."

그러자 2학년 선배들이 집단으로 선희를 때리기 시작했다. 처음엔 따귀를 때리다가 강도가 높아지더니 급기야 배까지 걷어찼다. 얼마나 맞았는지 기억나지 않았다. 노래책, 마이크, 탬버린으로 맞은 것 같기도 했다. 너무 아파서 소리를 지를 수도 없었다.

집으로 돌아온 후 마치 생리하는 것처럼 배가 아프고 하혈이 있었다. 하혈은 6주 동안 계속됐다. 엄마와 함께 병원에 가서야 겨우 하혈이 그쳤다. 선희는 생리라고 생각했는데, 의사는 "자궁에 문제가 있다"고 했다. 배를 맞은 것이 원인이었다. 엄마는 무슨 일이 있었냐고 다그쳤지만, 아무런 얘기도 할 수 없었다.

그렇게 맞았지만 학교생활은 조금도 달라지지 않았다. 오히려 선배들이 조직적으로 선희를 따돌리기 시작했다. 학생부 교사에게 일진회 활동 일부를 폭로했다는 소문 때문이었다. 사실이 아니었지만, 그렇게 소문이 나면 '사실'이 됐다. 교실 밖으로 나갈 수도 없었다. '조용히 살아라. 나대면(나가서 비밀을 폭로하면) 까버린다'는 휴대전화 메시지가 수없이 들어왔다.

견디다 못한 선희는 한 달 동안 결석했고, 이를 이상하게 여긴 교사의 도움으로 그간의 일이 드러났다. 선희의 부모는 학교를 찾아와 가해 학생들을 모두 만났다. 마음 같아선 모두 고소하고 싶었지만, 딸의 장래를 위해 용서해 주기로 했다. 선희는 결국 다른 학교로 전학을 갔다. 이제 막 어린아이 티를 벗은 선희는 마치 남의 얘기하듯 지난 일을 털어놓지만 언제 어느 때 악몽 같은 기억이 선희를 옥죌지 모른다. 속으로 멍든 상처가 쉽게 지워질리 있겠는가.

……

자료 : 신동아, 2005년 4월호

"기분 나쁘다" 며 집단폭행한 '못된 여중생들'

경북 구미에서 중 3 여학생이 같은 학교 후배인 2학년 여학생 6명에게 집단폭행 당해 고막이 터지는 등의 상처를 입고 병원에 입원, 경찰이 조사에 나섰다.

5일 경찰과 구미시내 모 중학교에 따르면 ㅅ양(15)과 장모양(14) 등 이 학교 2학년생 6명은 지난 2일 오후 1시쯤 장양 집에 함께 있다 우연히 들른 3학년 ㅈ양(15)과 이야기를 나누던 중 '기분 나쁘게 한다' 며 ㅈ양을 집단폭행했다.

ㅅ양은 3학년인 ㅈ양과 초등학교 동기였지만 유급돼 2학년에 다니고 있었으며 이들은 이날부터 시작된 학기말 시험을 마치고 장양 집에 함께 있었다.

ㅅ양은 친구인 3학년 ㅈ양이 자신의 이야기를 나쁘게 하고 다닌다는 이유로 때렸으며 이에 ㅈ양이 눈물을 흘리며 자신의 어려운 가정환경 이야기를 하자 모두 함께 따라 울다 갑자기 "분위기를 우울하게 만들어 기분 나쁘다" 며 다른 2학년생까지 모두 가담해 오후 7시까지 6시간 동안 집단폭행했다. 이 과정에서 ㅈ양의 겉옷을 벗기기도 하고 윽박지르는 장면을 휴대전화 동영상으로 찍기도 했다.

ㅈ양은 고막이 터지고 전신타박상을 입는 등 전치 3주의 상처를 입었으며 대인기피증세까지 보여 병원에서 치료를 받고 있다.

학교 측은 이날 밤 ㅈ양의 가족으로부터 연락을 받고 다음 날 해당 학생과 학부모를 모두 불러 이 같은 사실을 확인, 시험을 마치는 5일까지 가해학생들을 격리해 시험을 치르도록 했으며 6일 학교폭력자치위원회를 열어 징계할 방침이다.

경찰은 5일 ㅈ양과 ㅅ양 등 관련 학생들을 모두 불러 진술을 받는 등 정확한 사건 경위를 수사하고 있다.

자료 : 경향신문, 2007년 7월 5일

우리사회에서 청소년비행의 법적 범주는 다음과 같이 구분할 수 있다. 우선 범죄소년으로 이는 14~19세 미만의 소년으로서 형벌법령에 위배되는 행위를 한 형사책임이 있는 자이다. 둘째, 촉법소년으로 이는 10~14세 미만의 소년으로서 형벌법령에 위배되는 행위를 한 자로서 형사책임은 없는 자이다. 셋째, 우범소년으로 이는 10~19세 미만의 소년으로 ① 보호자의 정당한 감독에 복종하지 않는 성벽이 있거나, ② 정당한 이유없이 가정에서 이탈하거나, ③ 범죄성이 있는 부도덕한 자와 교제하거나 금전 낭비, 부녀 유혹, 불건전한 오락 등을 하는 자로서 본인의 성격 또는 환경에 비추어서 장래에 형벌법령을 범할 우려가 있는 자를 일컫는다.

표 4-1 우리나라 청소년 비행의 유형

유 형	내 용	의 미
형벌법령을 어긴 행위 (성인의 범죄행위에 해당)	형사책임을 지는 범죄소년(14~19세 미만)	범죄소년
	형사책임이 없는 촉법소년(10~14세 미만)	
장차 형벌법령을 위반할 가능성을 보여 주는 비행을 저지른 행위	음주, 흡연, 성인시설이나 미성년자 출입제한시설 출입, 성도덕 문란, 흉기 소지, 가출, 부모에 불복종 등 명백한 범법행위는 아니지만 청소년으로서 해서는 안 되는 행위를 하여 부모나 사회의 보호를 받아야만 하는 비행청소년을 총칭. 우범소년(소년법), 불량행위소년(청소년백서), 청소년 비행(미성년자보호법)	비행소년

자료 : 원석조(2008), p.123

또한 우범소년과 매우 유사한 용어로 불량행위소년이 있다. '불량행위소년' 이란 '20세 미만의 소년으로서 음주, 끽연, 흉기 소지, 싸움, 부녀희롱 등 자기 또는 타인의 덕성을 해하는 풍기문란 행위자' 로 형태상으로는 우범소년과 유사하다. 그 구분은 소년경찰관에 의해 '장래 범죄를 범할 우려성의 여부' 에 따라 결정되는데, 이는 소년경찰관의 자의적 판단에 의해 우범소년이 될 수도 있고, 불량행위소년이 될 수도 있음을 의미한다.

청소년비행 관련 이론

청소년비행을 사회문제로 설명하는 대표적인 시각으로 기능주의 이론, 갈등이론, 상징적 상호작용이론을 들 수 있다.

기능주의이론

기능주의이론에서 청소년비행의 원인은 사회체제의 결함으로 인하여 사회가 청소년들의 욕구와 문제에 적절하게 대응하는 데 실패하거나 청소년들이 사회발전에 공헌하도록 하는 데 실패하였기 때문이라고 설명하고 있다. 즉, 청소년들이 생물학적으로는 발달하는 데 반해 노동시장에의 참여, 성 행위의 실천 등 사회적 능력을 발휘할 수 있는 시간이 더

지연되고, 청소년에 대한 사회적 기대나 처우도 일치하지 않아 이러한 것 등이 청소년문제를 유발한다고 본다. 기능주의적 관점에서 청소년비행을 설명하는 대표적인 이론으로는 아노미이론, 사회통제이론, 사회해체이론, 하위문화론, 차별적 접촉이론 등이 있다.

갈등이론

갈등이론은 사회를 다양한 집단 간의 갈등의 현장으로 본다. 사회에는 사회구성원들이 가치를 부여하는 희소자원인 권력과 부가 한정되어 있기 때문에 제한된 자원을 얻기 위해 구성원들 간의 경쟁과 갈등은 불가피하다는 것이다. 이러한 시각에서 근거한 갈등주의자들은 사회생활에서 필요한 희소자원을 소유할 수 없거나 많이 소유하지 못한 때에 비행이나 범죄가 발생하며 이러한 현상이 지배집단의 이익이 침해되었을 때 사회문제화된다고 본다. 볼드(Vold G. B., 2001)의 집단갈등이론에서는 청소년비행이 집단갈등의 소산이며 소수집단의 행위라는 것을 강조하고 있다. 이러한 관점은 청소년비행이 일반적으로 또래집단에 의해 수행되며 주로 다수집단을 거부하는 소수집단이 범죄자로 규정되고 처리된다는 점에 근거한 것이다. 따라서 청소년비행집단은 대체로 기존의 비행집단이 갖고 있던 가치와 힘의 규제와 규율에 다소 반대하는 입장의 소수집단이며 주변적 위치에 있는 사람들이 자신의 세력을 강화하고 보호하기 위해 힘을 합친 것이라고 가정한다.

이렇게 갈등론에서는 청소년을 지배하는 성인이나 권력집단이 자신들에게 유리한 제도나 권력을 가지고 청소년을 지배할 때 문제가 발생한다고 본다. 불평등하게 분배된 제도나 권력은 항상 권력을 가진 성인을 위해 존재하므로 청소년문제가 발생하며 이러한 경우 학대, 착취, 매매 등이 나타난다고 볼 수 있다.

상징적 상호작용론

상징적 상호작용에 따른 비행이론으로는 낙인이론(labeling theory)이 있다. 낙인이론에 의하면 어떤 현상이나 행위가 일반대중이나 사회통제기관의 관심의 대상이 되기 시작하여 바람직하지 못한 것으로 판단됨으로써 문제가 된다는 것이다. 낙인이론은 대부분의 사람들이 비행을 저지를 수 있다는 가정에서 출발한다. 그러나 비행을 저지른 청소년 모두가 비행청소년이 되는 것은 아니며 비행청소년으로 낙인찍힘으로써 비행청소년의 길을

걷게 된다는 것이다.

이 이론은 일탈과 비행은 그것을 보는 사람의 관점에 의해 형성되는 것이라는 기본 시각을 가지고 있다. 레머트(Lemert)는 1차적 일탈과 2차적 일탈로 개념을 구분하고, 1차적 일탈은 일시적이며 개인의 심리구조나 사회적 역할수행에 영향을 주지 않지만, 이것은 사람들로부터 일탈자로 낙인 찍히게 만들어 결국 2차적 일탈을 형성하게 한다는 것이다. 일단 전과자가 되면 사회에 정상적으로 참여하지 못하고 계속해서 비행이나 범죄를 저지르는 경우가 이에 속한다. 특히 2차적 일탈은 1차적 일탈에의 사회적 반응에 의하여 초래되는 여러 가지 문제나 조건에 대한 반응으로 인해 발생하는 것으로, 1차적 일탈에 비해 장기간에 걸쳐 일어나고 심리적 구조 및 사회적 역할수행에 큰 영향을 주는 것으로 규정한다. 소년기 범죄자 중에서 범죄를 저지른 후의 상황이 보다 부정적으로 변화되었던 사람들이 성인범죄자로 발전되는 것이 그 예이다.

청소년비행 실태

청소년범죄의 유형별 현황

청소년비행 상황은 지난 5년간 총 범죄는 매년 증가 추세를 보이다가 2005년에 감소한 후 다시 증가한 반면 청소년 범죄는 2002년에 총 범죄 대비 5.1%였던 것이 2005년에는 3.6%까지 감소하였다가 2006년에 다시 3.9%로 증가하고 있다.

이에 2006년도 청소년범죄 유형별 분포상황을 보면 재산범이 38.1%로 가장 많고, 다음

표 4-2 범죄대비 청소년범죄 구성 현황 (단위 : 명, %)

연 도 / 구 분	2002	2003	2004	2005	2006
총범죄	2,416,711	2,441,267	2,606,718	2,384,613	2,401,537
소년범죄	123,921	104,158	92,976	86,014	92,643
구성비율(%)	5.1	4.3	3.6	3.6	3.9

자료 : 대검찰청(2007)

표 4-3 청소년범죄 유형별 현황

(단위 : 명)

구분		2002	2003	2004	2005	2006
계		123,921	104,158	92,976	86,014	92,643
강력범	소 계	2,699	2,868	2,877	2,273	2,492
	살 인	60	19	25	35	18
	강 도	1,375	1,550	1,218	826	966
	강 간	1,122	1,192	1,501	1,230	1,340
	방화 · 실화	142	107	133	182	168
폭력범	소 계	39,911	31,532	29,940	27,647	22,173
	폭행 · 상해	39,465	31,199	29,561	27,187	21,436
	공 갈	386	272	327	387	580
	기 타	60	61	52	73	157
재산범	소 계	37,981	36,049	32,487	32,472	35,307
	절 도	26,484	24,208	24,215	26,053	28,854
	횡령 · 배임	866	840	765	864	1,011
	장 물	308	246	283	352	504
	사 기	10,323	10,755	7,224	5,203	4,938
교통사범		36,006	26,022	22,452	18,646	19,642
기 타		7,324	7,687	5,220	4,976	13,029

자료 : 대검찰청(2007)

으로 폭력범 23.9%, 교통사범 21.2%. 살인 · 강도 · 강간 등 강력범은 2.7%순으로 나타나고 있다.

청소년범죄의 연령별 · 성별 현황

청소년범죄의 연령별 현황을 보면 지난 5년간 19세 소년의 범죄 비율이 높게 나타났으나 2006년에는 전체 범죄건수 중에 16세 소년이 18.5%에 해당하는 범죄건수를 기록함으로써 19세 소년의 범죄건수를 앞지르고 있다.

또한 2006년도 청소년 범죄 남녀별 비율을 보면 남자가 83.8%, 여자가 16.2%로 2005년

표 4-4 청소년 범죄 연령별 현황

(단위 : 명, %)

연도 \ 연령	계	14세 미만	14세	15세	16세	17세	18세	19세	연령 미상
2002	123,921	1,753 (1.4)	8,571 (6.9)	15,085 (12.2)	18,938 (15.3)	19,348 (15.6)	22,585 (18.2)	29,143 (23.5)	8,498 (6.9)
2003	104,158	1,423 (1.4)	8,456 (8.1)	13,396 (12.9)	15,722 (15.1)	16,369 (15.7)	17,846 (17.1)	22,873 (22.0)	8,073 (7.8)
2004	92,976	676 (0.7)	6,236 (6.7)	9,663 (10.4)	10,588 (11.4)	12,200 (13.1)	15,059 (16.2)	18,348 (19.7)	20,206 (21.7)
2005	86,014	523 (0.6)	7,121 (8.3)	11,640 (13.5)	12,030 (14.0)	10,755 (12.5)	11,561 (13.4)	13,848 (16.1)	18,536 (21.5)
2006	92,643	610 (0.7)	9,245 (10.0)	15,582 (16.8)	17,138 (18.5)	14,428 (15.6)	14,302 (15.4)	16,541 (17.9)	4,797 (5.2)

자료 : 대검찰청(2007)

을 제외하면 남녀의 비율이 증감을 반복하며 일정 수준을 유지하고 있음을 알 수 있다.

이러한 현황을 학생범죄로 국한시켜 살펴보면, 지난 5년간 학생범죄 건수는 꾸준히 감소 추세를 보이다가 2006년부터 다시 증가하고 있는 반면, 소년범죄 대비 학생범죄 구성비는 완만한 증가 추세를 보이다가 2005년부터 감소하고 있다.

표 4-5 청소년범죄 성별 현황

(단위 : 명, %)

연도 \ 남녀	계	남자		여자	
	인원	인원	점유율	인원	점유율
2002	123,921	103,384	83.4	20,537	16.6
2003	104,158	86,381	82.9	17,777	17.1
2004	92,976	77,952	83.8	15,024	16.2
2005	86,014	73,385	85.3	12,629	14.7
2006	92,643	77,616	83.8	15,027	16.2

자료 : 대검찰청(2007)

표 4-6 학생범죄의 연도별 현황

구 분	전체범죄(A)	소년범죄		학생범죄	
		인원(B)	구성비(B/A)	인원(C)	구성비(C/B)
2003	2,441,267	104,158	4.3	68,549	65.8
2004	2,606,718	92,976	3.6	63,678	68.5
2005	2,384,613	86,014	3.6	57,980	67.4
2006	2,401,537	92,643	3.9	58,463	63.1
2007	2,548,010	116,135	4.6	69,472	59.8

자료 : 대검찰청(2007)

가정상황 및 교육 정도

청소년범죄자 가속상황은 부모의 슬하에 있는 자가 72.2%, 실부무모 6.4%, 실모무부 5.7%, 무부모 2.1%, 실부계모 0.8%순이며 기혼자가 11.4%를 차지하고 있다.

한편 청소년범죄자의 교육 정도를 보면 중학교는 재학 중 19.0%, 중퇴 5.2%, 졸업 3.2%, 고등학교는 재학 중 35.7%, 중퇴 8.5%, 졸업 7.8%이며 대학은 재학 중 8.1%, 중퇴 0.4%, 졸업 0.3%를 타나내고 있다.

표 4-7 소년범죄자 부모관계 (단위 : 명, %)

가족상황 / 연도	계	미 혼										기 혼
		실(양) 부 모	계부모	실 부 계 모	실 부 무 모	실 모 계 부	실 모 무 부	계 부 무 모	계 모 무 부	무부모	미 상	
2007	88,104	63,594	361	721	5,632	579	5,060	89	119	1,891	1	10,057
	100.0	72.2	0.4	0.8	6.4	0.7	5.7	0.1	0.1	2.1	0.0	11.4

자료 : 대검찰청(2007)

표 4-8 소년범죄자 교육 정도

(단위 : 명, %)

교육 정도		범죄율	교육 정도		범죄율
불취학		22 0.0	전문대학	재 중	1,877 2.1
초등학교	재 중	91 0.1		중 퇴	179 0.2
	중 퇴	59 0.1		졸 업	160 0.2
	졸 업	263 0.3	일반대학	재 중	5,251 6.0
중학교	재 중	16,756 19.0		중 퇴	191 0.2
	중 퇴	4,568 5.2		졸 업	55 0.1
	졸 업	2,835 3.2	대학원		31 0.0
고등학교	재 중	31,486 35.7	기 타		486 0.6
	중 퇴	7,517 8.5	미 상		9,447 10.7
	졸 업	6,830 7.8	계		88,104 100.0

자료 : 대검찰청(2007)

청소년비행에 대한 현행 사회정책 및 프로그램

청소년비행에 대한 사회적 대응책은 예방적 대책과 사후적 대책으로 구분해 볼 수 있다. 이러한 대책들은 국가의 사회정책적 입장을 반영하는 각종 법규들에 의해 추진되어 왔다.

청소년에 관한 법은 「청소년기본법」을 중심으로 다양하게 존재하고 있다. 특히 청소년비행과 관련한 법으로서는 「청소년보호법」이 존재한다. 본 절에서는 청소년비행에 대한 대책을 예방적 대책과 사후 대책으로 구분하고, 경찰과 검찰 그리고 법무부에서 어떠한 대책을 시행, 전개하고 있는가를 파악하기로 한다.

예방적 대책

예방적 대책으로는 첫째, 청소년의 일탈과 예방을 직접적으로 예방하기 위한 목적과 관련되는 법으로 「청소년보호법」을 비롯하여 「풍속영업의 규제에 관한 법률」, 「음반 · 비디오물 및 게임물에 관한 법률」, 「사행(射倖)행위 등 규제 및 처벌 특례법」, 「담배사업법」, 「식품위생법」 등이 다양하게 존재한다.

둘째, 「청소년보호법」의 적용대상이 되는 청소년은 비행행위를 하는 청소년과 폭력이나 학대 등으로부터 희생을 당하는 청소년으로 구분할 수 있다. 그러나 청소년비행에 대해 정의하거나 행위를 규정하고 있지는 않다.

셋째, '청소년 유해업소'라 함은 청소년들에게 유해한 '출입금지 · 고용금지 업소'와 출입은 가능하나 고용은 할 수 없는 '고용금지업소'로 분류하고 있다.

넷째, 「풍속영업의 규제에 관한 법률」은 1991년에 제정되었으며, 본 법의 제정 이전에 청소년 비행을 간접적으로 규제하는 기능을 해왔던 「공중위생법」, 「식품위생법」, 「공연법」, 「음반 및 비디오물에 관한 법률」 등에서 청소년 보호 및 선도에 관한 관련 규정들을 종합적으로 정리하여 벌칙을 강화한 특별법이다.

이렇게 볼 때 「청소년보호법」은 청소년의 비행이나 폭력 등에 의한 희생을 막기 위해 국가가 직접적으로 청소년과 청소년의 환경에 대해서 직접적으로 개입하는 것을 규정한 법이며, 「풍속영업의 규제에 관한 법률」, 「사행행위 등 규제 및 처벌 특례법」은 성인사회의 각종 풍속영업이나 사행행위 영업을 규제함으로써 청소년들의 접근과 비행을 예방하려는 법으로서 청소년보호법에 비해서 간접적인 예방법이라 할 수 있다.

앞선 내용을 정리해 볼 때, 이러한 법은 경찰력이라는 공권력을 통해 실효성을 유지해야 하기 때문에 비행방지를 위한 환경조성이라는 폭넓은 대책으로 보기에는 미흡하다고 할 수 있다.

경찰의 예방활동

- 실종아동찾기 온라인상 시스템 구축
- 실종아동찾기 시스템 과학화 및 다양화 지속 추진

- 실종아동 예방 · 홍보활동
- 푸르미 프로젝트 : 소년범 선도 종합 치안대책
- 청소년상담교실 및 사랑의 교실 운영

검찰의 예방활동

선도조건부 기소유예제도

통상의 기소유예 결정을 함에 있어 계속 선도할 필요가 있다고 판단되는 범법소년에 대하여 법무부장관의 위촉을 받은 민간 범죄예방위원의 선도를 조건으로 기소유예를 하는 제도이다.

범죄예방 자원봉사위원

지역실정에 밝고 사회적 신망이 두터우며 일정한 직업과 시간적 여유가 있고 소년비행의 예방과 교정에 깊은 관심을 가지고 있는 사람 중에서 법무부장관이 위촉하는 임기 3년의 무보수, 명예직으로 봉사하며 소년선도 및 지역사회에서의 범죄예방활동 전개에 필요한 자료를 검찰에 요청할 수 있다.

표 4-9 선도조건부 기소유예 실적

(단위 : 명)

구분 \ 연도	2003	2004	2005	2006	2007
소년범죄	104,158	92,976	86,014	92,643	116,135
선도유예	6,122	4,977	5,511	5,626	6,610

자료 : 법무부(2007)

법무부 예방활동 : 청소년비행예방센터 설치 및 운영

2007년 7월 23일 부산, 광주, 대전, 청주, 창원, 안산 등 여섯 개 지역에 청소년비행예방센터를 설치하고 진문직원 56명을 배치하였다. 그동안 소년분류심사원과 대행소년원에서 담당하던 일반학교에서 의뢰하는 부적응학생, 검찰 및 법원 등 사법기관에서 의뢰하는 초기단계의 비행청소년에 대한 특별교육과 비수용 범죄소년에 대한 비행진단 및 교육을 비롯하여 보호자교육, 일반학생 및 국민에 대한 법교육, 자원봉사자 및 청소년문제 전문가

표 4-10 청소년비행예방센터의 주요 임무

<table>
<tr><th>구 분</th><th>기관명</th><th>설립일</th><th>교육과정</th></tr>
<tr><td rowspan="4">청소년비행
예방센터</td><td>부산 · 창원/청주 청소년 비행예방센터</td><td>2007년 10월 16일/22일</td><td>상담조사, 결정 전 조사, 특별교육 등 비행 예방</td></tr>
<tr><td>대전 청소년비행예방센터</td><td>2007년 11월</td><td>법 교육 및 자원봉사자 연수교육</td></tr>
<tr><td>안산 청소년비행예방센터</td><td>2007년 10월 12일</td><td>대안교육, 연구 · 개발, 직무연수</td></tr>
<tr><td>광주 청소년비행예방센터</td><td>2007년 10월 26일</td><td>–</td></tr>
</table>

자료 : 법무부(2007)

에 대한 전문교육, 각종 프로그램 개발 및 보급 등의 업무를 수행하기 시작하였다.

청소년비행예방센터는 다기관 협력체계를 구축하고 지역사회 자원을 최대한 활용함으로써 청소년비행예방에 국가와 지역사회 전체가 전방위적으로 참여할 수 있도록 하는 한편, 이용자들의 심리적 부담을 줄여 주기 위하여 '대안교육센터' 라는 명칭을 복수로 사용하고 있으며, 비행 유형별 치료 프로그램을 독자적으로 개발하여 운영하고 있다.

- 일반학교 부적응학생 특별교육 실시
- 기소유예 대상자, 선도유예자 특별교육 실시
- 청소년적성검사실 운영
- 대안교육
- 법교육
- 보호자특별교육

사후적 대책

일단 비행을 저지른 청소년이 제2의 비행을 저지르지 않도록 교정 또는 교화하는 것이 중요하다. 이러한 취지를 갖는 국가의 정책으로는 소년법, 소년원법, 보호관찰법, 갱생보호법 등이 있다.

소년법

19세 미만(개정 이전 20세 미만)의 반사회성이 있는 청소년에 대해 그 환경의 조성과 성행의 교정에 관한 보호처분을 행하고, 형사처분에 관한 특별조치를 행함으로써 청소년을 건전하게 육성하기 위한 법이다.

이 법에서는 죄를 범한 14세 이상 19세 미만의 범죄소년, 10세 이상 14세 미만으로 형벌법령에 저촉되는 행위를 한 촉법소년, 보호자의 정당한 감독에 복종하지 않는 성벽이 있거나 정당한 이유 없이 가정에서 이탈하거나, 범죄성이 있는 자 또는 부도덕한 자와 교제하거나 자기 또는 타인의 덕성을 해롭게 하는 성격이 있는 자 또는 그의 성벽과 환경에 비추어 장래 형벌법령에 저촉되는 행위를 할 우려가 있는 10세 이상 19세 미만의 우범소년 등을 대상으로 보호처분을 할 수 있도록 하고 있다.

소년원법

소년원과 소년감별소의 조직과 기능, 기타 소년의 교정교육 등에 관하여 필요한 사항을 규정한 법이다.

- 소년원의 주된 임무는 가정법원 소년부 또는 지방법원 소년부로부터 송치된 소년을 수용하여 교정교육을 행하는 것이다. 한편 소년감별소는 법원 소년부로부터 위탁된 소년을 수용하여 그 자질을 감별하는 곳이다.
- 소년원은 서울, 부산, 대구, 광주, 전주, 대덕, 안양, 춘천, 제주 등 전국에 9개가 설치되어 있다. 2007년 12월 말 현재, 소년원 및 소년분류심사원 전체 직원은 760명으로 교육과 감호를 담당하는 보호직 공무원이 536명(교사자격증 소지자 195명), 별정직 공무원 직업훈련교사가 20명, 의사 · 간호사 32명, 기타 기능직 공무원 153명, 전신 · 건축직 3명 등이 있다.
- 소년원의 처우과정은 '단기과정' 과 '일반과정' 으로 구분하고 일반과정 대상자는 다시 '일반 A과정', '일반 B과정', '일반 C과정' 등 세 개 교육과정으로 세분하여 학생들의 수준과 특성에 적합한 개별화 · 전문화 교육을 지향하고 있다.

표 4-11 소년원 학생 취업 현황 (단위 : 명)

연 도	2001	2002	2003	2004	2005	2006	2007
취업 인원	627	653	617	548	381	349	277

자료 : 법무부(2007)

표 4-12 소년원학교 · 청소년비행예방센터 명칭 및 교육과정

구 분		기관(학교명)	설립일	개교일	처우과정	교육과정
특성화학교	정보통신학교	서울소년원 (고봉정보통신중 · 고교)	1942. 4. 20	2000. 8. 30	일반	• 중학교 교과교육 • 고등학교 교과교육(영어회화, 컴퓨터애니메이션, 멀티미디어정보통신) • 직업능력개발훈련(제과제빵, 영상미디어)
		대구소년원 (읍내정보통신중 · 고교)	1945. 11. 21	2000. 8. 31	단기	• 인성교육(실용영어, 컴퓨터 · 검정고시교육) • 분류심사
		전주소년원 (송천정보통신학교)	1967. 3. 25	2000. 9. 6	일반단기	• 중학교 교과교육(실용영어, 컴퓨터교육)
		춘천소년원 (신촌정보통신학교)	1963. 9. 9	2000. 9. 4	단기	• 인성교육(실용영어, 컴퓨터 · 검정고시교육) • 분류심사
		제주소년원 (한길정보통신학교)	1987. 11. 9	2000. 8. 30	일반단기	• 인성교육(실용영어, 컴퓨터 · 검정고시교육) • 분류심사
	정보산업학교 · 직업능력개발훈련	부산소년원 (오륜정보산업학교)	1947. 1. 18	2000. 8. 31	일반	• 직업능력개발훈련(카일렉트로닉스, 자동화용접, 제과제빵, 헤어디자인) • 분류심사
		광주소년원 (고룡정보산업학교)	1946. 11. 7	2000. 9. 6	일반	• 직업능력개발훈련(카일렉트로닉스, 자동화용접, 중장비운전, 건축환경설비) • 분류심사
		안양소년원 (정심여자정보산업학교)	1946. 10. 1	2000. 8. 30	일반단기	• 중학교 교과교육 • 직업능력개발훈련(미용, 피부미용, 사무자동화)
인문계 학 교		대덕소년원 (대산중 · 고등학교)	1998. 7. 1	2000. 3. 4	일반단기	• 중 · 고등학교 교과교육, 의료 · 재활교육 • 분류심사
청소년 비행 예방센터		부산 · 창원/청주 청소년비행예방센터	2007. 10. 16/22	–	–	• 상담조사 · 결정 전 조사 · 특별교육 등 비행예방
		대전 청소년비행예방센터	2007. 11	–	–	• 법 교육 및 자원봉사자 연수 교육
		안산 청소년비행예방센터	2007. 10. 12	–	–	• 대안교육, 연구 · 개발, 직무연수
		광주 청소년비행예방센터	2007. 10. 26	–	–	–

자료 : 법무부(2007)

■ 소년원 교육 : 소년원 교육은 그 성과로 설명할 수 있다. 1999년 9월 이후 일반학교 학생이 참가한 '전국 중 · 고등부 영어 말하기 대회' 및 '컴퓨터 경시대회' 등 2007년까지 총 185회의 각종 대회에서 625명의 소년원 학생이 각종 수상을 하였으며, 컴퓨터 및 각종 기능 자격을 취득한 학생이 총 1만 8,918명에 이르렀고, 이 중 컴퓨터 관련 자격증 취득학생은 1만 1,824명이었다. 또한 1,336명의 소년원생이 고등학교 및 대학교 등 상급학교에 진학하였고, 4,043명이 벤처기업 등 유망 기업체에 취업하였으며, IT 관련 벤처기업을 창업하는 한편 기능 및 검정고시 자격취득을 위해 스스로 퇴원을 연기한 학생이 891명에 이르고 있다.

한편, 소년원 학교는 전국에 9개가 있으며 각각의 명칭과 교육과정은 표 4-12와 같다.

보호관찰

범죄인에게 자유를 박탈하지 않고 통상적인 사회생활을 영위하게 하면서 일정한 담당자의 지도 · 감독 등을 통하여 그의 갱생 및 복귀를 기하고, 다른 한편 범죄인의 개선교육을 통한 재범의 방지와 사회의 안전을 기하려는 제도로서 보호관찰법에 의해 시행한다.

보호관찰관은 청소년대상자와의 초기면담, 재범위험성 평가를 통해 대상자를 일반, 주요, 집중대상자 등으로 분류하고 분류등급에 기초하여 차별화된 지도감독을 실시한다. 보호관찰 청소년의 재범통제를 위해 출석지도 위주의 보호관찰방식을 탈피하여 주거지 방문, 생활근거지에서의 면접 등 현장 중심의 적극적 · 역동적 보호관찰을 전개하고 있다.

표 4-13 연도별 청소년보호관찰대상자 접수 추이 (단위 : 명)

연도 \ 구분	계	선고유예	집행유예	소년보호	가석방	가퇴원	가정보호	성매매보호	기소유예	성구매자교육
2003	29,015	1	1,653	23,729	59	1,567	2	–	2,004	–
2004	26,531	1	2,456	21,626	99	728	1	–	1,620	–
2005	26,011	3	1,949	21,726	186	316	3	22	1,792	14
2006	23,451	2	1,479	19,668	198	163	5	8	1,906	22
2007	29,005	4	1,560	24,555	142	432	5	15	2,265	27

자료 : 법무부(2007)

보호관찰관은 대상자가 준수사항을 위반하거나, 위반할 위험성이 있는 등 성적이 불량한 때에는 형의 집행 등 불이익 처분 가능성을 경고하고, 계속하여 준수사항을 위반할 시 법원이 발부한 영장에 의하여 구인, 유치 후 보호처분 변경, 집행유예 취소, 가석방 · 가퇴원 취소 등 강력한 제재조치를 실시한다. 그러나 보호관찰기간 중 성적 양호자에 대해서는 보호관찰의 가해제 또는 부정기형 종료 등의 조치를 취함으로써 보호관찰대상자의 개선의지를 북돋우고 보호관찰의 효율성 제고를 도모한다.

갱생보호

소년교도소에서 출소하거나 소년원에서 퇴원 또는 가퇴원한 자, 소년법상의 보호처분을 받은 자 등에 대해 그들이 자립 · 갱생하여 건전한 사회인으로 복귀할 수 있도록 지도하여 성행을 교정하고, 물질적인 지원을 제공하여 자립기반을 마련해 주는 제도로서 갱생보호법에 의해 실시한다.

이를 위해 한국갱생보호공단은 「보호관찰 등에 관한 법률」 제71조에 의거해 출소자와 소년원 퇴원생 등 갱생보호대상자의 건전한 사회복귀 촉진과 효율적인 범죄예방활동을 통한 사회보호 및 공공복지 증진을 위하여 법무부 산하에 설립된 특수법인으로서, 주요 활동은 갱생보호의 실시, 다각적인 범죄예방활동 전개, 갱생보호제도 등을 연구하고 있다.

공단은 중앙에 본부를 두고, 전국 주요 도시에 14개 지부와 11개 출장소를 운영하고 있으며, 비행청소년에 대한 지원활동은 5개 출장소에서 담당하고 있는데, 남자청소년 지원시설 2곳(서울 은평구, 전남 순천시)과 여자청소년 시설 3곳(서울 송파구, 경기 안양시, 광주광역시)이 운영되고 있으며, 각 시설마다 사회복지사 등 3명의 직원이 상주하고 있다.

이러한 사후대책이 갖는 문제점으로 다음과 같은 점을 지적할 수 있다.

첫째, 소년법의 경우 단지 불량성이 있다는 우려만으로 범죄소년과 동일한 조사와 심판의 대상이 되는 것은 형사법의 이념인 죄형법정주의의 원칙에 위배될 소지가 있다.

둘째, 소년원은 청소년을 사회로부터 격리시킴으로써 오히려 건전한 성장을 방해하고 집단적인 강제수용과 통제로 인한 문제점이 발생하여, 무엇보다도 소년원을 소년교도소와 동일시하는 일반인의 의식이 그들에게 전과자라는 낙인을 부과하는 것이 큰 문제로 지적될 수 있다.

셋째, 현재 시행되고 있는 사후적 대책들은 사회봉사명령제와 같은 비교적 진보적인 방

표 4-14 한국갱생보호공단 비행청소년 보호실적 (단위 : 건)

구 분 연 도	계	숙식제공	직업훈련	취업알선	재사회화 교육	사후지도	긴급원호	기타 지원
2003	541	97	35	35	61	62	37	214
2004	708	103	42	32	103	72	35	321
2005	1,920	167	142	67	354	318	142	730
2006	2,784	239	203	79	288	707	173	1,095
2007	3,483	257	192	104	342	511	170	1,907

주 : 2005년부터 시행된 여성사회성 향상 프로그램 실적은 수치에 미포함
자료 : 보건복지가족부(2008), 「2008 아동청소년백서」

법도 있지만 대개는 비행청소년 개인에 대한 격리와 통제를 중심으로 이루어지고 있다. 이러한 태도는 시설 중심의 개인교화에 치중함으로써 문제해결의 한계를 노출시키고 있음을 생각해 보아야 한다.

문제해결 및 대안

청소년비행은 단일한 원인이나 조건에 의해 발생되는 사회문제가 아니므로 비행행위에만 초점을 두는 대책들은 한계를 가질 수밖에 없다. 따라서 전반적으로 비행을 예방할 수 있는 광범위한 차원의 정책적 개입이 필요하다.

다른 한편 청소년 비행은 구조적 요인과 개인적 요인이 상황에 따라 상호작용하며 형성되는 문제이므로 다양한 입장들의 정책이 필요하다. 정책과 프로그램들은 사회복지적 맥락에서 필요한 단계별로 이루어져야 한다. 본 절에서는 청소년비행의 문제를 어떻게 해결할 것인가? 라는 질문에 대한 답을 청소년복지를 통해 구해보고자 한다.

청소년복지의 개념

무엇보다도 윌렌스키(Wilensky)와 르보(Lebeaux)의 '잔여적 개념' 과 '제도적 개념' 을 통

해 청소년복지의 개념을 이해하는 것이 바람직하다고 할 수 있다. 여기에서 잔여적 청소년복지는 빈곤청소년, 소년소녀가장, 비행청소년 등 한정적인 집단의 청소년들을 대상으로 일시적이고 보충적으로 이루어지는 것을 말하며, 제도적 청소년복지는 모든 청소년들을 대상으로 각종 사회적 위험으로부터 그들을 보호하고 삶의 질을 향상시키기 위한 항상적인 제도로서의 복지를 의미한다. 즉, 청소년복지는 가정이나 사회로부터 버려지거나 적응하지 못하는 청소년뿐만 아니라, 모든 청소년들이 안녕과 관심을 갖는 것으로써 그 활동은 청소년들의 기본적 욕구를 충족케 하고, 정신적 · 정서적 · 신체적으로 최상의 발달을 기하기 위해서 청소년 자신들에게 직접적으로 또는 가정이나 사회를 통해 간접적으로 제공되는 모든 사회제도적 · 전문적 활동을 의미하는 것이다.

제도적 청소년복지

앞서 설명되었던 청소년복지의 개념을 가지고 비행청소년의 발생을 예방하기 위해서는 세 가지 차원에서 사회복지적 전략이 수립되어야 한다.

첫째, 가정을 강화하는 방향으로 나아가야 한다. 달리 말하면 가족복지정책의 확립이 필요한 것이다. 그 내용은 다음과 같다.

- 가족의 물질적 토대를 보장해 주기 위해 가족수당이나 각종 소득공제 또는 세액공제 등을 확충하고 주택정책을 통해 청소년 자녀와 노인부모를 포함하는 3대 가족이 함께 거주할 수 있는 제도적 지원이 필요하다.
- 가족구성원들의 구체적 문제에 대한 가족복지 서비스, 가족상담, 가족치료 등의 프로그램이 공공기관과 민간기관을 통해 제공될 수 있도록 제도적인 체계화를 이루어야 한다.

둘째, 학교교육에서 인간성의 회복이 이루어져야 한다. 즉, 학교에서 청소년의 건전한 사회화와 적응, 발달을 위해 학교사회사업이 공식적인 제도로 도입되어야 한다. 여기에서 학교사회사업은, 교육제도 내에서 실천되는 학생복지활동의 한 분야로서 사회복지의 제반원리와 기술의 적용을 통하여 모든 학생들에게 신체적 · 정신적 · 정서적 · 사회적 부작용과 이로 인한 학업부진, 무단결석, 비행문제 등을 예방하고 치료하며 학생의 잠재력 신장을 통해 교육기회의 만족을 극대화하는 하나의 실천적 활동을 말한다. 학교사회사업의 도입은 단순한 학생상담이 학교사회의 문제를 해결하지 못하고 있는 현 실정에서 시급히 보완되어야 할 문제임을 지적할 수 있다.

셋째, 경제적 불평등이 완화되어야 한다. 달리 표현하면, 불평등 완화와 절대빈곤 해소를 위한 복지국가적 정책들이 모색되고 도입되어야 할 것이다.

보완적 청소년복지 : 교정복지 등

제도적 청소년복지와 더불어 교정복지 등의 보완적 청소년복지가 병행되어야 한다. 교정복지는 범죄인이나 비행청소년을 개선 및 교화함으로써 재범을 방지하고 사회복귀를 도모하기 위한 공공 및 민간차원의 조직적 전문활동을 말한다. 보완적 청소년복지의 필요는 청소년비행의 특성을 살펴보면 이해가능한 부분이다.

청소년비행의 특성은 첫째, 청소년의 과도기적 · 주변적 특성으로 인해 우발적이고 충동적인 비행이 많고, 둘째, 자유의지에 따르는 비행보다는 환경의 영향으로 인한 비행이 많으며, 셋째, 성인비행에 비하여 범인성도 적기 때문에 처벌 위주보다 교화 · 개선의 가능성이 높다는 것이다.

그리고 이러한 교정사업의 필요 조건으로는 전문성, 개별화, 사회화를 들 수 있다.

전문성

교정학 또는 교정복지를 전공한 인력을 활용하여 전문적인 기법을 통한 치료적 개입으로 비행청소년의 재활을 도와야 할 것이며, 이때 교정사회복지사의 주요 역할은 상담가 · 중재자 · 안내자 · 교육자로서의 역할이 필요한 것이다.

개별화

비행청소년들을 격리시키거나 구금하는 방법 위주의 획일적 처우보다는 청소년 개인의 다양한 성격과 상황, 비행동기에 따라 적절한 처우가 이루어져야 할 것이다.

사회화

교정은 시설 내에서 이루어지는 것보다 탈시설화를 통하여 공개적이고 민간의 참여를 촉진시키는 방법으로 비행청소년의 교화과정에서 일반사회와 유사한 생활환경을 제공하는 것이 바람직하다.

내용요약

1. 제도적 청소년복지의 내용은?

① 가정을 강화하는 방향으로 나아가야 한다.

② 학교교육에서 인간성의 회복이 이루어져야 한다.

③ 경제적 불평등이 완화되어야 한다.

2. 모랄레스(Morales)의 비행집단의 유형화는?

① 범죄적 비행집단, ② 갈등적 비행집단, ③ 도피적 비행집단, ④ 밀교적 비행집단

3. 일단 비행을 저지른 청소년이 제2의 비행을 저지르지 않도록 교정 또는 교화하는 것이 중요하다. 이러한 취지를 갖는 국가의 정책으로는 소년법, 소년원법, 보호관찰법, 갱생보호법 등이 있다.

4. 청소년비행 해결을 위한 사후대책이 갖는 문제점은?

① 소년법의 경우 단지 불량성이 있다는 우려만으로 범죄소년과 동일한 조사와 심판의 대상이 되는 것은 형사법의 이념인 죄형법정주의의 원칙에 위배될 소지가 있다.

② 소년원은 청소년을 사회로부터 격리시킴으로써 오히려 건전한 성장을 방해하고 집단적인 강제수용과 통제로 인한 문제점이 발생하며, 무엇보다도 소년원을 소년교도소와 동일시하는 일반인의 의식이 그들에게 전과자라는 낙인을 부과하는 것이 큰 문제이다.

③ 현재 시행되고 있는 사후적 대책들은 사회봉사명령제와 같은 비교적 진보적인 방법도 있지만 대개는 비행청소년 개인에 대한 격리와 통제를 중심으로 이루어지고 있다.

check list

1. 청소년비행 관련 이론을 정리해 봅시다.
2. 청소년비행의 사후대책에 대해 생각해 봅시다.
3. 교정사업의 필요 조건으로는 어떠한 것들을 들 수 있는지 생각해 봅시다.
4. 청소년비행의 해결방안을 제시해 봅시다.

CHAPTER 5
범 죄

주요용어

전통적 범죄, 피해자 없는 범죄, 화이트칼라 범죄, 보이스피싱, 스토킹(stalking), 범죄의 비용, 시설 내 처우, 사회 내 처우

범죄의 개념

범죄란 형법에 규정된 살인, 강도, 강간, 폭행, 절도 등 전통적 범죄만을 의미하는 것이 아니라 사회에 해를 끼치는 다양한 행동인 탈세, 뇌물, 마약 거래와 복용, 알코올중독, 인종간 학살 등을 포함한다. 범죄행위의 내용은 이처럼 포괄적일 뿐 아니라 가변적이기도 하다. 어느 사회에서는 심각한 범죄로 처벌받는 것이 다른 사회에서는 문제되지 않으며, 사람들의 가치관이나 의식의 변화에 따라 과거에는 문제되지 않았던 것이 새롭게 범죄행위로 규정되어 처벌받기도 한다.

어느 사회에서나 '사회적 해'를 끼치는 행위가 무엇인가에 대한 법적 규정의 논쟁은 끊이지 않고 있으며, 범죄를 규정하는 법 자체가 변화하기도 한다. 전통적인 법적 범죄개념의 논쟁은 사회학적 경험주의의 급속한 성장과 화이트칼라 범죄에 대한 관심에서 비롯되었다. 이러한 논의를 네 가지 개념으로 나누어 설명하기로 한다(최일섭 · 최성재, 2003 : 171-172).

실증주의적 범죄 개념

셀린(Sellin)은 범죄개념의 과학화를 위하여 보편적 기준을 제시하고자 하였다. 범죄를 규정하는 보편적 기준은 비과학적 법이 아니라 집단이 있는 곳에는 어디서나 발견되는 행동규범이다. 즉, 집단의 행동규범을 어기는 행위가 범죄가 되는 것이다.

개혁주의적 법적 개념

1940년대 서덜랜드(Sutherland)는 사회적 해악 및 법적 제재(형법, 민법 모두 포함)라는 추상적 개념에 근거하여 범죄를 규정할 것을 주장하였다. 이는 공중에게는 해를 끼치지만 형법의 저촉을 받지 않는 화이트칼라 범죄 등을 잘 설명할 수 있다.

전통 법적 범죄의 개념

타판(Tappan)은 1947년 범죄를 실정법, 즉 형법을 위반하는 행위라고 말하고 있다. 그는 형법이 절차적 규칙임을 강조하고, 이를 극단적으로 끌고 가서 과학적으로 범죄자로 연구될 수 있는 사람은 법절차와 제도에 의하여 유죄판결을 받은 사람뿐이라고 주장하였다. 타판의 이러한 주장 이후 범죄를 형법의 위반으로 본 정의가 지배하게 되었고, 범죄자의 정의는 서덜랜드의 정의가 일반화되었다(김영모, 1982 : 196).

인간주의적 범죄의 개념

슈벤딩거(Schwendinger)는 1970년 셀린, 서덜랜드, 타판 모두를 비판하면서 도덕적 기준을 인정하는 실재적 정의를 대안으로 제시하고 있다. 사회적 해악 또는 반사회적 행위는 사회제도의 기능적 필요 조건에 의해서가 아니라 역사적으로 규정된 개인의 권리, 예를 들어 식민주의, 인종차별주의, 성차별, 빈곤 등에 의해 정해진다고 하였다.

범죄의 유형

앞 절에서 살펴본 것처럼 범죄는 법을 위반한 행위이고, 법은 정부가 강제하는 형식적인 사회규칙이다. 일반적으로 국가는 사회구성원들이 지켜지길 강하게 원하는 가치와 규범을 파괴하는 행위를 범죄로 규정한다. 본 절에서는 범죄의 유형과 그 특징에 대해 살펴보기로 한다.

전통적인 범죄

절 도

사유재산 소유자의 동의 없이 그의 재산을 훔친 모든 행위를 포함한다. 잡범에서 전문절도범에 이르기까지 범위가 매우 넓다. 절도범으로는 아래의 유형이 있다.

- 전문절도범 : 정교하고 비폭력적인 기술을 요하는 절도행위를 하는 자이다. 구체적인 예로는 사기, 고액화폐 · 미술품의 위조, 금고털이 등을 들 수 있다.
- 준전문절도범 : 무장강도, 밤도둑, 노상강도, 경절도 등의 절도행각을 벌이며, 범행계획이 그리 치밀하지 않은 특징을 가지고 있고, 단독범행이 많은 편이다.
- 절도범 : 앞의 절도범들과는 달리 자신을 범죄자라 생각하지 않으며, 10대가 다수로, 절도행위의 수준이 조잡하다.

살인과 폭행

살인은 불법적으로 사람의 생명을 빼앗는 행위이며, 폭행은 불법적으로 타인에게 신체적 상해를 가하는 행위이다. 대부분의 살인은 폭행의 예상치 않은 결과로 나타난다.

살인과 폭행의 특징을 살펴보면 사소한 문제가 대부분 다툼이 심해지면 감정이 상해 폭행이 발생하고, 이것이 정도가 심해지면 살인으로까지 나아가게 된다. 이러한 이유로 살인을 '열정의 범죄' 라 칭하기도 한다. 또한 계획된 살인은 조직범죄집단 간의 살인, 유산상속을 둘러싼 살인, 경찰관 살해 등으로 나타난다. 그리고 살인과 폭행은 신체적 상해로 다른 범죄에 비해 일반인의 공포가 가장 크게 나타나고 있다.

성범죄

성범죄에는 강간, 미성년자 간음, 성매매, 간통, 동성애, 근친상간 등이 포함된다. 특히 강간은 잘 드러나지 않는 범죄의 대표적인 예이기도 하다. 최근 성범죄에 대한 일반인들의 관심은 증가하고 있으며, 특히 사회적으로 아동성학대에 대한 높은 관심을 드러내고 있다. 아동성학대는 아동을 상대로 한 성행위, 자위행위, 애무, 성기노출 등을 포함한다. 아동성학대 가해자의 상당수가 가족이나 친척인 주변인임이 드러나 있다. 그러나 성범죄에 대한 대중의 관심이 큰 것에 비해 처벌의 정도는 그리 높지 않은 것이 사실이다.

조직범죄

조직범죄는 조직적으로 대규모 불법행위를 저지르는 것으로 불법 도박, 마약 거래, 장물 거래, 성매매, 뇌물 강요 등을 포함한다.

대부분의 조직범죄단은 처음에는 소규모로 시작했다가 조직원을 확대하고, 경쟁상대를 축출하는 과정을 거치면서 대규모 조직범죄단으로 발전한다.

조직범죄의 특징은 절도범처럼 피해자로부터 재물을 직접 약취하는 것이 아니라 합법적으로 구하기 어려운 마약, 성, 도박, 금전대출 등을 취급하여 막대한 이익을 올린다는 것이다.

특수범죄

피해자 없는 범죄

살인이나 상해와 같은 대인범죄나 절도와 같은 대물범죄는 해악이 발생하기 때문에 가해자와 피해자를 확연히 알 수 있다. 그러나 공공질서범죄의 경우에는 구체적인 해악이 무엇인지 확정하기 곤란한 경우가 많아 가해자와 피해자가 확연하게 드러나지 않는 경우가 있다. 이러한 범죄에는 부랑행위와 만취행위, 도박행위, 약물사용행위, 매춘행위, 동성애, 포르노그래피에 관련된 행위 등 성과 관련된 것이 해당된다. 즉, 부도덕한 행위와 풍속범죄로 이처럼 피해자가 발생하지 않는 행위를 '피해자 없는 범죄(victimless crimes)' 또는 '신고 없는 범죄(complaintless crimes)' 라고 한다.

이들의 범죄가 타인에게는 아무런 해악이나 손상이 발생하지 않음에도 불구하고 사회가 이들 행동을 불법으로 판단하는 것은 자신에게 가하는 해악의 심각성과 더불어 사회가 형성한 도덕적 행동기준에 부합하지 못하기 때문이다. 다른 한편, 이들의 범죄는 상대적으로 사소하고, 사회적으로 잘 드러나지 않으며, 대수롭지 않은 범죄이나 광범위하게 발생하며 발생률은 대도시일수록 높다.

풍속범죄

분업화하고 복잡해지는 현대사회에서 봉착하게 되는 문제를 스스로 해결하려다 발생하는 범법행위이다. 법률적이기보다는 사회학적으로 정의된다. 풍속범죄는 범법행위의 범위가 분명하지 않으며 동일한 행위라도 학자, 국가, 지역별로 상이하게 규정되고 있다.

풍속범죄의 특징은 중간층 또는 상층 계층이 주로 범하며, 이에 대한 사회적 반응은 클 수도 있으나 사회적 낙인은 그리 크지 않다는 데 있다.

부도덕한 행위

특별한 피해자나 희생자 없이 행위자 자신에게만 해로운 행위로서 불법인 상품이나 서비스를 구매하려는 매우 자발적인 행위를 말한다. 예를 들어 성매매, 동성애, 약물남용, 알코올중독, 도박 등이 이에 속한다.

부도덕한 행위의 이러한 성격 때문에 이에 대한 법률적 처벌이 문제해결에 도움이 되는가 하는 것이 항상 쟁점이 된다. 부도덕한 행위의 합법화 내지 탈범죄화가 문제해결의 지름길이라는 주장의 근거는 다음과 같다(원석조, 2008 : 105).

- 희생자가 없고 사회적 해악을 유발하지 않는다.
- 제공자와 구매자 간의 은밀한 합의에 의해 거래가 이루어지며, 적발이 어렵다.
- 처벌 시 하위문화가 형성되며 이는 사회에 유해하다.
- 법적 처벌이나 규제가 부정기적이고 일관성이 결여되어 있다. 이는 법에 대한 시민의 신뢰를 손상시킨다.
- 구매력이 높은 상품과 서비스를 불법화할 때 조직범죄 집단이 개입하는 지하시장(black market)이 발달할 수밖에 없다.
- 이러한 지하시장과 연결된 경찰의 부패를 가져오기도 한다.

화이트칼라 범죄

직무수행 관련 범죄

사업과 관련된 범죄로 사회적 지도층이 범하는 범죄 또는 사회적으로 존경받는 직장인이 직무수행과정에서 범하는 범죄행위를 일컫는다. 예를 들어 공금유용, 공무원 뇌물수수, 탈세, 상품의 질 조작, 재산의 허위신고, 주식거래의 부정 등이 그것이다. 그 조직 유형을

표 5-1 화이트칼라 범죄의 유형

조직 유형	불법행위 유형	
	직장을 위하는 행위	직장을 배반하는 행위
기업체	기업만을 위한 반사적인 행위	횡령, 직권과 관련된 배임, 유용
정부기관	인권 유린	부정부패, 기타 공무원 탈선

자료 : 원석조(2008), p. 107

도식화하면 표 5-1과 같다.

한편 화이트칼라 범죄의 특징은 다음과 같이 정리 가능하다.

- 통상적인 범죄의 원인이론으로는 설명이 곤란한 상위계층이 저지르는 범죄이다.
- 재산과 관련된 범죄로 직업에 대한 전문지식이 필요하고 냉철한 계획과 타산하에 실행한다.
- 범죄의 피해자는 일반인이다.
- 발생건수는 높음에도 검거나 적발건수는 매우 낮은 숨겨진 범죄이고, 한국사회에서는 조직 내에서 개인보다 동료 간의 인화를 중시하기 때문에 거의 노출되지 않는다.
- 죄인시하기보다는 불행한 처지에 빠진 사람으로 동정하기 때문에 사회의 비난 정도가 약하다.
- 사회적 세력관계의 영향이 크다. 예를 들어 상위계층 간 학연과 혈연, 기업과 정부의 유착 등이 그것이다.

도덕성 문제

산업화와 관료화에 따른 신종 범죄로서 사회적 피해의 크기에 비해 도덕적 유책성은 매우 희박하다고 할 수 있다. 이러한 이유로 범죄 자체는 성행하는 추세에 있다. 또한 상습적 재범률이 높고, 실제 범죄 발생률이 높으며, 유죄판결을 받더라도 개인에게 응분의 보상이 주어지고, 법체계와 법의 운용자들을 가볍게 본다는 점에서 소매치기와 같은 전문절도범과 유사한 특징을 보인다.

사이버 범죄

정보사회의 도래는 인터넷 강국이라 일컬어지는 한국사회에 컴퓨터 관련 범죄라는 부산물을 낳게 했다. 사이버 범죄는 컴퓨터 관련 범죄의 또 다른 명칭으로 컴퓨터 범죄와 사이버 테러를 포함하는 개념이며, 컴퓨터를 도구로 하는 사이버 공간에서의 네티즌과 일반인을 대상으로 하는 포괄적 범죄행위이다. 사이버 범죄는 반복성, 계속성, 자동성과 광범위성이라는 특징을 지닌다.

신종 사이버 범죄는 사이버 공간과 현실세계의 혼동 때문에 발생하기도 한다. 현실세계와 완전히 다른 공간으로 설정한 후 이중생활을 할 경우 혼돈을 초래해 범죄행위로 이어지기도 한다.

인터넷을 매개로 한 산업정보, 금융 · 국가의 공공정보 유출 또는 마약매매, 성매매, 무기판매, 탈세, 사이버스토킹, 사이버 도박, 사기 등의 범죄는 범죄행위의 정보교환 수단이 아니라 범죄의 수단으로 전락하고 있다. 사이버 범죄는 고도의 전문성, 기술성, 과학적 지능성이 범죄에 이용되므로 엄청난 피해가 일시에 발생하는 경우가 많다. 또한 범죄의 속성상 수사하기가 까다롭고 가장 빠르게 가장 넓은 장소를 거쳐서 동시 다발적으로 일어날 수 있는 범죄이다(김영종, 1994 : 372).

신용카드 범죄

현대사회는 신용사회라고 할 만큼 신용이 중심이 되는 사회이다. 신용카드는 이미 우리사회에 없어서는 안 될 생활필수품이 되었다. 최근에는 직불카드, IC카드, 전자지갑, 핸드폰 결제 등이 통용되면서 소액 거래 시에도 카드의 사용빈도가 많아지고 있으며 더불어 부작용도 커지고 있다. 분실 · 도난카드의 부정사용, 유령가맹점의 카드현금대출, 매출전표 위 · 변조, 위조카드의 제조 등이 그 대표적인 예이다. 더 나아가 최근에는 카드판독기와 컴퓨터 프로그램을 이용해 신용카드의 암호체계를 해독하여 위조카드를 만들어 사용하는 등 그 수법이 더욱 교묘화, 조직화, 광역화되고 있다(최응렬, 1997 : 453).

보이스피싱

최근 우리사회에 나타난 사기 범죄의 하나로 보이스피싱(voice phishing)을 들 수 있다. 보이스피싱 또는 전화사기는 범행 대상자에게 전화를 건뒤, 송금을 요구하거나 개인정보를 수집하는 사기 수법을 말한다. 전화사기범들은 주로 가족이 납치를 당한 것처럼 가장하는 수법 또는 국민연금관리공단, 법원, 우체국, 경찰서 등을 사칭하여 세금 환급, 신용카드 대금 연체, 출석 요구, 연금 환급 등을 빌미로 송금을 요구하거나 개인정보와 금융정보를 수집한다. 이들 범죄자들은 하는 일이 분담되어 있는데, 2007년 8월 30일 국가정보원의 수사로 검거된 전화사기단의 경우 각각 콜센터 운영(중화인민공화국), 현금송금(대한민국), 대포통장 개설(대한민국) 등으로 사전에 치밀하게 준비한 역할이 분담되어 있었으며, 중화인민공화국, 중화민국, 대한민국 등 국적도 다양했다. 본 범죄의 특성은 공간을 넘나든다는 것과 지속적이고 다양한 형태로 사기의 수법이 변화하면서 검거가 쉽지 않다는 데 있다.

보이스피싱 예방 십계명

- 제1계명 : 미니홈피, 블로그 등에 전화번호 등 자신 및 가족의 개인정보를 게시하지 않는다.
- 제2계명 : 종친회, 동창회, 동호회 사이트 등에 주소록 및 비상연락처 파일을 게시하지 않는다.
- 제3계명 : 비상 시 자녀 등 가족에 대한 연락을 위해 친구나 교사 등의 연락처를 확보한다.
- 제4계명 : 금융 및 공공기관은 전화를 이용하여 계좌번호, 카드번호, 주민번호 등 정보를 요구하지 않으므로 일체 대응하지 않는다.
- 제5계명 : 현금지급기(CD/ATM)를 이용하여 세금 또는 보험료 환급, 등록금 납부 등을 해준다는 안내에 일체 대응하지 않는다.
- 제6계명 : 동창생 또는 종친회원이라고 하면서 입금을 요구하는 경우 반드시 사실관계를 재확인한다.
- 제7계명 : 발신자 표시가 없거나, 있어도 001, 008, 030, 086 등 처음 보는 국제전화번호인 경우는 의심하여야 한다.
- 제8계명 : 자동응답시스템(ARS) 전화를 받은 경우 상담원 연결을 하지 말고 해당 기관에 전화를 걸어 사실 여부를 확인한다.
- 제9계명 : 계좌이체, 신용카드 사용 내역 등 본인계좌에서 돈이 빠져나가는 것을 바로 인지할 수 있도록 휴대폰 문자 서비스(SMS)를 적극 이용한다.
- 제10계명 : 속아서 전화사기범들 계좌에 자금을 이체했거나, 개인정보를 알려 준 경우 즉시 관계 기관에 신고한다.

범죄의 비용

범죄는 피해자를 생겨나게 하고 사회에 직 · 간접적인 손해를 입힌다. 무니, 크녹스, 샤흐트는 범죄의 비용을 경제적 비용과 사회 · 심리적 비용으로 나누어 설명하고 있다(Mooney, Knox & Schacht, 2002 : 109-110).

경제적 비용

콘클린(Conklin)은 범죄의 경제적 비용을 여섯 가지로 분류하고 있다.

- 범죄의 직접적인 비용으로 예를 들어 건물 방화에 의한 피해, 만행에 의한 사유재산의 손실, 환경오염 피해 등이 그것이다.
- 재산의 절취행위로 인한 피해의 예로는 은행강도, 자동차 절도, 공금횡령 등을 들 수 있다.
- 범죄행위가 야기하는 비용으로는 범죄 피해자의 치료 비용, 상해를 입은 근로자의 생산 손실 비용 등을 예로 들 수 있다.
- 불법적인 상품과 서비스의 생산과 판매에 따른 비용, 즉 불법적 지출로, 불법적 지출이 합법적 산업에 투입될 지출을 감소시키는 것이 그 경우이다. 예를 들어 마약, 성매매 등에 소비되는 비용은 합법적 산업에 투입될 비용을 감소시킨다.
- 범죄의 예방과 방지에 소요되는 비용이다. 예를 들어 금고와 열쇠, 감시 카메라, 감시견 비용 등이 이에 속한다.
- 경찰, 검찰, 법원, 교정시설, 피해자 보상 등 범죄통제행정 비용으로, 미국은 2005년 범죄통제행정 비용으로 약 330억 달러를 지출하였다.

사회적 · 심리적 비용

범죄의 확산은 시민을 심리적으로 불안하게 만들고, 범죄에 대한 공포심은 매스컴의 영향으로 증폭되는 경향이 있으며 범죄에 대한 두려움은 공동체생활에도 부정적인 영향을 준다.

또한 범죄는 개인에게 고통을 안겨줄 뿐만 아니라(예 : 강도, 상해) 가족을 붕괴시키고

(예 : 살인, 강간), 자존심을 상하게 하며(예 : 강도, 강간), 평균 수명을 하락시키고(예 : 살인), 질병을 확산(예 : 성매매)시킨다. 이렇게 볼 때 범죄는 단순히 한 개인이나 한 집단 혹은 한 사회만의 문제가 아님을 알 수 있고, 그 사후처리문제가 어떠한지를 짐작케 한다.

새로운 범죄로서의 스토킹

스토킹의 개념

스토킹(stalking)은 일반적으로 싫다는데도 의도적으로 반복해서 따라다니는 등 정신적·신체적으로 괴롭히는 행위를 말하며, 이는 오래된 행위이지만, 최근에 들어와 범죄문제로 인식되기 시작하였다. 학자에 따라서는 개인정보 유출, 통신수단의 발달, 익명성의 보장 등 사회발전에 따라 등장한 새로운 유형의 범죄로서 성폭력의 미묘한 변화형태로 보기도 한다. 스토킹은 타인의 의사에 반하여 편지, 전자우편, 전화, 팩스, 선물, 미행, 감시, 집과 직장 방문 등을 통하여 공포와 불안을 타인에게 반복적으로 주는 행위라고 정의할 수 있다. 최근 우리나라에서도 일부 연예인에 대한 스토킹 피해사례를 계기로 스토킹에 대한 사회적 관심이 증가하고 있는데, 스토킹의 문제는 연예인 등 유명인만의 문제가 아니다.

1999년 5월 삼성생명 사회정신건강연구소가 서울과 경기지역에 거주하는 성인 700명을 대상으로 실시한 설문조사에 따르면 전체 응답자 중 8%가 스토킹을 당한 적이 있다고 답하였다. 또한 최근 PC통신과 인터넷상에서 특정인에게 욕설이나 음란한 내용의 메시지를 전송하거나 혹은 특정인에 대한 거짓 정보를 공개하는 등의 사이버 스토킹 사례도 증가하고 있다. 스토킹의 반사회성은 그 자체로 타인의 프라이버시에 대한 침해일 뿐만 아니라 폭행, 협박, 살인 등의 범죄로 발전되어 가는 강한 개연성을 내포하고 있다는 점에 있다.

미국의 경우 여성 중 자신의 남편이나 애인에 의해 살해된 경우 중 90%가 살해 이전에 스토킹을 당했다는 보고가 있다. 이처럼 스토킹은 그 자체로 피해자에게 정신적·육체적 피해를 반복적·지속적으로 야기하며, 스토킹의 초기 단계에서 저지하지 않으면 이후 폭행, 납치, 살인 등의 중한 범죄로 발전할 가능성이 있다.

예를 들어 1989년 미국의 여배우 레베카 쉐퍼가 남성 스토커에 의해 살해되었는데, 이 사건을 계기로 미국에서 스토킹처벌법이 제정되기도 하였다.

우리나라의 경우 여러 연예인들이(예 : 김창완, 도지원, 최진실, 이현우 등) 스토커에 의해 납치 또는 폭행을 당하는 사례가 발생한 바 있다. 그런데 문제는 현행 법체계상으로는 중한 범죄로 발전되지 않은 스토킹 자체에 대해서는 형사처벌이 매우 어려우며, 스토킹이 중한 범죄로 발전된 경우에만 형법이 작동하게 된다는 데 있다.

스토킹에 대한 정의는 다양하지만, 스토킹의 외연을 넓게 정의하거나 아니면 좁게 정의할 때 크게 두 가지 문제가 검토되어야 할 것이다. 하나는 스토킹을 너무 넓게 정의해서 '상대방을 괴롭히는 행위' 정도로 정의한다면, 첫째, 기존의 형사사법체계 내에서 충분히 다루어질 수 있는 범죄도 스토킹에 포함시키게 된다는 것이며, 둘째, 형사사법체계가 개입하지 않아도 될 사항들에 대해서 범죄의 정의를 확대함으로써 처벌의 그물망을 넓히는(net-widening) 바람직하지 않은 효과를 가져올 수 있다는 것이다. 예를 들어 사이버스토킹이라는 것은 사실상 스토킹이라기보다는 명예훼손에 더 가까운 행위가 많은 것이 사실이며, 이 경우 과연 새로운 입법이 어떤 법익이 있는지 의심스럽다고 할 수 있다.

반대로 스토킹이라는 것을 너무 좁게 정의한다면 보호받아야 할 많은 범죄피해자들이 죄형법정주의에 의해 보호받지 못하는 결과를 가져오게 될 것이다. 또한 스토킹의 수단은 다양한 것이 될 수 있으며, 따라서 직접 따라다니거나 전화를 이용한 스토킹 외에도 편지나 전자메일, 팩스, 선물 등의 다양한 수단을 통한 지속적인 괴롭힘은 모두 스토킹의 범주에 포함되어야 할 것이다.

따라서 스토킹은 '상대방은 싫어함에도 불구하고 자신의 일방적인 호감만을 이유로 상대방의 의사를 무시하거나 오해하면서 또는 상대방의 감정을 자신이 원하는 대로 변화시키려는 의도로, 계속 쫓아다니거나 전화, 우편, 전자우편 등을 통해 자신의 감정을 일방적으로 토로하거나 선물공세를 폄으로써, 상대방에 대한 접근과 접촉을 시도하고 관심을 표명함으로써 상대방에게 성가심과 불쾌감, 나아가 불안감과 공포심을 불러일으키는 행위'라고 할 수 있다.

스토킹이라는 용어의 사용은 매우 빠른 속도로 확산되고 있으나, 그 내용과 의의에 대한 사회적 합의가 있는지에 대해서는 의문을 가질 수밖에 없으며, 따라서 용어의 높은 사용빈도에도 불구하고, 그 피해에 대한 구체적인 대처방법을 마련하는 단계로 들어서면, 개념의 혼란에 빠져서 구체적인 성과를 얻지 못하는 것으로 보인다. 스토킹을 간단히 정의한다면, '호감을 가지고 시작하여 상대가 싫다는데도 불구하고 지속적으로 상대방을 정신적 · 신체적으로 괴롭히는 행위' 이다. 이제 이 용어는 현실세계뿐만 아니라 컴퓨터 네트워크상의 가상공간에서도 널리 쓰이는 용어가 되었으며(사이버 스토킹, cyber stalking), 그에 대한 법률적 규제의 필요성이 강조되고 있다.

스토커의 특징과 유형

최근까지 연구된 스토커의 특징은 과거 범죄, 위협적이고 파괴적인 행동, 위협, 정신병력, 약물남용, 폭력적인 가정환경, 외롭고 고립적인 행동 등과 같은 전력 및 행위적 특징을 갖는 경우가 많으며 정신장애나 성격장애가 원인이 되어 스토킹을 하는 사례도 있고, 피해자를 추적하고 조종하는 능력을 보유했다는 점에서 볼 때 지능이 우수한 편이라는 특징들을 보이고 있다. 스토커의 행위에 대한 원인으로는 아동기의 모자밀착이나 자아의 미성숙으로 인하여 성인기를 상실하는 등의 애착의 병리에서 찾거나 일반적인 이성에 대한 구애장애를 갖고, 사회성이 부족하고 고립되어 외로움에 대한 부적응적 반응이 원인이 되기도 한다.

스토커들의 스토킹 행위에는 멀리서 지켜봄, 따라다님, 편지, 선물, 전화, 신체적 접근, 위협, 협박, 납치, 폭행, 살인 등 다양하게 나타나고 있고, 최근 전자통신 매체의 발달에 따라 사이버 스토킹의 유형이 새롭게 등장하고 있다. 이는 사이버 세계에서의 익명성이 가능하다는 점과 현실세계에서 이루지 못했던 바를 사이버 세계에서 얻을 수 있으리라는 환상에서 나타나는 행위라고 볼 수 있다.

스토커의 형태는 워낙 다양해서 스토커의 행위를 범주화하는 작업이 쉽지 않고, 행위에 대처하는 효과적인 전략을 찾는 것도 어려운 실정이다. 범죄심리학자들은 스토커의 정신상태와 동기에 대하여 연구를 시작한 수준이며, 스토커의 행위와 유형에 대하여 크게 애정망상(love obsession)과 단순망상(simple obsession)의 두 가지로 구분하고 있다.

애정망상 스토커는 자신들과 개인적인 관계를 갖지 않는 사람들에게 애정망상이나 고착심리를 갖게 된 스토커를 의미한다. 스토킹의 표적은 단지 일상적인 아는 사이이거나 완전히 모르는 사람들이다. 미국의 경우 발생하는 전체 스토킹 사건의 20~25%가 이 범주에 해당한다. 유명 연예인(예 : 데이비드 레터맨(David Letterman), 조디 포스터(Jodie Foster), 마돈나(Madonna) 등을 스토킹했던 스토커들이 애정망상의 범주에 해당하지만, 이 범주의 스토커들은 유명인사들 뿐만 아니라 자신들의 직장동료나 운동 강사, 거리에서 만난 사람들과 같은 보통 사람들에 대하여 고착심리를 갖기도 한다.

애정망상 스토커들의 대부분은 정신분열이나 편집증과 같은 정신이상(mental disorder) 증세를 보이고 있고 거의 대부분의 사람들이 일종의 망상적 사고 유형과 행위들을 보인다. 이들은 자신들의 환상 속에서 생활하려고 할 뿐만 아니라 피해자들 역시 자신의 환상 속에서 정해진 역할을 수행할 것을 기대한다. 피해자가 스토커가 바라는 대로 대본을 따르길 거부하거나 반응하지 않을 때 위협과 협박을 통하여 피해자들에게 강제로 반응하도록 하며 위협과 협박이 실패한 경우 일부 스토커들은 폭력적으로 돌변한다. 이러한 극단적 사례가 미국의 여배우 레베카 쉐퍼(Rebecca Schaffer)에게 총을 쏴 살해한 남자 스토커의 사건이다.

두 번째 유형인 단순망상 스토커는 전체 스토킹 사건의 70~80%를 차지하며 스토킹 행위가 일어나기 전에 스토커와 피해자 사이에 개인적인 관계나 애정관계가 존재했던 특징을 보인다. 일상적인 연애관계와 마찬가지로 스토킹을 포함한 모든 가정폭력 사건들이 사실상 이 범주에 해당한다.

이 유형의 스토커들은 정신이상 증세 여부와 관계없이, 대부분은 인격장애(personal disorder)를 갖고 있다. 이들의 공통적인 인격적 · 행태적 특징은 사회적으로 부적응하고 부적절하며, 정서적으로 미성숙하고, 자주 무력감에 빠지며, 사회적으로 용인된 수단에 의한 관계에 성공하지 못하고, 질투심이 강하며 편집에 빠져 있고, 극도로 불안정하며 낮

레베카 쉐퍼 사건

스타 스토커형(애정망상형 스토커)은 자신들의 애정의 대상이 자신들을 사랑하게 만들 수 있다고 믿으며, 결국에는 피해자들과 긍정적인 대인관계를 만들고자 한다. 피해자가 스토커가 바라는 대로 대본을 따르길 거부하거나 반응하지 않을 때 위협과 협박을 통하여 피해자들에게 강제로 반응하도록 하며 위협과 협박이 실패한 경우 일부 스토커들은 폭력적으로 돌변한다. 피해자의 생활 속에서 자신들이 더이상 긍정적인 부분이 되지 못한다면 부정적인 방식으로 피해자의 생활 속의 일부가 되기를 결심하기도 한다. 심지어는 자신들과 피해자를 영원히 낭만적으로 이어보고자 하는 왜곡된 시도를 통해 피해자들을 살해하려고까지 한다. 이러한 극단적 사례가 1989년 미국의 여배우 레베카 쉐퍼에게 총을 쏴 살해한 남자 스토커 사건이다.

은 자아존중심을 보이는 사람들이다.

단순망상 스토커들의 자아존중은 이들의 상대방과의 관계에 밀접히 연관되어 있어 많은 경우에 이들은 자신들의 상대를 지배하고 위협함으로써 자신들의 자아존중을 지탱하고자 한다. 타인에 대하여 권력을 행사함으로써 이들은 무력감을 느꼈을 현실에서 일종의 권력의 감정을 갖게 되고, 극단적인 경우에 이러한 심성은 자신의 상대의 삶의 모든 측면을 통제하고자 한다.

대부분의 가정폭력사건과 마찬가지로 스토커들은 자신들의 힘과 자긍심의 원천을 상실했을 때, 즉 피해자들이 자신을 떠났을 때 가장 위험한 상태가 된다. 실제로 가정폭력의 상황에서 나타난 스토킹 사건들이 전체 스토킹 사건들 중 가장 보편적이면서 잠재적으로 가장 위험한 상황이 된다. 폭력적인 관계를 떠난 가정 폭력피해자들은 자신들의 배우자에 의해 살해당할 위험성이 75%에 이른다.

또 다른 스토커의 분류로 조나(Zona et al., 1993)는 ① 단순집착형(simple obsessional stalkers), ② 연애망상형(brotomania), ③ 연애집착형(love obsessional stalkers)의 세 가지 유형으로 분류하고 있다.

단순집착형은 스토킹이 개시되기 전에 피해자와 개인적 친분 또는 연애 · 성적 관계가 있었던 스토커를 말한다. 이 유형에 속하는 자들의 경우 정신병을 가진 자도 있고 그렇지 않은 자도 있으나, 이들 모두는 인격장애를 가지고 있다. 예를 들어 사회부적응, 감정적 미숙, 무력감, 사회적으로 수용되는 방식으로의 타인과의 관계설정 불능, 편집증적 질투, 낮은 자긍심 등의 특징을 보인다. 이러한 단순 집착형 스토커 피해자의 다수는 자신의 전 배우자나 전 애인이기에, 이러한 스토킹은 가정폭력의 연장선에서 이루어진다. 그리고 이 유형의 스토커는 자신의 애인, 아내나 파트너를 지배하고 위협함으로써 자신의 낮은 자긍심을 보강하려고 하는 특징을 보인다. 이 경우 피해자가 스토커의 힘과 자긍심의 원천이며, 피해자가 스토커를 떠났을 경우 스토커는 스토킹을 통하여 상실한 자긍심을 회복하려 하는 것이다.

연애망상형 스토커와 연애집착형 스토커는 자신과 아무런 개인적 관계가 없고 개인적으로 알지 못하는 타인이 자신과 사랑에 빠져 있다는 망상을 가졌다는 데 공통점이 있다. 전자의 경우 그 망상은 타인의 성적인 매력보다는 타인과 자신 사이에 낭만적 사랑과 영적 결합이 있다고 망상하는 데서 주로 발생한다. 피해자는 유명인에 제한되지 않고 직장 동료, 길거리에 우연히 마주친 사람 등 보통 사람을 포괄한다. 후자는 피해자의 대부분이 거의 언론매체를 통해 알려진 유명인이라는 점에 차이가 있다. 양 부류의 스토커 대다수는 정신분열증이나 편집증을 갖고 있으며, 이들은 통상의 방법으로 타인과 관계를 맺지 못하며 타인과 환상적 관계를 상상하여 그 속에서 살아간다. 그리고 이들은 자신의 환상 속에서 피해자에게 부여한 역할을 피해자가 할 것을 기대하고 나아가 강제하려 한다는 데 특징이 있다.

또한 멀린(Mullen et al., 1999)은 스토커를 다섯 유형으로 분류하고 있다.

- 거절경험 스토커(the rejected) : 애인, 친구, 직장동료 등 과거 파트너와의 관계가 끝나자 화해와 복수의 이중감정을 갖고 스토킹을 하는 자이다. 앞에서 살펴본 단순집착형 스토커와 유사하다.
- 친밀감 추구형 스토커(the intimacy seeker) : 이들은 자신들의 진정한 사랑으로 생각하는 타인과 친밀한 관계를 추구하는 스토커인데, 이들은 정신병을 갖고 있는 경우가 많으며 상기 연애망상형 스토커와 연애집착형 스토커가 이 부류에 속한다.
- 무능력자형 스토커(the incompetent) : 이들은 지적 능력이 부족하고 사회적으로도 무능력한 자로 타인과 친밀한 관계를 구하려는 자이다. 이들은 자신들이 파트너를 가질 자격이 있다고 믿으나 관계를 풀어나갈 능력이 없는 경우인데, 친밀감 추구형 스토커와는 달리 피해자에게 매력을 느끼나 진정한 사랑이라고 믿으며 열중하지는 않는다.
- 분개형 스토커(the resentful) : 이들은 피해자를 놀라게 하고 괴롭히는 것을 자기 목적으로 삼는 자들이다.
- 침탈형 스토커(the predatory) : 피해자를 스토킹함으로써 얻어지는 힘과 통제감에 큰 기쁨을 느끼는 자인데, 이들 다수는 성적 변태(paraphilias)인 경우가 많으며 성범죄의 전과를 가지고 있다.

사이버 스토킹

사이버 스토킹(cyber stalking)은 인터넷에 스토킹 상대방에 관한 정보를 올려놓음으로써 다수로부터 괴로움을 당하도록 하는 행위이다. 사이버 스토킹과 일반 스토킹과의 유사점 및 차이점은 다음과 같다.

일반 스토킹과의 유사점

- 대다수의 사건들이 과거에 친했던 사람에 의한 스토킹이다.
- 대부분의 피해자가 여성이고, 대부분의 스토커는 남성이다.
- 스토커들은 일반적으로 피해자를 통제하고자 하는 욕망에 의해 동기 유발된다.

일반 스토킹과의 차이점

- 오프라인 스토킹은 일반적으로 일정한 지역적 한계 내에서 발생하지만, 사이버 스토킹은 지역과 국경을 넘어 발생한다.
- 전자통신기술은 사이버 스토커가 직접 가해하지 않고서도 제3자를 이용하여 피해자를 괴롭히거나 위협하는 것이 가능하다.
- 전자통신기술은 괴롭힘과 위협에 대한 장벽을 더 낮추고 있다.

사이버 스토킹의 유형화

구애형

채팅이나 게시판을 통해 알게 된 사람, 특히 성적 대화나 오프라인에서 만나자는 제의를 거절한 상대자를 주 표적으로, 지속적・반복적으로 이메일이나 전자쪽지를 보내 구애 또는 만남을 강요하는 경우이다.

이지메형

대상의 개인 정보를 빼내 게시판 등에 마치 본인이 쓴 것처럼 올리거나, 특정인의 전화번호나 이메일 주소를 공개하여 제3자로 하여금 성적 괴롭힘을 하도록 유도하는 경우를 말한다.

명예훼손형

성 관련 개인의 신상정보나 허위사실을 온라인에 게재함으로써 개인의 명예를 훼손하고, 불특정 다수로부터 비난을 받게 만드는 경우를 말한다.

스토킹의 원인과 결과

스토킹의 원인으로는 첫째, 가해자가 지나치게 자기중심적이거나 공감능력의 부족, 그리고 외톨이일 때, 둘째, 가해자가 정신분열증이나, 편집증(색정 망상), 경계성 인격장애가 있는 사람일 때, 셋째, 성적 동기보다는 분노, 적대감에서 폭행을 하는 경우의 세 가지가 지적되고 있다. 일반적으로 스토킹이 심각한 문제라고 지적되는 데는 스토킹 그 자체가 심각한 경우도 있겠지만, 보통 다른 유형의 범죄를 낳는 요인이 되기 때문이라고 할 수 있다. 그 중에서도 스토킹이 폭력행위로 이어지는 경우는 상당히 많다고 할 수 있는데, 보통 폭력으로 이어지는 경우는 25~35% 정도이며, 살인은 2% 미만으로 알려져 있다. 폭력의 방법은 기물파괴나 제3자보다는 주로 피해자에게 직접적으로 폭력을 행사하는 경우가 많으며, 무기는 사용하지 않는 것이 많다. 일반적으로 스토커에게 내려지는 '접근금지 명령' 만으로는 효과적이지 못한 것으로 평가되고 있다.

스토킹의 피해를 당한 사람들은 보통 심각한 심리적 고통(깜짝 놀람, 불안, 불면, 악몽 등)을 호소하거나, 일상생활을 하는 데 어려움(혼자 집에 있거나 외출 불가능)을 겪는다든지, 전화번호를 변경하고 직장을 그만 두거나 폭행, 살인 등의 직접적인 신체적 피해를 당하는 것으로 알려져 있다. 스토킹에 대한 피해자의 대응은 문화권에 따라 상이하다. 미국의 경우 신고율이 매우 높은 것으로 알려져 있는데, 한 연구에 의하면, 여성피해자의 경우 55%, 그리고 남성피해자의 경우 48%가 경찰에 신고했다고 보고하고 있다. 그러나 한국의 경우 단지 젊은 여성들의 1.8%만이 경찰에 신고한 것으로 나타나며, 1.5%만이 자신에 대한 스토킹에 대해서 상담을 한 것으로 나타난다. 스토킹을 당하고 있는 상황에서 더 큰 피해를 방지하거나 법률적인 도움을 받기 위해서 피해자들은 더 이상의 접촉을 원하지 않는다고 스토커에게 분명하게 이야기하고, 인근 경찰서에 스토킹 피해를 신고해야 하며, 법률적인 해결을 위해서 스토커의 행동에 대한 기록을 챙기고, 위협적인 전화를 녹음하며, 스토커의 행동을 녹화해 놓고, 스토커의 신원을 확인할 수 있는 기본 정보들을 확보하고 스토커와의 접촉(날짜, 시간, 장소, 대화 내용, 수신한 편지나 전화 내용 등)기록을 확보하여야 한다.

성폭력상담소는 '스토킹 예방 및 대책을 위한 10대 수칙' 을 제시하였는데, 스토킹의 피해를 당하고 있는 사람들에게 많은 참고가 될 수 있을 것이다.

- 상대의 인격을 존중하기보다는 소유, 정복하려는 사람, 자기중심적이고 집요한 성격의 사람은 조심한다.
- 상식을 벗어난 호의나 친절을 베풀거나, 상대의 불쾌나 고통을 받아들이지 않는 일방적인 사람은 조심한다.
- 일단 스토킹이라는 의심이 들면 단호하고 분명한 거절의 태도를 보인다.
- 타이르거나 설득하지 말고 상대방에게 말려들지 않도록 대화는 간단히 끝낸다.
- 혼자서 해결하려 하지 말고 주변사람에게 도움을 청해 동반하거나 보호를 요청한다.
- 피해를 계속 수집하고 사건경위를 육하원칙으로 자세히 기록해 둔다.
- 상담소나 경찰에 도움을 청해 법적 보호를 받을 수 있는지 알아보고 단호한 입장을 보여 주기 위해 미약한 처벌이 나오더라도 계속 신고, 고소를 한다.
- 전화번호 변경, 이사 등 적극적으로 피하는 것도 필요하다.
- 가해자의 가족에게 알려 교정, 치료를 받도록 유도한다.
- 피해를 드러내고 여론화하여 인권침해 범죄라는 인식을 확산시켜 처벌 법안을 제정하는 데 참여한다.

범죄의 실태

전체범죄

2007년 전체범죄 발생 및 검거현황은 196만 5,977건이 발생하여 전년 대비 7.5% 증가하였고, 172만 건이 검거되어 전년 대비 9.6% 증가하였다.

형법범

전체형법범의 2007년 발생건수는 84만 5,311건으로 10년 전인 1998년 45만 2,260건에 비하여 약 87%가 증가한 것으로 나타나고 있다. 발생건수의 전년 대비 증감률을 보면 2004년부터 2005년까지는 소폭의 감소세를 보이다가 2006년과 2007년에는 소폭의 상승세를 나타내고 있다. 한편 검거율을 보면, 1998년 83%의 검거율을 기록한 이래 최근 5년간은

표 5-2 전체범죄 발생 · 검거 현황(2007년)

(단위 : 명, %)

구 분 \ 연 도	2007 (형법범/특별법범)	2006 (형법범/특별법범)	증 감
발생건수	1,965,977 (845,311/1,120,666)	1,829,211 (828,021/1,001,190)	7.5% (2.1/11.9)
인구비	3,987.7 (1,714.6/2,273.1)	3,733.7 (1,690.1/2,043.6)	254명 (24.5/229.5)
검거건수	1,720,000 (667,959/1,052,041)	1,569,547 (640,296/929,251)	9.6% (4.3/13.2)
검거율	87.5 (79.0/93.9)	85.8 (77.3/92.8)	1.7% (1.7/1.1)

주 : 인구비는 인구 10만 명당 범죄 발생건수

자료 : 범죄백서(2008)

표 5-3 형법범 발생 · 검거 현황(1998~2007년)

(단위 : 명, %)

구 분 \ 연 도	발생건수	전년대비 증감률(%)	검거건수	검거율(%)	검거인원
1998	452,260	13.8	375,144	83.0	526,489
1999	462,253	2.2	410,226	88.8	571,211
2000	523,609	13.3	378,781	72.3	547,125
2001	553,673	5.7	393,858	71.1	568,149
2002	797,395	44.0	680,354	85.3	1,034,358
2003	857,488	7.5	681,488	79.5	1,014,131
2004	826,886	−3.6	667,503	80.7	725,726
2005	825,840	−0.1	634,244	76.8	856,072
2006	828,021	0.3	640,296	77.3	849,482
2007	845,311	2.1	667,959	79.0	958,804

자료 : 범죄백서(2008)

표 5-4 주요 죄명별 형법범 발생 현황(2006, 2007년)

죄명 \ 연도	2006	2007	증감건수	증감률(%)
절 도	190,745	212,530	21,785	11.4
사 기	203,346	186,115	-17,231	-8.5
폭 행	64,235	97,598	33,363	51.9
상 해	79,542	93,178	13,636	17.1
폭처법 위반	100,661	57,002	-43,659	-43.4
손 괴	28,939	38,581	9,642	33.3
횡 령	25,084	24,212	-872	-3.5
문서위조	22,472	19,210	-3,262	-14.5
공무집행방해	11,082	14,809	3,727	33.6
강 간	13,573	13,634	61	0.4
기 타	88,342	88,442	100	0.1

주 : 발생건수 기준
자료 : 범죄백서(2008)

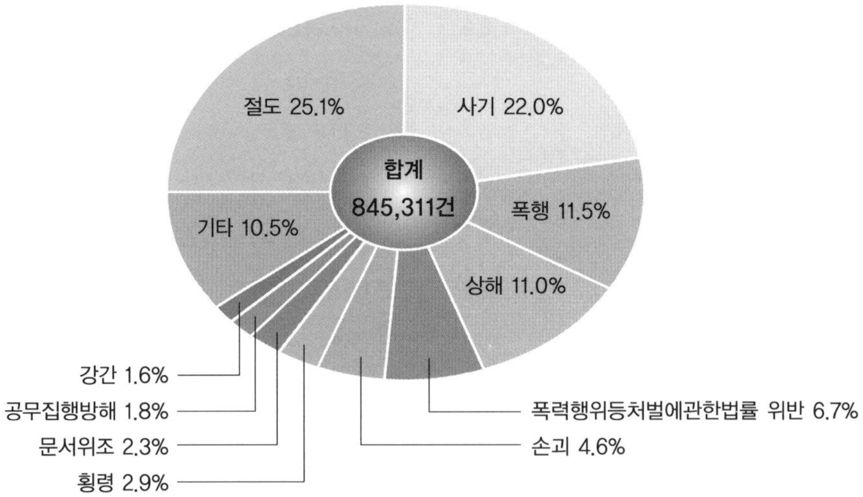

그림 5-1 주요 죄명별 형법범 구성비(2007년)

76.8~80.7%의 검거율을 보이고 있다.

2007년도에는 전년에 비해 폭행, 손괴, 공무집행방해, 상해가 증가하였고, 폭력행위등처벌에관한법률 위반, 문서위조, 사기가 감소하였다. 한편 형법범 구성비를 보면 절도 25.1%, 사기 22%, 폭행 11.5%, 상해 11% 등의 순으로 나타나고 있다.

특별법범

특별법범의 발생건수는 1999~2001년까지는 증가하는 모습을 보이다가, 2006년까지는 감소추세를 나타내고 있다. 그러나 2007년도에는 전년에 비해 11.9% 증가하였다.

특별법범의 발생건수 증감에는 여러 다양한 요인들이 작용하여 그 원인을 단적으로 설명하기는 어려울 것이나, 2005년의 경우 특별법범 중 가장 큰 비중을 차지하고 있는 도로교통법 위반 중 합의가 된 대물사고를 입건하지 않음으로 인하여 큰 폭의 감소세를 보인 것으로 보인다. 그러나 2007년의 도로교통위반, 자동차손해배상보장법위반, 저작권법위반의 발생건수가 현저히 증가한 것은, 음주운전, 손괴 후미 조치 및 무보험차량의 증가, 지

표 5-5 특별법범 발생 · 검거 현황(1998~2007년) (단위 : 명, %)

구 분 \ 연 도	발생건수	전년대비 증감률(%)	검거건수	검거율(%)	검거인원
1998	1,313,627	10.3	1,257,534	95.7	1,484,325
1999	1,270,269	-3.3	1,241,670	97.7	1,510,586
2000	1,344,273	5.8	1,285,660	95.6	1,579,133
2001	1,432,307	6.5	1,369,488	95.6	1,666,134
2002	1,180,270	-17.6	1,146,498	97.1	1,233,199
2003	1,146,841	-2.8	1,094,561	95.4	1,170,844
2004	1,254,015	9.3	1,194,731	95.3	839,639
2005	1,068,056	-14.8	990,278	92.7	1,041,021
2006	1,001,190	-6.3	929,251	92.8	964,334
2007	1,120,666	11.9	1,052,041	93.9	1,140,643

자료 : 범죄백서(2008)

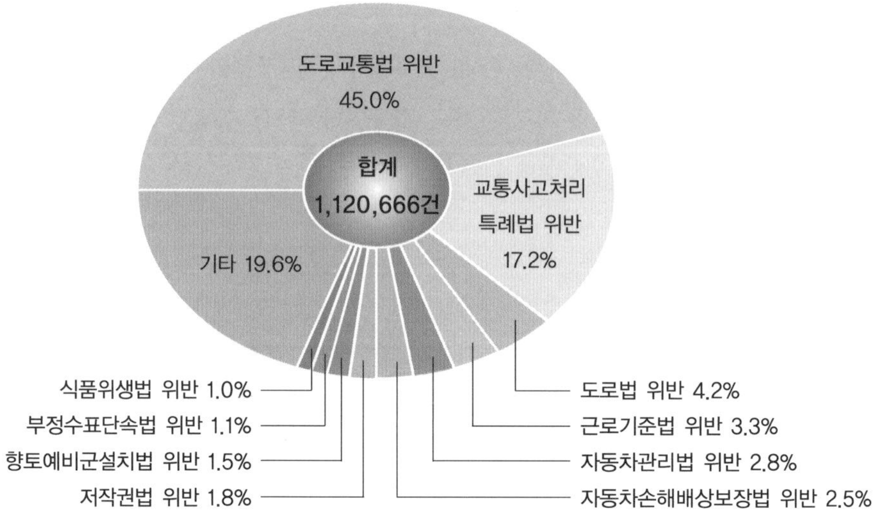

그림 5-2 주요 죄명별 특별범법 발생 현황(2007년)

자료 : 범죄백서(2008)

적 재산권의 보호강화에 따른 단속의 증가로 인한 것으로 볼 수 있다.

2007년도에는 교통사고처리특례법 위반과 도로교통법 위반을 합한 교통범죄가 특별법범 발생건수 중 62.2%를 점유함으로써 높은 수위를 기록하였고, 도로법 위반, 근로기준법 위반, 자동차관리법 위반이 그 뒤를 따르고 있다.

범죄문제에 대한 정책과 프로그램

범죄사건의 처리

형사사법절차는 크게 수사단계, 공소단계, 재판단계, 형집행절차로 이루어진다. 법원에서 공판절차에 의해 유죄로 확정될 경우 부과되는 형벌은 자유형으로 사형, 무기징역, 무기금고, 유기징역, 유기금고 등이 있고, 자격형으로 자격정지, 자격상실이 있으며, 재산형으로는 벌금, 과료 등이 있다.

형사사법절차의 각각의 단계에서 진행되는 사항은 다음과 같다.

첫째, 수사단계이다. 범죄수사는 범죄가 인지된 후 범인의 검거와 사실관계에 확인을 위한 사법기관의 활동을 말한다. 수사는 적법절차에 의해 행해져야 하며 법치국가적 인권 보장을 위해 마련된 절차의 준수가 필요하다. 또한 현행법은 증거재판주의를 원칙으로 하므로 범죄수사는 인적 · 물적 증거를 확보해야 한다.

둘째, 공소단계이다. 검사가 수사에 의해 범죄의 충분한 혐의를 포착하면 피의자를 법원에 기소하게 되는데, 이를 공소제기라 한다. 검사는 수사를 완료하면 우선 범죄의 성립 여부를 판단한 다음 범죄가 성립되지 아니하는 경우에는 불기소하고, 범죄가 성립되는 경우에는 정상 등 처벌의 필요성 또는 타당성 여부에 관한 모든 사정을 고려하여 기소 여부를 결정하게 된다.

셋째, 재판단계이다. 검사의 공소제기에 의하여 법원에 접수된 사건은 약식 사건의 경우에는 간이, 신속한 서면심리에 의하여 벌금, 과료 등의 형이 과해지고 공판사건의 경우 공판절차에 의한 재판이 이루어진다. 공판절차에 의하여 유죄가 인정되는 경우에는 사형, 무기징역, 무기금고, 유기징역, 유기금고, 구류(이상 자유형), 자격정지, 자격상실(이상 자격형), 벌금, 과료(이상 재산형)의 형이 선고된다. 1년 이하의 징역이나 금고, 자격정지 또는 벌금의 형을 선고할 때에는 그 선고를 유예할 수 있고, 3년 이하의 징역이나 금고의 형을 선고할 때에는 1년 이상 5년 이하의 기간 동안 형의 집행을 유예할 수 있다(범죄백서, 2002 : 152−154). 형의 집행을 유예하는 경우에는 보호관찰처분을 내리거나 사회봉사 또는 수강명령을 내릴 수 있다.

범죄자의 시설 내 처우

범죄인과 비행청소년에게 사회복지적 · 사회학적 · 심리학적 · 형사적 처우 및 의료적 처우를 행하여 재범방지와 사회복귀가 용이하도록 행하는 교정처우는 시설 내 처우와 사회 내 처우로 대별된다. 이 중 범죄자를 수용하여 교정 · 교화하는 시설로 교도소, 소년교도소, 구치소, 보호감호소 등이 있다. 교도소, 소년교도소 및 구치소는 사형, 징역형, 금고형, 노역장 유치 및 구류형을 받은 자와 미결수용자를 수용하고 보호감호소는 사회보호법에 의해 보호감호처분을 받은 자를 수용한다. 2008년 말 현재 전국의 교정시설은 교도소 29개소, 소년교도소 1개소, 여자교도소 1개소, 구치소 10개소, 지소 4개, 개방교도소 1, 직업훈련교도소 1개가 있다.

1일 평균 수용인원은 2007년 현재 4만 6,313명으로 3.3m² 당 수용인원은 1.37명으로 나타나고 있다. 수형자를 연령별로 살펴보면 40세 이상이 31.3%(9,846명)로 가장 높은 비율을 차지하고 있고, 60대 이상도 점점 증가하는 추세에 있다.

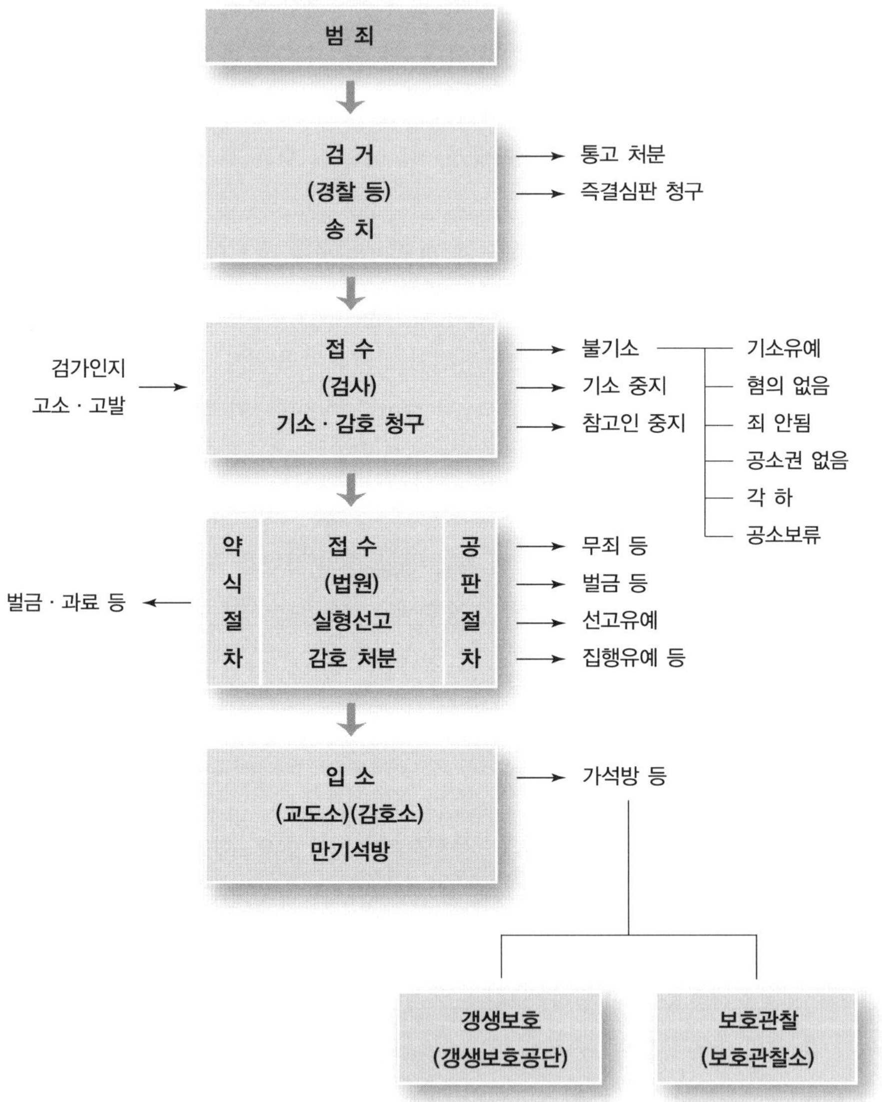

그림 5-3 성인범죄자의 처리과정

자료 : 김대원 외(2007), 『사회문제와 사회복지』, p. 255

교정시설에서 수형자에 대한 처우제도는 크게 분류처우제도, 누진처우제도, 개방처우제도, 귀휴제도, 사회견학, 가족만남의 집 및 가족만남의 날 운영 등이 있다. 분류처우제도는 교정목표를 효율적으로 달성하기 위해 분류심사 결과에 따라 구분된 수형자 집단별로 개별적 처우계획을 수립하여 시행하는 것이다. 누진처우제도는 수형자의 개선 정도에 따라 처우를 완화함으로써 수형자의 자기개선 노력을 촉구하는 제도이다. 개방처우제도는 수형자의 자율심과 책임감에 대한 신뢰를 기초로 구금을 확보하기 위한 물리적 · 유형적 시설의 조치를 완화하는 것으로, 좁게는 개방시설 내의 처우만을 의미하지만 넓게는

표 5-6 교정시설 수용인원 현황

(단위 : 명)

구 분		수용정원	수용인원형황		전년말인원
			수용현원	수용비율	
합 계		43,100	47,408	100%	45,803
형사범	기 결	43,100	31,842	67.2%	31,497
	미 결		15,503	32.7%	14,263
감호자	기 결	0	63	0.1%	61
	미 결		0	0.0%	2

자료 : 법무부 교정본부(2008)

표 5-7 연도별 수용인원

(단위 : 명)

구 분	수용정원	일일평균 수용인원	평당 수용인원
2007년	43,100	46,313	1.37
2006년	47,390	46,721	1.22
2005년	46,090	52,403	1.28
2004년	46,150	57,184	1.48
2003년	44,350	58,945	1.62
2002년	58,440	61,084	1.81
2001년	59,130	62,235	1.93

자료 : 원석조(2008), p. 123

표 5-8 수형자 입 · 출소 사유별 인원 (단위 : 명)

구 분		2001	2002	2003	2004	2005	2006	2007
입소자	계	54,658	52,642	59,085	69,384	67,951	77,276	83,852
	신입소	23,511	21,170	25,073	34,824	35,700	38,285	38,167
	형 확정	30,457	30,939	32,351	30,639	27,458	22,733	26,439
	기 타	690	533	1,661	3,921	4,793	16,258	19,246
출소자	계	54,361	53,517	60,399	69,914	70,418	80,100	82,240
	형기 종료	20,355	20,452	18,801	20,074	18,649	16,293	16,649
	가석방	10,088	10,101	10,113	11,218	10,520	8,590	8,034
	사 면	0	52	874	0	1,042	31	19
	형 집행정지	901	1,238	572	587	458	295	438
	기 타	14,643	15,440	20,405	26,937	25,033	39,015	41,734
	노역 종료	8,374	6,234	9,634	11,098	14,716	15,876	15,366

외부통근제나 귀휴제 등 중간처우를 포함한다. 사회견학은 구금생활로 인한 일반사회와의 단절현상을 완화하기 위해 사회현장, 유적지, 사회복지시설 등을 직접 체험하는 현장교육이다. 또한 가족만남의 집 및 가족만남의 날 운영은 수용자의 가족관계를 복원하고 심리적 안정을 도모하기 위한 것이다.

시설 내 처우의 문제점

앞에서 살펴본 교정시설 내 처우의 문제점을 지적해 보면 다음과 같다.

첫째, 개별적 처우가 미비하다. 대상별로는 여성, 노인, 외국인, 장애인으로 나누어 살펴볼 수 있다. 먼저 여성재소자문제이다. 여성수형자들은 종종 '잊혀진 범죄자(forgotten offender)' 로 불린다. 그것은 여성범죄의 수가 남성에 비해 적은 것도 있지만 여성들은 교정사고를 거의 일으키지 않으며, 죄질도 폭력성과 위험성이 상대적으로 적은 범죄(예 : 재산범)가 주를 이루고 있으며, 수형기간 동안 격리기능만 수행하면 된다는 안일한 교정의식에 기인한다(박광섭, 1998 : 395).

다음은 노인재소자 문제이다. 교정시설 수용자의 노령화 문제는 아직까지는 위기단계에 이른 것은 아니나 향후 교정실무에 여러 가지 어려움을 야기할 수 있는 잠재적 집단이라고 할 수 있다. 특히 생활기반이 극도로 취약한 고령수형자의 경우 수형생활에서 비록 자유는 구속받지만 생활의 기초가 되는 의식주 및 의료서비스는 문화적으로 최저한도의 보장을 받을 수 있고, 수형생활 내에서 외부사회에서는 얻을 수 없는 인간적인 승인과 동료재소자로부터의 신뢰도 얻을 수 있어 자칫 교도소화에 주요한 원인으로 작동될 수 있다(강은영, 2001).

또한 외국인 수용전담 교정시설로 지정, 운영하고 있는 곳은 천안소년교도소와 대전교도소 등 두 시설이 있기는 하지만 외국인과 자유롭게 대화를 나눌 수 있는 능력을 갖춘 직원이 배치된 것은 아니고 침대나 양변기 등 기본적 생활설비가 제대로 갖추어져 있지 않다. 특히 현행 교정관계 법령 중 외국인 재소자의 처우에 관한 특별규정이 없는 관계로 문화적 충돌이나 의사소통의 문제점, 외부로부터의 적절한 도움을 받지 못하고 있다.

마지막으로 장애인제소자문제이다. 법률적으로 보면 장애인 수용전담소를 지정하여 장애인들의 개별처우를 규정하고 있다. 그러나 적극적인 장애인수형규정이 없을 뿐 아니라 실천의지가 약하고 또한 일선기관에서는 장애인 수용관리의 주무부처가 각각 다르며 자체 관리계획 및 특수처우 프로그램이 없다. 특히 장애인에게 필요한 재활치료, 보호구, 평의시설 등이 거의 전무한 상황이다.

둘째, 전문인력의 부족이다. 재소자에 대한 교정처우의 성패는 교정공무원의 능력과 역할수행에 달려 있다. 그러나 수형자의 교화 개선업무의 전문요원으로 분류할 수 있는 분류심사직, 직업훈련교사, 의무직 등은 아직도 그 기능을 효과적으로 운영하기에 절대적으로 부족한 실정이며 전문성이 낮다. 이는 교정조직이 처우 위주가 아닌 보안 위주로 구성되어 있음을 보여 주는 것이다.

셋째, 교정시설의 열악한 환경이다. 선진국에서는 교정시설의 수용인원을 500명을 넘지 않을 정도가 적정하다고 권유하고 있는 데 반해, 우리나라는 1,000명 이상을 수용하는 교정시설이 총 시설 중 27개나 되어 전체의 61.4%를 차지하고 있다. 시설당 수용인원이 지나치게 많으면(2007년 현재 3.3m^{2}당 1.37명) 교정처우보다는 수용 중심의 처우가 될 수밖에 없어 교정효과를 거두기 어렵게 된다.

넷째, 대분류제도 및 누진제의 문제이다. 우리나라의 경우 전국의 교정시설을 초범수용소, 2범 및 3범 이상 수용소, 특수기능교도소 등으로 나누어 '수형자대분류제도'를 시행

외국인 범죄자 수용시설 개선돼야 한다

외국인 범죄 증가와 함께 수형자 수가 늘면서 이들을 수용할 수 있는 교정시설 확충 및 개선이 시급해졌다. 우선 수용시설이 포화상태 '콩나물 시루' 다. 최근 국내 교도소 및 구치소에 수감돼 있는 외국인이 2007년 말보다 400명 가까이 늘어난 1,423명이나 된다. 이 가운데 형이 확정된 기결수가 840명이다. 대부분 외국인 전담 교도소인 대전교도소와 천안지소, 청주여자교도소에 분산 수용돼 있는데, 1년 전보다 2배가량 늘어난 숫자다.

30여 개국 출신 600여 명을 수감하고 있는 대전교도소의 경우 외국인 수용자 정원 270명을 초과한 지 오래됐다. 1인 1실을 원칙으로 하는 '외국인 수용자 처우 지침' 준수는 커녕, 6인실에서 내 · 외국인과 함께 지내는 경우도 적잖다. 외국인 재소자에게 맞춤형 교정을 제공하고 내국인 수감자와의 문화적 갈등을 예방한다며 1995년부터 운영해 온 외국인 전담 교도소 제도의 취지가 빛을 잃었다.

시설 부족으로 종교와 문화적 배경에 따른 분리 수감이 어려워 재소자 간 충돌도 많다. 다른 문화권 사이에 반목이 있고 특히 숫자가 많은 중국 출신과 다혈질의 러시아권 재소자 사이에 집단싸움이 늘 우려된다. 예배 장소가 마련되지 않아 이슬람권 재소자들이 작업장에서 기도하다가 다른 이들과 마찰을 빚는 등 종교 갈등도 심각하다.

무엇보다 수형자를 관리할 인력이 턱없이 부족하다. 외국인 전담 교도관이 있지만 영어만 구사할 수 있는 경우가 많아 비영어권 출신 수감자들은 기본적 의사소통에 불편을 겪는다. 중국어, 러시아어, 아랍어 등을 구사할 수 있는 직원이 배치되지 않아 교도관 사이에서도 외국인 전담직은 기피 대상이다.

그러나 재소자 인권을 배려하는 교도소 운영과 외국인 수형자 급증 문제를 해소할 근본 대책이 아직 없다. 법무부는 "유엔의 피구금자 처우 기준에 맞게 외국인 수형자를 관리하고 있다."는 입장이지만 다인종 · 다문화 시대에서 범법자라 하더라도 외국인을 경시할 수 없다. 예컨대 법무부 내에 외국인 수용자 전담부서를 설치하고, 범죄자가 본국에서 형기를 치르게 하는 '수형자 이송협약' 을 동남아 국가 등과 조속히 맺어 교도 행정을 효율화해야 한다. 현행 교도소 제도는 외국인 수형자의 증가를 예견 못한 점이 보인다. 수도권의 대형 교정 시설 등을 활용하는 것도 대책 중 하나다. 수도권은 전국의 외국인 중 80%가량이 있다. 관심을 가져야 할 이유다.

자료 : 경기일보, 2009년 1월 23일

하고 있다. 이러한 경우 초범이라도 범죄 횟수가 많거나 조직폭력, 가정파괴, 약취유인, 살인 등 특정 강력사범이 다수가 있는데, 이들의 범수만을 감안하여 죄질이 비교적 경미

표 5-9 경비등급별 기관 현황

청 별 \ 등급별	개방시설	완화경비시설	일반경비시설	군경비시설
계	4	16	29	4
서울(청)	안양(교) 개방사동 -신축 예정-	여주(교) 의정부(교) 영등포(교) 강릉(교)	안양(교), 춘천(교) 원주(교), 서울(구) 수원(구), 성동(구) 인천(구), 영등포(구) 평택(지)	원주(교) 군 경비사동 -신축 예정-
대구(청)	부산(교) 개방사동 -신축 예정-	마산(교) 진주(교) 김천(교) 경주(교) 통영(구)	대구(교), 청송(교) 부산(교), 포항(교) 안동(교), 청송3(교) 청송직훈(교), 부산(구), 대구(구), 울산(구)	청송 제2(교)
대전(청)	천안개(교) 청주여(교) 생활관	청주(교) 홍성(교) 충주(구) 논산(지)	대전(교), 공주(교) 천안소년(교), 청주여자(교), 천안(지), 서산(지)	홍성(교) 군 경비사동
광주(청)	광주(교) 개방사동 -신축 예정- 군산(교) 장애인재활관	목포(교) 군산(교) 장흥(교)	광주(교) 전주(교) 순천(교) 제주(교)	정읍(교) 군 경비사동 -신설 예정-

자료 : 법무부 · 교정본부(2009)

한 자라는 전제하에 초범교도소에 수용할 수 있는지 또한 악성오염의 소지는 없는지의 검토가 필요하다. 다행히 법무부 교정본부에서는 현행 범수(초범, 2범 이상)에 따라 교정기관을 구분하였으나, 앞으로는 수용설비 및 계호의 정도에 따라 4등급(개방시설, 완화경비시설, 일반경비시설, 중(重)경비시설)으로 구분하여 차별화된 처우를 실시한다고 한다. 실질적인 운영은 기존 수형자의 재심사, 이송 등이 끝나는 2009년 9월로 예정되어 있다.

다섯째, 보호감호제도의 문제이다. 보호감호소가 실제 사회적응의 수단으로 시설에 수용하여 실시하고 있는 교육이나 교화개선 및 치료가 피보호감호자들에게 얼마나 효과적인 처우가 되고 있는지는 미지수이다.

여섯째, 재소자의 인권침해문제이다. 교정시설 수용자의 처우는 한 나라의 인권수준을 가늠하는 척도이다. 국가인권위원회의 발족 이후에도 수용자들의 사망사건이 끊이지 않아 이들이 인권의 사각지대에 놓여 있다는 비판이 끊이지 않고 있다.

범죄자의 사회 내 처우

사회 내 처우(community-based treatment)는 범죄인을 일정한 시설 내에 구금·수용하지 않고 사회 내에서 정상적인 생활을 영위하게 하면서 일정기간 동안 지도와 통제를 하는 처우를 말한다. 이는 사회 내에서 자유로운 생활을 영위하게 하면서 개별처우를 꾀하기 때문에 재사회화에 효과적이며 구금환경의 문제점이라 할 수 있는 사회로부터의 고립과 단절에서 오는 고통과 악영향을 해소할 수 있고, 시설 내 처우보다 운영경비가 절감된다. 전형적인 사회 내 처우로는 보호관찰제도를 들 수 있고, 가석방제도, 사회봉사명령제도, 수강명령제도, 갱생보호제도 등도 여기에 해당된다.

보호관찰제도는 유죄가 인정된 범죄자 또는 비행청소년에 대하여 교도소 등에 구금, 처벌하는 대신 보호관찰관의 지도·감독하에 정상적인 생활을 허용하고 자립이 필요하다고 인정되는 경우에는 취업알선, 복학주선, 직업훈련기회 제공, 환경개선, 응급구호 등 적절한 원호로 비행청소년의 건전한 사회복귀를 촉진시키는 제도이다.

본 제도를 성인범을 포함한 전체 형사범에 대하여 확대 실시한 1997년의 경우 보호관찰뿐 아니라 사회봉사명령 등 보호관찰 관련 처분이 급격히 증가하는 등 현재 보호관찰제도는 교도소 등 시설 내 구금을 실질적으로 대체하는 중추적인 국가 형사정책수단으로 기능하고 있다. 보호관찰대상자는 개청 이래 다소간의 증감을 보이고는 있으나 꾸준히 증가해

표 5-10 보호관찰대상자 재범률 현황(2003~2007) (단위 : %)

구분 \ 연도		2003	2004	2005	2006	2007
총 계		7.1	8.1	7.5	5.8	6.4
소 년	계	10.2	9.7	9.4	8.1	9.1
성 인	계	3.3	6.8	6.3	4.3	4.6

자료 : 법무부(2008), 범죄예방정책국 통계

왔다. 2000년에 14만 명대(14만 2,532명)에서 2006년 15만 명대(15만 371명)로, 2007년에는 16만 명대(16만 5,818명)로 진입해 있다. 한편 2003~2007년까지의 보호관찰대상자의 보호관찰 기간 중 평균 재범률은 4%대로(2006년 4.3%, 2007년 4.6%) 일반형사사범 평균 재범률의 1/5 수준에 불과할 정도로 높은 효과를 나타내고 있다.

갱생보호사업은 형의 선고유예, 집행유예, 가석방 또는 형기의 종료 등으로 출소자에 대하여 자립의식을 고취하고, 경제적 자립기반을 조성시켜 건전한 사회복귀를 촉진함으로써 재범의 위험을 방지하기 위한 사업이다. 본 사업은 「보호관찰 등에 관한 법률」에 의해 설립되어 법무부의 지휘 · 감독을 받는 공법인인 한국갱생보호공단에서 담당 · 집행하고 있다.

갱생보호의 방법에는 무의탁 출소자에 대하여 생활관의 보호시설에서 6월~1년 범위 내에 자유스럽게 기거하게 하면서 숙소 · 음식물 등을 제공하고 정신교육을 하는 숙식제공, 일정한 기술이 없는 갱생보호대상자에게 취업에 필요한 기능훈련을 실시하는 직업훈련, 일정한 취업처를 구하지 못한 갱생보호대상자에게 취업을 알선하고 필요한 경우 신원을 보증하는 취업알선, 기타 갱생보호대상자에 대한 자립지원과 면접 · 통신 · 방문 등 적절한 방법으로 갱생보호대상자의 선행을 지도 · 장려하고, 가정 · 주거 · 교우 등 환경을 조정 · 개선하도록 노력하며 직업훈련, 취업알선 및 자립지원에 대한 사후관리를 하는 선행지도 등이 있다.

갱생보호공단이 실시한 갱생보호사업의 사업방법별 실적을 살펴보면, 2007년 말 현재 5만 4,867명에 대하여 갱생보호사업을 실시하여 전년 대비 13.0%가 증가하였다. 사업방법별로는 2000년부터 소관업무의 조정과 경영혁신의 일환으로 여비지급과 생업조성금지급이 갱생보호사업에서 제외된 반면, 이전까지 실적통계에서 제외되어 왔던 사전면담이 통계에 포함되면서 전체의 33.4%를 차지하여 가장 활용빈도가 높았고, 이어서 자립지원(21.3%), 선행지도(16.8%), 재사회화교육(9.9%), 취업알선(6.2%)의 순으로 나타나고 있다(범죄백서, 2008 : 402).

사회 내 처우의 문제점

첫째, 출소자의 추수지도가 부족하다. 현재 국가적으로는 출소자에 대한 추수지도를 위하여 보호관찰소, 갱생보호공단 등을 중심으로 보호활동을 시행하고 있으며 또한 종교단체 등의 민간단체에서도 출소자들을 위한 프로그램을 부분적으로 운영하고 있다. 그러나 이러한 추수지도의 혜택을 받는 출소자는 일부에 지나지 않고 대부분은 지역사회에 방치되고 있다. 이러한 방치는 결국 출소자들의 재수감이라는 악순환을 반복하는 결과를 가져오게 된다.

둘째, 범죄인 및 가족에 대한 지원 미비를 들 수 있다. 범죄인의 가족은 단지 가해자의 가족이라는 이유만으로 사회적 비난과 개인적 고통을 감수해야 한다. 이들은 대부분 스트레스에 따른 각종 질환과 경제적 곤란 등으로 정상적인 가정생활이 어려운 경우가 대부분이다.

셋째, 지역사회교정이 제대로 이루어지지 않고 있다. 대부분의 선진국가에서는 오랜 기간 동안 지역사회교정의 필요성과 중요성이 강조되면서 많은 이론적 · 경험적 연구들이 진행되어 왔다. 그 결과 오늘날 지역사회교정은 지역사회에서의 다양한 중간처벌(intermediate)과 다이버전(diversion) 프로그램을 범죄자에게 제공함으로써 처벌의 형평성을 제고하고 치유효과도 높일 수 있는 바람직한 방식으로 활용되고 있다. 우리나라의 경우 지역사회교정의 필요성에 대한 분명한 인식과 연구가 부족한 실정이다.

범죄문제에 대한 해결책 및 대안

범죄문제에 대한 해결책 및 대안은 사회 전체의 범죄를 예방하고 범죄를 줄이며 재범을 방지하는 것이어야 한다. 본 절에서는 이를 거시적 차원과 미시적 차원으로 나누어 살펴본다.

거시적 차원의 대안

거시적 차원의 대안은 절대 빈곤의 해결과 사회의 불평등 감소, 행형제도의 개선, 형사법체계의 개선으로 설명이 가능하다.

절대 빈곤의 해결과 사회의 불평등 감소

절대 빈곤의 해결과 사회의 불평등 감소는 적극적인 소득재분배 프로그램, 사회보장제도의 확충 등이 선행되어야 한다. 이는 범죄문제에 대한 본질적인 대책은 아니지만 범죄를 예방하거나 경감하는 데 유용하게 사용될 수 있다.

또한 빈곤이 범죄문제와 직접적 또는 간접적으로 관련된다고 볼 때 빈곤문제의 해결 또한 범죄문제에 대한 거시적 대책의 일환으로 사용될 수 있을 것이다. 국민들에게 최저한의 생활을 보장하는 사회정책이 뒷받침되어야 할 것이다. 이러한 정책은 특히 국가적 차원에서 경제적으로 어려움을 겪을 때일수록 필요한 것이다.

행형제도의 개선 : 인간 중심의 교정

제도적인 개선책으로 행형제도의 개선이 요망된다. 현재의 처벌과 격리 위주의 행형제도는 완전한 범죄대책이 될 수 없으며, 재범을 방지하는 데도 효과적이라 할 수 없다. 가능한 한 교정시설에 격리 수용하지 않고 범죄자들도 지역사회의 일원으로서 살아갈 수 있도록 하는 다음과 같은 발상의 전환이 요청된다.

전환

어떠한 형태로든지 범죄자를 형사사법체계의 공식적인 절차를 피해서 처리하는 것으로 경찰단계에서부터 교정단계에 이르기까지 모든 형사사법기관에서 가능한 대안이다. 전환의 목표는 재범의 방지에 있다.

비시설수용

재판단계에서 가능한 한 비시설수용적 처분을 하거나 교정단계에서 이미 시설에 수용된 재소자에게 각종 전환제도를 이용하여 비시설 수용적 처분을 하는 방법으로 범죄자의 시설수용을 제한하는 것을 말한다. 비시설수용의 목표는 제지와 예방효과에 있다.

사회재통합

단순히 범죄자를 교화 · 개선하여 사회에 복귀시킨다는 교정의 목표를 넘어 범죄자와 사회가 다시 통합될 수 있게 해주려는 교정단계에서의 노력을 말한다. 그 예로써 가석방, 지역사회에 기초한 교정 등을 들 수 있다. 그 구체적인 방안으로 다음의 내용을 생각해 볼 수 있다(최일섭 · 최성재, 2003 : 192).

- 재판 전 단계 : 제3자 중재, 선도조건부 또는 선행조건부 기소유예
- 재판단계 : 배상명령, 벌금형, 지역사회봉사명령, 수강명령, 반구금

■ 재판 후 교정단계 : 사회와 교도소와의 중간형태의 시설

형사법체계의 개선

형사법체계의 개선을 위해서는 권위주의적 법제와 법적 관행을 청산하는 작업이 이루어져야 할 것이다. 이를 위한 방향성으로 다음의 사항을 지적할 수 있다(이수성, 1990 : 19-20).

첫째, 권위주의 체제를 유지 · 강화시키는 데 기여했던 각종 악법의 청산작업이 이루어져야 한다. 공권력의 신뢰회복 없이 원활한 범죄대책을 수립하기란 불가능하다는 점을 인정한다면 악법개폐와 법민주화 작업은 아무리 서둘러도 지나치지 않을 것이다.

둘째, 특별형법 규정의 지나친 확대와 남용현상을 막아야 한다. 특별형법 중 형사적 사안으로 처리할 것이 아닌 것은 비범죄화시키는 입법적 조치가 필요하다.

셋째, 한국의 형법은 매우 중형주의적 입장을 취하고 있는데, 이에 대한 근본적인 재검토가 요구된다. 이러한 과정을 통해 범죄로 취급되어 왔던 많은 행위들을 합법화하거나 비범죄화할 필요가 있는 것이다.

미시적 차원의 대안

범죄예방교육

잠재적인 범죄 피해자인 일반 사회구성원들을 대상으로 학교교육과 대중매체를 통해 범죄예방교육을 확대하여야 한다. 학교교육과정상에 범죄예방교육의 내용을 포함시키고, 대중매체를 통해 지속적인 사회교육을 해야 할 필요가 있다. 사회구성원 모두가 범죄로부터 스스로를 지킬 수 있도록 해야 한다.

범죄 피해자에 대한 서비스

범죄 피해자는 신체적 · 물질적으로 피해를 입을 뿐만 아니라 정신적으로도 장기간 지속되는 피해를 입으므로 피해자에 대한 보호가 적극적으로 검토되어야 한다. 경우에 따라서는 사회가 피해자를 비난하는 가해자의 역할을 하기도 한다. 따라서 피해보상, 법률구조, 사회사업 서비스 등을 통해 피해자를 적극적으로 보호해야 한다.

사회복지사의 개입

보호관찰제도, 가석방제도 등에 사회복지사들(특히 교정사회복지사)을 적극적으로 활용하여야 한다. 범죄자들은 어떠한 형태로든지 사회에 제대로 적응을 하지 못하는 사람이라는 점에서 누구보다도 전문 사회복지사의 서비스를 필요로 하므로 전문적 서비스에의 접근기회가 확대되어야 할 것이다.

교정시설에서의 교육과 직업훈련의 강화

범죄 예방과 재범 방지를 염두에 둔다면 범죄자들에게 정상적인 직장을 통해 생계를 꾸려갈 수 있는 기회가 충분히 마련되어야 한다. 이를 위해 직업교육과 학교교육에 준하는 교육을 제공하고 재사회화하는 교육을 제공하여야 한다.

또한 교정교육은 수형자 개개인의 심리적 · 행동적 문제에 중점을 두고 다양한 교육 프로그램을 제공함으로써 범죄성을 제거해 주어 건전한 사회인으로 재복귀를 돕도록 해야 한다. 이를 위해서는 정규교육을 받지 못한 이들에게 교양 및 정규교육기회를 부여하고 시민생활에 직접 도움이 되는 구직기술(이력서 작성, 인터뷰기술, 직업의식 등), 소비기술(돈관리, 신용이용, 영수증 이해 등), 지역사회자원의 이용, 건강과 안전관리(경고표시 읽는 방법, 약 처방전 사용, 구급법의 실제 등), 부모와 가족기술(아동양육의 실습, 학대방지기술, 대화방법 등), 시민기술(세금양식의 작성, 법적 서류의 이해 등) 등 생활기술 프로그램이 행해져야 한다.

사회복지적 차원에서의 전략

범죄문제에 대한 적극적 대책의 사회복지적 의미

범죄가 만연되어 있는 사회는 사회구성원들에게 인간다운 삶을 누릴 조건을 충분히 제공하지 못하고 있는 것이다. 따라서 범죄에 대한 대책은 그 자체가 사회복지적 의미를 갖는다고 할 수 있다.

특히 범죄문제에 대한 대책을 논할 때 사회복지적 차원에서 제공 가능한 전략으로 교정

사회복지의 적극적 실현을 제시할 수 있다. 교정사회복지는 사회적응에 실패했다고 평가되는 범죄자 및 비행청소년들의 갱생을 위해 도와주는 사회복지방법으로, 범법행위로 교정시설에 수용되어 있거나 퇴원 및 퇴소된 수용자의 반도덕성, 반사회성을 자주적으로 극복 개선하고, 사회적 적응능력을 배양시켜 재범을 방지하며, 원만한 사회복귀를 돕는 복지정책적 처우와 조직적 서비스의 지원활동을 말한다. 서구 선진국에서는 이미 교정과 관련된 현장에 많은 사회복지사가 참가하여 범죄인들의 교정, 교화나 사회적 재적응을 지원하는 활동에 적극 나서고 있다.

교정사회복지는 사회복지의 한 분야이면서 동시에 경찰, 검찰, 재판 등과 같이 범죄인 처우에 관한 국가의 형사사법제도의 한 분야에 속한다. 이는 기존의 교정학이나 형사정책과는 달리 재소자뿐 아니라 출소자와 그 가족을 포함하여 정책과 프로그램의 초점이 반사회성 교정이나 범죄예방은 물론 인간의 존엄성 및 생존권적 기본권의 확보 및 실천에 초점을 두고 있으며 정책목표는 범죄인 재활을 통한 사회보호이다.

사회복지정책을 통한 대책

사회복지정책을 통해 빈곤, 주택문제, 환경문제 등의 사회문제를 경감시키고 사회개혁을 통해 불만을 해소시킴으로써 범죄를 미리 예방하자는 것이다.

내용요약

1. 범 죄

형법에 규정된 살인, 강도, 강간, 폭행, 절도 등 전통적 범죄만을 의미하는 것이 아니라 사회에 해를 끼치는 다양한 행동인 탈세, 뇌물, 마약거래와 복용, 알코올중독 인종 간 학살 등을 포함한다.

2. 스토킹(stalking)

상대방은 싫어함에도 불구하고 자신의 일방적인 호감만을 이유로 상대방의 의사를 무시하거나 오해하면서 또는 상대방의 감정을 자신이 원하는 대로 변화시키려는 의도로, 계속 쫓아다니거나 전화, 우편, 전자우편 등을 통해 자신의 감정을 일방적으로 토로하거나 선물공세를 폄으로써, 상대방에 대한 접근과 접촉을 시도하고 관심을 표명함으로써 상대방에게 성가심과 불쾌감, 나아가 불안감과 공포심을 불러일으키는 행위를 말한다.

3. 멀린(Mullen et al., 1999)의 스토커의 다섯 유형

① 거절경험 스토커(the rejected)
② 친밀감 추구형 스토커(the intimacy seeker)
③ 무능력자형 스토커(the incompetent)
④ 분개형 스토커(the resentful)
⑤ 침탈형 스토커(the predatory)

4. 범죄문제에 대한 해결책 및 대안

① 거시적 차원의 대안
- 절대 빈곤의 해결과 사회의 불평등 감소
- 행형제도의 개선 : 인간 중심의 교정
- 형사법체계의 개선

② 미시적 차원의 대안
- 범죄 예방 교육
- 범죄 피해자에 대한 서비스
- 사회복지사의 개입
- 교정시설에서의 교육과 직업훈련의 강화

5. 범죄자의 사회 내 처우의 문제점

① 출소자의 추수지도가 부족하다.
② 범죄인 및 가족에 대한 지원 미비를 들 수 있다.
③ 지역사회교정이 제대로 이루어지지 않고 있다.

check list

1. 콘클린(Conklin)의 범죄의 경제적 비용 분류
   ① 범죄의 직접적인 비용
   ② 재산의 절취행위로 인한 피해
   ③ 범죄행위가 야기하는 비용
   ④ 불법적인 상품과 서비스의 생산과 판매에 따른 비용, 즉 불법적 지출
   ⑤ 범죄의 예방과 방지에 소요되는 비용
   ⑥ 경찰, 검찰, 법원, 교정시설, 피해자 보상 등 범죄통제행정 비용

2. 사이버 스토킹과 일반 스토킹과의 상이점은?
   ① 오프라인 스토킹은 일반적으로 일정한 지역적 한계 내에서 발생하지만, 사이버 스토킹은 지역과 국경을 넘어 발생할 수 있다.
   ② 전자통신기술은 사이버 스토커가 직접 가해하지 않고서도 제3자를 이용하여 피해자를 괴롭히거나 위협하는 것이 가능하게 한다.
   ③ 전자통신기술은 괴롭힘과 위협에 대한 장벽을 더 낮춘다.

3. 교정시설 내 처우의 문제점은?
   ① 개별적 처우가 미비하다. 대상별로는 여성, 노인, 외국인, 장애인으로 나누어 살펴볼 수 있다.
   ② 전문인력의 부족이다. 재소자에 대한 교정처우의 성패는 교정공무원의 능력과 역할수행에 달려 있다.
   ③ 교정시설의 열악한 환경이다. 시설당 수용인원이 지나치게 많으면 교정처우보다는 수용 중심의 처우가 될 수밖에 없어 교정효과를 거두기 어렵게 된다.
   ④ 대분류제도 및 누진제와의 문제이다.
   ⑤ 보호감호제도의 문제이다.
   ⑥ 재소자의 인권침해문제이다.

CHAPTER 6
성매매와 여성

주요용어

성의 상품화, 성매매, 성매매의 사회학적 정의, 원조교제, 가부장적 성문화, 성매매방지법, 자활지원

성매매에 대한 이해

자본주의 사회에서의 성의 상품화

자본주의하에서 인간의 성은 시장경제의 원리에 의거하여 이윤증대를 목적으로 상업문화에 이용되면서 상품화되었고, 상품화하고 있다. 즉, 자본주의 사회에서는 성적 욕구 자체도 상품화되어 성에 대한 소비욕구를 만들어 내어 스포츠신문을 비롯한 황색 저널리즘, 서구사회로부터 수입된 저질 문화상품, 에로티시즘을 표방하는 영화 및 연극계의 성상품들은 성인층을 넘어 청소년층까지 파급되고 있다. 특히 정보사회화에 따른 컴퓨터 통신의 보급으로 청소년들은 인터넷 음란정보에 무방비상태로 노출되어 있다. 이러한 상황은 인간 스스로가 소외시켜 사물화된 성이 인간에 대하여 파괴적이고 적대적인 힘으로 역작용하고 있음을 보여 주는 예인 것이다. 또한 자본주의 사회에서 가부장적인 남성문화는 여성을 성적 대상으로만 규정하고 평가한다. 여성의 성적 매력은 여성의 노동시장에서도 공공연하게 인정된 조건이다. 향락산업에 종사하는 여성들은 성적 매력을 극대화하기 위해 노동 그 자체보다는 성적 매력을 위한 외모 가꾸기에 주력한다.

그리고 여성이 성적 대상으로 취급되면서 이익을 보는 쪽은 자본가이다. 번창하고 있는 음란 외설물과 향락산업은 자본주의적 이익에 부합하고 있다. 이익을 극대화하기 위해 자본가는 대중매체에 영향력을 행사하면서 자신의 이익에 도움이 되는 소비를 위한 전략으로 성을 상품화하기에 이른다. 이렇게 함으로써 인간의 성과 육체에 대한 물상화는 성에 대한 향락과 퇴폐성을 가중시키고 성의 인간적인 가치를 떨어뜨린다.

현대 자본주의 경제의 특징 중의 하나는 소비문화를 들 수 있고, 소비문화의 중심은 몸의 이미지에 있다. 이는 특히 여성의 몸이 상품에 대한 구매욕망을 촉진시키는 데 적극적으로 사용된다는 것과 관련이 있다. 시각적 이미지에 의해 지배를 받는 현대사회에서 시선과 욕망은 밀접한 관련성을 갖고 있다. 새로운 욕망들을 끊임없이 끌어내는 기제로서의 광고들은 상품을 갖고 싶다는 욕구뿐 아니라 그 상품과 연관된 이미지를 판매한다.

여성의 육체는 '찬미하고 가꾸어야 할 대상' 이 되므로 그것과 연관된 다양한 산업이 생겨나면서 소비문화와 밀접하게 연결된다. 여성은 생산적 주체로서보다는 소비적 주체로 대상화되는 것이다. 또한 여성의 몸은 '에로틱 경제' 와 연결된다(이영자, 1996).[1] 즉, 여성의 몸을 상품가치화하는 포르노그래피나 성매매산업 등은 성적 요구를 성상품으로 둔갑시켜 여성의 몸을 살 수 있는 대상으로 만드는 것이다.

이렇게 자본주의는 가부장적 성문화와 결탁하여 여성 신체에 대한 물상화와 향락산업의 번창을 초래하였고, 가부장적 자본주의 성문화의 대표적인 예가 성매매인 것이다.

성매매의 개념

성매매를 지칭하는 용어는 윤락행위, 매춘, 매매춘 등이 있다. 그러나 일반적으로 사용하는 이러한 용어들은 '성을 파는 행위' 만을 규정하는 용어들이다. 이러한 용어들에서는 '성을 사는 행위' 는 제외되어 있다. 이러한 용어들은 성을 파는 행위에 문제의 초점을 맞추고 도덕적인 비난을 돌린다는 점에서 문제를 안고 있다. 예를 들어 법적인 용어로 사용되는 '윤락' 이란 "스스로 타락하여 몸을 버린다" 는 의미로, 성을 파는 사람에게만 낙인을 찍는, 즉 여성에게만 부과되는 용어로 그 상대가 되는 자는 도덕적 면죄부를 받는 편파성을 가지고 있다.

그러나 '성매매' 란 경제적 이득을 목적으로 여성의 몸을 매매하고 상품화하여 착취하는 것을 말하고 아동매매, 인신매매, 매매춘을 모두 포함하며 향락업소, 유해업소 등에서

---

1) '에로틱경제' 란 "주로 여성의 성의 상업적 관리를 주요 과제로 삼아 각종 성 상품들, 성적 장치, 성적 서비스들을 증식시키는 데 전념하는 소비산업" 을 의미한다.

의 '퇴폐행위', '유해행위' 로 성매매현상을 설명하기도 한다.

설리번(1980)은 "성매매는 1차적인 동기와 보상이 성적인 것이 아닐 뿐만 아니라 정서적인 것도 아닌 성적 교류"라고 하였고, 셰퍼드는 "성매매는 고객과 정서적으로 무관한 관계를 맺고 난교적으로 성을 판매한다"(Truong, 1990 ; 변화순 · 황정임, 1998 재인용)고 정의하고 있다. 이러한 성매매는 일반적인 성행위와는 달리 성이 상품화된다는 점, 사회적으로 인정된 배우자 이외의 상대와 성행위를 맺는다는 점, 성행위를 맺되 아무런 정서적 교감 없이 무차별적으로 관계를 갖는다는 점의 구성 요소를 갖는다.

성매매와 관련된 유사개념들의 주요 관점과 특성을 정리하면 아래와 같다. 여기에서 제시된 용례는 사회적 관점의 변화에 따른 개념을 함축하고 있다(여성부, 2003). 이러한 개념의 변화는 「성매매방지 및 피해자 보호 등에 관한 법률」(이하 성매매특별법)의 제정 이후로는 '윤락' 이라는 용어 대신 '성매매' 로 대체되었다.

표 6-1 성매매 유사개념들

관련 용어들	정 의	관 점	규정의 특징
윤락 (倫落)	불특정인을 상대로 금품, 기타 재산상의 이익을 목적으로 성행위를 하는 것(윤락행위 등 방지법)	도덕적	• 성기 접촉에 의한 성행위에 한정 • 성매매를 '문란한 성관계' 로 규정 • 문제의 초점을 윤락여성에게 둠 • 윤락여성에 대한 도덕적 낙인효과 • 사회적 필요악 또는 '즐김' 을 강조
매매춘 (買賣春)	'윤락' 과 동일한 의미이나 사고(買) 파(賣)는 행위를 강조	경제적	• '윤락' 과 마찬가지로 성기접촉에 의한 성행위에 한정 • 성매매를 가능케 하는 중간 매개자의 존재 비가시화 효과 • 성매매를 春으로서 자연주의화하여 사회구조적 문제의 성격을 은폐
성매매 (性買賣)	인간의 신체와 감정이 '성 상품화' 되고 있음을 가시화	사회 · 문화적	• 성매매 = 범죄현상
성적 노동 (sex work)	인권과 노동권의 향유라는 전제하에서 성매매는 '성적 노동' 으로서 재규정	pro-prostitutionist	• 성매매 개념보다 덜 오명화된 개념 • 성과 화폐를 교환하는 일종의 노동행위로 이해

성매매의 유형

성매매는 몇 가지 유형으로 분류할 수 있다. 변화순(1998) 등은 성매매의 형태를 성매매만을 목적으로 하는지에 따라 전통형 성매매와 산업형 성매매, 기타 유형으로 구분하고, 조홍식 등(2000)은 전통형 성매매, 산업형 성매매, 사이버 성매매로, 김시업(2000)은 1990년대 중반 이후 나타나기 시작한 청소년의 원조교제를 청소년 성매매로 간주해야 한다고 주장하고 있다. 여기에서는 성매매의 유형을 전통형, 산업형, 청소년 성매매로 나누어 살펴보기로 한다.

전통형 성매매

'전통형 성매매'라 함은 "특정지역을 거점으로 하여 성매매만을 목적으로 하는 형태"로 우리사회에서는 1960~1970년대에 가장 성행했으며, 매춘의 형태에 따라 거리의 창녀나 매춘가의 창녀로 구분하였고, 특정지역에 집촌화되어 '윤락가'로 불리며 도시의 일정 지역에 분포되어 있었다. 이 숫자는 점점 줄어들고 있는 추세이다.

산업형 성매매

'산업형 성매매'란 서비스 산업에서 이루어지고 있는 업소가 가지고 있는 본래의 1차적 목적인 서비스 외에 2차적 서비스의 성매매 행위를 하는 형태로 정의할 수 있다. 그러므로 산업형 성매매는 3차 서비스 업종 혹은 행정적으로 서비스 접객업이라 불리는 식품접객업소, 위생접객업소, 안마시술소 등에서 본래의 서비스 이후에 이루어지는 성매매 행위를 말한다. 이러한 양상은 1970년대 후반 관광기생을 시작으로 1980년대에는 국내인을 대상으로 공공연히 이루어졌다.

산업형 성매매의 문제점은 고도의 자본주의가 양산하는 물질만능주의와 퇴폐·향락적인 사회분위기가 만연될수록 심화될 것이고 특히 남성과 여성의 불평등한 사회적 관계, 여성에 대한 취업기회의 제한, 성매매여성에 대한 복지 서비스 미흡, 남성 위주의 가부장적인 사회라는 한국적 특수상황과 맞물려 그 정도가 심각한 상황에 놓여 있다.

산업형 성매매의 유형은 「풍속영업 등 규제에 관한 법률」 등 각종 법률을 통해서 단속기관에 의해 '법인성 유해업소'로 규율되는 업소유형과 대체로 일치한다.

청소년 성매매

청소년 성매매는 10대의 여학생들이 성인 남성을 대상으로 성관계를 가진 후 용돈이나 선물 등의 명목으로 대가를 받는 행위를 의미하며, 일반적으로 '원조교제' 라는 명칭으로 알려져 있다.

남미애(2001)는 성매매의 경험이 있는 청소년의 특징을 첫째, 성매매 청소년은 가출, 약물사용, 경찰구속, 성 관련 시설이용 등의 비행이 많을 뿐 아니라 임신, 성병, 성추행, 성폭행 등 성 관련 피해 등이 많고, 둘째, 성매매 청소년들은 성적 학대, 방임 등 어린시절 가족외상의 경험을 가지고 있으며, 셋째, 성매매 청소년은 이중적 규범이나 성상품의 수용 등 사회문화적 영향을 상대적으로 더 많이 받고 있으며 이외에도 비행친구와의 교제, 자아존중감, 성의식과 성행동, 사회적 지지 부족문제 등이 청소년 성매매에 영향을 미치고 있다. 게다가 최근 원조교제의 심각성은 여학생들의 나이가 점점 어려진다는 것과 청소년들의 PC통신, 인터넷 대화방, 핸드폰 등을 통해 개별적으로 직접 상대를 찾을 수 있다는 점, 그 확산 속도가 매우 빠르다는 것이 문제점으로 지적되고 있다.

표 6-2 성매매의 유형

구 분	정 의	유 형	비 고
전통형 성매매	특정지역을 거점으로 성매매만을 목적으로 하는 업소에서 이루어짐	대규모 성매매 집결지	서울 용산, 청량리 588, 영등포, 미아리 텍사스 등에서 이루어지는 성매매
		미군 기지촌	경기도 용주골
산업형 성매매	본래의 업소(업종)의 목적과 달리 성매매 행위가 이루어지거나 성매매 행위를 알선함	식품접객업소	대중음식점, 단란주점, 유흥주점(룸살롱, 외국인 관광클럽)을 통한 성매매
		위생접객업소	호텔이나 여관 등의 숙박업소, 목욕장, 이발소 등에서 이루어지는 성매매
		안마시술소	안마소에서 이루어지는 성매매
청소년 성매매	10대의 여학생들이 성인남성을 대상으로 성관계를 가진 후 용돈이나 선물 등의 명목으로 대가를 받는 행위	성 관련 시설이용 등의 비행	가출, 약물사용, 경찰구속 등으로 나타남
		가족 외상의 경험	성적 학대, 방임 등의 경험을 가지고 있음
		사회문화적 영향	이중적 규범이나 성상품화의 수용 등

자료 : 교육부(2004), 홈페이지

새로운 성매매로서의 원조교제

원조교제의 개념

원조교제란, 미성년 여성이 성인 남성의 '원조(용돈이나 선물의 형태)' 를 받는 대신 '교제(술좌석이나 놀이에 동행하기, 신체 접촉, 성관계 등)' 를 해주는 것으로, 그 발상지를 일본으로 설명하고 있다.[2)]

한국이나 일본에서 원조교제가 문제가 되는 이유는, 여중 · 고생들이 생활고가 아니라 순전히 용돈으로 유흥비 마련을 위해 성인 남자들과 성적 거래를 맺고 있기 때문이다. 이는 학생의 신분으로 자신의 쾌락을 위해 성적 서비스를 제공하는 자발적 행위라는 점에서 새로운 성매매 현상으로 간주되고 있다.

여기에서 기존의 성매매와 원조교제와의 차이점을 살펴본다면, 미성년 학생과 성인 남성과의 만남의 시작이 주로 사이버 공간에서 이루어진다는 점이다. 또한 한국과 일본의 원조교제의 차이점을 살펴보면 다음과 같다. 일본의 경우에는 정력은 쇠퇴하고 인생의 목표도 제대로 이루지 못한 중년남성의 허무감과 성에 대한 호기심과 용돈 마련 외에도 아버지를 연상시키는 중년 남성을 통해 근친상간에 대한 무의식적 욕구를 달성하려는 소녀의 심리가 상호보상적으로 나타나고 있고, 둘 간의 관계도 상당히 지속적이라는 것이다.

이와 달리 한국의 경우 원조교제는 미성년자를 대상으로 한 신종 성매매에 불과하다. 1999년 말 원조교제로 검찰에 적발된 남성 중 원조교제를 가장 많이 한 연령층은 20대 후반에서 30대 초반이 대부분이었으며, 미혼이 78%였고, 성관계도 일회성이 82%로 나타나고 있다(정완, 2000 : 13-14).

원조교제의 가장 큰 원인은 '소비풍조의 만연' 에 있다고 할 수 있다. 시민들이 경제적 풍요로 고가의 브랜드 상품을 선호하게 되면서 미성년자들까지 이러한 취향에 물들게 되었고, 부모가 주는 용돈 이외에 특별한 소득이 없는 미성년자 특히 여학생들이 고급스런 옷, 화장품, 휴대폰 등의 구입과 친구들과의 놀이에 필요한 비용을 마련하기 위해 원조교제에 나서게 된 것이다. 또한 컴퓨터 통신망의 확대로 은밀하게 상대방을 찾기가 용이해

2) 원조교제는 일본의 '노는 여고생들(코갸루)' 의 하위문화와 연관되어 있다. 1980년대 후반 일본의 경제 버블이 꺼지면서 가정경제가 어려워졌으나 소녀들은 그동안의 생활방식을 유지하기 위해 원조교제를 시작했다는 것이다. 그러나 다른 일군의 연구자들 특히 일본 내 연구자들은 원조교제가 성인연령에 도달하는 여학생들의 통과의례로서 발달한 것으로, 현대 일본 자본주의에서 자연발생적으로 생겼다고 주장한다.

진 것도 한 요인이라 할 수 있다.

원조교제의 실태

서울경찰청의 분석(2000년)에 의하면 원조교제가 주로 학생들에 의해 이루어지고 있으며, 인터넷이 주 통로임을 밝히고 있다. 그리고 원조교제를 맺는 방법으로는 인터넷채팅이 53.5%, 전화방 22.0%, 성인전화 · 음성사서함 13.5%, 친구소개 4%, 길거리 유인 4.6%로 나타나고 있다. 또한 원조교제를 한 청소년 중 중 · 고등학생이 47.3%, 중퇴생이 52.7%로 나타나고 있으며, 청소년의 연령은 16세가 30.2%, 13세 이하가 3.6%로, 교제를 한 남성은 30대가 43.6%, 20대가 40.8%, 40대가 12.7%인 것으로, 남성의 직업은 회사원이 43.6%,

"놀러 다닐 돈 벌러 술집 나가요"

"부모님 다 계시고 잘 사는 편이다. 옷을 사고 친구들과 놀러 가려고 단란주점에 나간다. 하룻밤 자고 70만 원까지 받아봤다."(지 모 양, 고3) "한 달에 한두 번 아저씨들을 만난다. 내가 친구를 소개해 셋이서 관계를 가진 적이 있다."(한 모 양, 서울 S고 3년)

원조교제를 하다, 단란주점에서 일하다 경찰에 붙잡혀 온 10대들은 성에 관한 한 '터부'가 없다.(청소년순결운동본부)

……

접대부 절반이 미성년 소녀… '영계 단란주점' IMF 후 더 번창

미성년자를 고용해 술 접대와 매춘을 시키는 이른바 '영계산업'이 IMF 경제위기 이후 더 번성하고 있다. 경찰의 거듭되는 단속을 비웃듯, 미성년 접대부와 삐끼(호객꾼)를 축으로 하는 영계업소들은 밤마다 불야성을 이루고 있다. 청소년보호위원회 위원장은 "IMF 이후 영업이 위축된 유흥업소들이 미성년 접대부를 고용해 손님 끌기에 나서고, 취업이 어려운 10대들이 대거 유흥업소로 유입됐다"며 "가출청소년 10만여 명 가운데 80% 이상이 '영계산업'에서 일하는 것으로 보인다"고 밝혔다.

서울의 경우 '영계'를 주로 고용하는 단란주점이 IMF 전인 1996년 6,610개에서 1997년 6,948개, 1998년 6,906곳으로 늘어났다. 검찰이 올해 초 두 달 동안 접대부를 불법 고용한 단란주점 등에서 적발한 여종업원 3,049명 가운데 10대 소녀가 1,309명으로 42.9%를 차지했다. 유흥업소 접대부의 절반을 미성년 소녀들이 차지하고 있다는 얘기다.…

자료 : 조선일보, 1999년 9월 2, 3일

대학생 · 학원생 · 학원 강사가 18.4%, 자영업자가 16.0%, 무직이 12.4%로 나타나고 있다(한겨레신문, 2000. 12. 28).

한국사회에서 원조교제의 원인이 무분별한 소비풍조에 있다는 것은 이른바 '소녀사업'에 관한 일간지의 심층보도에서 확인이 가능하다.

원조교제 성인에 대한 처벌논란

2001년 7월 '가출청소년과 성관계를 갖고 잠자리나 차비 등을 제공했다 하더라도 성관계

표 6-3 원조교제 성인의 처벌에 대한 입장 차이

구 분	입 장
재판부	피고인들이 안양과 성관계를 갖고 잠자리, 밥값, 차비 등을 제공한 점은 인정되지만… . 안양에게 제공된 금품 등은 함께 지내는 동안 발생한 비용으로 성관계 대가로 인정할 만한 증거가 없다. 가출청소년인줄 알면서도 성관계를 맺은 피고인들에게 윤리적 비난은 가할 수 있지만 청소년성매매 혐의로 처벌할 수는 없다. …
검 찰	오갈 데 없는 가출 청소년 입장에서는 잠자리 제공은 명백한 편의제공이다. 편의를 제공하고 성관계를 가진 만큼 청소년 성매매로 봐야 한다.
한국여성민우회 등 청소년 · 여성단체(공동성명)	청소년을 성적 상품으로 이용한 사건을 성인이 손아래 사람을 돌봐주는 우리 사회의 미풍양속인 양 여긴 이번 판결의 가부장성을 간과할 수 없다. 결과는 남성의 성생활 보호와 청소년의 성착취 요인으로 귀결될 것이다. 청소년성보호법의 적용은 직접적 대가성이나 금액의 많고 적음으로 판단할 게 아니라 청소년 보호의 관점에서 힘의 불균형과 간접적인 경제적 강요에 의한 성관계임을 살펴 강력히 처벌해야 한다.
강지원 변호사(전 청소년보호위원장)	상대방이 청소년인데 성인 기준으로 대가성 여부를 판단한 것으로 보인다. 성인 남자들이 가출 소녀를 "재워주겠다"며 저녁에 집으로 불러들인 행동을 한 것 등은 성관계를 전제로 편의제공을 했다고 봐야 한다. "놀려고 만나서 성관계를 맺은 뒤 차비를 좀 주거나 좀 잘해 줬을 뿐 "이란 성인 남자들의 주장을 그대로 받아들이는 것은 남성 편향적인 시각이며 청소년의 특수성을 전혀 고려하지 않은 것이다.
김성이 전 한국사회복지협회장	청소년성보호법은 각종 성범죄행위로부터 청소년을 보호, 구제하여 이들의 인권을 보장하고 건전한 사회구성원으로 성장시킬 목적으로 제정되었다. 무죄판결은 청소년의 성보호에 관한 법률의 운영에 혼란을 초래하는 사안이며, 상급심에서 신중하고 사려 깊은 판결이 나오길 기대한다. …
성심리학자 홍성묵 교수	성관계에 대한 올바른 판단능력이 없는 미성년자와 성관계를 맺는 것 자체를 범죄행위로 다스려야 남성 중심의 왜곡된 성문화 속에서 청소년의 성을 보호할 수 있을 것이다.

에 대한 대가성이 불분명하다면, 청소년매매사범으로 처벌할 수 없다' 는 판결이 나와 큰 논란을 일으켰다. 청소년성보호법 제2조 제2항에는 '청소년에게 금품이나 편의제공 등 대가를 제공하거나 이를 약속하고 성교 등을 하는 것' 을 청소년 성매매로 규정 · 처벌토록 하고 있다.

한편 원조교제 경험이 있는 청소년들도 대부분 성매매 성인을 처벌해야 한다고 생각하고 있다. 2001년의 한 연구(자녀 안심하고 학교보내기 운동본부, 2001년 7월)에 의하면, 성매매 경험이 있는 여자 청소년 40명을 대상으로 한 조사 결과, "성매매 성인을 처벌해야 한다"가 23명(약 60%), "성매매를 한 청소년을 처벌해야 한다"가 4명(10%)으로 나타나고 있다.

성매매 발생요인

성매매의 발생요인은 "왜 성매매의 상태로 진입하게 되었는가?" 에 대해 다양한 설명이 이루어지고 있다. 조홍식 등(2000)은 개인적 요인, 가정요인, 학교요인, 유해환경과 성의 상업화, 가부장적 성문화, 성매매 문제에 대한 사회적 무관심과 대안 지연 등으로 나누고 있고, 변화순 등(1998)은 산업형 성매매에 대한 영향 요인을 경제적 요인, 사회문화적 요인, 제도적 요인으로 보고 있다. 본 절에서는 성매매의 발생요인을 가부장적 성문화, 경제적 요인, 성의 상품화로 나누어 살펴본다.

가부장적 성문화

남성에게는 성적 자유, 여성에게는 성적 통제와 억압이라는 성문화의 이중성을 드러내고 있는 가부장적 성문화가 성매매의 발생원인으로 작동하고 있다. 즉, 여성에게는 성적 순결을 강제하다시피 하고 성적 표현의 자유에 대해 억압적인 반면, 남성에게는 성에 대한 접촉과 향유가 당연하다고 생각하고, 남성의 성적 욕구 해소를 위한 기제가 필요하다고 받아들이며 성매매여성도 남성의 성욕을 해소하기 위해 필수불가결한 것으로 인정한다. 가부장적 성문화의 이중적 성윤리의 모순은 남성의 성적 특권을 허용하는 제도와 사회관습으로서 축첩, 기녀제도, 남성의 외도, 간통, 강간 등이 일부일처제 가족제도와 공존하게 하였으며, 여성을 정숙한 여자와 타락한 여자의 두 집단으로 구분 짓게 했다. 즉, 성매매여성은 가부장제 결혼의 이중적 성윤리가 갖는 모순의 대가로 성매매여성이 있어서 정숙한 여성이 존재할 수 있다는 의식까지 생겨나게 하였다.

경제적 요인

경제적인 요인은 개인적인 것과 제도적 모순으로 나누어 볼 수 있다. 성매매여성이 되는 개인적 동기 가운데 가장 큰 것은 돈을 벌기 위한 것이다. 최근 원조교제를 하는 청소년 성매매의 동기도 대부분이 용돈을 벌기 위한 것으로 나타나고 있어 개인적인 이유로는 경제적인 동기가 가장 강하다.

경제적 요인은 개인적인 차원만이 아니라 경제적인 구조와도 연결되어 있는 것으로 여성이 노동시장에 접근하는 것이 용이치 않고, 저임금의 하위직에만 몰려 있는 노동시장의 성차별적인 구조가 한 원인으로 작용할 수 있다. 즉, 제한된 취업 위기, 저임금과 불안정한 고용상태 등은 여성들로 하여금 자신의 성을 상품으로 교환하여 소득을 올릴 수 있는 3차 서비스산업으로의 유입을 부추겼다고 볼 수 있다. 또한 경제발전기의 불균형한 경제성장은 3차 서비스산업의 급속한 성장을 가져왔고, 서비스산업들의 대형화, 기업화가 산업구조조정과정에서 발생한 여성잉여 노동력을 흡수하였다.

성의 상품화

성의 상품화는 인간의 성을 물상화하고 여성의 성을 대상화한다. 즉, 여성의 성을 남성 성욕의 대상으로 취급해 온 가부장제의 전통이 성의 상품화현상에 의해 심화되고 있다. 게다가 소비사회는 여성의 성에 관한 교환과 유통을 다양한 형태와 방식으로 확대하고, 여성의 성을 상품화하는 각종 성산업이 발달하여 여성의 성매매를 증가시킨다.

성의 상품화와 함께 성의 개방화가 급속도로 진행되고 있다. 성개방화는 성에 대한 쾌락적 추구와 성의 중요성이나 책임에 대한 무감각 등의 부정적인 결과를 가져왔고, 이로 인해 미성년부터 시작해 주부에 이르는 다양한 계층의 여성이 성산업에 유입될 가능성을 높였다. 성개방화의 풍조 속에서 자신의 성을 이용해 돈을 버는 청소년, 젊은 여성들이 증가하는 것을 볼 때, 이는 성개방화와 상품화가 성매매를 조장하고 있음을 알 수 있다.

이렇게 성의 상품화는 가부장적 이데올로기에 근거한 여성의 성적 대상화의 전통과 결합하면서, 여성의 성을 시장에서 매매되는 상품으로 자본주의 시장경제에 편입시킨 것을 의미한다. 그리고 산업영역에서 상업적 성의 공급과 판매의 범위가 확장되면서 성 산업의 범위는 보다 모호해지고, 명확한 개념정의를 어렵게 하고 있다.

여성주의적 시각에서 본 성매매이론

여성주의 시각에서의 성매매여성은 가부장적 사회에서 남성의 탐욕을 만족시키기 위한 사회적 억압의 희생자로 인식하며, 성매매 역시 남성에 대한 여성의 종속으로 파악하고 있다. 따라서 서구의 여성주의자들은 사회적 희생자인 성매매여성들을 구제하거나 사회로 복귀시키는 방법에 관심을 기울였다. 이러한 여성주의적 시각에서의 성매매에 대한 입장은 관점에 따라 달리 나타난다.

자유주의 여성론

성매매를 하나의 직업으로 간주한다. 자유주의 여성론자들은 성매매의 범죄화를 막기 위한 규제정책을 주장하고 있다. 그리고 규제는 남성과 성매매여성을 구별하지 않도록 성중립적 언어로 쓰여야 하며, 다양한 형태의 성적 서비스를 포괄해야 한다고 주장한다(김영화 외, 2004).

맑스주의적 여성론

맑스주의 여성론에서는 성매매를 임노동에 비유하고 있으나 정당한 것이 아닌, 자본주의의 속성에 따른 '임금노예' 의 비열하고 강제적인 속성을 강조함으로써 정당하지 않음을 강조한다. 즉, 성매매여성들은 자본주의에서의 착취가 집약적으로 드러난 실체로, 자본주의 생산양식이 해체되고 사유재산제가 폐지되면 성매매 역시 사라질 것이라고 주장하고 있다.

급진주의 여성론

급진주의 여성론의 1차적 관심이 사회적 성(gender)으로서의 여성과 현대 정치 · 사회구조에의 여성의 예속인 것처럼 성매매도 본질적으로 성별화되어 있음을 주장하고 있다. 그리고 성매매여성들은 여성들의 경제적 필요에 의해 비자발적으로 성매매에 유입되며, 성적으로 혹은 신체적으로 학대받는다는 점을 지적한다. 또한 신체적으로 학대받지 않는다 하더라도 그들이 그것을 자유롭게 선택하지 않았다는 점을 강조한다.

포스트모던 여성론

성매매를 긍정적인 가치가 있는 것으로 보면서 성매매 여성들을 성적 개척자로 성매매를 일종의 정치적 저항으로 보고 있다. 즉, 성매매 담론에 성매매여성들이 직접 참여함으로써 형성된 성매매여성 권리 옹호자들은 성매매를 합법적인 직업으로 옹호하고 매매춘 여성들의 행위주체성을 주장한다.

성매매는 짧은 시간 동안 일하고 보다 많은 보수를 받으며 작업환경에 대한 상당한 통제를 제공하기 때문에 여성이 얻을 수 있는 대부분의 다른 직업보다 조건이 좋으며, 여성에게 알려진 다른 많은 유형의 지불노동보다 더 좋은 일거리라는 것이다. 뿐만 아니라 성매매여성이 아내보다 훨씬 더 독립적이기 때문에 성매매가 결혼하는 것보다 더 나으며, 그들은 성매매를 합법적 직업으로 옹호하며 성매매여성들의 행위주체성을 주장한다. 예를 들어 독일의 경우 「섹스산업종사자법」에 따라 2002년 성매매를 합법화하였다. 이 법의 취지는 섹스산업 종사자의 인권과 노동권, 건강권을 보호하고 거대한 규모의 섹스산업을 국가의 통제하에 두기 위한 것이었다.

이들의 논리에 있어 성매매여성들의 주요 문제는 그 일의 성격이 아니라 성매매여성들의 사업실행을 방해하고 그것을 차별화하는 법에 있다고 본다. 예를 들어 선전을 금지하는 법률, 호객행위를 금지하는 법률 등은 여성을 위협하는 남성에 대한 규제조차 없이 여성들을 거리로 내몰고 있으며, 성매매여성들의 표현의 자유를 침해한다고 본다. 또한 성매매여성들이 폭력이나 강간을 당하거나 사회로부터 멸시당하거나 혹은 직업에서의 낮은 지위가 법적인 제한들로부터 나온 결과라면 정책적 해결은 성매매를 직업화하는 것이라고 주장하고 있다. 그러나 이러한 견해는 일부 지역에서 행해지고 있는 어린 소녀들의 성매매가 노예제도와 같은 관행을 가지며 불법 감금, 강제노동, 부채, 고문 등에 의존하고 있다는 점을 고려하지 못한 시각이라 할 수 있다.

성매매 현황

2003년 6월 정부는 성매매가 우리 사회에 전반적으로 만연해 있음을 인식하고, 성매매 관련 정책을 범정부적 차원에서 보다 종합적이고 효율적으로 집행하기 위해 12개 관련부처와 관련 단체, 전문가가 참여하는 '성매매방지기획단' 을 국무총리실 산하에 구성하여 성매매방지종합대책(2004. 3. 31)을 수립하였다. 이후 2004년 9월 「성매매알선등행위의처벌에관한법률」과 「성매매방지및피해자보호등에관한법률」(통칭 성매매방지법)이 시행되었다. 또한 이러한 대책의 실효성을 높이기 위해 2004년 11월 비상설회의체로서 '성매매방지대책 추진점검단' 을 설치하여 여러 부처에 걸친 대책이나 중앙과 지방의 연계가 필요한 성매매방지종합대책을 실질적으로 추진하고 있다.

성매매방지법 제정 이후의 평가는 크게 긍정적인 면과 부정적인 면으로 양분된다. 긍정적인 측면에서의 평가는 성매매 행위는 법으로 금지되어 있으므로 성매매 관련 산업 혹은 집결지의 수가 감소하였을 뿐만 아니라 성매매 피해여성의 탈성매매 사례가 증가하고 있다는 점을 들고 있다. 그러나 부정적인 시각에서는 그 유형이 날로 다양화되어 실질적으로는 줄지 않았다고 보는 시각도 있다.

성매매여성 규모

전업형 성매매여성 규모

전업형 성매매는 39개 집결지(조사 대상) 1,443개 업소에 총 3,644명의 여성이 있는 것으로 추정되며, 이는 2002년에 비해 약 5,448명이 감소한 수치이다. 이러한 수치는 2004년 「성매매방지법」의 1차 목표였던 집결지 폐쇄 및 정비계획의 영향으로 보인다. 이 법의 제정으로 인한 사회제도적인 변화와 그에 따른 법집행의 강화, 인식의 변화 등이 영향을 미친 것으로 생각할 수 있다.

표 6-4 전업형 성매매여성 규모

구 분	집결지역 수(개)		지역 내 업소 수(개)		성매매여성 수(개)		
	2002년	2007년	2002년	2007년	2002년	2007년	증 감
합 계	69	39	2,938	1,443	9,092	3,644	−5,448

자료 : 한국여성정책연구원(2008), 2007 전국 성매매 실태조사

겸업형 성매매여성 규모

겸업형 8개 업종의 성매매여성의 평균 추정치는 3.29명으로 이를 통해 전체 규모를 추정하면 14만 7,392명으로, 이는 2002년에 비해 9만 3,722명 정도가 감소한 것으로 나타나고 있다. 겸업형에서는 일반유흥주점업이 평균 4.01명으로 가장 많으며, 간이주점업과 이용업은 각각 1.16명으로 가장 적게 나타나고 있다.

표 6-5 겸업형 성매매여성 규모

업 종	성매매 알선 사업체 추정치(개)		성매매여성 평균 추정치(개)		성매매여성 전체규모 추정치(개)		
	2002년	2007년	2002년	2007년	2002년	2007년	증 감
일반유흥 주점업	28,093	22,731	4.97	4.01	139,620	91,116	−48,504
무도유흥 주점업	1,461	3,074	5.53	3.60	8,081	11,071	2,990
간이주점업	8,412	2,310	2.52	1.16	21,199	2,678	−18,521
다방운영업	9,757	4,585	3.36	2.06	32,782	9,463	−23,319
노래방운영업	5,849	7,000	−	3.43	−	24,025	−
이용업	2,929	2,653	2.56	1.16	7,498	3,079	−4,419
마사지업	1,437	1,880	7.29	2.64	10,476	4,965	−5,511
기타 미용 관련 서비스업	−	571	−	1.74	−	993	−
합 계	57,938	44,804	4.16	3.29	241,114	147,392	−93,722

자료 : 한국여성정책연구원(2008), 2007 전국 성매매 실태조사

표 6-6 성매매여성 규모 종합

구 분	업소 수(개, 건)		성매매여성 수(명)		
	2002년	2007년	2002년	2007년	증 감
전업형	2,938	1,443	9,092	3,644	−5,448
겸업형	57,938	44,804	241,114	147,392	−93,722
인터넷 및 기타 성매매	(19,224)	(36,337)	79,012	118,671	+39,659
합 계	60,876	46,247	329,218	269,707	−59,511

자료 : 한국여성정책연구원(2008), 2007 전국 성매매 실태조사

성매매여성 규모 종합

앞선 수치를 가지고 성매매여성 규모를 정리해 보면, 전업형, 겸업형의 성매매여성 수는 감소하였으나, 인터넷 및 기타 성매매여성은 2002년과 비교해 볼 때 3만 9,659명이 증가(2007년 11만 8,671명으로 추산)한 것으로 나타나 성매매의 유형 및 성매매여성의 업종 간 이동이 일어난 것으로 추정할 수 있다.

성구매자 규모

전업형에서의 성구매자 규모

성매매 집결지에서 1일간 성매매여성 1인에게 성구매하는 인원은 2.3명인 것으로 나타났으며, 이를 통해 연간 성구매자 수를 추정한 결과 251만 명으로 나타났다. 이러한 수치는 2002년에 비해 전업형 집결지에서 성구매하는 연간 성구매자는 1,849만 명이 감소한 것으

표 6-7 전업형에서의 성구매자 규모

구 분	집결지역 수(개)		성매매여성 1인당 1일 성구매자 수(명)		연간 성구매자 수(만 명)		
	2002년	2007년	2002년	2007년	2002년	2007년	증 감
합 계	69	39	7.0	2.3	2,100	251	−1,849

자료 : 한국여성정책연구원(2008), 2007 전국 성매매 실태조사

로 추정해 볼 수 있다. 이는 「성매매방지법」 제정으로 인한 집결지의 폐쇄 및 축소가 성구매자 수의 감소로 직결된 것으로 해석할 수 있다.

겸업형에서의 성구매자 규모

여덟 개의 겸업형 업종의 4만 4,804개의 성매매 알선 사업체에서 1일 평균 성구매하는 수는 3.39명으로 나타났으며, 이를 통해 연간 성구매자 수를 추정하면 5,010만 명으로 2002년에 비해 5,722만 명이 감소한 것으로 나타난다.

표 6-8 겸업형에서의 성구매자 규모

업 종	성매매 알선 사업체 추정치(개)		1일 평균 성구매자 수(명)		연간 성구매자 수(만 명)		
	2002년	2007년	2002년	2007년	2002년	2007년	증 감
일반유흥 주점업	28,093	22,731	7.04	3.76	5,933	2,817	−3,116
무도유흥 주점업	1,461	3,074	3.55	2.70	156	274	+118
간이주점업	8,412	2,310	4.14	3.19	1,045	243	−802
다방운영업	9,757	4,585	5.53	1.99	1,619	302	−1,317
노래방운영업	5,849	7,000	3.60	3.03	632	699	+67
이용업	2,929	2,653	9.38	2.66	824	232	−592
마사지업	1,437	1,880	15.29	6.00	659	372	−287
기타미용관련 서비스업	−	571	−	3.68	−	69	−
합 계	57,938	44,804	6.17	3.39	10,732	5,010	−5,722

자료 : 한국여성정책연구원(2008), 2007 전국 성매매 실태조사

성구매자 총 규모

인터넷 및 기타 성매매를 포함한 연간 성구매자 총 수는 9,395만 명으로 2002년에 비해 7,489만 명이 감소한 것으로 추정할 수 있다. 전술한 내용과 비교해 볼 때 전업형, 겸업형

표 6-9 성구매자 총 규모

구 분	업소 수(개)		연간 성구매자 수(만 명)		
	2002년	2007년	2002년	2007년	증 감
전업형	2,938	1,443	2,100	251	−1,849
겸업형	57,938	44,804	10,732	5,010	−5,722
인터넷 및 기타 성매매	(19,224)	(33,489)	4,052	4,134	+82
합 계	60,876	46,247	16,884	9,395	−7,489

자료 : 한국여성정책연구원(2008), 2007 전국 성매매 실태조사

에서의 성구매자 수는 감소하였으나, 인터넷 및 기타 성매매는 2002년 대비 82만 명 정도가 증가한 것으로 나타나고 있다.

성매매 경제 규모

앞에서 살펴본 것처럼, 성매매여성 수는 전업형 3,644명, 겸업형 약 14만 8,000명, 인터넷 및 기타 성매매가 약 12만 명으로 전체 약 27만 명으로 추정된다. 또한 연간 성구매자 수는 전업형 251만여 명, 겸업형 5,000만여 명, 인터넷 및 기타 성매매 4,100만여 명으로 전

표 6-10 성매매 경제 규모 종합

구 분	업소 수(개)		성매매여성 수(명)		연간 성구매자 수(만 명)		성매매여성 수(명)		
	2002년	2007년	2002년	2007년	2002년	2007년	2002년	2007년	증 감
전업형	2,938	1,443	9,092	3,644	2,100	251	18,318	2,068	−16,250
겸업형	57,938	44,804	241,114	147,392	10,732	5,010	164,966	76,865	−88,101
인터넷/기타 성매매	(19,224)	(36,337)	79,012	118,671	4,052	4,134	57,879	62,019	+4,140
합 계	60,876 (80,100)	46,247 (82,584)	329,218	269,707	16,884	9,395	241,163	140,952	−100,211

자료 : 한국여성정책연구원(2008), 2007 전국 성매매 실태조사

체적으로 약 9,395만 명으로 나타나고 있다. 이러한 현황을 바탕으로 성매매 산업의 연간 거래액 규모를 추정해 보면, 전업형이 2,000억여 원, 겸업형이 약 7조 7,000억 원, 인터넷 및 기타 성매매가 6조 2,000억여 원 수준으로 나타나 전체적으로 성매매로 인한 연간 거래액은 14조 원 정도로 추정된다.

이러한 수치는 2002년도의 약 24조 원에 비해 10조 원 정도 감소한 것이며, 2006년도 국내총생산(GDP) 847조 9,000억 원의 약 1.7% 정도를 차지한다.

성매매 관련 범죄

한편 경찰청의 유해업소의 단속현황을 통해 성매매의 발생 정도를 가늠해 볼 수 있는데, 표 6-11에서 보듯이 성매매 관련 문제의 소지를 가지고 있는 유해업소 단속 중 1유형에 속하는 윤락행위(성매매), 음란행위, 사행행위, 청소년 고용이나 청소년 상대 영업이 총 단속건수 8만 853건 중 35.6%인 2만 8,748건을 차지하고 있음을 알 수 있다.

다른 한편 사이버 경찰청의 범죄유형별 대상기록의 성격분포를 정리하면 성매매를 다루는 대표적인 법률인 「윤락행위등방지법」(2004년 9월 이후 「성매매특별법」에 해당)은 위반사건 총 236건이 모두 성매매 사건이며, 「직업안정법」 위반 사건은 74건 중 57건인 74.6%가 성매매와 직·간접으로 연관된 것으로 나타나 「직업안정법」 역시 성매매범죄를 규제하는 주요한 법률임을 입증한다. 또한 「청소년성보호법」은 청소년 성매매뿐만 아니라 청소년에 대한 다양한 성폭력을 규제하기 위한 규정을 포괄하고 있다. 표 6-11에 나타나 있듯이 성매매 관련 144건 중 88.9% 128건이 청소년 성매수 관련 건이고, 기타 강간, 성추행 등 성폭력 관련 범죄사건이 16건으로 전체의 11.1%를 차지하고 있다. 이는 「청소년성보호법」이 주로 규율하는 대상범죄의 90%가 성매매 관련 범죄로, 성매매 통제가 주류를 이룬다는 것을 보여 주고 있다(최선화, 2005 : 337).

성매매 관련 사건의 경우 범행목적을 보면, 다방 및 주점업 운영을 위해 성매매 알선영업을 하였다는 경우가 제일 높고(33.3%), 다음이 포주업 운영으로(23%) 나타나고 있다. 다음으로는 '돈을 목적'으로 성매매를 알선·매개하는 개별적인 '인적 매개형' 비율이 17%로 높은데, 대체로 호텔이나 유흥업소 종업원 등 접객 업무를 담당하는 사람들이 고객을 유혹하거나 또는 고객의 요청에 의해 성매매 종사 여성을 '소개'하는 일종의 보도역을 담당하는 경우에 해당한다. 그 외에도 접객부를 유흥업소의 요청에 따라 일시적으로 연결

표 6-11 죄명별 사건의 주요 내용(2002년) (단위 : 건, %)

구 분		직업안정법	윤방법	청소년성보호법
성착취 관련	위계 및 경제적 이익을 미끼로 성매매 등 성착취 대상으로 삼은 사건	3(5.2)	7(2.9)	17(13.3)
	과도한 선불금 또는 빚을 매개로 한 업자간의 실질적인 매매사건	9(15.8)	8(3.9)	1(0.8)
	소 계	12(21.0)	16(6.8)	18(14.1)
직업 소개 관련	선불금 또는 직업소개 요금 과다징수	12(21.1)	-	-
	청소년 유해업소 공급	2(3.5)	-	1(0.8)
	공중도덕상 해로운 업소 소개	3(5.3)	1(0.4)	-
	부당한 근로자 공급	2(3.5)	-	-
	등록/허가 없이 유료직업 소개	23(40.4)	1(0.4)	-
	소 계	42(73.7)	2(0.8)	1(0.8)
성매매 관련	윤락행위	-	144(61.0)	2(1.2)
	알선영업행위 및 접대부 공급	3(5.3)	65(27.5)	4(3.1)
	청소년 성매수(원조교제)	-	3(1.3)	92(71.9)
	기 타	-	5(2.1)	11(8.6)
합 계		57(100.0)	236(100.0)	128(100.0)

자료 : 사이버경찰청(2004)

시켜 주는 것을 소개업무처럼 소개 수수료를 받아서 행하는 경우도 15%에 이른다.

범죄 통제과정에서 겸업형 성매매 사건이 전업형 성매매보다 다소 통제율이 높기는 하지만, 전국에서 성매매 혐의 업소의 분포 비율에 비추어 보면, 범죄입증 가능성이 상대적으로 손쉬운 전업형 지역을 중심으로 단속·통제되는 경향이 강함을 알 수 있다.

그리고 표 6-12에서 알 수 있듯이 주요 범죄 중 성매매 위반 관련한 여성의 범죄비율은 1990년대 말 60% 이상에서 2004년 15.2%로 아주 낮아진 것을 알 수 있다. 이는 2004년 9월 23일부터 발효된 일명 「성매매특별법」의 효과라고 설명할 수 있을 것이다.

그러나 표 6-12와 6-13에서 확인할 수 있듯이 2004년 이후에는 이전의 상황으로 복

표 6-12 주요 범죄의 여성범죄자 수 및 여성비율(1997~2004년)

	절 도		사 기		배 임		폭 행		상 해		문서위조		간 통		도박		성매매 등 위반		폭력행위 등 위반	
	인원	여자 비율	인원	여자 비율	인원	여자 비율	인원	여자 비율	인원	여자 비율	인원	여자 비율	인원	여자 비율	인원	여자 비율	인원	여자 비율	인원	여자 비율
1997	4,213	7.9	77,276	29.4	1,760	25.0	1,655	19.5	5,967	18.6	2,795	22.6	5,772	50.0	6,008	18.3	1,812	61.7	35,919	11.7
2000	7,075	10.8	64,353	25.7	1,534	19.7	4,130	18.9	8,790	18.8	3,664	22.3	5,578	46.5	9,166	16.3	4,363	53.8	59,591	12.9
2004	9,091	15.5	101,109	30.7	1,489	20	3,889	18.8	7,384	19.6	5,375	26.0	4,059	45.5	6,603	18.2	46,759	15.2	4,447	45.1

자료 : 대검찰청(2005), 「범죄분석」(1991~2005)

표 6-13 여성범죄자 주요 죄명별 발생 현황(2003~2007년)

죄 명 \ 연 도	2003	2004	2005	2006	2007
형법범	204,265	205,058	171,820	163,909	154,718
절 도	9,086	9,091	8,709	10,414	11,967
사 기	92,418	101,109	72,834	68,350	56,237
폭 행	4,227	3,889	3,944	11,183	16,354
상 해	8,712	7,384	6,854	14,119	15,358
폭처법	54,238	46,759	43,727	21,221	18,637
간 통	4,468	4,059	3,451	3,262	2,870
도박 · 복표	6,998	6,603	5,426	5,554	5,024
특별법범	151,954	168,825	136,623	137,457	150,607
교특법	33,158	33,145	30,095	29,989	30,070
도교법(음주)	33,271	40,226	29,113	25,327	31,592
성매매법	–	20	97	4,765	5,429
식품위생법	12,280	11,630	8,425	6,381	6,657
음비게법	6,348	9,144	6,692	6,957	401

자료 : 대검찰청(2007), 「범죄분석」(2003~2007)

귀하는 모습을 보이고 있다. 즉, 「성매매특별법」의 효과는 단기적으로 나타났음을 알 수 있다.

성매매여성을 위한 복지정책

성매매특별법으로의 전환

한국 산업 내에는 엄청난 규모의 지하경제가 일종의 범죄수익을 통해 형성되고 있다. 그러나 성매매를 통한 막대한 범죄수익은 많은 경우, 정부에서 인정하는 사업장의 합법적 외피 속에서 부분적 · 음성적으로 형성되고 있기 때문에, 그에 대한 적절한 통제방안을 찾는 일은 그다지 쉽지 않다. 이와 같은 구조적 현실 속에서 성매매 억제와 산업의 건전성을 회복하기 위한 보다 효과적인 정책으로 일명 「성매매특별법」이 제정, 시행(2004. 9. 23)되기에 이르렀다.

「성매매특별법」이 기존의 「윤락행위 등 방지법」과 다른 점은 성을 파는 여성들의 '인권보호' 를 주요 쟁점으로 한다는 점이다. 성매매를 '인권의 문제' 로 전환시킨 것이다. 「윤락행위 등 방지법」은 폐기되고 「성매매방지 및 피해자보호 등에 관한 법률」과 「성매매알선 등 행위의 처벌에 관한 법률」이 시행되었다. 또한 '윤락' 이라는 용어는 '성매매' 로 대체되었고, 성매매 목적의 인신매매 개념이 도입되고, 성매매피해자 개념이 도입되어 이들은 형사처벌이 면제되었다. 성매매, 성매매알선이나 광고로 벌어들인 범죄수익은 전액 몰수 · 추징되며, 성매매 관련 범죄에 대한 처벌이 대폭 강화되었다. 이와 더불어 외국인 피해여성에 대해서는 강제퇴거명령이나 보호집행이 유예되며, 성매매여성에 대한 긴급구조, 법률 및 의료지원, 직업훈련, 자립에 이르는 전 과정을 국가에서 지원한다(여성부, 2004).

이러한 조치들은 성매매여성들을 피해자로 보며 이들이 처한 현실을 감안하여 이들의 재활에 걸림돌이 되어 온 요소들을 제거해 주고, 사회적으로 재활할 수 있도록 국가적 지원을 해주는 것을 내용으로 하고 있다.

표 6-14 윤락행위 등 방지법과 성매매특별법 간의 강화된 내용 비교

범죄 유형	윤락행위 등 방지법	성매매알선 등 처벌법
폭행·협박 위계 등, 보호·감독 관계이용으로 성을 파는 행위를 하게 한 경우 등	5년 이하 징역 1,500만 원 이하 벌금	10년 이하 징역 1억 원 이하 벌금 (대가의 전부 또는 일부를 받거나 청소년·심신장애자 등 상대 범행 폭력조직 구성원의 범행은 1년 이상 유기징역)
감금 등 방법의 성매매 강요, 고용·관리자의 위계 등에 의한 낙태 등 강요, 성매매목적 인신매매	없음	3년 이상 유기 징역
피보호·감독자에게 마약 등 사용, 폭력조직 구성원의 성매매 목적 인신매매 등	없음	5년 이상 유기 징역
영업으로 성매매알선 등	5년 이하 징역, 1,500만 원 이하 벌금(윤락행위 유인·권유 및 상대방이 되도록 유인·권유·강요한 경우 3년 이하 징역, 1000만 원 이하 벌금)	7년 이하 징역 7,000만 원 이하 벌금
단순 성매매 알선 등	3년 이하 징역 1,000만 원 이하 벌금(윤락행위 유인·권유 및 상대방이 되도록 유인·권유·강요한 경우 2년 이하 징역, 500만 원 이하 벌금)	3년 이하 징역 3,000만 원 이하 벌금
성을 파는 행위 등의 소개·알선 목적 등 광고 행위	없음	상동
영업으로 위 광고물 제작·공급·게재한 행위	없음	2년 이하 벌금 1,000만 원 이하 벌금(광고물이나 광고가 게재된 출판물의 배포행위는 1년 이하 징역, 500만 원 이하 벌금)
성매매 행위자	5년 이하 징역 1,500만 원 이하 벌금	10년 이하 징역 1억 원 이하 벌금 (대가의 전부 또는 일부를 받거나 청소년·심신장애자 등 상대 범행 폭력조직 구성원의 범행은 1년 이상 유기징역)
폭행·협박 위계 등, 보호·감독 관계이용으로 성을 파는 행위를 하게 한 경우 등	1년 이하 징역, 300만 원 이하 벌금, 구류 또는 과료	좌동(단, 보호처분 원칙)

성매매 관련 복지 서비스

성매매 관련 복지 프로그램은 크게 제도적 차원의 공공복지대책과 민간 서비스로 나눌 수 있다. 공공복지대책에는 보건복지가족부에서 지원하는 '1366' 여성상담 전화와 '1388' 청소년 긴급전화가 있다. 1366 긴급전화는 민간단체에 위탁 운영되고 있으며, 익명성을 선호하는 성매매여성들에게 접근이 용이한 서비스제도이다. 상담소는 전국의 시·군·구 또는 시·군·구에 설치되어 있는 여성복지상담소와 주요 역이나 공원, 터미널, 성매매여성 집결지, 기지촌 등 취약지역에 설치되어 있는 간이상담소가 있다.

성매매피해 지원시설은 2006년 6월 현재 전국에 40개소가 설치·운영되고 있다. 시설의 정원은 요보호여성의 수에 비해 터무니없이 적으나, 현재는 대부분의 시설이 정원에 미달된 상태이다. 이는 지원시설의 프로그램 운영에 문제가 있는 것은 아닌지 살펴보아야 할 부분이다. 2005년 8월 현재 전국의 성매매피해지원시설은 35개소에 정원 602명이나 현원은 449명으로 입소율은 74.6% 정도인 것으로 나타나 있다(여성가족부, 2006).

여기에서 중요한 점은 성매매에 관련된 문제를 해결하기 위한 복지대책 수립을 위해서는 몇 가지 전제가 필요하다는 것이다. 성매매여성의 문제는 여성만의 문제가 아니라 남성과 결부된 성차별적인 요소가 있으며, 이는 가부장제의 이중적인 성윤리의 모순이 드러난 현상이므로 이러한 문제의 변화에 초점을 두어야 한다. 또한 성매매의 알선고리는 자본주의의 이윤추구적 속성과 결부되어 있으므로 불법·퇴폐향락업소의 문제를 간과하고서는 성매매여성의 문제를 해결할 수 없다.

성매매여성을 위한 복지대책으로는 다음과 같은 점들을 고려해야 한다.

첫째, 유해업소 연결고리와의 접촉방지를 위한 복지대책을 강구해야 한다. 그 실행책으로는 결연제도나 후원제도의 강화를 들 수 있다. 결손가정이나 불우한 가정의 10대 여자 청소년들에게 결연제도나 후원제도를 광범위하게 마련·실시함으로써 어려운 처지에 있는 그들에게 경제·심리적 안정을 가져다 주어 유해업소 연결고리와의 접촉을 사전에 방지할 수 있을 것이다. 또한 인신매매의 사례, 구인광고의 허구성, 직업소개소의 변칙적 영업, 잘못된 주변의 유혹 등에 관하여 광범위하게 홍보함으로써 유해업소 고용에 빠져드는 것을 방지할 수 있을 것이다. 그리고 이러한 대책은 가족정책과 사회보장제도 등의 강화를 통해 새로운 성매매여성의 유입을 방지할 수 있는 예방서비스 강화로 이어져야 할 것이다.

표 6-15 성매매피해지원시설

지 역	시설명	비 고
서울(15)	은성원	일 반
	한국여성의 집	일 반
	씨튼해바라기의 집	청소년
	마인하우스	일 반
	새날을 여는 청소년 쉼터	청소년
	우리들 쉼자리	청소년
	평화의 샘	청소년
	유프라시아의 집	청소년
	다시 함께 쉼터	일 반
	여울쉼터	일 반
	휴먼케어센터	일 반
	나자렛성가정공동체	일 반
	자립지지공동체여성쉼터	일 반
	너른 쉼터	일 반
	막달레나의 집	일 반
부산(5)	웨슬리마을 신나는 디딤터	청소년
	구세군신애관	청소년
	해뜨는집	일 반
	살림쉼터	일 반
	부산 여성의 집	일 반
대구(4)	가톨릭여자기술원	청소년
	수지의 집	청소년
	대구 여성회부설 성매매쉼터 '무명'	일 반
	소망의 집	일 반
광주(1)	성매매여성지원쉼터 '한올지기'	일 반
대전(2)	구세군 정다운 집	일 반
	우리청소년쉼자리	청소년
울산(2)	성심새롬터	청소년
	울산 YWCA씨밀레	일 반
경기(2)	새움터	일 반
	열린터	일 반
강원(1)	선혜원	청소년
충남(1)	여신	일 반
전북(1)	성매매피해여성 쉼터 민들레	일 반
전남(1)	여수 사랑의 집	청소년
인천(1)	강강술래	일 반
경남(3)	창원 여성의 집	청소년
	로뎀의 집	청소년
	해바라기쉼자리	일 반
제주(1)	제주 성매매피해여성지원쉼터	일 반
계	40개소	

주 : 2006년 6월 30일 현재

표 6-16 성매매피해상담소

지 역	시설명
서울(6)	쏘냐의 집 다시 함께 센터 성매매피해자 위기지원센터 막달레나의 집 성매매피해상담소 '이룸' 강서구 성매매피해상담소
부산(3)	해솔 부산 성매매피해여성지원센터 '살림' 부전현장상담센터
인천(1)	성매매피해상담소 '강강술래'
대구(2)	힘내(2005. 6. 30) 대구 성매매피해여성상담소
광주(1)	광주 성매매피해상담소 '언니네'
대전(1)	성매매여성인권지원상담소 '느티나무'
울산(1)	YWCA 현장상담센터
경기(4)	새움터 경원사회복지회열린여성상담소 '열린' 두레방 파주 여성인권센터
충북(1)	청주 가정법률상담소 부설 충북 성매매피해상담소
충남(1)	구세군대한본영 천안 여성현장상담센터
전북(1)	전북 성매매여성 현장상담센터
전남(2)	순천 여성인권지원센터 성매매피해여성현장상담센터 '새날지기'
경북(1)	성매매피해자현장상담소 '새날'
경남(1)	마산 YWCA현장상담센터
제주(1)	성매매현장상담센터
계	28개소

주 : 2006년 6월 30일 현재

표 6-17 성매매피해상담소 상담 현황 (단위 : 개소, 건, %)

연 도	시설 수	상담내용 및 건수							
		계	탈성매매	빚 문제	구타/감금/성폭행	질 병	가정/주거문제	임신/미혼모	기 타
2003	7	27,380 (100.0)	8,955 (32.7)	6,817 (24.9)	813 (3.0)	924 (3.4)	784 (2.9)	71 (0.3)	9,016 (32.9)
2004	17	32,382 (100.0)	8,112 (25.1)	7,144 (22.1)	2,571 (7.9)	2,169 (6.7)	1,222 (3.8)	559 (1.7)	10,605 (32.7)
2005	28	29,231 (100.0)	6,142 (21.1)	5,485 (18.8)	1,860 (6.4)	1,787 (6.1)	– –	760 (2.6)	13.197 (45.1)

자료 : 여성가족부(2005), 「여성백서」

둘째, 유해업소 알선기관에 대한 대책을 마련해야 한다. 공식 기구인 결혼상담소, 직업소개소, 보도사무소 등에서 일어나는 유해업소 알선행위를 차단해야 한다.

셋째, 고용 중인 성매매여성에 대한 복지대책의 강화이다. 무엇보다도 소득이 낮은 계층일수록 의료보험의 혜택을 받지 못하고 있는 실정이므로 이들이 의료보호의 혜택을 받을 수 있도록 제도적 장치를 확립해야 할 것이다. 또한 상담 서비스가 활성화되어야 한다. 2006년 6월 현재 전국 28개소의 성매매피해상담소는 확대 · 설치되어야 하며 전문상담가를 배치하여 효율적이며 실제적인 상담이 이루어져야 할 것이다. 더불어 사회복지전문가에 의해 이루어지는 현장접근 서비스가 강화되어야 한다. 이 서비스는 성매매 현장에 고용된 여성에게 성적 서비스 산업에 의해 초래된 삶에 대해 스스로 인지할 수 있는 기회의 제공을 목표로 삼는다. 현장접근 서비스를 줄 수 있는 기관의 형태는 거리에서 제공하는 노상 서비스, 급식제공 등 일정 시간대에 이루어지는 서비스, 이동차량 서비스, 유해업소가 많은 지역에 광범위하게 설치하는 것이 효과적인 간이편의시설 서비스 등을 들 수 있다.

넷째, 유해업소를 벗어난 성매매여성들이 빠른 시간 내에 안정적으로 사회에 복귀할 수 있는 대책이 마련되어야 한다. 이를 위한 직업훈련, 고등교육기회의 부여, 개인보건교육, 부모역할교육 등으로 구성된 사회적응훈련 프로그램이 마련되어야 할 것이다.

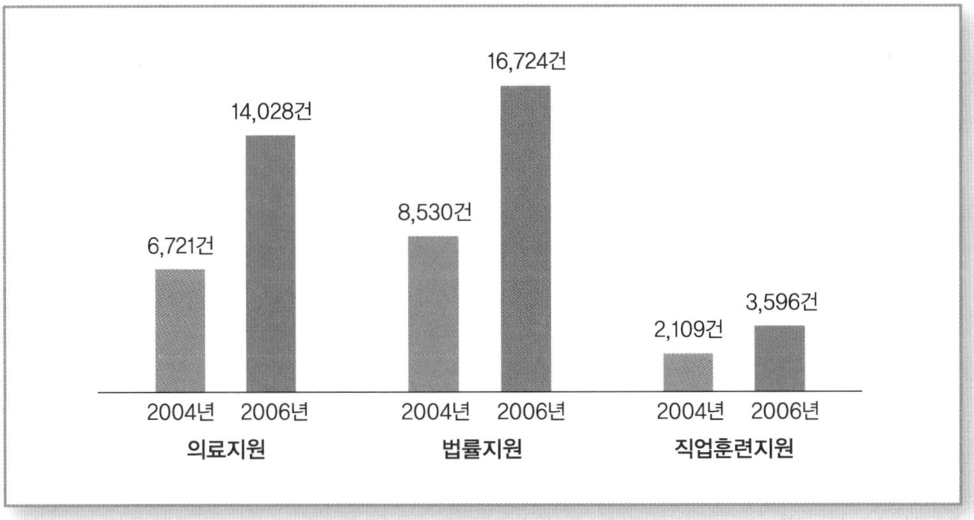

그림 6-1 성매매 피해여성 자활지원
자료 : 여성부(2008), 「성매매방지법 시행 3년 리포트」

성매매 피해여성 자활지원방안

성매매피해여성 자활지원 서비스를 현재 진행되고 있는 내용을 중심으로 살펴본다.

성매매 피해여성의 자활지원시스템 구축

성매매피해여성 자활지원시스템의 구축을 위해 현장상담센터, 성매매피해자 지원시설, 그룹홈 설치 확대를 통한 단계별 지원체계를 구축하고 있다. 현장의 상담센터는 2006년 6월 현재 28개소에서 30개소로, 일반 · 청소년 지원시설은 35개소에서 65개소로 외국인 여성지원시설은 2개소에서 16개소로, 자활지원센터는 2개소에서 10개소로 확대 구축될 것이다. 또한 성매매 현장 활동가 및 시설종사자 인력 양성을 통한 인적 인프라 구축을 위해 한국양성평등진흥원에 상담원

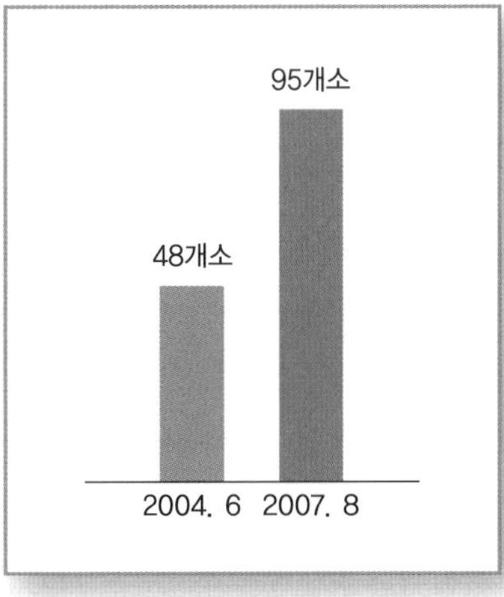

그림 6-2 성매매여성 자활시설 현황
자료 : 여성부(2008),
「성매매방지법 시행 3년 리포트」

표 6-18 탈성매매여성 자활지원센터 현황

지 역	시설명
전 북	여성자활지원센터
경 기	새움터
계	2개소

자료 : 2006년 6월 31일 현재

표 6-19 외국인쉼터 현황

지 역	시설명
전 북	벗들의 집
경 기	안양 전진상복지관
경 남	창원 늘푸른쉼터
계	2개소

자료 : 2006년 6월 31일 현재

등 양성교육과정을 운영 중에 있다(2005년 5월 현재 143명 이수).

피해여성들의 요구를 반영하는 서비스 제공

피해여성들의 요구를 반영하는 서비스를 다양하게 제공하고 있다.

상담소 및 지원시설 서비스 다양화

1인당 총액 760만 원 한도 내에서 선택적 사용이 가능한 치료 · 법률 · 직업훈련 등 서비스 지원방식을 개선하였고, 자신감 향상, 삶의 목표 설정, 변화유지 등을 위한 전문상담심리 프로그램 실시를 통해 심층상담 · 정서회복 등을 위한 치료회복 프로그램을 운영하고 있다.

다양한 주거지원책 마련

기존의 지원시설(35개소) 외에 그룹홈(group home) 형태의 입소시설을 설치하여 지원시설 입소자 중 취업 · 창업자 등 자활 가능성이 큰 여성에게 우선 제공하고, 중소규모 주택 또는 아파트를 임차하여 운영하며, 5~10명 내외 인원의 입소를 원칙으로 하고 전담상담원(5명당 1인)을 배치한다.

또한 공공임대주택을 확보하여 그룹홈으로 활용하는데, 그 지원대상은 부양가족이 있는 자 우선 등의 선정기준을 마련하였다.

자활지원 프로그램의 다양화 · 내실화

피해여성들을 상대로 한 초기 상담 시 수혜자 개개인에 대한 수요조사를 실시하고 신뢰관계를 형성하여 개인별 장래희망, 적성 등을 고려한 지원책을 마련하였다. 또한 자활 프로그램을 표준화하여 본 프로그램을 모든 시설에 보급해 이를 응용 · 적용토록 하였으며, 현행 6개월로 되어 있는 기본 입소기간을 1년으로 연장하는 「성매매피해자보호법」의 개정을 추진하고 있다.

더불어 앞에서 언급된 내용들이 취업으로 연결될 수 있도록 맞춤식 교육프로그램을 강화하였다. 그 내용으로는 알코올 · 심리치료, 교양강좌 등 다양한 선택 프로그램을 제공하고, 학력과 무관하게 자신의 적성 등을 고려해 직업탐색교육을 강화하고, 철저한 취업준비과정을 거쳐 취업 시까지 1 : 1로 대응해 관리하며, 취업과 창업 성공률을 지원시설 평가에 포함한다.

상담원 양성 · 확대

상담원 양성은 2005년의 80명 양성 계획에서 하반기에 120명을 추가 실시하는 계획으로 변경하였다. 2005년 3월 현재 190여 명의 상담원이 각종 시설에서 활동 중에 있다.

신용회복시원사업 확대

본 사업으로는 '신용회복위원회' 와 업무협약을 체결하여 지원시설 입소자 중 금융기관 채무자에 대하여 이자면제, 상황기간 유예, 신용불량 신분해제 등의 특별조치를 취하였다. 한편 개인부채문제 해결을 위한 전문상담을 실시하였고, 시설 비입소자에게도 확대 · 실시될 것이다.

내용요약

1. 성의 상품화

노동에서부터 시작하여 사회생활의 모든 부분을 상품 가치로 전환시키는 자본주의 시장 경제의 한 현상으로, 인간의 성적 본능을 자극하는 내용으로 돈벌이를 위해 성을 이용하는 것이다. 근대 자본주의의 발전은 재화의 생산뿐만 아니라 인간생활의 모든 부분에 걸쳐 상품화를 진척시켰고, 그 결과 인간의 성과 노동도 인간이란 주체의 필요에서가 아니라 자본의 수요에 따라 일정한 액수의 돈을 지불하면 사고 팔 수 있는 상품으로 전락하였다.

2. 성매매

경제적 이득을 목적으로 여성의 몸을 매매하고 상품화하여 착취하는 것으로, 아동매매, 인신매매, 매매춘을 모두 포함하며, 향락업소, 유해업소 등에서의 '퇴폐행위', '유해행위' 로 성매매현상을 설명하기도 한다.

3. 청소년 성매매

10대의 여학생들이 성인 남성을 대상으로 성관계를 가진 후 용돈이나 선물 등의 명목으로 대가를 받는 행위를 의미하며, 일반적으로 '원조교제' 라는 명칭으로 알려져 있다.

4. 가부장적 자본주의 성문화

자본주의는 가부장적 성문화와 결탁하여 여성 신체에 대한 물상화와 향락산업의 번창을 초래하였고, 가부장적 자본주의 성문화의 대표적인 예가 성매매이다.

5. 성매매특별법의 특징

「성매매특별법」이 기존의 「윤락행위 등 방지법」과 다른 점은 성을 파는 여성들의 '인권보호' 를 주요 쟁점으로 한다는 점이다. 즉, 성매매를 '인권의 문제' 로 전환시킨 것이다.

check

1. 원조교제에서 성구매자인 성인에게 내려지는 약한 처벌에 대해 각자의 생각을 교환해 봅시다.

2. 산업형 성매매의 문제에 대해 생각해 봅시다.

3. 탈성매매전략에 대해 생각해 봅시다.

CHAPTER 7

약물남용

주요용어

약학적 약물, 사회학적 약물, 향정신성약물, 약물남용, 약물의존, 금단증상, 내성, 약물중독, 약물 관련법, 약물상담전문가

약물과 약물남용의 개념

사회문제로서 약물과 약물남용에 관한 관심은 우리나라보다는 서구사회에서 일찍부터 시작되었다. 그 관심의 초점은 특정한 물질이 약물로 이용되어 온 배경과 그에 대한 사회의 반응이 어떻게 변화해 왔는가, 특정 약물을 남용하는 집단의 특성은 무엇이고, 그들 집단에서 약물을 남용하는 사회적인 과정은 무엇인가, 약물남용은 치료되어야 할 질병인가 아니면 사회의 질서를 위협하는 범죄로서 처벌받아야 하는 행위인가, 약물중독자에 대한 사회의 처우는 치료와 재활이 중심이 되어야 하는가 아니면 체형과 벌금형 등 법적인 통제가 중심이 되어야 하는가 등으로 다양하다.

한국사회에서는 과거에 모시를 생산하기 위해 대마가 재배되었고, 양귀비가 민간의약품으로 사용되기도 하였다. 또한 술과 담배는 사회적으로 용인된 기호식품으로 자리 잡고 있다. 1980년대까지는 아편, 메스암페타민, 대마초 등의 불법유통과 사용이 심각한 사회문제였다면, 1980년대 말 이후에는 청소년들의 약물남용문제가 심각한 양상을 보이고 있다. 약물남용으로 인한 문제들이 심각해짐에 따라 정부와 민간기구에서는 다양한 방법으로 개입을 시작하였다.

약물이란 생체에 영향을 미치는 물질을 뜻하는 것으로 넓게는 의약품뿐만 아니라 정신(중추신경)에 영향을 미치는 환각제 등까지 포함한다. 약물은 약학적 약물과 사회학적 약물로 나누어 볼 수 있다.

약학적 약물

약학적 약물은 생물유기체의 혈관 속에 들어가 그 구조와 기능을 바꾸는 물질로서 음식을 제외하는 것으로, 비타민, 아스피린까지 약물에 포함된다.

사회학적 약물

사회학적인 의미의 약물은, ① 사용자의 신체적 · 심리적 · 지적 기능에 직접적으로 영향을 주고, ② 남용의 가능성이 있으며, ③ 개인과 사회에 나쁜 영향을 주는 화학물질이다(Mooney et al., 2002 : 65). 약물의 사용 또는 남용이라 할 때 약물은 향정신성(psychoactive) 약물에 집중된다. 그리고 향정신성약물이란, 사용자의 기분, 정서 및 인지에 영향을 주면서 뇌의 기능을 바꾸는 물질로, 코카인, 헤로인, 마리화나 등의 마약은 물론 신경안정제, 흥분제, 환각제, 본드나 가스 등 마약의 효과를 가진 물질과 기호품인 술과 담배의 주성분인 알코올과 니코틴까지 포함한다.

약물의 과다한 사용을 의미하는 전문용어로는 약물중독, 약물남용, 약물의존 등이 있다. 이들 용어는 비슷한 의미로 이해되기도 하나 엄밀하게는 의미하는 바가 각기 다르다.

약물남용(drug abuse)은 의학적으로 정의하자면 특정물질을 규칙적으로, 과다하게 사용함으로써 개인의 건강이 손상되고, 대인관계가 위협받으며, 그 과정에서 사회 자체가 마비되는 상태로 간주된다. 이 정의에 따르면 실제적으로 규칙적이고 과다하게 약물을 사용하면서도 건강에 손상을 입지 않고 대인관계도 원만하게 유지하는 복용자의 경우 약물남용으로 정의할 수 없게 된다(Sullivan, 1980 : 622). 약물남용은 약물사용자에게 신체적 · 심리적 · 사회적 악영향을 주어 입원, 체포, 이혼 등을 야기하기도 한다. 1966년 미국의사협회는 '약물남용이란 의학적 감독없이 약물을 스스로 복용하는 것' 이라고 정의하고 있으며, 세계보건기구는 '약물남용이란 의료행위의 규정에 맞지 않게 약물을 지속적 혹은 산발적으로 과용하는 것' 이라고 규정하고 있다(WHO, 1974).

약물의존(drug dependence)은 약물에 대한 정신적 · 신체적 갈망상태에 빠지는 것을 말한다. 약물의존이 발생한 경우 약물투여가 중단되면 금단증상(withdrawal symptom)이 발생한다. 금단증상이란 약물이 부족해지면서 생기는 신체적 · 심리적 증상을 말한다. 예를 들어 알코올로 인한 신체적 증상으로 경련, 환청, 불면증 등이 일어나고, 심리적 증상으로 불안, 초조, 자기경멸 등이 나타난다. 이러한 증상들은 약물을 복용하면 사라지게 된다.

또한 약물의존은 내성(tolerance)을 동반한다. 내성이란 자신이 원하는 상태가 되기 위해 점점 더 많은 양의 약물이 필요하게 되는 상태로, 보통 같은 약물을 지속적으로 사용하면 내성이 생긴다.

약물중독(drug addiction)은 중독성 물질에 대한 신체적 반응, 즉 신체적 의존상태 또는 화학적 의존상태로서 약물에 대한 의존성 때문에 약물의 사용을 중단할 수 없는 상태를 말한다. 또한 약물로 인해 자신의 행위에 대한 통제력을 상실한 상태를 지칭하기도 한다. 대부분의 약물이 신체적 중독성을 갖고 있지만 환각제는 그렇지 않다. 환각제는 심리적 중독성은 있지만, 신체적 중독성은 없다(Sullivan, 2000 : 334-335).

약물은 종류가 다양하고 약물의 종류별로 주된 사용자층도 다르기 때문에 그 원인을 일률적으로 말하기는 어렵지만 실업, 가정불화, 학교성적, 친구, 지역사회, 신념집단(faith group)과 관련이 깊다.

약물남용은 피해자 없이 자신에게만 해로운 행위라는 점에서 부도덕한 행위의 하나이다. 이를 불법화하고 엄격히 통제하는 이유는 약물남용이 약물중독자에게만 해로운 것이 아니라 가족을 위험에 빠뜨리고 정상적인 직업생활을 불가능하게 하며, 국가의 입장에서 보면 마약중독자의 확산은 사회에 필요한 건전한 노동력의 공급에 큰 장애가 되기 때문이다.

약물남용이 성인은 물론 청소년층에까지 널리 퍼진 서구사회의 경우 약물남용은 매우 심각한 사회문제이다. 약물남용은 그 자체로 큰 사회문제일 뿐더러 마약밀매를 둘러싼 조직범죄, 지하시장, 경찰과의 유착 등 더 심각한 사회문제를 야기하기 때문이다.

그러면 약물남용이 사회문제인가? 오늘날 약물이라고 정의하는 물질들이 어떤 시기에는 약물이 아닌 적도 있었고, 한 사회에서 약물로 규제하고 있는 물질이 다른 사회에서는 약물이 아닌 것으로 규정되기도 한다. 개인의 가치관에 따라 약물의 남용이 사회문제인가가 가려지는 경우는 많은 사회에서 약물남용자와 약물남용을 반대하는 사람들 사이의 견해 차이에서 생겨난다. 약물의 종류에 따라 사회문제로 정의되는 양상에 차이가 있다는 점은 카페인을 함유한 커피와 니코틴을 함유한 담배가 많은 사회에서 기호품으로 사용되는 반면, 일반 마약과 비교해 상대적으로 피해가 덜 한 마리화나가 많은 사회에서 불법약물로 규정되는 것을 통해 알 수 있다.

특정 약물을 사용하는 것에 대해 시대와 사회에 따라 문제로 정의되는 양상은 다르지만 약물남용은 다음과 같은 이유에서 사회문제로 정의된다(최일섭 · 최성재, 2003 : 260-261).

첫째, 약물남용은 개인의 건강과 사회의 안녕을 저해한다는 점이다. 대다수의 약물은 사용자 개인의 건강을 심각하게 훼손한다.

둘째, 약물남용은 가족관계를 위태롭게 하고, 직장에서의 근로활동에 지장을 초래할 위험이 많다는 점에서 사회문제로 정의된다. 약물남용으로 인한 사고력과 판단력, 행동통제력의 상실은 종종 가족관계에 긴장을 조성하고, 직장생활에서의 부적응을 가져온다.

셋째, 약물의 유통을 둘러싸고 범죄와 탈세 등 사회와 경제에 미치는 악영향이 적지 않다는 점이다. 국제적인 마약 거래에는 범죄조직이 개입되어 있으며, 이들이 음성적으로 벌어들이는 소득이 적지 않다는 점에서 문제가 제기된다. 한편 약물사용자의 경우에는 약물구입을 위해 범죄에 빠져들기도 한다.

넷째, 약물남용은 종종 사회구성원의 안전에 위협을 가하기 때문에 사회문제로 정의된다. 그 대표적인 예가 지나친 음주로 이는 자신의 생명은 물론 타인의 생명까지도 위협하게 된다.

약물의 속성과 종류

약물의 속성

앞에서 살펴본 것처럼 약학적 의미의 약물은 생명체의 구조나 기능에 화학적 변화를 가져오는 음식 이외의 물질이다. 그러나 사회학적 의미의 약물이란, 인간의 생리적 기능, 기분, 지각 또는 의식에 영향을 주며, 오용가능성을 지니고, 복용자나 사회에 유해한 결과를 가져올 수 있는 화학물질이다. 즉 사용자의 정신상태에 영향을 미치는 화학물질인 향정신성 약물이다. 오클리 레이(Oakley Ray)는 모든 향정신성 약물에 적용 가능한 네 가지 기본 속성을 제시하고 있다(Sullivan, 1980 : 620-622).

첫째, 완전히 그리고 본질적으로 나쁜 약물은 없다는 것이다. 일반적으로 약물남용을 말할 때, 특정약물이 이용되는 방식에 대한 집합적 판단을 말한다. 예를 들어 흥분제의 일종인 암페타민은 종종 의료목적으로 사용되며 그런 맥락에서는 바람직한 약물이라 할 수 있다(예 : 의사 처방에 의해 살 빼는 약으로 사용된 적이 있음). 그러나 암페타민은 심리적 중독성이 강하기 때문에 많은 사용자들이 다이어트 약제의 사용중단에 애를 먹었다.

둘째, 향정신성 약물은 모두 복합적 효과를 지니고 있다. 이들 약물은 인간의 정신에 다양한 방식으로 영향을 주는데, 그 결과가 예측 가능하지 않다는 점에서 중요하고, 사용에 있어 유의해야 한다.

셋째, 특정 약물의 효과는 사용자가 복용하는 양에 따라 달라진다는 점이다. 향정신성 약물의 복용량을 증가시키면 그 효과는 강력하며, 실질적으로 변화한다. 문제는 사용자들이 강렬한 효과를 위해 복용량을 증대시킨다면 전혀 상이한 그리고 바람직하지 않은 결과를 가져올 수 있다는 점이다.

넷째, 향정신성 약물의 효과는 사용자의 과거경험, 기대, 복용 시의 정신상태에 따라 영향을 받는다. 호워드 베커(Howard Becker)는 마리화나를 사용한 사람들에 대한 관찰을 통해, 마리화나의 효과는 그것이 신체에 미치는 화학적 작용에 그치는 것이 아니라, 사용자가 특정의 심리적 경험(공복, 갈증)이 이 약물로부터 연유한다는 것을 알게 되고, 그러한 경험을 즐길만한 것이라고 깨닫게 되는 데서 나타나는 점을 지적하였다.

약물의 종류

약리작용을 중심으로 한 분류

약물의 종류는 약리작용을 중심으로 한 분류로는 중추신경흥분제, 중추신경억제제, 환각제로 나누어 볼 수 있다.

중추신경흥분제

뇌신경세포의 기능을 흥분시키는 약물이다. 암페타민(필로폰), 카페인, 코카인, 니코틴 등이 이에 속한다. 중추신경흥분제는 일의 능률을 올리고, 피곤을 줄이며, 행복감을 느끼게 만드는 효과가 있어 남용되고 있으나, 건강을 해치며, 쉽게 중독에 빠지게 된다.

중추신경억제제

뇌신경세포의 기능을 억제하는 약물로 알코올, 아편 계열(아편, 모르핀, 헤로인), 흡입제

(본드, 신나, 부탄가스 등), 신경안정제와 수면제 등이 이에 속한다. 중독이 되면 인지기능에 장애가 오고, 정서조절이 안 되며, 점차 졸리다가 혼수상태에 빠지게 된다. 금단증상은 불안, 허약, 발한, 불면증 등의 경한 증상들에서부터 대발작간질, 섬망(외계에 대한 의식이 엷어지고, 망상이나 착각이 일어나는 증세), 심혈관 순환장애와 같은 반응까지 나타난다.

환각제

뇌신경세포의 기능을 흥분시키기도 하고 억제시키기도 하는 약물로서 사이키델릭제제와 마리화나가 있다. 사용자는 현실과 환상을 잘 구별하지 못하고, 공황과 편집반응까지 이르는 심한 불안을 경험하게 되고 때로는 우울증에 빠지기도 한다.

대표적 약물

알코올

알코올은 가장 흔하게 남용되는 약물이다. 중추신경억제제로 뇌의 기능을 둔화시키며, 수면이나 마취효과를 나나내는 중독성이 강한 습관성 물질이다. 술의 알코올(에틸알코올)은 뇌조직에 직접 작용하여 기분을 좋게 만든다. 인체의 분해효소의 정도에 따라 사람마다 주량에 차이가 있다. 1일 최대 허용치는 체중 70kg인 사람의 경우 알코올 49mg(소주 반 병에 해당)이다.

문제는 지속적인 음주로 이는 뇌 조직을 파괴하여 방향감각의 상실, 기억장애 등 치매증상, 인격적 결함 등을 야기한다. 또한 중독성, 금단증상이 있어 그 정도에 따라 신체·

표 7-1 혈중 알코올 농도가 인체에 미치는 영향

혈중 알코올 농도	신체반응	심리반응	알코올 제거시간
0.03%	홍조, 근육이완, 현기증	보통 편안함	2시간
0.06%	근육조절 능력 감소	억압감 탈피	4시간
0.09%	위의 자극으로 인한 구토와 출혈	판단력 상실, 조직적 사고 곤란	4시간
0.15%	근육 조절능력 격감, 갈지자걸음	정신기능 저하, 행동의 일관성 결여	8시간
0.40%	혼수상태	완전 마취상태	10~12시간
0.50%	사망(호흡 및 심박동 장애로 인한)		

경제 · 심리적으로 해를 준다는 점에서 약물에 속하는 것이다. 알코올을 심각하게 생각해야만 하는 것은 일반적으로 술에 대한 경각심이 약하기 때문에 술은 청소년이 본드나 가스 등 불법약물을 접하기 전에 먼저 접하는 시작약물(gateway drug)의 역할을 한다는 점이다.

담 배

담배연기 속에는 약 4,000여 종의 독성 화학물질이 들어 있는 것으로 추정하고 있다. 담배에 함유된 중요 유독물질을 살펴보면 다음과 같다.

- 타르(tar) : 담배의 독특한 맛을 내는 물질로서 흑갈색의 액체. 일반적으로 담배 진이라 하는 물질이다. 담배가 인체에 해로운 것은 타르 속에 들어 있는 각종 독성물질과 발암물질에 의한 것이다. 타르 속에는 약 20여 종의 A급 발암물질이 들어 있다.
- 니코틴(nicotine) : 아편과 거의 같은 수준의 습관성 중독을 일으키는 물질로 불안, 초조, 안절부절, 집중력 장애 등의 금단증상을 나타낸다.
- 일산화탄소 : 혈액의 산소운반 능력을 감퇴시키고, 만성 저산소증을 일으켜 신진대사에 장애를 주고, 조기 노화를 야기한다.

감기나 기관지염 같은 호흡기계 질환, 폐암(흡연자는 비흡연자에 비해 폐암으로 인한 사망률이 6~9배), 빈혈이나 혈전증과 같은 심혈관계 질환, 구강암, 치주염 등의 질병의 원인이 되며, 임산부가 흡연을 할 경우 태아의 건강에 치명적이다.

마리화나와 해시시

- 마리화나(marijuana) : 대마초의 잎과 꽃에 포함되어 있는 물질이다. 대마초에 존재하는 400종 이상의 화학물질 중 델타나인 테트라하이드로 카나비놀(delta-9 tetrahydrocannabinol : THC)이 강력한 환각작용을 일으킨다.
  담배보다 훨씬 많은 자극제와 두 배나 많은 타르를 함유하고 있다. 흡연 시 연기는 뇌와 인두에 염증을 일으키고 목젖이 붓는 현상을 초래한다. 마리화나는 폐손상, 만성기관지염, 축농증, 뇌손상, 기억력 저하 등을 유발한다.
- 해시시(hashish) : 대마초 꽃에서 분리된 호박색 수지(樹脂)를 가루로 만든 것이나 오일 형태도 존재한다. 대마초보다 THC 성분이 3~4배 정도 많아 약용효과가 훨씬 강하다.

아편(모르핀, 헤로인)
강한 진통효과 때문에 만성통증환자에게 남용되기 쉬우며, 강한 내성과 의존성을 가진 약물이다. 기분의 변화와 졸림, 정신혼탁, 호흡억제 등 자율신경계 증상 등을 야기한다. 중독증상으로는 심한 무반응, 느리고 주기적인 호흡, 느린 맥박, 저혈압 등이 있고, 금단증상으로는 눈물과 콧물, 식욕부진, 소름, 경련 및 불면 등이 나타난다. 금단증상은 48~72시간 사이에 정점에 달하며, 5~10일 사이에 서서히 가라앉는다. 가장 많이 사용되는 것이 헤로인으로 흡연 또는 주사의 형태로 흡수한다.

코카인(cocaine)
중남미의 산악지방에서 자라는 코카나무 잎에서 추출되는 중추신경흥분제이다. 1859년 의사인 니만(Niemann)이 코카인이라 명명하였다. 프로이트(Freud)에 의해 우울증 환자의 치료에 쓰이기도 했으나 환자가 코카인 중독자가 되고 심각한 정신적 질병으로 발전하는 결과를 낳아 20세기에 들어서는 마약법으로 금지하기 시작하였다.

코카인은 가루흡입과 크랙흡입이 가능하다. 크랙흡입이란 코카인, 제빵용 소다, 물을 섞어 끓여 결정체로 만든 것으로 가격이 비교적 저렴하면서 각성효과가 매우 큰 위험한 약물이다. 본 약물은 혈관을 수축하여 혈압을 상승시키고, 심장박동을 빠르게 한다. 이렇게 되면 혈관에 영향을 주어 심장은 산소가 풍부한 피를 더 많이 요구하게 되는데, 산소가 부족하면 가슴에 통증이 올 수도 있고, 산소결핍이 지속되면 심장세포가 죽어 심장병이 생길 수도 있다. 또한 동맥을 수축시켜 뇌졸중, 발작, 정신이상 등을 야기하기도 한다.

코카인은 소량을 사용할 경우에는 피로감을 덜 느껴 운동능력이 향상되는 것 같은 착각을 일으키나, 지나치게 많은 양을 사용할 경우에는 교감신경계에 미치는 효과로 뇌에 영향을 준다. 이럴 경우 혈압이 높아지고, 맥박 · 호흡이 빨라지며, 입맛을 잃게 하고, 동공확장 · 혈관수축 · 고열 등을 일으키며, 청각이 둔화되는 반면, 후각이 예민해지고, 이상한 소리가 들리고, 시간감과 거리감을 상실하게 된다.

필로폰(philopon)
필로폰은 히로뽕이란 이름으로 알려진 것으로, 1941년 대일본제약주식회사가 각성제인 메스암페타민을 '히로뽕' 이라는 상품명으로 판매하면서 붙인 명칭이다. 메스암페타민은 암페타민의 일종이다. 암페타민은 매우 강력한 중추신경흥분제로, 본 물질은 1887년 처음 합성되어, 1932년 의료계에 소개된 이후 기관지 천식, 비만, 우울증, 파키슨씨병, 간질, 수

면발작 등의 치료에 사용되어 왔다.

메스암페타민은 중독성이 강한 각성제로 물이나 알코올에 잘 녹고, 냄새가 없는 무색 또는 백색의 결정성 분말로, 1888년 일본의 나가이나가요시(長井長義) 교수가 천식 약재인 마황(麻黃)으로부터 에페드린을 추출하는 연구과정에서 처음 발견했고, 1893년 합성하였다.

필로폰의 주성분인 메스암페타민은 남용 가능성이 아주 높은 물질로 여러 형태로 만들어지며 흡연, 흡입, 입으로 섭취 또는 주사제로 사용된다. 또한 메스암페타민은 독성효과가 있어, 다량 투여 시 심한 경련뿐 아니라 체온이 위험한 상태, 때로는 치명적인 상태까지 상승하게 된다. 메스엠페타민 중독자는 폭력, 불안, 정신착란, 불면증과 같은 증상을 보이며, 편집증, 환청, 기분장애와 망상과 같은 심리적 특성을 보이고, 자살이나 살인의 충동을 느끼기도 한다.

흡입제

흡입제란 휘발유, 접착제, 수정액과 같은 휘발성 물질로서 원래의 용도와 무관하게 주로 청소년들이 환각을 위해 유사 마약처럼 사용하고 있어 문제가 되고 있다. 흡입제는 1960년대 미국의 청소년 사이에서 남용되어 사회문제가 된 바 있으며, 우리 사회에서는 1970년대 이후 청소년들 사이에서 유행하기 시작하여 1990년대 급속도로 확산되면서 10대 청소년들의 가장 대표적인 남용물질이 되었다.

흡입제는 크게 세 종류로 구분할 수 있다.

- 휘발성 솔벤트 : 접착제, 에어로졸, 솔벤트와 가스, 세척제 등. 아주 빠르게 몸에 흡수되며, 쾌감, 흥분과 함께 졸음, 비틀거림, 초조 등의 증상을 야기한다.
- 아질산염 : 실내 방향제에 포함되어 있는 물질로 주로 게이들이 성적 만족도를 높이기 위해 사용한다. 미국은 1991년부터 아질산염을 함유한 제품을 금지시켰다.
- 마취제 : 마취제의 남용물질은 니트로옥사이드 이다. 이를 흡입하면 몸에 산소가 고갈되어 사망할 수 있으며, 장기간 사용하면 말초신경이 손상될 수도 있다.

흡입제는 뇌조직, 골수조직, 콩팥기능을 손상시켜 기억력 감퇴, 정서불안, 판단장애, 재생불량성 빈혈, 백혈병, 면역계통 질환 등의 원인이 되고, 청소년들의 성격을 공격적이고 포악하게 만들기도 한다. 그리고 장기간 흡입할 경우 몸의 중앙신경체계를 영구히 손상시키거나 육체적 · 정신적 능력을 현저하게 감소시킬 뿐 아니라 간장, 신장, 피, 척수를 손상시켜 불규칙한 심장고동, 질식, 호흡 중지로 사망에 이르기도 한다.

엑스터시
최근 우리 사회에 급속히 확산되었던 약물로 환각작용이 매우 강한 합성 향정신성약물(MDMA)이다. 1980년대 들어 흥분제나 코카인 중독자들이 엑스터시를 대체물로 사용하기 시작하면서 미국과 유럽에 크게 확산되었다. 엑스터시가 환각작용이 있다는 사실이 밝혀짐에 따라 미국은 1985년 제조와 판매를 금지하였고, 다른 나라들도 같은 조치를 치하였다.

엑스터시는 가격이 다른 마약에 비해 매우 저렴하고, 환각효과가 뛰어나 갈수록 소비가 확산되고 있다. 엑스터시의 위험성은 본 약물의 주 사용층이 청소년이라는 것과, 약물사용으로 인해 뇌신경세포 손상된다는 것이다. 뇌신경세포가 손상되면 사고능력이나 기억능력에 치명적 문제가 발생할 수 있다는 것이다.

약물남용의 사회적 비용

가족의 피해

약물남용을 하는 부모 밑에서 성장 아동은 아동학대의 대상이 되거나, 행동장애, 학업실패, 낮은 자아관념을 갖게 될 확률이 높고, 부모처럼 약물남용을 할 가능성이 크다. 약물은 이혼의 주요 원인이며, 가정폭력과 배우자 학대의 주요 원인으로 작용한다.

범 죄

약물남용은 범죄와 밀접한 관계를 가진다. 약물남용이 범죄의 원인이 된다기보다는 범죄활동이 약물남용으로 이어진다고 보는 것이 합리적이다. 약물남용과 범죄 모두 낮은 사회경제적 지위와 밀접한 관계가 있다는 점에서 빈곤이 약물남용과 범죄 양자를 설명하는 유력한 변수가 된다.

경제적 비용

약물남용의 경제적 비용은 매우 크다. 미국의 경우 정부가 약물남용의 억제를 위해 지출하는 비용이 연간 수백억 달러에 달하며, 기업이 종업원의 약물남용을 부담해야 하는 생산성 저하 비용, 조기사망으로 인한 비용, 사회보험 비용과 보건의료 비용도 연간 수십 억 달러에 이른다.

보건의료 비용

약물남용은 평균수명을 저하시키고, 사망률을 증가시키며, 에이즈나 성병을 야기하고, 사망률을 증가시킨다. 뿐만 아니라 개인의 정신건강에도 심각한 손상을 준다. 약물남용은 불안장애, 우울증, 반사회적 성격을 야기한다. 한국의 2005년도 인구센서스에 의하면, 20~69세 인구가 3만 2,269천 명이며, 이 중 성인 마약류(환각흡입물질 포함) 평생 경험자는 58만 2,640명으로 추정이 가능하며, 직전 지난 1개월 내에 1회 이상 사용한, 즉 마약류 의존 가능성이 매우 높은(치료 대상) 성인도 최대 22만 명 선으로 추정하고 있다(한국마약퇴치운동본부, 2008). 이러한 수치만을 놓고 보더라도 사회적으로 감당해야 하는 비용이 얼마나 큰 것인가를 생각해 볼 수 있다.

표 7-2 성인 약물남용 실태(추정)

(단위 : 명)

구 분		비 율	추정인구 수
평생 사용 경험률	환각흡입물질	1.8~8.2	580,840~2,646,060
	대마초	0.8~2.8	258,150~903,530
	마약류	0.6~1.2	193,610~387,230
최근 사용 경험률	환각흡입물질	0.04~0.9	12,910~290,420
	대마초	0.08~0.3	25,810~96,810
	마약류	0.05~0.2	16,130~64,540
현재 사용 경험률	환각흡입물질	0.0~0.7	~225,880
	대마초	0.0~0.1	~32,270
	마약류	0.0~0.1	~32,270

자료 : 마약류 퇴치 심포지엄(2008), 마약류 및 약물남용자 추정

약물남용 실태

알코올 소비 정도

우리나라의 주류소비량은 성인 1인당 8.1L(2005년)로 2006년 OECD 평균 소비량 9.5L보다 적게 소비하는 것으로 나타나고 있다.

표 7-3 한국의 음주 및 음주량(20세 이상 성인 남녀, 2006년)

구 분	합 계	음주인구 비율	음주횟수				음주량				
			월 1회 이하	월 2~4회	주 2~4회	거의 매일	소주2잔 정도	2홉 소주반병	2홉 소주1병	2홉 소주2병	2홉 3병이상
전 국	100.0	64.6	31.7	39.6	21.3	7.5	38.9	29.8	25.0	5.5	0.8
여 자	100.0	47.6	56.1	34.9	7.1	1.9	67.7	25.5	6.0	0.6	0.1
남 자	100.0	82.9	16.6	42.5	30.0	10.9	21.1	32.5	36.7	8.5	1.3

자료 : OECD Health Data(2008)

표 7-4 한국의 알코올 소비량(성인 1인당)

구 분	1990	2000	2005	추 이
한 국	9.1	8.9	8.1	↘
OECD	10.3	9.5	9.5	–

흡연율

흡연율은 현재 매일 담배를 피우는 만 15세 이상 인구의 비율을 말한다. OECD 국가에서 흡연은 예방 가능한 건강 위험요인 중 가장 큰 요인이다. 매년 전 세계 성인 사망자 10명 중 1명이 직접적 흡연이 원인이 되어 사망하고 있고, 이는 연간 500만 명에 근접하는 것으로 추산된다(WHO, 2002).

2005년 한국의 흡연율 25.3%는 2001년 흡연율 30.4%보다 감소하고 있음을 보여 주는 것이다. 또한 여자흡연율은 4.6%(2005년)로 OECD 회원국 중 가장 낮은 반면, 남자의 흡

표 7-5 각국의 흡연율

한국(2005)	미국(2006)	일본(2006)	스웨덴(2005)	그리스(2004)	OECD평균(2006)
25.3	16.7	26.3	15.9	38.6	23.4

자료 : OECD Health Data(2008)

(단위 : %)

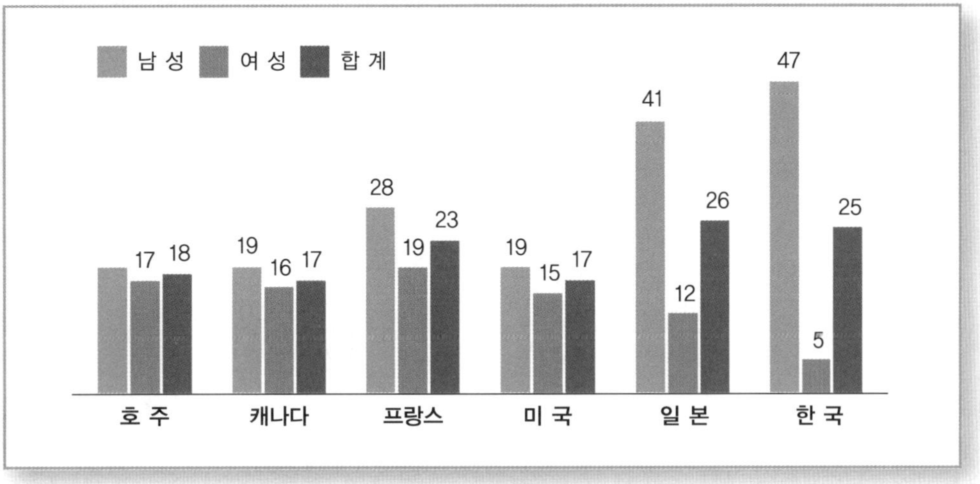

그림 7-1 주요 선진국과의 흡연율 비교
자료 : OECD Health Data(2007)

연율은 46.6%로 가장 높게 나타나고 있다.

마약류

1995년 이후 증가 추세에 있던 전체 마약류사범이 1999년 처음으로 1만 명 선을 넘어선 뒤 2002년까지 4년 연속 1만 명 선을 상회하였으나, 2002년 강력한 단속효과에 힘입어 밀수 등 공급조직에 10개 파 224명이 단속됨에 따라 마약류 공급선 차단 등으로 2003년 마약류사범이 급감한 이후 그 여파가 2006년도에도 지속되었다. 그러나 2007년도에 1만 명 선으로 대폭 증가하는 양상을 보이고 있다.

지난 5년간 마약류사범의 각 연령대별 점유율 추이를 살펴보면, 10대의 점유율은 등락을 거듭하다가 2007년에 들어서면서 19명으로 감소하였고, 20대의 점유율은 감소하는 추

표 7-6 마약류 사범 현황

구 분	2001	2002	2003	2004	2005	2006	2007
계	11,686	11,843	8,458	8,432	7,853		
소 계	10,102	10,673	7,546	7,747	7,154	7,709	10,649
마 약	661	790	1,211	1,203	768	868	958
향 정	7,959	7,918	4,727	5,313	5,354	6,006	8,521
대 마	1,482	1,965	1,965	1,231	1,032	835	1,170
환각흡입물질	1,584	1,170	912	685	699		

자료 : 대검찰청(2008), 「마약백서」

표 7-7 마약류사범 유형 · 연령별 현황(2007년)

(단위 : 명)

유형 \ 연령	계	19세 이하	20~29세	30~39세	40~49세	50~59세	60세 이상	연령 미상
계	10,649 (100)	19 (0.2)	1,013 (9.5)	3,460 (32.5)	3,939 (37.0)	1,173 (11.0)	709 (6.7)	336 (3.2)
마약사범	958 (100)	– (0.0)	20 (2.7)	41 (4.3)	136 (14.2)	199 (20.8)	536 (55.9)	26 (2.7)
대마사범	1,170 (100)	6 (0.5)	215 (18.4)	339 (29.0)	372 (31.8)	143 (12.2)	48 (4.1)	47 (4.0)
향정사범	8,521 (100)	13 (0.1)	778 (9.1)	3,080 (36.1)	3,431 (40.3)	831 (9.8)	215 (1.5)	263 (3.1)

자료 : 법무부(2008), 「법무백서」

세를 보이다가 2007년도에 들어서서 1,013명으로 대폭 증가하였다. 30대는 2005년까지 가장 높은 점유율을 나타냈으며, 40대의 점유율은 5년간 거의 계속 상승 수치를 나타내어 2006년에는 35.2%, 2007년에는 37%로 가장 높은 점유율을 기록하였다. 50대의 점유율 역시 최근 들어 다소 증가하고 있는 추세이다.

한편 전체 마약류사범은 2007년도에 급격히 늘어났으나 청소년 마약사범은 전년도에 비해 오히려 현저히 감소하였다.

표 7-8 청소년 마약류사범 연령별 현황

구 분 / 연 도	전체 마약류사범	청소년 마약류사범			
		15세 이하	16~17세	18~19세	합 계
2003	7,324	2 (5.4%)	4 (10.8%)	31 (83.8%)	37 (100%)
2004	7,572	0 (0)	0 (0)	19 (100%)	19 (100%)
2005	6,993	1 (3.3%)	9 (30.0%)	20 (66.7%)	30 (100%)
2006	7,541	2 (6.3%)	1 (3.1%)	29 (90.6%)	32 (100%)
2007	10,483	1 (5.9%)	1 (5.9%)	15 (88.2%)	17 (100%)

자료 : 대검찰청(2008), 「마약백서」

표 7-9 미국의 마약류 압수량

(단위 : kg, 정)

연 도 / 구 분	2002	2003	2004	2005	2006
메스암페타민	2,460	3,714	3,121	5,100	4,539
엑스터시(정)	7,312,142	1,316,170	1,348,572	5,184,622	6,673,158
헤로인	2,765	2,351	1,845	1,727	1,725
코카인	102,000	115,725	165,801	175,000	146,972
대마초	1,110,525	1,224,213	1,109,701	1,112,000	1,138,832

자료 : 법무부(2008), 「법무백서」

이렇게 청소년 유해약물 사범은 다소 감소 추세이나, 향정사범(전체 마약사범 중 약 80%) 및 마약 · 대마 사범 모두 다소 증가하고 있다. 그리고 마약류사범의 재범률은 2005년의 42.8%에서 2006년 45%로 증가 추세를 보이고 있다.

미국의 경우 특히 북미 지역에서의 범죄조직이 마약을 밀매하는 행위가 점차 늘어남에 따라 심각한 문제가 되고 있다. 북미 지역에서의 마약밀매는 멕시코를 중간지로 하여 코카인을 밀수하는 행위가 주를 이루고 있다. 미국은 코카인이 최대 남용마약류로 특히 크랙(crack) 형태로 거의 모든 도시에서 남용되고 있다. 최근 젊은이들 사이에서는 대마, 헤로인, 엑스터시의 남용은 줄었으나 처방약물의 남용증가가 보고되고 있다.

약물남용 관련법과 조직 및 프로그램

약물남용 대책은 약물의 공급을 차단하는 방법과 수요를 억제하는 방법으로 구분할 수 있다. 공급차단 대책은 약물의 생산과 유통을 억제하는 것으로 주로 관련자들을 색출하여 법적으로 처벌하는 데 중점을 두고 있으며, 약물 수요 억제대책은 약물사용의 예방과 만성중독자의 치료에 중점을 둔다.

한국사회의 약물남용 관련법

약물남용 관련법은 예방과 치료가 아니라 주로 단속과 감시 위주로 되어 있다. 약물 규제관리 법규들도 약물중독자를 환자가 아니라 범죄자로 보아 처벌에 초점을 두고 있다. 그 관련법을 「마약법」, 「대마관리법」, 「향정신성의약품관리법」, 「유해화학물질관리법」, 「청소년보호법」으로 나누어 살펴보기로 한다.

마약법

양귀비 · 아편 및 코카엽, 그것으로부터 추출되는 알카로이드 계열의 물질인 코카인, 헤로

마약을 소지한 자

면허를 받은 마약 취급자가 아니면 마약을 소지할 수 없으며, 규정을 위반하여 마약을 소지한 자는 무기 또는 7년 이상의 징역에 처해지고, 영리의 목적 또는 상습으로 소지한 자는 사형, 무기 또는 20년 이상의 징역에 처하도록 되어 있다. 마약에 중독되어 자제심을 상실하거나 사회질서를 문란하게 한 자는 2년 이하의 징역 또는 300만 원 이하의 벌금에 처한다.

인, 모르핀, 데바인, 코데인 등의 물질, 화학적 합성품인 메타조신, 메사돈, 페치딘 등을 마약으로 분류하고 있다.

대마관리법

대마란 대마초와 그 수지 및 그것을 원료로 하여 제조된 일체의 제품을 칭한다. 대마초의 종자 · 뿌리 및 성숙한 대마초의 줄기와 그 제품은 제외하고 있다.

대마를 소지한 자

보건복지가족부 장관이 인정한 대마취급자가 아니면서 대마를 소지한 자는 무기 또는 7년 이상의 징역에 처하며, 영리의 목적 또는 상습으로 소지한 자는 사형, 무기 또는 10년 이상의 징역에 처한다. 대마를 흡연 또는 섭취한 자는 10년 이하의 징역 또는 1,500만 원 이하의 벌금에 처한다.

향정신성의약품관리법

인간의 중추신경계에 작용하는 것으로 이를 오용 또는 남용 할 경우 인체에 현저한 위해가 있다고 인정되는 물질을 향정신성의약품으로 규정하고 있다.

향정신성의약품을 취급한 자

보건복지가족부 장관의 승인을 얻지 않고 향정신성의약품을 취급한 자는 무기 또는 7년 이상의 징역에 처한다. 19세 미만인 자에게 향정신성 의약품을 판매해서는 안 되며, 향정신성의약품에 중독되어 자제심을 상실하거나 사회질서를 문란하게 한 자는 5년 이하의 징역 또는 700만 원 이하의 벌금에 처한다.

유해화학물질관리법

흥분 · 환각 또는 마취작용을 일으키는 유독물을 함유하는 물질 또는 이에 준하는 유해화학물을 환각흡입물질이라고 규정한다.

유해화학물질 소지자

환각물질을 섭취 또는 흡입하거나 이러한 목적으로 소지한 자, 환각물질을 섭취 또는 흡입하고자 하는 자에게 그 사정을 알면서 이를 판매 또는 공여한 자는 3년 이하의 징역 또는 1,000만 원 이하의 벌금에 처한다.

청소년보호법

50조에 의하면 청소년(만 19세 미만)에게 청소년 유해물을 판매 · 대여 · 배포한 자를 3년 이하의 징역 또는 2,000만 원 이하의 벌금에 처하도록 규정하고 있으며 술이나 담배를 판 자도 2년 이하의 징역 또는 1,000만 원 이하의 벌금에 처한다.

앞에서 살펴본 관련법들의 문제점으로는 첫째, 법에 의한 강제 치료가 제대로 이루어지지 않고 있다는 점이다. 치료 실태를 살펴보면 검거인원에 비해 치료받는 인원이 1% 이내의 극히 소수이며, 치료기간 또한 짧아 효과적인 치료와 재활이 이루어지지 못하고 있다.

둘째, 약물문제에 대한 치료와 재활이 덜 강조되고 있다. 한국의 경우 약물문제에 대한 엄벌주의를 택하고 있어, 현재와 같은 처벌위주의 법 안에서는 처벌을 받은 후에야 치료가 가능하기 때문에 원래 법의 목적과 취지에 다다르지 못하고 있다.

셋째, 치료비용을 자비로 부담해야 하기 때문에 건강보험으로 일부를 보조 받는다 하더라도 경제적인 어려움이 많으며 추적치료의 어려움이 있다.

넷째, 청소년 약물사용에 대한 규정이 법에 따라 달리 나타나 있다. 「유해화학물질관리법」에 의하면 본드나 부탄가스를 흡입한 청소년들을 필로폰이나 대마 등의 마약류사범들과 동일한 정도의 처벌을 받도록 하고 있으나 「청소년보호법」에서는 약물을 흡입하는 청소년에 대해 치료 · 재활을 유도하는 방향으로 법이 제정되어 있다.

다섯째, 청소년기에 약물을 사용했던 자가 19세가 넘으면 더 이상 「청소년보호법」의 적용 대상이 아니기 때문에 보호 받을 수 있는 방법이 없게 된다. 따라서 이러한 이들을 대상으로, 정신의료기관에서 의학적 치료가 어느 정도 끝난 후 갈 수 있는 정신요양시설이 필요하다.

관련 조직 및 프로그램

약물남용사범과 관련된 조직 및 제도적 장치로는 치료보호기관, 치료감호소, 교정시설 내에서의 교화, 국공립 및 민간의료기관에서의 진료 등이 있다.

치료보호기관

치료보호란 죄를 짓지 않은 마약중독자에 대한 강제치료를 위해 행정기관의 장인 보건복지가족부 장관 또는 시 · 도지사가 의료기관인 치료보호기관으로 하여금 마약류사용자의 중독 여부를 판별 검사하거나 마약류중독자를 치료, 보호하도록 명하는 제도이다.

2000년에 개정된 치료보호규정에 의해 환자가 치료보호기관에 직접 입원을 신청할 수 있고, 마약류 재사용 우려가 있는 환자는 1년간 검사나 상담을 권고할 수 있다. 2007년 현재 전국 24개 정신의료기관을 마약류중독자 치료보호기관으로 지정하고 관련 서비스를 제공하고 있고, 치료보호기간을 6개월로 하고 있으나 최근의 보고에 의하면(2008년 9월의 국회보고) 2007년 현재 환자 1인당 평균 치료보호기간은 42일로 미국을 비롯한 주요 선진국의 치료보호기간 2년에 훨씬 못미치고 있다.

치료보호실적 또한 2007년 현재 마약류투약류사범 6,013명 중 치료보호실적은 410명으로 치료율은 6.8%이다. 이는 2005년의 9.3%, 2006년의 9.2%에 비해 크게 줄어든 것이다.

치료감호소

치료감호는 금고 이상의 형에 해당되는 범죄를 범하고 재범의 위험성이 있는 심신장애자, 알코올중독자, 약물중독자에 대한 보호처분이다. 우리나라에서는 단순한 약물중독일지라도 현행법상 불법적 약물 사용 자체가 금고 이상의 형에 해당되는 범죄이므로 치료감호의 대상이 된다. 그 기간은 치료감호의 선고를 받은 자가 완치되어 사회보호위원회의 종료결정을 받을 때까지이다. 치료감호의 내용과 방법은 치료감호시설에 수용되어 완치를 위한 치료를 받는 것이며, 심신장애의 정도 또는 마약류 등이나 알코올의 식음 등의 습벽 및 중독된 구분에 따라 분리 · 수용하여 치료한다.

보호관찰소

약물남용자에 대한 치료 제도를 적극적으로 실천하기 위해 약물남용자에 대한 교화차원에서 단기형의 폐해를 제거하여 재범방지 및 피고인의 원활한 사회복귀를 도와주기 위하여 「보호관찰 등에 관한 법률」에 따른 보호관찰소 선도조건부 기소유예제도가 제정되었다. 보호관찰소에서는 수강명령을 선고받은 약물사범을 대상으로 지역사회의 약물전문치료기관이나 교육기관과 협력하여 약물 관련 교육 및 치료 프로그램을 운영하고 있다. 약물남용과 관련해 보호관찰을 받게 되는 경우는 대부분 치료감호소에서 치료감호를 받고 가종료로 나온 경우이거나 약물남용 초범으로 보호관찰을 받은 이들을 대상으로 하는 사회봉사명령과 수강명령이 있다.

국 · 공립 및 민간의료기관

일반 약물남용 환자들은 대학병원의 정신과나 종합병원 정신과, 개인정신병원, 개인정신과 의원에의 입원이나 병원의 외래시설을 사용하고 있다. 우리나라의 경우 국내의 소수 치료기관과 YMCA, 사회복지관, 서울시립아동상담소, 한국마약퇴치운동본부, 학교생활보건소 등에서 프로그램을 개발하여 인력을 훈련하거나 청소년들을 위한 집단 및 개별 프로그램을 마련하여 실시해 오고 있다.

약물문제에 대한 해결책

앞 절에서 살펴보았던 관련법에서의 문제, 조직과 프로그램의 내용에서 지적되었던 점을 추려내어 약물문제의 해결책을 제시해 보면 다음과 같다.

약물에 대한 법규의 제정 및 개정

첫째, 약물남용자에 대한 시각의 전환이 필요하다. 약물의 남용행위는 사회적 법익을 침해하는 반사회적 행위라고 보고 형사법으로 처벌하는 것이 타당하다는 견해가 지배적이다. 그러나 마약류 투약사범자에 대한 처벌이 재발방지를 위해 필요하나 재투약사범자가 많은 현실을 고려한다면 약물남용자들을 도덕적으로 문제가 있는 사람으로 보기보다는 질병을 가진 환자로 보는 것이 더 타당할 것이다. 약물사용자를 중범죄자로 보아 단순 장기형에 처하는 것은 약물남용자의 사회복귀를 어렵게 할 뿐 아니라 국고를 낭비하는 결과를 가져온다. 따라서 재발방지를 위한 프로그램의 개발과 치료시설의 지원이 필요하다(김성이, 2002 : 458).

둘째, 약물법원의 설치가 필요하다. 약물법원은 단순히 판결을 내리는 전통적 법정에 대한 개념을 넘어 약물남용자의 효과적인 치료에 중점을 둔다. 이는 약물사범을 다면적으로 평가해 적절한 치료를 받을 수 있도록 연계하는 경과를 감독하는 진취적 프로그램이라 할 수 있다. 우리사회에서도 약물문제를 일반 법원에서 분리해 전문적이고 체계적으로 접근할 수 있는 법원의 설치가 필요하다.

셋째, 약물 관련법의 보완이다. 특히 「청소년보호법시행령」에 약물남용 청소년의 재활을 위한 시설을 설치할 수 있다는 임의규정은 있지만 각 지방에서 의무적으로 설립하도록 하기 위해서는 강제조항으로 변경하는 것이 필요하다. 또한 앞 절에서 지적되었듯이 「유해화학물질관리법」 상에 유해화학물질을 흡입하는 청소년에 대한 문제를 「청소년보호법」과 동일한 처우를 할 수 있는 별도의 조항을 제정하는 것이 필요하다(김성이, 2002 : 441–442).

전문기구 및 시설의 설치

첫째, 약물남용 대책기구를 대통령 또는 국무총리 직속으로 설치하고, 지방자치단체 단위에도 자치단체장 직속으로 약물남용 대책기구를 설치하여 효율적으로 대처할 수 있는 체제를 갖추어야 한다.

둘째, 치료공동체, 중간거처(half-way house), 직업재활센터와의 연계, 지역사회 내의 자조집단(self-help group), 재활시설, 각종 지지 서비스 개발 등 다양한 유형의 시설과 프로그램이 개발되어야 한다.

전문적 치료 및 재활 프로그램의 개발

첫째, 통합적이고 연속적인 치료 프로그램이 운영되어야 한다. 약물중독이 다면적 성격을 가진 복합적 질환이며, 치료 프로그램에서 퇴원, 퇴소 후 3개월 이내 재발하는 비율이 높은 점을 감안하여 중독자들이 약물 없는 삶을 살아가는 데 필요한 새로운 생활기술, 문제해결방안, 개별적이고 특성화된 서비스를 제공할 수 있는 연속적이고 통합적인 개입이 수반되어야 한다. 정신치료, 재활, 외래환자 클리닉, 주간치료센터, 중간거처, 치료공동체 등이 필요하다.

둘째, 서비스의 표준화와 개별화이다. 약물치료기관의 프로그램 수준을 높이고 효과적인 서비스를 제공하기 위해서는 서비스 표준화를 위한 노력이 선행되어야 한다. 이러한 표준화와 더불어 각자의 개별적인 특성과 문제역역에 맞는 재활전략이 수립되어야 한다. 특수한 접근이 요구되는 이중장애자를 위한 특수치료나 재활시설, 어린 시절 아동학대나 성 학대의 문제를 가진 중독자 또는 현재 가정 내 폭력을 경험하고 있는 이들을 위한 체계적인 심리상담 서비스, 자녀를 가진 여성중독자를 위한 탁아서비스 연계나 지지 서비스 계발 등의 다양한 프로그램이 고려되어야 한다.

셋째, 약물중독자와 함께 생활하고 있는 가족들에 대한 전문적이고 지속적인 지지보호가 필요하다. 중독자가 수용시설이나 교정시설, 병원에서 벗어나 궁극적으로 돌아가는 곳은 가족이며 이들의 약물사용으로 인해 가장 많은 고통을 경험하는 이들도 가족이다. 가족 구성원들은 오랜 기간 고통을 경험하는 과정에서 중독자와 유사한 '공동의존'을 나타내거나 '성인아이' 문제 등을 경험하기도 한다. 가족주의 전통이 강한 우리사회에서 가족관계의 밀착성은 문제유발의 원인도 될 수 있으나 재활의 효과적인 자원으로 활용될 가능성도 크다.

넷째, 치료보호제도의 확대이다. 마약류사범자 중 중독이 심한 재범의 마약류 중독자의 경우에는 사법적 처벌이 불가피하나, 이들 사범자 중 치료가 필요한 중독자에게는 사법적 처분과 함께 치료재활을 받을 수 있는 체계적인 제도가 마련되어야 한다.

약물교육 및 예방활동의 실시

첫째, 단계별 약물예방활동의 강화이다. 약물예방이란 약물남용의 발생이나 확산을 줄이거나 안정시키는 제반 활동으로서 지속적이고 체계적인 단계를 통해 행해져야 한다.

- 1차 예방 : 약물문제가 발생하기 전의 예방으로 약물남용의 발생감소와 새로운 약물남용자가 생기지 않도록 예방하는 접근이다.
- 2차 예방 : 이미 약물을 사용하고 있으나 심각한 부정적 영향들이 나타나고 있지 않은 대상자들을 위한 조기개입활동이다. 개별상담, 가족상담, 집단상담과 같은 활동을 통해 약물사용으로 인한 피해를 줄이고자 한다.
- 3차 예방 : 약물남용이 강박적 사용의 문제유형에 이미 연루되어 있는 대상자들의 문제파급을 감소시키고 더 이상의 악화와 재발을 예방하는 것이다. 적극적인 의료적, 심리·사회적 치료를 포함한다. 여기에는 입원치료 및 재발예방 프로그램을 포함하며 약물치료, 심리치료, 가족치료, 사회기술훈련, 자조집단, 치료적 공동체 등의 개입이 이루어져야 한다(유채영 외, 2001 : 20-23).

둘째, 학교 차원에서의 교육이 이루어져야 한다. 술과 담배와 같은 경약물은 초등학교부터 사용하여 중학교에서의 보편화·습관화되는 것으로 밝혀졌다. 경약물의 사용은 일반적인 약물사용의 과정에서 볼 때 중약물로 전이되는 것이 일반적이다. 따라서 약물에 대한 관심이 적고, 거부감과 부정적인 인식이 강한 초등학교 시기부터 약물에 대한 정확한 지식과 올바른 태도를 갖도록 가정과 학교현장에서 약물예방교육을 보다 체계적·지속적으로 실시해야 한다(조학래, 2001 : 191). 이러한 교육은 학교교과과정에서 별도의 교육내용으로 다루어지는 것이 효과적이다.

셋째, 약물문제를 포함한 다양한 문제를 극복할 수 있는 능력을 길러주는 것이 필요하다. 약물남용예방에 특별히 표적을 맞춘 정보제공은 물론 흡연, 음주 혹은 약물사용을 하도록 직접적으로 가해지는 사회적 압력에 저항하는 데 필요한 기술, 사회적 상황에 의해 야기된 불안을 학생들이 효과적으로 극복할 수 있는 기술(긴장이완, 명상요법 등), 일반적인 사회기술(의사소통기술, 이성과의 관계, 자기주장 기술 등) 등이 통합적으로 이루어져야 한다.

지역사회협력체계 구축과 약물상담전문가 양성

약물중독은 생체-심리-사회적인 질병이며, 만성적이고 진행적이며, 재발이 쉬운 병이라는 점을 감안하면 단순히 약물사용의 중지만으로 충분치 않고 치료와 재활과정에 다양한 서비스 등이 체계적이고 통합적으로 운영되어야 한다. 이를 위해서는 병원, 학교, 복지관, 지역사회 약물센터, 상담실, 경찰 등 관련기관과의 유기적인 협조체제가 구축되어야 한다.

그 외에 약물예방 및 상담 전문 인력의 양성이 시급한 문제이다. 초 · 중 · 고 학교 단위의 약물 교육 지도교사와 약물관련 상담인력을 체계적으로 양성하여야 하며, 보호시설의 약물상담 전문 인력의 양성이 시급히 요구되고 있다.

내용요약

1. 약물남용이 사회문제인 이유

① 약물남용은 개인의 건강과 사회의 안녕을 저해한다.

② 약물남용은 가족관계를 위태롭게 하고, 직장에서의 근로활동에 지장을 초래할 위험이 많다.

③ 약물의 유통을 둘러싸고 범죄와 탈세 등 사회와 경제에 미치는 악영향이 적지 않다.

④ 약물남용은 종종 사회구성원의 안전에 위협을 가하기 때문에 사회문제로 정의된다.

2. 약물의 속성

① 완전히 그리고 본질적으로 나쁜 약물은 없다는 것이다.

② 향정신성 약물은 모두 복합적 효과를 지니고 있다.

③ 특정 약물의 효과는 사용자가 복용하는 양에 따라 달라진다는 점이다.

④ 향정신성 약물의 효과는 사용자의 과거경험, 기대, 복용 시의 정신상태에 따라 영향을 받는다.

3. 대표적 약물

① 알코올, ② 담배, ③ 마리화나와 해시시, ④ 아편(모르핀, 헤로인), ⑤ 코카인(cocaine), ⑥ 필로폰(philopon), ⑦ 흡입제, ⑧ 엑스터시

4. 약물남용의 사회적 비용

① 가족의 피해, ② 범죄, ③ 경제적 비용, ④ 보건의료 비용

5. 한국사회의 약물남용 관련법

마약법, 대마관리법, 향정신성의약품관리법, 유해화학물질관리법, 청소년보호법

6. 약물남용사범과 관련된 조직 및 제도적 장치

치료보호기관, 치료감호소, 교정시설 내에서의 교화, 국공립 및 민간의료기관에서의 진료 등

7. 약물문제에 대한 해결책

① 약물에 대한 법규의 제정 및 개정, ② 전문기구 및 시설의 설치, ③ 전문적 치료 및 재활 프로그램의 개발, ④ 약물교육 및 예방활동의 실시, ⑤ 지역사회협력체계 구축과 약물상담 전문가 양성

check list

1. 약리작용을 중심으로 약물을 분류해 봅시다.

2. 약물문제의 해결을 위해 사회복지사로서 해야 할 일과 할 수 있는 일을 구분해 정리해 봅시다.

3. 마약퇴치를 목적으로 하는 사회단체를 찾아보고, 그 활동과 결과물에 대해 살펴봅시다.

4. 약물문제 해결을 위한 각자의 방안을 제시해 봅시다.

CHAPTER 8

정신건강문제

주요용어

정신건강, 정신질환, 사회공포증, 후외상성 스트레스장애, 정신의료기관, 정신요양시설, 사회복귀시설, 정신보건 전문요원

정신건강의 개념

정신건강은 정신기능이 성공적으로 작용하여 생산적 활동, 타인과의 사회적 관계, 변화에 대한 적응력, 불행의 수습능력 등에 이상이 없는 상태를 말한다. 정신건강의 상대적 개념은 정신질환이다.

정신건강문제를 협의의 시각에서 정의하면 정신건강문제를 정신질환(mental illness)과 구별하여 특정 정신장애(mental disorder)로 판단할 수 있는 기준을 충족시키기에 강도나 기간이 불충분한 사인(sign)과 증상(symptoms)으로 생각한다(U. S. DHHS, 1999). 즉, 이 시각에서는 심각하고 오래 지속되는 정신건강문제를 정신질환으로 간주한다.

한편 광의의 시각에서는 정신건강문제를 정신장애까지 포함하는 광범위한 개념으로 정의한다. 본 시각에서 일상생활에서 경험하는 경미한 정서, 행동상의 문제에서부터 심각한 정신장애까지를 정신건강의 범주로 파악하기 때문에 정신질환이라는 용어를 사용하는 데서 오는 문제점들을 피할 수 있다. 여기에서 용어사용에 있어서의 문제점으로는 정신질환과 정상을 명확하게 구분하기 어렵고, 정신질환을 앓는 사람들을 우리와 다른 존재로 낙인 찍고, 모든 정신건강문제는 의료 혹은 생물학적 요인에 의해서만 발생한다고 잘못 생각하게 할 수 있으며, 정신질환을 분류하는 체계가 그러한 질환을 앓는 사람들의 경험을 적절히 반영하기 어렵다는 점 등이다(The Mental Health Foundation, 1999).

정신건강문제는 우리가 일상생활에서 경험하는 걱정이나 슬픔으로부터 심각한 우울증이나 현실감의 완전한 상실에 이르기까지 다양하며, 개인이나 개인이 속한 조직, 더 나아가 사회에까지 치명적인 손상의 원인이 될 수 있다. 이러한 이유로 정신건강 서비스는 정신장애를 가진 사람과 그렇지 않은 사람 모두에게 제공되어야 하며 예방 · 치료 · 재활 서비스가 포함되어야 한다.

정신장애의 분류

정신장애(mental disorder)는 "현재 겪고 있는 고통이나 장애 혹은 현저히 증대된 사망, 고통, 장애나 자유상실의 위험과 관련되는 임상적으로 중요한 개인의 행동 혹은 심리적 증후군이나 양식"으로 정의한다(APA, 1994 : xxi). 그러나 현재의 어떠한 분류체계도 정신장애의 경계를 완벽하게 설명하지는 못한다. 그럼에도 국내 · 외적으로 가장 널리 사용하고 있는 정신질환 진단체계는 미국정신의학회(American Psychiatric Association, 1994)가 만든 정신장애진단통계편람(DSM-IV : Diagnostic and Statistical Manual of Mental Disorders-IV)과 세계보건기구(WHO, 1992)에서 제정한 국제질병분류(ICD-10 : International Classification of Disease-10)이다. 본 절에서는 DSM-IV 정신장애의 분류를 살펴보고자 한다.

물질 관련 장애

물질을 복용한 결과로 사회적 기능이 손상되고 행동에 변화를 나타내는 것을 물질 관련 장애(substance-related disorders)라 한다. 주로 사용하는 물질은 메스암페타민, 암페타민, 코카인, 알코올이나 진정제 등의 억제제, 헤로인, 아편 등의 마약, 대마초와 같은 환각제, 기타 흡입제 등을 포함한다. 물질을 오랫동안 사용하게 되면 물질에 대한 내성이 생기므로 같은 효과를 얻기 위해 사용량을 점차 늘려가게 된다.

정신분열증

정신분열증(schizophrenia)은 본질적 증상이 없기 때문에 개인차가 심하다.

- 사고장애 : 사고에 일관성이 없고, 연상작용이 이완되며, 말의 내용이 빈약하고, 단어나 생각을 고집스럽게 반복하거나 말의 진행이 막히는 증상, 피해망상, 과대망상 등이 속한다.
- 지각장애 : 환청과 환시, 환청의 지시에 따른 이상행동이 나타난다.
- 운동성 증상 : 이상한 표정을 짓거나 특이한 동작을 반복하는 운동성 증상이다.
- 정서적 증상 : 정서가 매우 단조롭거나 주변 상황에 적절하지 못한 반응을 하는 증상이다.
- 생활기능의 손상 : 사회생활의 기술이 부족하거나 다른 사람과의 교제를 기피하는 증상이다.

기분장애

기분장애(mood disorders)는 우울증과 양극성 장애로 분류된다. 우울증의 가장 일반적인 증상으로는 슬프고 우울한 기분, 일상적인 활동에서 흥미와 즐거움의 상실, 식욕감퇴 혹은 증가, 불면증 혹은 지나친 수면, 우유부단, 부정적 자기개념, 자살이나 죽음에 대한 반복적 사고 등을 들 수 있다. 우울증은 시간이 지나면서 자연히 소멸되는 경향이 있으나 그 기간이 길어지면 초기의 기능으로 돌아가지 못할 수도 있다. 양극성 장애를 가진 사람은 우울증과 조증을 반복한다. 조증일 때에는 기분이 고양되고 안절부절 못하며 활동량이 증가하고 자신의 능력을 과신한다.

불안장애

불안장애(anxiety disorders)는 공황장애, 공포증, 강박장애, 후외상성 스트레스장애, 일반화된 불안장애 등을 포함한다.

- 공황장애 : 갑자기 호흡이 곤란해지고, 가슴이 두근거리며 땀이 나는 등의 증세를 보이며 강한 공포를 짧은 기간 동안 경험한다.
- 공포증 : 특정대상이나 상황을 지나치게 무서워한다. 공포심에 떠는 환자는 공포증의 근거가 없다는 사실을 알면서도 자신을 통제하지 못한다. 공공장소에 대해 지나치게 불안을 느끼는 광장 공포증과 사회 공포증이 있다.

사회공포증

대인공포증이라고도 하며, 낯선 사람과 이야기하거나 다른 사람들 앞에서 연설을 하는 등의 사회적 상황에 대한 두려움과 불안이 있어서 그런 상황을 가능한 피하려고 하는 것에서 나타난다. 급격한 사회의 변화로 공동체 생활에서 서구 문화가 보편화되면서, 핵가족화와 개인주의가 일반화되었다. 그럴수록 사람들과의 접촉이 어렵게 되고, 거의 혼자 고립된 채 살아가면서 사회성이 부족하게 된다.

- 강박장애 : 비합리적인 사고와 심상이 반복해서 떠오르는 강박관념(obsession), 행동을 반복하려는 충동을 억제하지 못하는 강박행동(compulsion)을 포함한다.
- 후외상성 스트레스장애 : 전쟁, 화재, 강간 등으로 인한 충격적인 외상의 후유증으로 일상생활에서 집중곤란, 흥미상실, 무관심 등의 증상을 보인다.
- 일반화된 불안장애 : 근거를 찾을 수 없는 불안을 만성적 · 지속적으로 호소한다.

신체형장애

생리적인 원인을 알 수 없는 증상들을 호소한다. 허리나 관절의 통증, 어지럼증, 피로, 구역질 등을 호소하고, 신체형장애(somatoform disorder)는 동기가 뚜렷하지 않다는 점에서 의도적으로 증상을 호소하는 가장성 장애(factitious disorder)[1]와 꾀병(malingering)과는 다르다.

성격장애

성격장애(personality disorders)는 다양한 성격적 특질이 개인의 전반적인 기능에 장기적으로 영향을 주는 경우이다.

- 편집성 성격장애 : 타인의 동기를 악의적으로 해석하여 사람들을 필요 이상으로 의

1) 가장성 장애(factitious disorders)는 의도적으로 만들어지는 증상으로 동기가 뚜렷하지 않으며, 어떤 목적이나 욕구를 충족시키지도 않는 것으로 이해된다.

심하는 것이 특징이다.

- 정신분열성 성격장애 : 사람들과의 사회적 관계형성과 정서적 표현에 장애가 있다.
- 정신분열형 성격장애 : 타인과의 긴밀한 관계의 형성에 심한 장애를 겪고, 인지적 장애와 이상한 행동을 보인다.
- 반사회적 성격장애 : 타인의 권리를 무시하고, 침해한다.
- 경계선적 성격장애 : 자아상에 대한 명확하고도 일관된 인식이 없다. 히스테리적 성격장애는 정서적 과민반응을 나타내고 타인의 관심을 끌기 위해 지나친 행동을 한다.
- 자아도취적 성격장애 : 지나치게 거드름을 피우고 다른 사람들이 자신을 칭찬해 주길 원하며 감정이입이 결여되어 있다. 회피적 성격장애는 타인과 거리를 두고 항상 부족감을 느끼며 매사를 부정적으로 평가한다.
- 의존적 성격장애 : 타인에게 지나치게 의존하며 항상 보호받기를 원한다.

표 8-1 DSM-IV에 의한 주요 정신장애 분류

정신질환의 종류	내 용
불안장애	공황장애, 공포증, 강박장애, 후외상성 스트레스장애, 일반화된 불안장애 등과 같은 불안장애
분열성 장애	기억상실증과 다중성격과 같은 정상적 의식의 분열과 파열
유아기 · 아동기 · 청소년기에 처음 진단되는 장애	정신지체, 과민성 집중장애, 신경성 식욕감퇴, 신경성 폭식, 말더듬 등 성장기에 처음으로 나타나는 장애
식욕 또는 수면장애	식욕감퇴, 폭식, 불면증 및 기타 수면과 관련된 정신장애
기분장애	우울증 또는 조울증과 같은 정서장애
기질성 정신장애	노화, 질병, 두뇌손상(알츠하이머) 등으로 인한 뇌기능 장애가 야기하는 심리적 · 행동적 장애
성격장애	편집증이나 반사회적 성격과 같이 치료를 거부하는 부적응적 성격 특질
정신분열증 및 기타 정신장애	망상, 환상 등과 같은 정신장애
신체형장애	원인을 알 수 없는 증상을 호소하는 장애. 질병에 걸렸다고 지나치게 걱정하는 심기증(心氣症)과 같은 심리적 문제
약물 관련 장애	마약과 같은 약물의 남용으로 인한 정신장애

자료 : Mooney et al.(2002), p. 39

■ 강박적 성격장애 : 정리정돈, 완벽주의, 통제를 지나치게 추구한다.

정신건강문제 원인론

정신건강문제의 원인은 다양하게 설명될 수 있으나 의료모델, 심리학적 원인, 사회학적 원인이 그 주를 이룬다.

의료 모델

정신질환에 대한 전통적 견해는 정신질환을 하나의 질병으로 간주하는 것이다.

정신질환의 의학적 용어로는 정신분열증(schizophrenia), 망상증(paranoia), 정신이상(psychosis), 정신착란(insanity) 등이 있는데, 이는 알 수 없는 인간의 내적 조건이 인간의 마음을 병들게 한다고 보는 것으로, 그러한 조건으로 유전자, 신진대사의 교란, 질병 감염, 내적 갈등, 무의식적인 방어기제의 작용, 어린시절의 정신적 충격 등을 들고 있다.

이러한 의료모형에서 정신질환자에게 긍정효과를 가져온 것은 약물치료이다. 약물치료는 1950년대 말부터 사용되기 시작했으며, 수용 중심의 치료에서 지역사회 중심의 치료에 커다란 영향을 미쳤다. 그러나 심리적 요인이나 사회환경의 영향을 전혀 고려하지 않았다는 비판을 받고 있다.

심리학적 원인론

정신분석이론

프로이트의 정신분석이론에 의하면, 인간의 성격체계는 이드(id), 자아(ego), 초자아(super ego)로 구성되어 있으며, 이들은 역동적으로 작용한다. 이드는 현실적인 조건을 고려하지 않고 본능적인 충동을 즉각적으로 만족시키려 하는 반면, 자아는 이드의 본능과 현실의 세계를 중재하는 역할을 하며, 이드의 본능적인 충동을 현실의 원리에 따라 억압한다. 따라서 이드가 억압되어 있는 충동을 분출시키려고 위협할 때 우리는 신경질적인 불안을 느끼며, 자아가 현실에 대처할 수 있는 능력을 상실하게 될 때 정신병적인 증상을 나타낸다. 초자아는 현실보다는 이상과 완전을 추구하므로 초자아가 지나치게 강할 때 도덕적인 불안을 호소하게 된다.

우리는 불안을 야기하는 상황에 직접 대처하거나 해소할 수 없을 때 자신을 불안으로부터 보호하기 위해 여러 종류의 방어기제를 사용한다. 방어기제를 사용함으로써 일시적으로 불안에서 해방될 수 있으나 지나치게 이들을 사용함으로써 오히려 이상 행동을 나타내기도 한다(예 : 항문기에 고착되어 있는 강박증 환자).

본 이론에 의하면 정신건강문제는 다음의 네 가지 중 하나로 표출된다.

첫째, 갈등을 외부세계로 대치시키는 성격장애를 일으킨다.

둘째, 과다한 방어기제를 작동시켜 신경증적이 된다.

셋째, 신체 내에 긴장을 경험하여 결국은 유기체적 병리학을 생성하는 정신 · 신체적 장애를 일으킨다.

넷째, 자아가 현실에 대처할 수 있는 능력을 상실해 정신병적으로 된다(김근홍 외, 2005 : 400).

사회학습이론

사회학습이론에서는 인간의 모든 행동은 학습되며, 정신장애인들의 이상행동 역시 학습된 것이라고 설명한다. 예를 들어 공포증의 경우에는 중성자극이 공포를 유발하는 비중성자극과 동시에 발생하여 중성자극을 회피하려는 반응이 일어난 후에(반응적 조건형성), 자극을 회피함으로써 공포를 감소시키려는 행동에 강화가 주어져 이러한 행동이 학습된(조작된 조건형성) 것이라고 설명한다. 따라서 치료는 체계적 둔감법(systematic desensitization)이나 혐오치료(aversion therapy)처럼 역조건을 형성하거나 강화에 의한 조작적 조건 형성, 모델링을 통한 대리적 조건형성을 활용한다.

인지이론

인지이론에서는 인간의 행동이 개인의 인지에 의해 결정된다고 본다. 각 개인이 가진 역기능적 사고체계상의 오류와 비합리적 믿음이 이상행동을 유발한다는 것이다. 벡(Beck)과 그의 동료들은(Beck et al., 1979 : 14) 우울증환자는 근거 없이 결론을 내리는 인위적 추론, 한두 사건으로 내린 결론을 관련되거나 관련되지 않은 상황에 적용하는 과잉일반화, 절대적이고 이분법적인 사고, 선택적 요약, 확대 혹은 축소화, 개인화 등 사고상의 오류를 범한다고 지적하고 있다. 인지이론에서는 인지적 재구조화를 하도록 돕는 것을 강조한다(최일섭 · 최성재 공편, 2003 : 386).

사회학적 원인론

사회학적 원인론은 기능이론, 갈등이론, 상호작용이론으로 나누어 살펴볼 수 있다.

기능이론

사회문제의 원인을 사회 전체의 기능적 결함 때문이 아니라 사회체계의 일부 기능인 사회화기능과 사회통제기능이 실패한 데서 찾는다. 따라서 정신건강문제는 효과적 예방과 치료를 제공하는 우리사회의 능력에 한계가 있을 때 사회문제가 된다. 정신건강문제에 대해 가족, 지역사회, 전체사회가 적절히 대처함으로써 사회의 원활한 기능을 강화할 수 있다고 본다.

갈등이론

갈등주의자들은 정신장애가 결핍이나 불평등, 적절한 치료에 대한 기회불평등과 관련이 있다는 데 관심을 기울이고, 사회에서 재산, 권력 혹은 다른 사회적 가치를 적게 가지고 있는 사회적 약자(저소득층 혹은 여성)는 스트레스와 일부 정신장애에 노출되는 것이 더 쉽다고 주장하고 있다.

홀링스헤드와 레들리히(Hollingshead & Redlich, 1958)에 의하면, 정신분열증은 가장 낮은 사회경제적 계층에서 가장 많이 발생하며, 가장 낮은 사회경제적 계층의 발생률은 두 번째 낮은 사회경제적 계층의 발생률보다 두 배나 높은 것으로 나타난다. 그러나 사회계층과 정신분열증의 상관관계는 일정 부분은 인정되나, 그 인과관계를 해석하는 데는 상이한 의견들이 존재한다.

학자에 따라서는 낮은 사회계층에 속한 사람이 다른 계층의 사람보다 낮은 교육을 받으며, 보상과 기회를 적게 제공받기 때문에 정신분열증을 발달시키는 사회적 스트레스를 경험하게 된다는 '사회원인가설(sociogenic hypothesis)'을 주장하기도 한다. 한편 '사회이동이론(social-drift theory)' 을 주장하는 학자들에 의하면, 정신장애와 사회계층의 상관관계는 정신분열증 환자들이 병의 진행 중에 생계유지 능력에 손상을 입을 뿐 아니라 사회관계를 회피하기 위하여 저소득층 지역으로 이동하기 때문으로, 사회경제적 지위가 정신질환의 발병에 선행하는 것이 아니라 오히려 정신질환의 발병으로 인해 낮은 사회경제적 계층 지역으로 이동한다는 것이다. 두 이론은 어느 정도 타당성이 있는 것으로 받아들여지고 있다.

상호작용이론

토마스 자츠(Thomas Szasz)는 '정신질환은 존재하지 않는 하나의 신화에 불과하다' 고 확신(1950년대)하면서, 일상적 상호작용과 인간에 대한 낙인(labeling)에 초점을 두면서 정신질환=마음의 병이라고 강조하고 있다. 여기에서 정신질환은 세 범주로 나누어 볼 수 있다.

개인장애(personal disabilities)
과도한 불안, 억압, 공포, 상실감 등이 이에 속한다. 이는 정신질환이 아닌 정신작용(생각이나 느낌과 같은)으로 간주되어야 한다.

반사회적 행동(antisocial acts)
엽기적 살인과 기타 사회적 일탈이 이에 속한다. 반사회적 행동이 사회적 일탈에 속하는 것은 틀림없으나 그것은 '정신작용' 도 아니고 '정신질환' 도 아니다. 예를 들어 1974년 미국 정신의학협회는 동성애를 정신질환 목록에서 제외하였다.

성격변화를 야기하는 두뇌기능 저하
동맥경화, 알코올중독, 알츠하이머병, 에이즈, 전신마비, 사고로 인한 심각한 두뇌손상 등이 원인이 되어 발생하는 두뇌기능 저하가 개인의 성격을 변화시켜 생기는 정신질환으로 공통된 증후로는 기억상실, 무감각, 무감정, 몸치장의식상실 등이 있다.

한편 개인이 정신질환자로 낙인 찍히는 일반적인 과정은 다음과 같다.

- 첫 번째 과정 : 다소 이상한 일탈행동을 하기 시작한다.
- 두 번째 과정 : 그런 행동에 대해 가족이나 지역사회가 이상하게 생각한다. 그 결과 정신과 전문가에게 보내진다.

■ 세 번째 과정 : 보통의 정신과 의사는 메디컬 모델을 믿고 있으며, 메디컬 모델에 따라 그를 정신질환자라고 낙인 찍는다.

상호작용이론가들은 '인간이 정서적 문제를 갖고 있는 것은 사실이지만, 그것이 이해할 수 없는 정신질환은 아니다' 라고 주장하고 있다. 즉, 억압, 불안, 환청, 강박관념 등의 정서적 문제를 갖고 있기는 하지만, 그러한 증후들이 정신병인지의 여부를 판별하지는 못한다는 것이다. 게다가 정신질환에는 문화적 차이도 존재한다고 주장한다. 예를 들어 구소련에서는 반정부시위자들을 정신질환의 증후로 분류하였다. 여기에서 그들이 정신질환자로 규정되는 이유는 심각한 정서적 문제와 역기능적인 행동 때문이었다.

정신건강문제 현황

정신건강 추정환자

2006년도 '정신질환실태 역학조사' 에 의하면 정신질환 1년 유병률은 18세 이상 65세 이하 인구의 12.9%로 매년 약 412만 명이 정신질환자로 구분된다. 이 중 불안장애, 기분장애, 정신병적 장애의 1년 유병률은 8.3%이고, 알코올 사용장애의 1년 유병률은 5.6%이다.

표 8-2 정신장애 일년 유병률 및 추정환자 수

	남 자		여 자		전 체	
	유병률 (%)	추정환자 수 (명)	유병률 (%)	추정환자 수 (명)	유병률 (%)	추정환자 수 (명)
알코올사용장애	8.7	1,392,826	2.5	402,571	5.6	1,795,397
정신병적 장애	0.4	68,938	0.2	31,645	0.3	100,583
기분장애	2.1	340,596	3.9	611,584	3.0	952,180
불안장애	3.2	511,808	6.9	1,085,321	5.0	1,597,129
모든 정신장애* 니코틴사용장애 제외	13.0	2,085,508	12.9	2,035,576	12.9	4,121,084

주 : *지난 일 년 사이에 한번이라도 정신장애를 앓은 적이 있는 대상자
자료 : 보건복지부(2008), 「2008년 정신보건사업 안내」

정신보건시설

2007년도 12월 말 현재 정신요양시설은 전국 59개소에 1만 4,689명의 입소정원을 보유하고 있으며 가족의 보호가 어려운 만성정신질환자를 입소시켜 요양 서비스 및 사회복귀촉진을 위한 훈련을 실시하고 있다. 1980년대 중반 무허가시설의 양성화 조치로 1990년대 초반까지 정신요양시설의 양적인 팽창이 이루어졌으나, 1990년대 중반부터는 정신요양시설의 질적 수준을 높이는 데 정책적 우선순위를 두고 있다.

정신보건법 제3조에서 명시한 시설의 종류는 다음과 같다.

- 정신의료기관 : 의료법에 의한 정신병원, 정신과의원 및 병원급 이상의 의료기관에 설치된 정신과를 말한다.
- 정신요양시설 : 정신의료기관에서 의뢰한 정신질환자와 만성정신질환자를 입소시켜 요양과 사회복귀 촉진을 위한 훈련을 행하는 시설을 말한다.

표 8-3 정신보건기관 · 시설 현황 (단위 : 개소, 병상, 명)

구 분	기관 수	병상/정원/이용자 수	주요 기능
계	1,624	-	-
정신보건센터	151	66,653/연	정신질환, 가족 및 지역주민 대상 정신질환 예방, 정신질환자 발견 · 상담 · 진료의뢰 · 정신보건시설간 연계체계구축 등 지역사회정신보건사업 기획 · 조정 ※ 지자체 지원 30개소 포함
아동청소년 정신보건센터	32	2,889(등록)	아동청소년 정신건강 선별검사, 개인상담, 집단 프로그램 운영, 교육 · 홍보
사회복귀시설	179	1,481(입소) 3,722(이용)	정신의료기관 또는 정신요양시설 치료 · 요양 후 퇴원(소)한 정신질환자대상 사회복귀훈련 실시
정신요양시설	59	14,689(입소)	정신의료기관에서 의뢰된 정신질환자와 만성정신질환자에 대한 요양과 사회복귀촉진훈련 서비스 제공
알코올상담센터	30	4,286(등록)	알코올중독 예방, 중독자 상담 · 재활 서비스 제공
정신의료기관	1,173	66,739	급성정신질환자 대상 의료서비스 제공

주 : 2007년 12월 31일 현재
자료 : 보건복지가족부(2008), 「2007 보건복지가족백서」

표 8-4 정신의료기관, 정신요양시설, 정신질환자, 사회복귀시설의 차이점

구 분	정신의료기관	정신요양시설	정신질환자 사회복귀시설
설치근거	의료법 제30조	정신보건법 제10조	정신보건법 제15조
설치 · 운영자	의사, 국가 또는 지방자치단체, 의료법인, 비영리법인, 정부투자기관 · 지방공사 또는 한국보훈복지공단(의료법)	사회복지법인, 비영리법인	제한 없음
허가 · 신고권자	시장 · 군수 · 구청장(의원급), 도지사(병원, 종합병원)/허가사항	시 · 도지사/허가사항	시장 · 군수 · 구청장/신고사항
대 상	급성정신질환자	만성정신질환자	병원에서 퇴원한 환자 또는 재가환자 등 사회적 적응훈련을 필요로 하는 환자
종 류	전문정신병원, 종합병원 정신과, 병원정신과, 정신과의원	정신요양시설	생활훈련시설, 작업훈련시설, 종합훈련신설, 주거시설

■ 정신질환자 사회복귀시설 : 정신질환자를 정신의료기관에 입원시키거나 정신요양시설에 입소시키지 않고 사회복귀 촉진훈련을 행하는 시설을 말한다.

정신보건 전문요원

지역사회 중심의 정신보건 사업을 수행하기 위해서는 지역사회에서 정신질환자를 관리할 전문요원의 확보가 필수적이다. 정신보건법에는 정신보건전문요원의 자격과 역할 등이 세부적으로 정해져 있고, 보건소에는 정신보건전문요원을 두고 정신보건사업을 수행할 수 있도록 하였으며, 정신의료기관에는 입원환자 100인당 정신보건요원 1명을 배치하도록 규정하였다. 이러한 필요성에 따라 정신보건전문요원이 2007년 12월 말 현재 7,894명이 배출되어 지역사회 정신보건센터, 정신의료기관, 정신요양시설, 사회복귀시설 등에서 정신보건업무를 수행하고 있다.

일선에서 정신보건업무를 담당해야 할 보건소 전문 인력이 부족하여 2001년 전국 보건소 정신보건업무 담당자 185명을 대상으로 전문요원 교육을 실시하였고, 2007년도에는 53명의 보건소 정신보건업무 담당자에 대해 전문요원 교육을 실시하였으며, 점차 그 대상

- 교육기관 : 정신보건전문요원 수련기관
- 교육과정 : 정신보건전문요원 2급 자격취득(1년, 야간)
- 지원형태 : 자치단체경상보조
- 지원조건 : 국민건강증진기금 50%, 지방비 50%

자를 확대해 실시하고 있다.

보건소 정신보건전문요원 양성사업

본 사업의 목적은 지역사회에서 정신보건업무를 담당할 보건소 전문인력을 양성하고, 정신질환 관리 · 상담 · 사회복귀를 위한 정신보건사업전담요원으로 활용하는 데 있다.

사업내용으로는 사업시행 주체인 시 · 군 · 구 보건소가 사례관리, 정신질환자 발견 등록, 주간 재활 등의 교육을 하며, 보건소 정신보건사업 담당자의 위탁교육비 지원을 하게 된다.

보건소장은 사업수행 실적에 대한 사업비 정산결과(관계증빙서류 첨부)를 시장 · 군수 · 구청장을 거쳐 시 · 도지사에게 제출하고, 시 · 도지사는 사업실적 및 적정성 여부를 검토하여 정산하고, 사업비의 집행액과 집행 잔액을 구분하여 서식에 의거 보건복지부장관에게 보고한다. 또한 보건소장은 위탁수련생의 인적사항 및 수련기관명, 수련기간 등을 보건복지부장관에게 보고한다.

정신보건전문요원제도 운영

본 제도는 「정신보건법」 제7조, 동법시행령 제2조, 동법시행규칙 제2조와 「정신보건전문요원의 수련과정 등에 관한 규정」(보건복지부고시 제97-16호, 1997. 3. 11) 등에 의거해 운영되고 있으며, 수련기관 정원은 기관당 총 30명을 초과할 수 없는 것을 원칙으로 하되, 기존에 30명 이상 지정된 기관 중 법령의 기준을 충족하는 기관은 인정하고 있다. 신규수련기관은 수련정원을 총 10명 이내로 지정하며, 수련인원 증원신청은 신규기관 지정일로부터 2년 경과 후부터 가능하다.

내실 있는 조사를 위해 보건복지부장관은 5개(서울, 나주, 부곡, 춘천, 공주) 국립정신병원장에게 조사를 지시할 수 있다.

정신보건지도자 양성사업

본 사업의 목적은 정신보건지도자(정신과 전문의 등) 양성으로 정신보건사업의 주도적 역량 고취 및 정신건강증진 도모에 있다. 사업시행주체는 민간전문가 단체이며, 대상은 정신보건지도자(정신의료기관 정신과 전문의 등)이다. 교육내용으로는 정신보건고위정책과정, 정신보건시설 경영고위자 과정, 정신보건실무 및 관리과정, 파트너십 구축 실무과정으로 분류하여 실시하고 있다.

정신보건전문요원을 양성하는 수련기관은 총 136개소로, 정신보건임상심리사 수련기관 76개소, 정신보건간호사 수련기관 32개소, 정신보건 사회복지사 수련기관 90개소로서

표 8-5 정신요양 시설 수 (단위 : 개소, 명)

구 분	2003	2004	2005	2006	2007	2008
시설 수	55	55	56	57	59	↗
생활인원	12,611	12,531	12,478	12,257	12,185	↘

자료 : 보건복지가족부(2008), 「정신보건사업안내」

표 8-6 정신보건 전문요원 양성 현황 (2007. 12.)

분 야	계	정신보건임상심리사	정신보건간호사	정신보건사회복지사
계	7, 894	1,242	5,004	1,648
1 급	1,594	468	838	288
2 급	6,300	774	4,166	1,360

자료 : 보건복지가족부(2008), 「보건복지가족백서」

표 8-7 정신보건전문요원 수련기관 지정 현황 (2007. 12.)

분 야	계	정신보건임상심리사	정신보건간호사	정신보건사회복지사
수련기관 수	136 (198)	76	32	90
수련정원	1,026	258	479	289

자료 : 보건복지가족부(2008), 「보건복지가족백서」

이 중 두 개 분야 전문요원 동시 수련기관이 22개소, 세 개 분야 전문요원 동시 수련기관이 17개소이며 수련정원은 총 1,026명이다.

정신보건 전달체계

정신보건 서비스의 전달체계는 그림 8-1과 같이 정신보건센터, 사회복귀시설, 알코올상담센터, 정신의료기관, 정신요양기관 간에 연계체계가 구축되어 있다. 보건소 또는 정신보

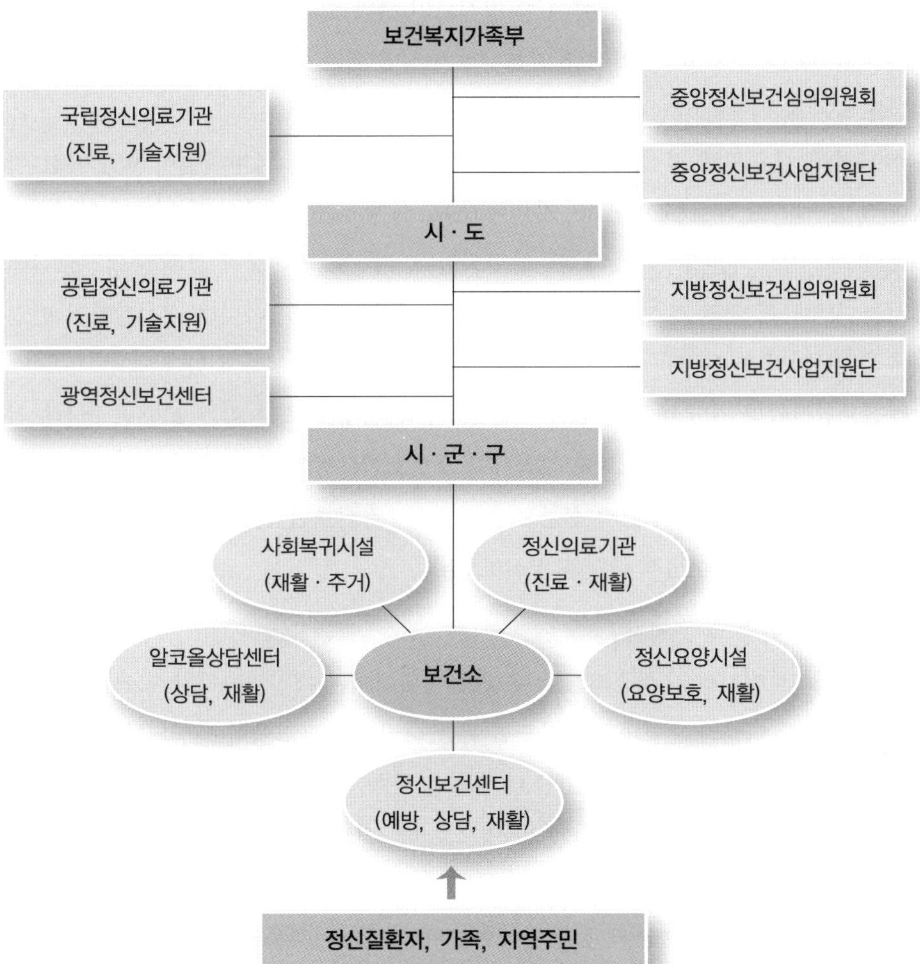

그림 8-1 정신보건 전달체계
자료 : 보건복지가족부(2008), 「정신보건사업안내」

건센터가 지역사회의 포괄적 정신건강 서비스 제공을 기획 · 조정하는 역할을 담당한다.

정부의 정신건강 정책

지역사회 정신보건사업 강화

정신보건센터 확충 및 운영지원

지역사회 내에서 정신질환자의 조기발견, 상담, 치료, 재활 서비스 제공 및 사회복귀 촉진을 위해 보건소, 대학 등이 연계한 통합 정신보건 서비스 제공 체계구축에 정책적 관심과 지원의 우선순위를 두었다. 이러한 지역사회 중심의 치료 · 재활체계 구축에 있어서 무엇보다도 중추적 역할을 담당한 기관은 정신보건센터이다.

1998년에 처음으로 정신보건센터(모델형) 4개소에 대한 국비지원이 이루어진 이후 2006년 말까지 105개소(모델형 40, 기본형 65)로 확대 · 설치되었으며, 2007년 말까지 151개소(표준형 92, 기본형 59)로 확대 · 설치되었다. 각 시 · 군 · 구에 설치된 정신보건센터에서는 지역사회 내의 정신보건사업의 기획 및 자원조정뿐만 아니라 정신질환자 발견 · 등록 · 진료의뢰, 정신질환 예방 · 교육 · 홍보 등의 사업을 수행하고 있다.

정신보건사업의 기반 마련을 위한 정신보건센터 확충 노력과 함께 2003년 정신보건센터 관련법과 제도를 정비함으로써 지역사회 정신보건사업의 정착 및 발전을 도모하였다. 즉, 정신보건센터의 위상정립과 신분보장을 위해 「정신보건법」을 개정(2004년 1월 29일 개정 공포)하여 센터의 법적 근거를 명시하였다.

사회복귀시설 확충 및 운영지원

지역사회정신보건사업을 성공적으로 수행하기 위해서는 정신질환자가 지역사회에서 생활할 수 있도록 이들의 재활과 사회복귀를 돕는 다양한 프로그램이 운영되어야 한다.

1997년 정신보건법 시행 이후 2개소로 출발한 사회복귀시설은 2007년 말 현재 179개소가 이용되고 있고, 입소 현황은 약 5,203명으로 약 3,722명의 이용자와 1,481명의 입소자가 다양한 재활훈련 프로그램을 제공받고 있다.

사회복귀시설의 내실 있는 운영을 위하여 2001년에는 사회복귀시설에 대한 평가도구를 개발하여 시설 및 환경, 조직 및 인력, 서비스의 질, 지역사회 관계 및 재정, 이용자 만족도에 대한 평가를 실시한 바 있으며, 3년을 주기로 지속적인 평가를 실시하고 있다.

아동 · 청소년 정신보건사업

ADHD, 온라인 게임중독, 학교폭력, 학습장애 등 아동청소년 정신건강문제가 날로 심각해지고 있다. 이에 따라 기존의 성인 만성중증정신질환 위주의 정책에서 전환하여 아동청소년 정신보건사업이 추진되고 있다. 2002년부터 16개 정신보건센터를 시작으로 2007년 현재 전국에 32개소에서 사업을 수행하고 있다.

정신질환은 초발연령이 대개 10대 후반이고, 질병의 경과가 평생 지속되므로 주요 정신건강문제를 조기발견하여 중재하는 것이 중요하다. 2007년 16세 약 3만 6,000명을 대상으로 선별검사를 실시하였으며, 2008년 245개교로 확대 실시하였다.

아울러 청소년의 인터넷 중독에 따른 폐해가 심각하게 나타남에 따라, 이에 대한 대응체계도 강화하고 있다. 청소년상담지원센터를 중심으로 인터넷 중독 상담 서비스 제공체계를 활성화하고, 2007년부터 고위험군을 대상으로 기숙형 치료학교 프로그램을 운영하고 있다. 또한 2005년부터 인터넷 중독 치료협력의료기관을 지정하였으며, 청소년상담지원센터, 정신보건센터 등 지역연계망도 구축하여 운영하도록 하고 있다.

생명사랑 및 자살예방

최근 20년간 자살률의 변화를 살펴보면, 1986년부터 10년간은 인구 10만 명당 자살률이 9.1~11.8명 정도로 큰 변화 없이 유지되었으나 1996년부터 자살률이 높아지기 시작하여 1998년 IMF 사태 이후 19.9명으로 이전 시기보다 두 배나 많은 자살률을 보이고 있다. 2000년대 들어 2003년에는 24.0명으로 1998년 수준을 초과하였고, 이후에도 증가의 속도는 줄었으나 계속 증가하여 2005년에는 26.1명이 자살로 사망하였다.

정부는 자살예방대책의 일환으로 2005년부터 생명존중문화 확산을 위한 다양한 활동을 전개해 오고 있다. 우선 정신적 위기에 처한 사람이 적절한 도움을 받을 수 있도록 활용가능한 자원을 널리 알리고, 주위 사람에 대한 관심을 독려하기 위해 공익 광고물, 리플릿, 포스터 제작 등 홍보를 전개하고 있다. 또한 청소년들의 생명존중의식을 높이기 위해 숲체험, '청소년 생명사랑 나누미' 활동 등을 추진해 사람들이 쉽게 접근하여 도움을 받을 수 있도록 사이버 상담 서비스 체계를 구축하였으며, 지역 정신보건센터에서는 전문요원들이 자살예방담당 서비스를 제공하고 있다.

정신질환 인식개선 및 권익증진

정신질환 인식개선

정신보건사업의 활성화를 위해서는 정신질환에 대한 국민의 편견이 해소되어 정신질환자와 그 가족이 사회적 관심과 지원 속에 수월하게 치료 및 재활 서비스를 이용할 수 있어야 한다. 이를 위해 정신질환에 대한 국민의 인식을 개선하고 관심을 불러일으키기 위하여 다양한 홍보활동을 전개하고 있다. 1999년부터 국민건강증진기금 등을 활용하여 '정신건강의 날(4월 4일)' 행사, 정신장애 극복 수기 · 작품공모, 정신장애인 극복 재활대회 개최, 정신요양시설 등의 권역별 체육 · 문화행사, 정신보건단체의 각종 세미나 · 학술대회 개최, 해바라기 축제 등을 지원하고 있다.

2006년도에 실시한 '정신질환 실태 역학조사'의 결과에 따르면, 정신분열병 등 정신병적 장애자의 21.2%만이 정신의료 서비스를 이용하는 것으로 나타났는데, 이는 사회적 편견과 국민적 관심의 부족으로 상당수의 정신질환자가 적절한 치료 · 재활 서비스로부터 소외되는 현실을 반영하는 것이라 할 수 있다. 따라서 차후로는 정신질환자 가족, 정신보건 관련 단체, 자조집단 등을 통해 정신질환자에 대한 국민적 관심을 높이고 정신보건센터, 학교, 사회복지기관 등을 중심으로 대국민 교육을 강화하는 한편, 대중매체를 활용한 다각적인 홍보활동을 지속적으로 전개하는 데 보다 적극적이어야 할 것이다.

정신질환자 인권보호

1990년대 초반까지 한국의 정신보건정책은 만성정신분열병 등의 환자를 병원 및 시설에서 장기간 격리 · 수용하는 것에 치중하였다. 그러나 1997년 1월부터 시행된 「정신보건법」에 의해 기존의 장기입원 중심에서 벗어나 지역사회에서 정신질환자를 조기발견 · 치료 · 재활시키는 지역사회 정신보건사업으로 정책의 전환이 이루어졌다. 2001년 처음으로 전국 규모의 정신질환실태 역학조사가 실시되었고, 2000년부터는 정신질환도 연차적으로 장애인에 포함되어 다양한 장애인복지 서비스를 받을 수 있게 되었다. 정신보건법은 정신질환자의 입원절차를 엄격하게 규정하고 있다.

정신질환자의 입원절차는 다음의 네 종류로 구분할 수 있다.

- 자의(自意) 입원 : 환자의 자의에 의한 입원으로 가장 바람직한 형태이다. 한국의 경우 대부분의 환자가 중증이거나 응급상태에서 입원하고 있어 그 사례가 많지 않다.

■ 보호의무자에 의한 입원 : 환자의 보호의무자는 민법상의 부양의무자(환자의 직계 혈족, 배우자, 생계를 같이하는 친족) 또는 후견인, 정신질환자를 상대로 소송 중이거나 소송했던 사실이 있는 자와 그 배우자는 제외된다. 보호의무자가 없는 경우에는 환자의 주소지 시장, 군수, 구청장이 보호의무자가 된다. 환자의 보호의무자는 환자 자신이 입원을 원치 않더라도 입원시킬 수 있다. 그러나 이 경우라도 정신과 전문

표 8-8 정신보건기관의 환자 인권 보호사항

기 관	환자 인권 보호사항
정신 의료 기관	작업치료를 빙자한 강제노역 금지
	작업치료 후 적정한 임금 지급
	폭행 · 협박 등 환자에 대한 비윤리적 행위 금지
	면회 · 통신의 자유 등 제한 금지
	특수치료 시 법적 절차 및 기록유지 준수
	위생적이며 필요한 영양을 섭취할 수 있는 급식 제공
	폐쇄병동 내 주간 및 야간 상시 근무자 지정 운영
	환자의 자해 및 타해 행위예방 및 관리
정신 요양 시설	가족 및 이해당사자 간의 분쟁 · 위계 등에 의한 강제입원 금지
	작업진료를 빙자한 강제노역 금지 – 작업수행에 대한 본인 의사, 의사의 처방 유무 및 작업시간 준수 여부 확인(본인 희망 시 작업대장에 본인의 서명 · 날인 유무 확인) – 작업결과 발생한 수익금 중 필요경비를 제외하고는 환자에게 지급
	폭행, 협박 등 강압에 의한 환자관리 금지 – 환자의 증언 및 설문조사 결과를 토대로 폭행 · 감금 등 피해의심이 가는 자를 판단하여 피해 여부를 직접 확인 또는 증언 확보(필요 시 사진 등 증빙자료 확보 및 수용환자의 증언능력에 대해서는 정신과 전문의의 자문을 구할 것)
	격리방법의 적법성 – 격리 시 의사의 지시에 따르고 진료기록부에 기재하며 격리실은 안전하게 유지 – 격리 시 수갑을 채우는 등 불법수단에 의한 행위는 없을 것 – 면회, 통신 등 행동제한 기타 인권유린 행위
	경미한 환자는 보호의무자 책임하에 외출 · 외박 유도

의의 진단이 있어야 하고 입원기간은 6개월 이내이며, 매 6개월마다 계속 입원의 적절성 여부에 대해 정신보건심의위원회의 심사를 받아야 한다. 정신보건심의위원회는 정신과 전문의, 법조인, 정신보건전문요원 및 정신보건분야 전문가 등 5~15인으로 구성되며 환자의 퇴원 및 재심사 회부, 시 · 도지사에 의한 입원의 해제 등을 담당한다. 보건복지가족부에 중앙정신보건심의위원회를, 시 · 도에 지방정신보건심의위원회를 두도록 하고 있다.

- 시 · 도지사에 의한 입원 : 시 · 도지사는 정신질환으로 자신 또는 타인을 해할 위험이 있는 자에 대해 2주 이내의 기간 동안 입원조치를 취할 수 있으며, 그 기간 동안 정신과 전문의 2인 이상의 계속 입원이 필요하다는 일치된 소견이 있을 경우 정신의료기관에 입원치료를 의뢰할 수 있다. 시 · 도지사에 의한 입원은 3개월 이내로 정해져 있으며, 정신과 전문의 2인 이상이 입원을 진단할 경우 3개월 내에서 연장 가능하다.
- 응급 입원 : 정신질환자로 추정되고, 자신이나 타인을 해할 위험이 큰 사람을 발견한 사람이 상황이 급박할 때 의사와 경찰관의 동의를 얻어 입원시키는 경우로서 72시간 이내로 제한한다.

정신질환자 치료 · 요양여건 개선

정신요양시설 지원 현실화 및 운영개선

1980년대 중반 무허가시설의 양성화 조치로 1990년대 초반까지 정신요양시설의 양적 팽창이 이루어졌으나, 1990년대 중반부터는 정신요양시설의 질적 수준을 높이는 데 정책적 우선순위를 두게 되었다.

2000년대에 들어서 2000년, 2002년에 이어 2005년도에는 정신요양시설의 시설 및 환경, 조직 및 인력, 인권보호 및 서비스의 질, 지역사회관계 및 재정, 입소자 만족도 등에 대해 평가를 실시하고 우수시설에 대해서는 종사자 성과급을 지급하는 등 인센티브를 제공하고 있다. 또한 노후시설 등에 대한 기능보강비를 지원하여 정신질환자들에게 보다 쾌적한 생활을 보장하고 시설의 환경 개선을 위해 노력하고 있다.

정신의료기관 치료환경 개선

2007년 12월 말 현재 정신의료기관은 1,173개소이며 6만 6,000여 병상을 보유하고 있으며 인구 1,000명당 1.33병상으로, WHO에서 권고한 인구 1,000명당 1.0병상기준에 비추어 낮지 않은 수준을 유지하고 있다. 국립병원은 1962년 2월 개원한 국립서울병원을 포함하여 전국에 6개소가 있으며 광역지자체가 운영하는 공립병원은 12개소가 설치되어 있다.

시설 · 장비보다 전문 의료진에 의해 치료가 좌우되는 정신과의 특성을 반영하여 1998년 6월 「정신보건법」 시행규칙을 개정하여 정신과전문의 인력기준을 입원환자 70인당 1인에서 60인당 1인으로 강화하였다. 장기입원을 지양하고 지역사회 중심의 정신질환자 치료 · 재활체계를 지원하기 위해 1999년에는 낮 병동수가를 신설하였고, 의료급여 정신과 수가를 입원기간에 따라 차등화해 시행하고 있다.

음주폐해 예방 및 치료재활 지원

음주폐해 예방 및 안전한 사회환경 조성

2006년 '정신질환 실태 역학조사' 결과에 의하면, 연간 18세 이상 64세 이하 인구 중 5.6%인 약 179만 명이 알코올에 의존하거나 남용하고 있으며 음주로 인한 질병 치료비, 생산성 감소 및 사망에 따른 손실, 사고로 인한 재산피해 등 경제적 손실이 GDP(2004년 기준)의 2.9%인 약 20조 원에 달하는 것으로 추정된다.

이러한 사회경제적 비용 문제의 심각성에도 불구하고 한국사회는 음주가 식생활의 일부로 간주될 정도로 술이 생활문화와 관련이 깊어 음주습관이나 행동을 변화시키는 것이 쉽지 않은 실정이다. 이에 음주폐해에 대한 국민의식제고 및 관대한 음주문화 개선이 무엇보다 선행과제임에 따라 TV, 라디오 및 전광판 PDP, 인터넷 포털사이트 등 대중매체를 통해 절주 캠페인을 실시하고 있으며, 전국 보건소, 알코올상담센터, 정신보건센터 등 관련기관 등과 집중 홍보기간을 운영하는 등 음주폐해 예방관리를 위해 노력하고 있다. 또한 청소년, 여성 및 대학생, 직장인 등 대상자별 교육 프로그램을 개발하고, 생애주기별로 일반국민, 위험 군 및 중독환자별 특성과 요구에 맞는 교육을 실시하고 있다.

알코올중독 예방 · 상담 및 재활사업추진

사회환경과 가치관의 변화 등으로 알코올로부터 보호할 대상이 아동, 청소년, 여성 등으로 확대되고, 알코올중독으로 인한 가정폭력, 범죄증가 등 문제가 심각해짐에 따라 고위험 음주군, 취약계층, 알코올중독자와 그 가족이 지역사회에서 쉽게 접근하여 상담 및 재활 프로그램에 참여할 수 있는 기관의 설치 · 운영이 필요하게 되었다.

정부에서는 2000년 알코올상담센터 4개소를 권역별로 설치하여 시범사업을 시작한 이래 2007년 말 현재 30개소로 확대 운영 중에 있다. 또한 알코올중독자가 사회기술 및 직업재활 훈련을 받을 수 있도록 지원하여 장기실업, 폭력 등으로 해체된 가정을 회복하고, 의료비 부담을 감소시키기 위해 2007년 말 현재 알코올 전용 사회복귀시설을 4개소 운영 중에 있다. 한편 음주로 인한 사회경제적 폐해의 심각성 등으로 음주문제에 대한 국가의 적극적인 관리 필요성에 따라 2006년 8월 29일 국가알코올종합계획인 '파랑새플랜 2010'을 수립 · 발표하였다.

향후 지역사회에서 알코올중독자를 조기에 발견하여 상담, 치료, 재활할 수 있도록 인구 20만 이상의 시 · 구에 알코올상담센터를 설치하고, 알코올 전용 사회복귀시설을 18개소까지 확대하는 한편, 대상자별 치료 · 재활 프로그램의 개발 · 보급을 통해 알코올중독 치료 · 재활사업이 조기에 정착될 수 있도록 지원을 강화하고 있다.

정신건강문제의 해결책

정신건강문제에 효과적으로 대처하기 위해 다음과 같이 여섯 가지 대안을 제시한다.

국가의 개입을 통한 정신건강의 체계적 방향설정

국가의 개입을 통한 체계적 방향설정이 요구된다. 정신장애에 대한 보다 전문적이고 체계적인 실태조사로 욕구조사, 입원수요(장 · 단기), 가족의 태도 및 욕구조사, 지역사회에서의 적응가능성 등을 고려하여 우리 실정에 맞는 정책방향을 설정하고 단계적으로 사업을 추진해야 할 것이다.

포괄적이고 통합적인 서비스의 제공

정신장애인에 대한 기본적인 서비스로 다음의 열 가지를 제안할 수 있다(양옥경, 1996 : 271-272).

- 정신장애의 1차적 증상에 대한 위기 개입

- 정신장애의 부차적 증상인 사회기능의 상실에 대한 일상생활훈련
- 주거 서비스로서 지역사회에서 기거할 수 있는 중간집단이나 집단거주자, 임대아파트 등의 서비스
- 고용보장 등의 직업 서비스
- 직업이 보장되거나 유지되지 않는 장애인들의 장애인연금 등 최저생계비를 보장하는 재정보조 서비스
- 의료 서비스
- 정신보건 서비스
- 여가활용 서비스
- 가족상담 서비스
- 지역사회교육 및 홍보 서비스

정신보건시설의 기능 및 역할 재정립

장기입원 위주의 기능을 수행하는 정신병원은 점차 급성치료 병상으로 전환시켜 입원환자를 사회에 복귀시킬 수 있는 단기집중치료를 제공하고, 장기재원환자를 탈원화하여 개방병동 및 낮 병동을 확대해야 한다. 또한 장기수용 중심의 정신요양시설은 만성질환자를 중심으로 점차 재원일수를 줄이면서 개방적 · 생산적 주거시설로 개편하여 재활 프로그램 등의 활성화를 통해 환자의 삶의 질을 확보해야 한다. 한편 사회복귀시설의 설치를 확대하고 회복 중인 정신질환자에 대하여 각종 재활훈련을 실시하며 지역사회에 복귀할 수 있도록 해야 한다.

서비스 전달체계의 확립

정신질환자에 대한 서비스 전달체계로는 국가, 민간, 가족, 지역사회가 참여하는 협력적 전달체계가 필요하다. 이는 단순한 환자관리체계가 아닌 서비스의 연속성 · 포괄성 · 접근성 · 책임성을 강조하는 정신보건 전달체계를 확립해야 한다.

또한 정신질환은 치유가 되지 않으면 사회적 기능을 상실하는 질병으로 입원치료를 받은 후 퇴원하더라도 장기적이고 지속적인 치료와 재활 서비스가 필요하다. 지역사회를 중

심으로 지역특성에 적합한 포괄적 정신보건체계를 구축하며 지역사회를 보다 지지적이고 치료적인 환경으로 변화시켜 정신질환자의 치료, 재활 및 사회복귀를 도모해야 한다.

사회복지사의 역할과 사회복지시설의 확장

지역사회 차원에서 탈원화의 혼란과 부작용을 최소화하려면 환자의 사회복귀를 위한 준비작업이 필요하다. 이를 위해 지역사회 내에 다양한 사회재활 프로그램을 개발하고 이를 담당할 전문인력을 양성해야 한다. 이를 위해서는 사회복지사의 역할이 더욱 강조되어야 한다. 특히 지역사회 내에서 정신장애인과 그 가족에게 포괄적이고 통합적인 서비스를 제공하기 위해서는 사회복지사의 사례관리의 역할을 활용할 수 있다(양옥경, 1996 : 149-152).

정신질환자에 대한 인식의 전환

국민의 정신보건에 대한 인식의 부족으로 정신질환자의 사회복귀가 지연되는 현실을 감안하여 정신질환자와 일반인이 함께 생활하는 환경을 조성해 정신질환자에 대한 편견을 극복해야 한다. 이를 위한 장기적이고 전략적인 홍보가 강화되어야 할 것이다. 또한 지역주민에게 정신질환 및 환자에 대한 정확한 정보와 교육을 제공해야 한다. 이를 위한 정부의 예산지원과 지역주민과 자치단체의 협조와 지원이 요구된다.

내용요약

1. 정신건강문제

① 협의의 시각 : 심각하고 오래 지속되는 정신건강문제를 정신질환으로 간주

② 광의의 시각 : 정신건강문제를 정신장애까지 포함하는 광범위한 개념으로 정의

2. DSM-IV의 정신장애의 분류

① 물질관련 장애(substance-related disorders)

② 정신분열증(schizophrenia)

③ 기분장애(mood disorders)

④ 불안장애(anxiety disorders)

⑤ 신체형장애(somatoform disorder)

⑥ 성격장애(personality disorders)

3. 정신건강문제 원인론

① 의료모델

② 심리학적 원인론

③ 사회학적 원인론

4. 정신의료기관, 정신요양시설, 사회복귀시설의 차이점

① 정신의료기관 : 의료법에 의거해 급성정신질환자를 대상으로 하는 전문정신병원, 종합병원 정신과, 병원정신과, 정신과의원 등

② 정신요양시설 : 정신보건법에 의거해 만성정신질환자를 대상으로 하는 정신요양시설

③ 사회복귀시설 : 정신보건법에 의거해 병원에서 퇴원한 환자 또는 재가환자 등 사회적응 훈련을 필요로 하는 환자를 대상으로 하는 생활훈련시설, 작업훈련시설, 종합훈련시설, 주거시설 등

5. 정신건강문제의 해결책

① 국가의 개입을 통한 정신건강의 체계적 방향설정

② 포괄적이고 통합적인 서비스의 제공

③ 정신보건시설의 기능 및 역할 재정립

④ 서비스 전달체계의 확립

⑤ 사회복지사의 역할과 사회복지시설의 확장

⑥ 정신질환자에 대한 인식의 전환

check

1. 한국사회 고유의 정신장애로 얘기될 수 있는 것에 대해 생각해 봅시다.

2. 정신보건사회복지사의 역할과 임무에 대해 생각해 봅시다.

3. 우리사회의 정신건강대책의 문제점에 대해 생각해 봅시다.

CHAPTER 9

가정폭력 · 성폭력문제

주요용어

가정폭력, 성폭력, 매 맞는 여성증후군, 부부폭력, 아내구타, 부부강간, 성희롱, 데이트강간, 스토킹, 사이버성폭력, 여성전화 1366

1998년 「가정폭력관련특별법」이 발효된 이후 언론에서는 남편에 의한 아내구타사건과 부모나 기타 보호자에 의한 아동학대 사건이 심심치 않게 등장하고 있으며, 시사 프로그램들도 아내학대나 아동학대에 대한 내용을 심층적으로 다룸으로써 이에 대한 심각성을 일깨워 주고 있다. 그러나 이처럼 언론을 통해 다루어지는 가정폭력의 경우 특정 사건을 중심으로 전달되므로 실제로는 우리의 주변에서 비일비재하게 일어나고 있는 가정폭력의 단면만을 보여 주는 경향이 있다. 그리고 이는 곧 가정폭력이 특정 집단의 소수 사람들에게만 해당되는 일이라는 잘못된 이해를 유발할 우려도 있다(유영주, 2004).

또한 대부분 가정폭력의 피해자로 '매 맞는 여성증후군(The Battered Women Syndrome : BWS)' (Walker, 1979, 1984)에서 나타나는 개인적 · 상황적인 이유로 피해 여성이 쉽사리 그 관계를 떠나지 못하고 있어 문제의 심각성을 더해 주며, 심각한 가족문제의 하나로 부상하고 있다.

가정폭력의 개념과 특성

가정폭력의 의미와 특성

가정폭력은 배우자학대(spose-abuse), 자녀학대, 노부모학대 등 가족구성원에 대한 폭력을 포함한다. 가정폭력 중 가장 대표적인 폭력이 배우자학대이다. 배우자학대는 대부분 아내학대로 나타나고 있으며, 아내학대 가정은 아동학대가 수반되는 경우가 많다. 그리고 최근 인구의 노령화 현상은 자원부족과 소외된 노인들의 학대와 방임을 증가시키고 있다.

보통, 폭력이란 다른 사람에게 의도적으로 힘(force)을 사용하여 신체적 혹은 물리적으로 위협하거나 신체적 · 정신적 손상을 일으키는 행동을 의미하는데, 그러한 폭력이 가족원을 대상으로 일어날 때 가정폭력이라 말한다. 가정폭력은 상대방에게 신체적 고통이나 상처를 주려는 고의를 가지고 수행한 행위로 통상적 폭력(normal violence)과 학대성 폭력(abusive violence)으로 구분된다(안동현, 1999). 통상적 폭력은 일상적 갈등상황에서 용인될 만한 것으로 간주되는 행위로 손바닥으로 찰싹 때리기, 밀기, 힘을 주어 밀치기 등이 있고, 학대성 폭력은 당한 사람이 상해를 입을 가능성이 큰 행위로 규정하여 주먹질, 발차기, 목 조르기, 도구로 치기 등이 있다.

가정폭력의 형태

가정폭력은 넓게 보면 가정 내에서 발생하는 폭력으로서 배우자에 대한 폭력과 자녀와 부모에 대한 폭력을 모두 포함하지만, 좁게 보면 배우자에 대한 폭력을 남편의 아내에 대한 폭력, 즉 아내폭력을 말한다. 「가정폭력 방지 및 피해자 보호에 관한 법률」에서는 가정폭력을 "가족구성원 사이의 신체적 · 정신적 또는 재산상 피해를 수반하는 행위"라고 정의한다. 미국에서는 가정폭력을 '친한 파트너 폭력과 학대(intimate partner violence and abuse)'라 하여 현재의 배우자는 물론 전 배우자, 보이프랜드, 걸프랜드에 대한 실질적인 폭력 또는 위협을 주는 폭력이라고 보기도 한다. 가정폭력의 정도는 찰싹 때리는 행위와 같은 가벼운 신체적 고통을 가하는 것에서부터 살인까지 광범위하다(Straus, 1978). 가정폭력의 형태를 좀더 구체화해 분류해 보면 다음과 같다.

- 통상적인 배우자 폭력(common couple violence) : 자신의 말을 잘 안 듣는다 하여

배우자에게 가하는 일시적인 폭력. 심각한 폭력으로 발전하는 경우는 별로 없다.

- 파트너 테러(intimate terrorism) : 파트너를 자신의 통제 아래 두기 위해 가하는 폭력. 직접적인 폭력뿐만 아니라 경제적 예속, 위협, 고립, 언어적 · 정서적 학대 등을 포함한다.
- 폭력적 저항(violent resistance) : 자기방어를 위한 폭력. 폭력적인 남성으로부터 자신을 방어하려는 여성들이 폭력적 저항을 하게 된다.
- 폭력적 상호 통제(mutual violent control) : 파트너 양쪽이 서로에게 가하는 폭력이다.
- 성적 공격(sexual aggression) : 물리적 강압, 폭력의 위협, 알코올과 약물, 권위(지위) 등을 이용하여 파트너의 의지에 반해 자신의 성적 욕구를 관철시키려는 행위이다. 그 예로는 아내 성폭력을 들 수 있다.

부부폭력

앞서 살펴본 가정폭력의 문제를 부부의 문제로 국한시켜 그 개념과 원인에 대해 살펴보고자 한다.

부부폭력의 개념

부부간 폭력은 배우자 사이에서 발생하는 구타나 언어적 · 심리적 · 성적 학대를 포함한다. 부부폭력은 아내구타, 배우자 폭력, 배우자 학대 등 여러 가지 용어로 쓰이고 있다. 그 중 '아내구타(wife-beating, battering)' 라는 용어는 매 맞는 아내라는 현상을 잘 지적해 주는 점은 있으나 초점을 피해자에게로 돌리고 가해자에 대한 관심을 희석시킨다는 점이 있다. 부부폭력은 성을 구분하지 않고 폭넓게 중립적으로 쓰일 수 있기 때문에 우리나라에서 더 선호되는 개념이다. 서구에서는 배우자 학대라는 용어를 더 많이 사용하는데, 이는 폭력에 신체적 · 언어적 · 정서적 · 성적 폭력 등 여러 종류가 있지만 폭력이라는 용어 자체는 신체적 · 물리적 폭력을 주로 의미하는 것으로 인식되기 때문이다(최규련 외, 1997).

부부폭력은 폭력의 주체에 따라 남편에 의한 아내구타, 아내에 의한 남편구타 그리고 남편과 아내 모두가 폭력을 행사하는 상호폭력으로 나누어진다. 그 중 대표적인 것은 남편에 의한 아내구타이다. 부부폭력의 개념은 폭력의 대상과 폭력의 기간, 폭력의 범위, 폭력의 유형, 폭력의 형태 등을 고려하여 파악되어야 한다.

부부폭력의 대상

대부분 부부폭력이란 법적으로 결혼한 부부와 사실혼 부부 사이에서 행해지는 학대에 초점을 두고 있다. 그러나 최근에 서구에서는 부부폭력의 개념을 확대하여 관계적 폭력이라는 개념도 사용하고 있는데, 이는 가정 밖의 친밀한 관계, 즉 애인이나 데이트 상대자로부터의 폭력을 지칭한다.

부부폭력의 기간

대체로 폭력행위가 일회성인가 아니면 반복적인가가 중요한 분류기준이 된다. 심한 폭력의 개념으로 분류할 경우, 단 1회일지라도 심각한 폭력의 경우는 모두 학대성 폭력으로 간주하는 방법이 있으며, 한 달에 한 번 이상 등 어느 정도의 기간을 두고 반복적으로 나타나는 심각한 폭력만을 학대적 폭력으로 간주하는 방법이 있다(한국형사정책연구원, 1992).

폭력의 형태와 범위

부부폭력 형태 중 하나는 통상적 부부폭력이다. 이것은 스트레스와 분노를 부적절하게 표출하는 방법으로, 대개 갈등을 참았다가 사소한 일 때문에 짧은 기간에 한꺼번에 감정을 표출하는 경우이다. 이는 대체로 부부간 모두에게서 행해지는 경향이 있으며, 시간이 지나면서 폭력수준이 더 강화되거나 상승될 가능성은 낮다고 볼 수 있다. 또 하나는 학대적

표 9-1 부부간 폭력의 유형

구 분	폭력의 유형
신체적 학대	배우자를 주먹으로 때리고 발길로 차고 넘어뜨리는 행위(예 : 부인을 폭행할 때, 계단 밑으로 떨어지게 하거나, 깨진 병, 막대기, 무기 등을 이용하여 상대방에게 상처를 심하게 입는 경우)
성적 학대	원하지 않는 성행위를 하게 하거나, 성기 부분을 물리적으로 공격하고 상대를 성행위의 도구로 생각하는 행동들. 결혼 관계에서 성적인 학대가 일어날 때도 강간이라 할 수 있다.
심리적 학대	배우자를 비하시키거나 비관하게 하며, 욕을 하여 무시나 멸시감을 불러일으키고, 정신을 혼란스럽게 만드는 행위, 사소한 문제에 트집을 잡고 괴롭히는 행위, 가재도구를 부수거나 큰 소리를 쳐서 두려움에 떨게 만드는 일, 감정적으로 상처를 줄만한 일을 하여 위협하는 일 등
경제적 학대	취업 혹은 직장근무를 방해하거나 생활비를 구걸하게 만들며, 생색을 내면서 생활비를 주거나 유기하는 일, 돈을 빼앗거나 재산을 갈취하는 행동들

부부폭력이라 할 수 있다(Johnson, 1995). 이것은 심한 폭력인 구타가 일주일에 한 번 이상이고, 시간이 지나면서 그 정도가 더욱 심각한 상태로 나타난다. 이런 유형의 폭력은 배우자를 성공적으로 통제하고 그 통제를 과시하려는 자신의 욕구를 성공적으로 충족시키기 위하여 신체적 · 정서적 · 경제적 학대 등의 다양한 전략을 조합하여 사용하는 것이 특징이다.

스트라우스(Straus, 1979)는 부부폭력을 신체적 위해 정도에 따라 약한 등급에서부터 심한 폭력의 등급으로 분류하고 있는데, ① 물건을 던지는 것, ② 밀치는 것, ③ 뺨을 때리는 것, ④ 발로 차거나 주먹으로 치는 것, ⑤ 몽둥이 같은 것으로 때리거나 때리려고 위협하는 것, ⑥ 마구 두들겨 패는 것, ⑦ 칼 같은 흉기로 위협하는 것, ⑧ 칼 같은 흉기를 사용하는 것에 이르기까지 다양한 등급의 폭력을 제시하였다. 이 가운데 앞의 세 가지는 경한 폭력으로 뒤의 다섯 가지는 심한 폭력으로 구분하였으며, 주로 '아내구타' 라고 할 때는 뒤의 다섯 가지 심한 폭력을 가리킨다.

폭력의 유형

부부간의 폭력은 신체적 위해 행위와 그로 인한 신체적 손상에 직접적인 관심이 나타나지만, 실제로는 심리적이고 정서적인 면의 상처와 관련되는 경우가 많다. 즉, 부부간 폭력은 신체적 · 물리적 폭력 행위 이외에도 다양한 형태의 학대, 즉 경제적 · 정서적 학대, 언어적 모욕, 강요와 협박, 위협, 비난, 고립 등에서 나타나고 있다.

부부폭력의 원인

부부폭력의 발생원인은 개인 내적 요인, 사회심리적 요인, 사회구조적 요인 그리고 여성주의적 요인 등에 의해서 설명되고 있다. 그러나 이 가운데 하나의 요인만으로 부부폭력을 설명하기는 어려우며, 여러 요인들의 상호작용을 통하여 발생한다고 볼 수 있다.

개인 내적 요인

이것은 부부폭력 가해자나 피해자의 생물학적 · 정신적 결함에서 원인이 있다고 보는 관점이다. 즉, 남편의 심리적 이상 현상이나 아내의 정신기능 이상의 결과로 미해결된 가족간의 갈등과 공격적 감정을 지니며, 폭력을 묵인하거나 유발함으로써 가정 내 폭력이 발생한다고 본다. 남편의 염색체 이상, 선천적인 뇌 손상, 남성호르몬이나 여성호르몬의 과다분비와 같은 생물학적 · 유전적 요인은 남편의 공격적인 성향과 관계가 있으며, 알코올 및 약물중독은 자제력을 상실하도록 하고 촉진제 역할을 함으로써 부부폭력을 유발한다. 또한 구타당하는 아내들은 약하고 상처받기 쉬운 성격의 소유자, 사회적으로 고립된 여성, 불안감으로 가득 찬 여성, 죄책감이나 부끄러움으로 가득 찬 여성 등 정상인과 다른 정신적 · 성격적 결함을 가지고 있는 경우가 많다고 보는 관점이다.

사회심리적 요인

이것은 부부폭력이 환경적 요인에 의해 사회심리적 학습으로 일어나는 경우와 사회적 · 환경적 스트레스에 의해 파생되는 것을 말한다. 부부폭력의 원인을 개인 내적 요인보다 개인의 사회경험에서 찾으려 하는 관점으로 좌절-공격이론, 사회학습이론, 스트레스이론 등이 부부폭력의 사회 심리적 요인을 설명하는 이론들이다.

좌절공격이론은 인간의 목표추구가 좌절되었을 때 욕구불만의 결과로 폭력이 발생한다고 본다. 대부분의 사람들은 스포츠나 대화, 휴식 등 사회가 용인하는 방식으로 욕구불만을 해소하지만, 일부 사람들은 타인에 대한 공격적 행위를 통하여 욕구불만을 없앤다.

사회학습이론은 폭력이 가족 세대 간에 전이되는 대물림의 순환원리를 지닌다고 보는 관점으로, 성장과정에서 주변 사람들이 폭력을 통해 문제를 해결하는 것을 관찰, 학습한 어린이는 어른이 되어서도 부부폭력의 가해자가 됨으로써 폭력의 세대 간 전달이 이루어진다는 것이다.

스트레스이론은 경제적 빈곤, 실직, 직장 스트레스, 열악한 주거환경, 성취감 부족이 있을 때 심리적 스트레스를 받게 되는데, 이때 발생한 분노가 공격성을 유발한다는 관점이다. 한 연구(김재엽, 1999)에서는, 폭력가해자의 스트레스 수준이 높아짐에 따라 부부폭력 발생확률이 증가하고 있음을 보여 주고 있다. 이는 사회환경적 스트레스가 남편의 폭력에 뚜렷한 영향요인임을 나타낸다. 그러나 스트레스나 좌절로 인한 남성의 폭력이 왜 특히 여성에게만 국한되는 것인지는 분명하지 않다.

사회구조적 요인

사회구조적 이론은 부부폭력의 발생 원인을 가해자나 피해자의 개인적 상황보다 그들이 속한 사회구조와 문화에서 찾는다. 즉, 부부폭력은 사회의 문화 규범, 관습, 가치관이 가족갈등과 불화의 해소책으로 허용되고 발생한다는 이론이다. 이 관점에 의하면 부부폭력이 긴장이나 좌절의 결과로 발생하거나 갈등을 해소하는 다른 대안이 없기 때문에 나타나기보다는 우리가 폭력을 용인하는 문화 속에서 자랐기 때문에 폭력이 발생한다고 본다.

또한 사회의 불평등, 비민주적 사회구조, 계층 간 이동의 경직성, 경제적 빈곤과 불안정한 삶과 같은 사회구조에서 발생된 좌절과 절망감이 가정생활에 전가되어 부부폭력이 발생한다고 본다.

여성주의 요인

여성주의 이론은 부부폭력이 발생되는 원인을 가부장적인 문화와 여성의 낮은 사회적 지위에서 찾는다. 여성이 남성의 권위에 종속되어야 한다는 가부장적 관념 속에서는 남성이 여성을 통제하기 위해 폭력을 사용하는 것이 허용된다. 즉, 가부장제 문화에서 남성의 성 정체성은 불평등한 신념을 형성하도록 하여 지배성을 지니며, 아내의 자유를 구속하게 된다. 이러한 남성의 여성에 대한 불평등 신념은 가정에서 가까운 여성에게 먼저 노출되고 실행되는데, 아내폭력은 그러한 맥락에서 행해지게 된다. 이 이론은 가부장적 사회에서 남성들은 자신의 남성다움을 과시하기 위한 수단으로 아내를 구타한다고 보는 관점이다.

성폭력의 개념과 유형

성폭력의 개념

성폭력에 대한 명확한 정의를 내리기는 쉽지 않으나 포괄적으로 가벼운 형태의 성 관련 인사 및 행동에서부터 성추행(가슴, 성기 등 몸을 만지는 행동 및 키스), 강간미수(강제 성교 시도의 실패) 및 강간까지를 포함한다. 한국여성개발원은 '성적 추행(가슴, 엉덩이, 성기 부위를 접촉하거나 집적거리기, 키스, 음란한 행위), 성기노출(피해자 또는 가해자의 성기를 노출시킴), 강간미수, 강간(윤간, 강도강간, 근친상간 포함), 성적 가혹행위(가해자의 성적 만족을 위하여 상대방에게 신체적 상해를 입힘), 음란물 보이기 및 음란물 제작에 이용, 음란전화 등' 을 성폭력의 범주에 포함한다(한국여성개발원, 1992 : 14).

성폭력의 개념을 좀더 명확히 하기 위해 법적 개념과 페미니스트적 관점에 대해 살펴보면 다음과 같다.

「성폭력범죄의 처벌 및 피해자보호 등에 관한 법률」에 의하면 성폭력범죄를 다음과 같이 규정한다.

- 형법 제22장 성풍속에 관한 죄 중 음행매개, 음화의 반포와 제조, 공연음란
- 형법 제31장 약취와 유인의 죄 중 추행 또는 간음을 목적으로 하거나 취업에 사용할 목적으로 범한 영리 등을 위한 약취 · 유인 · 매매, 약취 · 유인 · 매매된 자를 수수 또는 은닉, 상습범, 미수범
- 형법 제32장 강간과 추행의 죄 중 강간, 강제추행, 준 강간, 준 강제추행, 미수범, 강간 등으로 인한 상해 · 치상 · 강간살인 · 치사, 미성년자에 대한 간음 · 업무상 위력 등에 의한 간음 · 추행
- 강도강간
- 이 법의 특수강도강간(집단 주거침입 강도강간), 카메라 등을 이용한 촬영 등

한편 페미니스트 관점에서는 성폭력의 범위를 넓게 정의하고 있다. "성폭력은 사회적 · 신체적으로 우월한 지위를 이용한 남성이 여성에 대한 성적 자기결정권을 침해하는 행위일 뿐 아니라 동성 간에 이루어지는 어느 일방의 성적 자기결정권의 침해 그리고 양성의 교섭관계가 상시적으로 있는 가정 내에서의 어느 일방의 일방에 대하여 행해지는 가정 내 폭력현상도 포함한다."

성폭력의 유형

가정에서의 폭력

가정폭력은 남편학대, 아내학대, 아동학대, 노인학대 등 가족 내에서 일어나는 신체적 · 정신적 학대를 모두 포함하고 있으나 좁은 의미로는 일반적으로 가장 많이 발생하는 아내구타를 칭한다. 가정에서의 폭력을 아내구타, 부부강간, 아동학대로 나누어 살펴본다.

아내구타

한국가정법률상담소의 한 보고서에 의하면, 이혼상담을 한 전체 여성 중 30%가 남편으로부터 구타와 폭언, 학대를 이혼 원인으로 들고 있다. 폭력 행사 시 남편들은 "말을 듣지 않고 잘난 척 한다", "남편 일에 참견하고 시댁과 자신을 무시한다" 등을 원인으로 들고 있다. 즉, 피해자에게 어떤 잘못이 있어서라기보다는 남성우월주의와 가부장적인 의식구조, 성장하는 과정에서 폭력이 학습되는 점을 지적한 것이다.

아내구타가 발생하는 근본 원인은 무엇보다도 가부장적인 가족문화와 여성의 낮은 사회적 지위이다. 남성의 권위에 여성이 종속되어 있어야 한다는 가부장적 가치관으로 길들여진 문화에서는 남성이 여성을 통제하는 수단으로 폭력이 정당화되는 것이다. 이 경우 아내구타는 폭행으로 이해되기보다는 아내 길들이기로 받아들여진다. 가부장적 문화 속에서 자라난 남편은 때로 자신의 권위가 아내와 자녀 앞에서 손상되는 것을 참지 못해 왜곡된 형태로 폭력을 행사하기도 한다.

급진주의적 여권론자들은 폭력이 지속되는 요인을 국가와 연결시켜 접근한다. 국가의 복지는 폭력적인 남성에게서 독립하고자 하는 여성의 요구를 지원하지 않거나 개입하기를 꺼려하고 있다. 여성에 대한 폭력은 그 자체가 여성에 대한 권력의 한 형태이다. 그러한 폭력에 대하여 국가가 개입하지 않는 맥락, 가정 내의 폭력을 피할 수 있는 물질적 수단을 가질 기회가 한정되어 있는 맥락을 떠나서는 가정폭력이 이해될 수 없다고 설명하고 있다.

부부강간

다른 유형의 성폭력에 비해 부부강간(marital rape)이 심각한 문제로 제기되지 않았던 것은 무엇보다도 사회적 요인에서 그 원인을 찾을 수 있다. 즉, 성에 대한 프라이버시는 결혼생활에서의 마지막 비밀스러움이라는 인식과 결혼생활 안에서의 성행동은 합법적인 권한과 의무라는 생각 때문이다. 그러나 결혼이 더 이상 배우자 강간의 면책권이 될 수 없음을 인정하고 부부강간죄를 도입하는 국가들이 점차 늘어나고 있다. '부부강간죄의 명문화' 를 놓고 여성과 남성이 보여 주는 반응은 대조적이다. 이러한 상반된 성별반응은 비단 일반인들 사이에서만 나타나는 현상이 아니고, 관련학계 및 전문가들에게서도 여전히 뚜렷하게 발견할 수 있는 것이다.

사회변화에도 불구하고 성적 상황에서 남성은 '적극적이고 주도적' 이며, 여성은 '의존적이고 피동적' 임을 강조하는 전통적 성역할이 여전히 뚜렷이 존재하고 있다. 아내강간은 가부장제에서 왜곡된 전통적 성규범의 역기능으로 인해 파생된 전형적인 문제인 것이다.

최근의 한 연구에 의하면, 아내강간 발생 정도는 조사 대상자 및 조사시점에 따라 다소의 차이는 있지만, 적게는 33%에서 많게는 55.1%의 기혼여성이 실제로 남편으로부터 성폭력을 경험한 것으로 드러나고 있다. 또한 42.9%의 기혼남성들이 아내강간을 한 것으로 밝혀졌는데, 유형별로는 '단순 강압에 의한 강간' 이 가장 많았다(35.4%). 그러나 '구타동

부부강간죄 인정 두고 논란 : 성적 결정권 존중 vs 가정 붕괴 촉진

"부인의 인격권과 성적 자기결정권을 고려하면 당연히 부부 사이에 벌어지는 성관계도 처벌 대상이 될 수 있다."

"신뢰를 바탕으로 하는 부부 관계에서 강간죄가 성립되면 다른 목적을 위해 악용될 소지가 있을 뿐 아니라 위기에 처한 가정의 붕괴를 촉진할 수 있다."

부부간 강간죄를 인정해야 하는지를 놓고 논란이 일고 있다.

부부강간을 인정하자는 쪽에서는 '법이 가정으로 들어갈 수 없다' 는 전통적 관념은 시대에 뒤진 낡은 개념이며 부인의 성적 자기결정권을 보호하기 위해 인정하는 게 당연하다는 반응이다.

이들은 그런 주장의 근거로 일본을 제외한 경제협력개발기구(OECD) 회원국 대부분이 부부강간을 인정하고 있는 점을 들고 있다. 유엔인권위원회도 1999년 한국에서 부부강간이 범죄로 인정되지 않는 데 대해 우려를 표명하는 등 부부간 강간죄를 처벌하지 않는 것은 구시대적 사고라는 것이다. 요컨대 부인을 성폭행하는 문제는 더이상 부부간 사적인 문제가 아니라는 게 찬성론자들의 주장이다.

그러나 결혼은 성관계에 대해 영원히 동의하는 것을 의미하는 계약이기 때문에 이를 법률로 처벌하는 것은 온당치 못하다는 주장도 만만치 않다.

이들은 민법상 동거의 의무, 즉 특별한 사유가 없는 한 배우자의 성관계 요구에 응해야 한다는 의무 규정을 논거로 들고 있다.

또 부부강간죄가 성립되면 이혼이나 보복, 재산분할 등의 목적으로 악용될 우려가 있고 남편을 '잠재적 범죄자' 로 취급할 뿐만 아니라 위태로운 상태의 가정을 화해시키기보다는 붕괴로 몰아갈 수 있다며 반대하고 있다.

……

이런 논의는 2005년 5월 열린우리당 의원 18명이 배우자 강제에 의한 성관계를 가정폭력의 범주에 포함시키는 「가정폭력방지법」 개정안을 발의하면서 한 때 활발하게 진행되기도 했다.

당시 대한변호사협회는 개정안의 무거운 처벌규정을 문제삼으며 "특수강간죄에 준하는 중한 처벌수위는 부부 재결합이나 원만한 합의, 자녀양육 문제를 풀어가는 것을 불가능하도록 만든다"며 부부강간에 대해 반대 입장을 표명한 바 있다.

자료 : 연합뉴스, 2009년 1월 16일

반 아내강간(12.4%)', '가학적 강간(10.4%)' 과 같은 상대적으로 행동특성이 심각한 형태의 아내강간도 평균 10% 이상이 실제로 행한 것으로 밝혀져 주목을 끌고 있다.

부부강간의 문제는 더 이상 개인의 그리고 개별적 부부간 성문제의 차원에서가 아닌 인권문제의 차원에서 다루어지고 논의되어야 할 것이다.

아동학대

아동학대의 개념은 초기(1960년대)에는 신체적 폭력으로 한정하고 아동의 연령도 영아로 한정하였었으나, 이후에는 연령도 18세 미만으로 확대시키고 신체적 학대뿐만이 아니라 성적 학대, 아동유기, 아동노동, 근친상간 등을 포함시키는 것으로 정의하고 있다.

1995년 한 연구소의 분석에 의하면, 피해자의 83%가 학령기 아동이며 이들의 95.1%가 강간피해자이다. 친족 성폭력의 피해장소는 대부분 피해자와 가해자의 공동주거지로 나타나고 있다. 친족 성폭력의 피해는 어린시절부터 시작되어 청소년기, 성인이 되어서도 지속되는 특징을 보인다. 피해 어린이는 가족이나 친척 등 가장 신뢰하는 사람에게서 피해를 입기 때문에 신체적 · 심리적 · 사회적으로 더욱 심각한 후유증과 어려움을 겪게 된다. 특히 아버지나 남자형제로부터 강간을 당한 피해자일 경우 남성에 대한 극도의 분노감정을 갖게 되어 극단적으로 자살을 기도한다든지 가해자에 대한 복수심이 타인에게 전이되어 원만한 대인관계를 만들어 가기 어렵게 된다. 이러한 경우 피해자에게 가장 치명적인 상처를 주는 것은 어머니가 그 사실을 알면서 방임 혹은 묵인, 조장하는 경우이다. 친족 내 성폭력을 방치하는 어머니의 심리적인 특징은 무기력이나 무능력이다. 이러한 경우의 대표적인 예가 1992년 발생한 '김보은 사건' 이다.

직장에서의 성폭력 : 성희롱

'성희롱' 이라는 용어는 영어의 'sexual harassment' 에 해당한다. sexual harassment는 1970년대 중반 '성적 강제' 를 반대하는 미국의 여성운동 단체나 여성학자가 중심이 되어 발전시켜 온 개념으로 현대 여성운동의 과정에서 의도적으로 만들어진 조어이다. Sexual harassment라는 개념의 역사적 · 정치적 함의를 고려할 때, 한국사회에서 그것에 해당하는 개념으로 사용되고 있는 '성희롱' 은 적절한 용어라고 보기 어렵다는 비판이 제기되기도 한다.

성희롱이란 '성적으로 실없이 놀리는 것' 을 의미함으로써 sexual harassment라는 용어에서 가장 핵심적인 '권력'의 개념을 담아내지 못한다고 보기 때문이다. 본 절에서의 '성희롱'의 개념은 이러한 논의를 배제시키면서 통념화된 의미로서 사용하기로 하고 성희롱에 대한 자세한 내용은 14장에서 다루기로 한다.

성희롱의 유형은 '성적 행위'와 '성에 기반을 둔 행위'로 나누어 생각해 볼 수 있다.

성적 행위

'성적 행위'와 관련된 성희롱의 유형은 시각적 · 언어적 · 육체적 음란물의 전시나 낙서, 성적 봉사의 요구 등으로 유형화할 수 있다.

성별에 기반한 행위

직접적으로 성적 행위는 아니지만, 명백히 성별에 기반해서 이루어지고, 그러한 행위가 여직원에게 불쾌한 느낌을 주거나 업무에 영향을 준다면 성희롱으로 볼 수 있다.

교육현장에서의 성폭력

교육현장에서의 성폭력은 아무도 의심하지 않는 장소에서 일어나기 때문에 사회문제화되지 않았었다. 그러나 교육현장에서의 성폭력은 어린이집에서부터 대학교정에 이르기까지 다양한 형태를 보여 주고 있다.

어린이 성폭력

최근 들어 사회문제로 부각되기 시작한 어린이 성폭력은 예상 이상으로 많이 발생하고 있으며, 뚜렷한 증가 추세를 보이고 있다. 어린이 성폭력의 문제는 피해자나 가해자 모두 밝히기를 꺼리거나, 어린 피해자의 경우 밝힐 능력이 없어서 드러나기 어려운 문제임을 고려할 때 숨어 있는 어린이 성폭력이 더 많으리라는 것을 쉽게 짐작해 볼 수 있다.

어린이 성폭력의 기준은 나이가 몇 살인가?, 구체적인 성적 행동이 있는가?, 의도적인 성적 행동인가? 에 따라 정의된다.

한국사회에서 어린이란 일반적으로 만 13세 이하의 아이들을 일컫는다. 또한 구체적인 성적 행동이란 성기노출, 관음증, 키스, 애무, 구강성교, 질이나 항문, 입 등에 성기나 물체를 삽입하는 것 등 다양한 행동을 포함한다.

어린이 성폭력 문제가 주는 후유증으로는 심성적 후유증, 사회적 후유증 등이 나타나고 있다.

- 성적 후유증 : 초기에는 자위나 성적인 놀이 혹은 성에 대한 집착으로 나타나다가 장기적으로는 성에 대한 부정적인 태도로 나타난다.
- 사회적 후유증 : 단기적으로는 학교 가기를 거부하거나 무단결석을 하기도 하고, 집 안에만 머무르면서 부모에게 지나치게 의존하는 모습으로 나타나고 심할 경우 가출하게 된다. 이러한 사회적 부적응은 장기적으로 가출과 매춘, 알코올이나 마약남용 등으로 나타나 더욱 심각해지는 모습을 보인다. 가족관계에의 부적응 역시 장기 사회적 후유증으로 나타나는 것으로써 이는 분노가 가족에게로 향하는 형태이다.

청소년 성폭행

청소년 성폭력은 청소년기의 특수성으로 인하여 윤간 등의 집단형태를 띠는 성향이 강하고, 그 피해대상은 주로 또래 집단의 여학생이거나 자신의 가족, 친족 혹은 이웃집의 아는 어린이로 나타나고 있다.

성폭력 발생 시 폭력이나 흉기, 술이나 약물 등이 사용된 경우도 나타났다. 청소년들의 성폭력 장소는 학교나 학원이라는 교육현장에서 이루어지고 있다. 이성친구와의 교제 중에나 생일파티, 크리스마스 모임, 캠핑 등의 상황에서 성폭력이 발생하는 것으로 나타나 청소년 성폭력 문제의 심각성을 알 수 있다. 이러한 피해상황은 청소년들 사이의 의사소통의 문제, 성을 가벼운 유희로 여기는 성향, 성에 대한 가치관이 정립되어 있지 않는 것 등이 영향을 미치는 것이다.

대학생 성폭력

한국사회에서 대학은 진보적 탐구의 공간으로 일련의 사회적 폭력과 문제로부터 벗어난 공간으로 생각되어 왔다. 그러나 대학이라는 공간도 하나의 사회적 제도기관이며, 그 구성원들 역시 일반사회 속에서 자신들의 가치관이나 사회성을 키워내 왔다는 점을 생각할 때 대학 역시 일련의 사회적 폭력이나 문제로부터 완전히 동떨어진 공간이 될 수 없는 것이다. 우리가 이미 접할 수 있었던 몇몇 대학 내 성폭력 사건들은 대학이라는 공간이 한국사회의 남성중심적 질서와 폭력으로부터 안전한 공간이 아니라는 것을 알게 했다.

대학 내 성폭력의 개념은 1994년 신정휴사건(혹은 서울대 조교 성희롱사건)으로 연대한 '우조교 성희롱사건 공동대책위원회' 와 '서울대 동아리연합회' 가 공동으로 주관한 공청회에서 정의되었다. 그 정의를 살펴보면 다음과 같다.

> 학교나 이와 유사한 곳에서 일어나는 것으로서 상대방이 원치 않는 성적 접근, 성적 접촉의 요구로부터 기타 성적인 언어적 · 육체적 행위가 ① 그러한 행위의 수용이 명시적 혹은 묵시적으로 피해자의 학업(혹은 직업)의 조건이 되는 경우, ② 그러한 행위의 거부가 피해자의 학업(혹은 직업)상의 결정에 영향을 미치는 경우, ③ 그러한 행위가 피해자의 학업생활에 지장을 초래하거나 사기저하 및 불쾌한 학업 분위기를 조성할 의도를 띠었거나 결과적으로 그러한 효과가 발생하는 경우 등 피해자에게 정신적 · 신체적 · 사회적 피해를 입히며 결과적으로 대학 내에서 학습권을 침해하는 행위

대학 내 성폭력은 교수와 학생, 교수와 교직원, 학생과 학생, 대학 내 집단과 집단, 타 대학 학생에 의한 성폭력 등 언어적 폭력에서부터 강간에 이르기까지 매우 다양한 형태를 보이고 있다.

생활주변에서의 성폭력

데이트 강간

데이트 강간이란, '이성 간의 데이트 중에 상대방으로부터 강요나 조종에 의해 일어나는 성폭행' 으로 외형적으로는 '성적 친밀감이 있는 사이에서 남성이 폭력이나 협박을 사용해 여성의 동의 없이 성 관계를 하는 것' 으로 정의된다. 이는 데이트를 하는 남녀 사이에 남성이 성행위를 요구할 때 여성측이 거부할 경우 남성이 완력을 사용하거나 위협 혹은 공포감을 조성하여 이루어진 성행위를 말한다.

데이트 강간의 경우 가장 큰 문제로 지적되는 것은 피해자는 가해자를 잘 알고 있는 사람이기 때문에 신고를 하거나 고소를 할 엄두를 내지 못한다는 데 있다. 무엇보다도 큰 상처는 상대방에 대한 자신의 신뢰와 믿음이 완전히 깨져버린 데서 오는 자기환멸과 피해자가 자신을 성폭행한 가해자와 지속적으로 만날 수 있는 상황에 놓이게 되므로 계속적으로 강간의 공포와 수치심에 시달리게 된다.

또한 데이트 강간의 문제점은 가해자뿐만 아니라 피해자도 이것을 강간, 즉 성폭행범죄로 인식하지 못하고 다만 도덕적으로나 윤리적인 잘못을 저지른 것으로 여기는 데 있다. 따라서 이러한 문제가 법정으로까지 가는 경우는 매우 드물지만 간혹 법정으로까지 간다 해

도 가해자가 명예훼손죄 등으로 맞고소하여 오히려 피해자가 불이익을 당할 우려가 있다.

스토킹

스토킹(stalking)이란, 상대가 싫다고 하는데도 불구하고 계속 따라 다니는 행위를 칭한다. 일방적으로 상대에게 좋은 감정을 갖고 상대도 나를 좋아할 것이라는 환상으로 접근해서, 싫은 행위를 하거나 신체적 폭행 등 온갖 피해를 입히는 행위인 것이다. 피해자는 자신의 의사와는 전혀 관계없이 일방적인 접근으로 인해 정신적 · 신체적 고통을 입는다. 구체적인 유형으로는 미행, 편지, 전화, 선물공세, 사이버스토킹 등의 간접적인 방법에서 협박, 밀착, 폭행, 강간, 살인에 이르기까지 다양한 유형으로 나타나고 있다. 도시의 익명성, 통신수단의 발달, 개인정보의 유출, 타인에 대한 무관심, 인간성의 황폐, 인격장애자의 증가 등 복잡한 요인에 의하여 여러 유형의 스토커(stalker)가 나타나고 있다.

우리나라에서는 반스토킹 법률제정이 추진되고는 있으나 아직 본격적인 시동이 걸리지 않은 상태이다. 여기에는 한국사회의 가부장적 분위기가 법률 제정에 걸림돌이 되고 있으며, 이러한 가부장적 사회 분위기 자체가 스토킹의 범죄적 심각성을 희석시키고 있다는 분석이 있다.

사이버 성폭력

사이버 성폭력이란, 인터넷, PC통신 등을 통하여 원하지 않는 성적 언어나 이미지로 상대방에게 불쾌감 또는 위압감 등의 피해를 주는 행위를 말하며, 나아가 성적인 접근이나 제안을 명시적으로 제시하지 않더라도 성적인 은유나 암시로 상대방이 불쾌감을 느끼게 되는 경우이다.

사이버 성폭력의 유형은 다음과 같다.

- 사이버 성희롱 : 사이버 성희롱이란 PC통신이나 인터넷의 채팅 코너에서 음란한 대화를 요청하거나 채팅 중에 갑자기 음란한 언어를 사용함으로써 상대방으로 하여금 불쾌감과 모욕감을 느끼게 하는 행위를 말하며, 사이버 성폭력 중 가장 발생빈도가 높다. 쪽지(instant message)나 전자우편(e-mail)을 통해 원하지 않는 음란한 글을 보내는 것도 성희롱에 해당한다.
- 사이버스토킹 : 사이버스토킹은 특정인의 개인정보를 빼내 온라인(on-line)상에서 괴롭히는 것으로, 게시판에 마치 본인이 쓴 것처럼 특정인의 이름으로 글을 올리거

나 특정인의 전화번호 및 전자메일 주소를 공개해 수많은 전화나 메일이 가도록 하는 행위이다. 특정인의 e-mail ID로 수많은 메일을 보내는 등 사이버활동을 방해하는 것도 스토킹에 해당한다. 사이버스토킹은 본래 의미의 성폭력은 아니지만 대부분 성폭력과 연관되어 발생하므로 사실상 성폭력과 구별이 어렵다. 또한 사이버스토킹은 현실세계에서의 위해로 이어질 가능성이 많아 그 대책이 절실하다.

- 사이버음란물 유통 : 사이버음란물은 사이버 공간에 올려진 음란물을 말하며, PC통신이나 홈페이지 게시판, 대화방, 동호회, 유료전화, 폰팅, 전화방, 이동전화 문자정보 서비스 등을 이용하여 유통되는 것이 보통이다. 이러한 유통형태는 판매대상이 성인뿐만 아니라 청소년에게도 무차별 판매된다. 또 이들 음란물의 제작과정에서 개인의 사생활을 침해하는 내용의 음란물 유통 등이 증가하고 있다.
- 사이버 공간을 이용한 원조교제 : 최근 크게 사회문제화되고 있는 원조교제는 사이버 공간을 그 출발점으로 하는 경우가 대부분이다. 사이버 원조교제는 사이버 공간에서의 연결을 현실세계로 이어가는 경우로 사이버 공간에서의 만남을 법적으로 통제할 수는 없지만, 이것이 현실적인 관계로 이어질 경우 청소년보호법이나 성매매관련법 등으로 처벌이 가능하다.

가정폭력 · 성폭력 실태

가정폭력 발생 현황

지난 5년간 성폭력 범죄 신고는 24.4% 증가하였고, 특히 13세 미만 아동대상 성폭력은 80.2% 증가하였다(2002년 600명 → 2007년 1,081명). 또한 최근 1년간 배우자로부터 가정폭력을 경험한 부부는 40.3%(부부 2.5쌍 중 1쌍에 해당)이며, 이는 3년 전에 비해 4.3% 감소한 것이다.

앞의 표에서 알 수 있듯이 가정폭력의 발생 건수는 소폭으로나마 감소하고 있으나 폭력범죄에 대한 검거인원은 2005년 이후 감소와 증가가 교차하고 있다.

한편 가정폭력문제에 대해 도움을 줄 수 있는 상담소의 현황은 표 9-3과 같다. 가정폭력 상담소의 2004년 이후 대폭 증가했으나 2007년에 이르러 감소했음을 알 수 있다.

표 9-2 가정폭력범죄 발생 · 검거 현황

(단위 : 건, 명)

구 분	발생건수	검거건수	검거인원	조 치			가정보호사건 의견 송치	
				구 속	불구속	기타(계도)	건 수	인 원
2004년	13,770	13,770	15,208	329	13,969	910	2,587	2,616
2005년	11,595	11,595	12,775	181	11,800	794	1,881	2,022
2006년	11,471	11,471	12,837	113	12,011	713	1,722	1,913
2007년	11,744	11,744	13,165	87	12,587	491	1,455	1,629

자료 : 경찰청, 각 연도

표 9-3 전국 가정폭력상담소 상담 현황

(단위 : 개소, 건)

구 분	가정폭력 상담소 수(개소)	상담실적(건)		
		계	가정폭력	기 디
2004년	182	193,439	90,497	102,942
2005년	297	226,601	111,191	115,410
2006년	372	283,705	138,949	144,756
2007년	316	295,825	135,386	160,439

자료 : 경찰청, 각 연도

성폭력 실태

성폭력 피해신고 상황은 전체적으로 증가추세에 있다. 성폭력 범죄 중 강력범죄에 해당하는 강간의 경우 2005~2006년 사이 대폭 증가세를 보이고 있으며, 2007년에 이르러 소폭의 감소를 나타내고 있다. 또한 전국 성폭력상담소의 상담현황을 보면 2007년 202개의 상담소에서 실시한 전체 12만 4,591건의 상담 중 성폭력 관련 상담이 5만 8,628건으로 47%를 차지하였다. 성폭력 관련 상담건은 2004년 이후 증가추세에 있음을 알 수 있다.

이러한 성폭력의 양상은 성폭력이 모르는 사람이 행하는 위해가 아니라 일상의 생활 속에서 알고 지내던 사람들에 의해 행해짐을 알 수 있고, 성폭력 피해자 역시 힘없는 어린이나 청소년일 것이라는 예상과는 달리 성인(54.6%)에게서 발생되는 것을 알 수 있다.

표 9-4 성폭력 피해신고 현황

(단위 : 건)

구 분	2004년	2005년	2006년	2007년
계	14,089	13,446	15,326	15,325
강 간	6,959	7,321	8,755	8,732
성폭법 위반	4,264	4,282	4,955	4,858
청소년보호법 위반	2,866	1,843	1,616	1,735

자료 : 경찰청, 각 연도

표 9-5 전국 성폭력상담소 상담 현황

(단위 : 개소, 건)

구 분	성폭력 상담소 수(개소)	상담실적(건)		
		계	성폭력	기 타
2004년	124	122,769	37,131	85,638
2005년	172	132,201	46,212	85,989
2006년	202	119,655	57,865	61,790
2007년	202	124,591	58,628	65,963

자료 : 경찰청, 각 연도

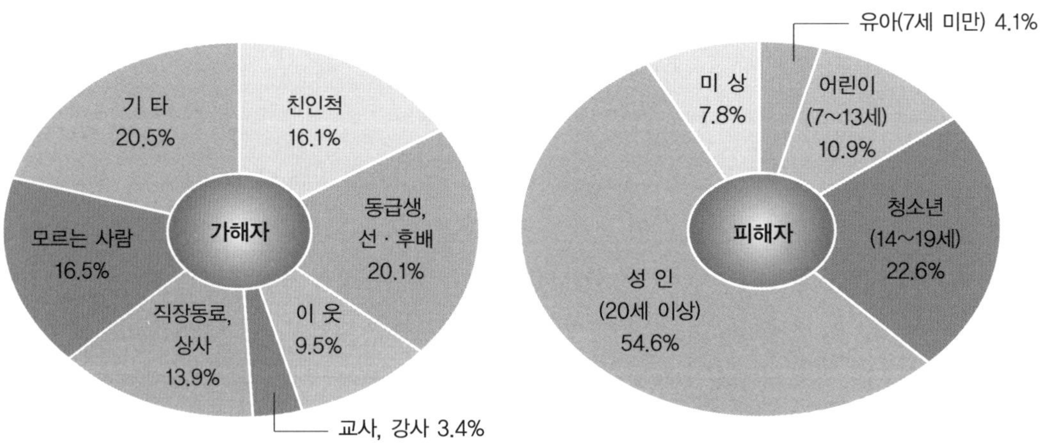

그림 9-1 성폭력 가해자 유형 및 피해자 연령별 분포(2006년)

정부의 정책목표 및 추진전략

2008년 새 정부가 들어서면서 여성부는 '여성에 대한 폭력에 적극 대처하고 여성인권의 보호체계를 구축한다' 는 목표하에 세부 추진전략을 제시하고 추진 중에 있다.

가정폭력 · 성폭력 방지를 위한 추진전략

새 정부 출범 이후 여성부는 가정폭력 · 성폭력 분야의 새로운 정책목표와 추진전략을 새워 진행 중에 있다.

가정폭력 · 성폭력의 심각성에 대한 사회적 인식 제고

학교 · 지역사회 중심의 예방교육 강화하고 교육 프로그램 개발 및 전담교사의 전문성을 제고한다.

정책목표	여성에 대한 폭력에 적극 대처하고 여성인권의 보호체계 구축
추진전략	가정폭력 · 성폭력의 심각성에 대한 사회적 인식 제고 아동, 여성스포츠 선수 등 성폭력 근절대책 추진 피해여성 주거 및 자립지원을 위해 그룹 홈 형태의 임대주택 제고 및 '자립도우미' 배치 여성폭력피해자 ONE-STOP 지원센터 운영 활성화

예방(prevention)	보호(protection)	집행(prosecution)
• 중앙과 지역단위기관의 긴밀한 협조체계 유지를 통한 여성폭력 대응/정책대안 마련 • 가정폭력 · 성폭력 예방교육 • 가정폭력 · 성폭력 근절 및 예방 홍보를 위한 리플릿, 전광판, 매체홍보 실시	• ONE-STOP 지원센터 설치 · 운영 : 상담 · 의료 · 수사 · 법률 서비스 통합 지원 • 무료법률구조 서비스	• 가정폭력 · 성폭력 가해자 처벌강화를 위한 법령 개선 • 가정폭력 · 성폭력 실태조사 • 피해여성에 지원사업 착수시점기간 단축 제도화 • 가해자 교정 · 치료 프로그램 개선방안 마련

그림 9-2 여성정책과 전략

그림 9-3 원스톱 종합보호체계

여성스포츠 선수 등 성폭력 근절대책 추진

스포츠계 성폭력 예방 가이드라인 마련 등 제도개선 및 예방교육, 홍보강화(문화체육관광부 등 협조)에 힘쓴다.

피해여성 주거 및 자립지원을 위해 그룹홈 형태의 임대주택 제공 및 '자립도우미' 배치

- 2008년부터 다섯 개 시도에 임대주택 50호 시범 운영 후 전국적으로 확대할 예정이다.
- '여성폭력피해자 ONE-STOP지원센터' 를 운영 · 활성화한다.
- 상담 · 의료 · 법률 · 수사를 24시간 통합 지원한다(15개소 운영 중).
- '여성긴급전화 1366센터' 를 설치 · 운영한다(16개소).

※ 2009년부터 4년간 매년 1개소 이상씩 확대할 예정이다.

주요 정책

가정폭력 · 성폭력 근절을 위한 제도 정비

가정폭력 · 성폭력 가해자 처벌 강화를 위한 법령을 개선하였다. 2007년 7월 국회에 제출된 5건 법안을 기초로 국회 법제사법위원회에서 「가정폭력범죄의 처벌 등에 관한 법률 특례법」 일부 개정법률안(위원회 대안)을 제안하였고, 곧바로 국회를 통과하여 2007년 8월 3일자로 공포하였다. 개정된 내용은 표 9-6과 같다.

표 9-6 「가정폭력범죄의 처벌 등에 관한 법률 특례법」 일부 개정 법률안 내용

가정폭력 행위자	개정 내용
신설법안/법적 근거마련	• 피해자의 임시조치 신청 · 청구 요청권 신설 • 상담조건부 기소유예제도의 법적 근거 마련
처분대상 확대	• 직접 피해자가 아닌 가정구성원에 대하여도 접근제한 처분
임시조치/보호처분강화	• 「전기통신기본법」에 따른 전기통신(전화, 메일 등)을 이용한 접근금지 또는 접근제한 추가 – 임시조치 중 격리 · 접근금지 연장횟수를 1회에서 2회로 확대 – 보호처분 중 사회봉사명령 · 수강명령의 시간을 최대 현행 100시간에서 200시간으로 확대
처분 불이행 과태료 인상	• 처분 불이행 과태료 상한을 현행 100만 원에서 500만 원으로 인상

가정폭력 · 성폭력 실태조사 실시

그림 9-4와 같이 정서적 · 신체적 폭력은 줄어들었으나 성학대는 증가한 상태이다. 그리고 두 가지 유형 이상의 폭력을 경험한 중복응답자의 수치에서 알 수 있듯이 부부폭력의 정도가 약간은 감소한 모습을 보이고 있다.

가정폭력 · 성폭력 방지를 위한 연계체계 구축

중앙부처 차원의 협력체계 강화

중앙부처 차원의 협력체계 강화로서는 관계부처 협력하에 성폭력 예방 및 대책을 추진하

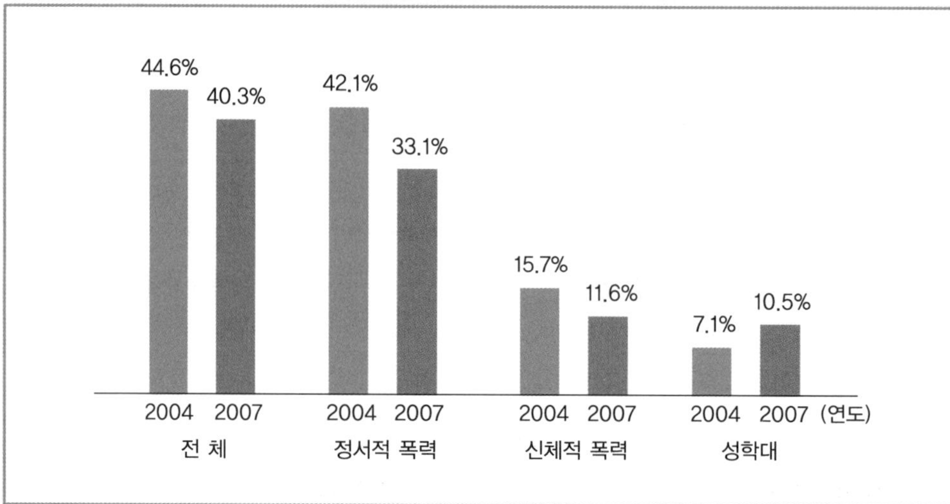

그림 9-4 부부폭력 발생률 변화추이(2004년, 2007년)

주 : 전체는 두 가지 이상 유형을 함께 경험한 중복응답 결과

고, 아동성폭력신고의무자에 대한 교육과 홍보를 활성화하며, 정책과제 중심의 소회의를 운영하고 있다.

지역단위의 피해자 보호 서비스 네트워크 확산

- 지역단위의 피해자 보호 서비스 차원에서는 「여성폭력방지 지역협의체」를 확대 설

관계부처 협력하에 성폭력 예방 및 대책 추진	아동성폭력신고의무자에 대한 교육 · 홍보	정책과제 중심의 소회의 운영
여성부, 법무부, 청소년위원회, 경찰청 등 관계공무원 및 민간위원 참석	교육인적자원부, 보건복지가족부, 국가청소년 위원회 협조	여성부 주관으로 가정폭력 · 성폭력 관련 하계, 시설 · 단체 등 전문가 참여
성폭력 대책단회의 개최 (2007년 2회)	**아동성폭력 신고의무자 TF팀 구성**	**가정폭력 · 성폭력 방지 전문가 협의회 구성 (2007년 03월)**

그림 9-5 중앙부처의 협력체계

그림 9-6 지역단위 피해자 보호 서비스

치 · 추진하고 있다(그림 9-6).

- 구성으로는 의료기관, 교육기관, 사법기관, 여성폭력 관련 기관 및 기타 사회복지 관련 기관 대표/실무자 등이다.
- 목적은 여성폭력 관련 서비스 전달체계 효율성 및 지역차원의 여성폭력 대응체계 강화이다.

가정폭력 · 성폭력 예방교육 및 홍보활동 강화

가정폭력 · 성폭력 예방교육

가정폭력 · 성폭력 예방교육으로는 가정폭력 예방교육, 가정폭력 예방교육 프로그램 및 자료제작 · 배포, 성폭력 예방교육 전문강사 뱅크 구축 및 전문강사 선발, 장애인 성폭력

표 9-7 가정폭력 · 성폭력 예방교육 활성화

구 분	예방교육 내용	협조기관
가정폭력 예방교육	• 2006년 10월부터 각급학교에서 매년 가정폭력 예방교육 실시 의무화에 따라 연간교육과정에 포함	교육과학기술부
가정폭력 예방교육 프로그램 및 자료 제작 · 배포	• 학교기반 가정폭력 예방교육 프로그램 지침서 개발 · 보급 • 가정폭력 예방교육용 영상물 및 강의자료 등 제작 · 배포	한국형사정책연구원
성폭력 예방교육 전문강사 뱅크 구축 및 전문강사 선발	• 각 시 · 도 교육청에서 적극 활용하도록 조치	교육과학기술부
장애인 성폭력 예방교육 강화규정	• 2007년 4월 제정된 「장애인 차별금지 및 권리구제에 관한 법률」에 교육기관, 사업장, 복지시설 등 종사자 교육 시 장애인 성폭행 예방교육을 강화하도록 규정	–
성폭력 예방교육	• 시설종사자 성폭력 예방 영상 교육자료 개발 · 보급	–

예방교육 강화규정, 성폭력 예방교육 등이 있고 그 내용은 표 9-7과 같다.

가정폭력 · 성폭력 홍보활동

가정폭력 · 성폭력 홍보활동으로는 성폭력 예방홍보 리플릿 제작 · 배포, 원스톱(ONE-STOP) 지원센터 전광판 및 자막 홍보, 여성긴급전화 1366, 라디오 홍보 등이 있다.

가정폭력 · 성폭력 대책

성폭력에 대처하기 위해 1994년 1월 「성폭력 범죄의 처벌 및 피해자보호 등에 관한 법률」이 제정되었다. 더불어 가정폭력에 대처하기 위해 1997년 12월 「가정폭력범죄의 처벌 등에 관한 특례법」과 「가정폭력 방지 및 피해자보호 등에 관한 법률」이 제정되어 여성폭력을 방지하기 위한 법적 토대가 마련되었다.

보건복지부에서 여성복지 시책의 일부분으로 다루어지던 가정폭력 · 성폭력 관련 업무는 2001년 1월 29일 신설된 여성부(2005년 6월 29일 이후 정부 조직개편으로 여성가족부로 명칭 변경, MB정권 이후 다시 여성부로 명칭 변경)로 이관되었고, 2008년 MB정권의 탄생으로 여성가족부는 여성부로 축소 개편되면서, 가족 관련 업무는 다시 보건복지가족부로 이관되었다.

한편 여성부가 추진하고 있는 가정폭력 · 성폭력 대책은 다음과 같다.

여성 '1366' 전화

폭력피해 여성이 365일 · 24시간 상담 및 긴급구호를 받을 수 있도록 전국적으로 통일된 국번 없는 여성 '1366' 전화가 설치 · 운영되고 있다. 긴급상황에 처한 피해자 보호를 위해 가정폭력 · 성폭력상담소(182개), 긴급피난처(64개소) 및 피해자보호시설(34개)과 함께 관련 기관(112, 119, 수사기관, 의료기관 등)과 네트워크를 구축하고 있다. 여성 '1366' 전화는 폭력 피해여성을 위한 원스톱 전초기지로 기능하고 있다.

성폭력피해자에 대한 의료지원

의료기관에서 성폭력 피해자의 진료를 기피하는 현실을 개선하기 위해 여성부는 보건복지가족부 등 관계부처와 합동으로 성폭력피해자 의료지원체계 개선방안을 마련하고 있다. 개선안에는 성폭력 피해자가 안정된 진료공간에서 양질의 의료 서비스를 제공받을 수 있도록 하는 내용을 포함하고 있다. 성폭력 피해자에 대한 의료지원의 주요 개선내용과 추진사항은 다음과 같다.

- 의료비 지원범위 확대 : 예산지원내역 ; 일반치료비, 정신과치료비, 진단서 발급비
- 성폭력피해를 준 응급 증상으로 지정 추진 : 「응급의료에 관한 법률시행규칙」 개정안 마련
- 여성폭력긴급의료지원센터 위촉 · 운영 : 피해자가 안정된 진료 공간에서 진료를 받을 수 있는 환경 마련
- 성폭력응급의료키트 개발 및 체크리스트 서식안 마련
- 성폭력 전담수사반인 여경 기동수사반 증설 : 전국 지방경찰청에 여경 기동수사반 확대 설치 완료(2001년 12월)

가정폭력 · 성폭력 근절 종합대책

급증하는 가정폭력범죄와 성폭력범죄에 대처하기 위해 여성부는 '가정폭력 · 성폭력 근절종합대책(안)' 을 마련하였다. 본 안은 가정폭력, 성폭력 등 여성폭력에 대해 발생 및 진행과정을 따라 7대 과제로 나누어 구체적인 부처별 실천과제들을 제시하고 있다.

사이버 성폭력 예방사업

여성발전기금 중의 일부를 사용하여 사이버 성폭력 예방사업을 실시하고 있다. 세 개 부문에 중점을 두고 여섯 개 단체를 통해 이루어지고 있다.

- 민간자율예방활동 추진 : 사이버 성폭력 모니터링, 청소년 예방교육과 토론회, 사이버 성폭력상담소 운영 등 자율적인 예방활동을 실시하고 있다.
- 예방 매뉴얼 발간 및 보급 : 한국성폭력 상담소를 통해 사이버 성폭력의 원인, 유형,

7대 과제의 주요 내용

- 신고환경에의 접근성 강화 : 여성 '1366' 과 유관신고 전화의 기능을 통 · 폐합하고 가정폭력 사건의 신고의무자를 추가하며, 신고의무 해태 시 과태료를 부과
- 수준 높은 상담 서비스 제공 : 가정폭력 · 성폭력 신고에 대해 적정한 상담을 실시하여 가족 내의 갈등을 해소하고, 가족해체를 방지하는 서비스를 제공하며, 상담소 및 상담원의 전문성을 강화하기 위해 시설기준과 종사자 자격기준을 강화
- 수사와 재판상에서 피해자에 대한 편의 확충 : 가정폭력 · 성폭력 피해자의 인권보호를 강화하기 위해 관련 법률을 개정하며, 성폭력피해자에 대한 조사 시 의료계가 사용하는 체크리스트를 서식화하고, 수사증거로 채택하도록 함
- 피해자에 대한 보호와 치료의 연계로 효율적 사회복귀 지원
- 관련기관 간 연계 강화
- 발생예방을 위한 교육 · 홍보
- 남녀차별적인 성폭력 관련 규정들을 양성평등의 입장에서 변경

실태 및 대응방법에 대한 매뉴얼을 개발 · 제작하여 책자, 팸플릿, CD의 형태로 학교와 교사 및 성폭력상담소 등 전국에 보급하고 있다.

■ 기술적 대응방안 마련 : '한국 사이버 감시단' 을 통해 사이버 성폭력으로부터 안전한 인터넷 이용 지침서를 개발 · 보급하고 있다.

가정폭력 · 성폭력 피해자 보호사업

가정폭력피해자보호시설은 전국적으로 30개소가 설치 · 운영되고 있으며, 피해자 보호인원 기준으로 정부에서 운영비를 지원하고 있다. 또한 가정폭력상담소 상담현황을 보면 2007년 말 현재 316개의 상담소에서 29만 5,825건의 상담 중 13만 5,386건(46%)의 가정폭력 상담이 진행되었다. 또한 2007년 말 현재 202개의 성폭력상담소에서는 전체 12만 4,591건의 상담 중 5만 8,628(47.1%)건의 성폭력상담이 이루어져 피해자들에게 도움을 주고 있다.

내용요약

1. 광의의 가정폭력

가정 내에서 발생하는 폭력으로서 배우자에 대한 폭력과 자녀와 부모에 대한 폭력을 모두 포함한다.

2. 부부폭력

배우자 사이에서 발생하는 구타나 언어적 · 심리적 · 성적 학대를 포함한다. 부부폭력은 아내구타, 배우자 폭력, 배우자 학대 등 여러 가지 용어로 쓰이고 있다.

3. 부부폭력의 원인

개인 내적 요인, 사회심리적 요인, 사회구조적 요인, 여성주의 요인

4. 성폭력

명확한 정의를 내리기는 쉽지 않으나 포괄적으로 가벼운 형태의 성 관련 인사 및 행동에서부터 성추행(가슴, 성기 등 몸을 만지는 행동 및 키스), 강간미수(강제 성교 시도의 실패) 및 강간까지를 포함한다.

check list

1. 아내폭력의 원인에 대해 생각해 봅시다.

2. 우리사회에서 논의되기 시작한 '부부강간'에 대한 각자의 생각을 정리해 봅시다.

3. 직장에서 발생하는 성폭력의 형태에 대해 서로의 의견을 교환해 봅시다.

4. 가정폭력 · 성폭력의 해소를 위해 가장 시급한 대책에 대해 생각해 봅시다.

PART 3

사회구조와 사회문제

CHAPTER 10

가족문제

주요용어

가족, 가족문제, 가족구조, 핵가족, 확대가족, 딩크족, 한부모가족, 대안가족, 부권주의, 가부장제 가족구조

가족과 가족문제의 개념

가족의 정의

가족이란 부부와 그들의 자녀로 구성되는 기본적 사회집단으로서 이들은 이익관계를 초월한 애정적 혈연집단이며, 같은 장소에서 기거하고 취사하는 동재동거집단이고, 그 가족만의 고유한 가풍을 갖는 문화집단이며 양육과 사회화를 통하여 인격형성이 이루어지는 인간발달의 근원적 집단이다(유영주, 1993 : 20).

개정된 민법 제2장(개정 2005. 3. 31, 시행일 2008. 1. 1) '가족의 범위와 자의 성과본' 중 제779조에서는 가족을 1. 배우자, 직계혈족 및 형제자매, 2. 직계혈족의 배우자, 배우자의 직계혈족 및 배우자의 형제자매로 규정하고 있다. 이렇게 볼 때 일반적으로 이해되고 있는 가족의 범위는 '부부, 그와 생계를 같이하는 직계혈족 및 그 배우자' 로 정할 수 있는 것이다.

그러나 현대사회에서는 다양한 형태의 가족의 등장과 함께 가족의 기능이 바뀌어 감에 따라 오늘날의 거의 모든 가족학자들은 더 이상 보편적이고 전형적인 가족현상을 규정하려 들지 않고 있으며, 오히려 존재하는 그대로의 생활양식을 중심으로 가족현상에 관심을 갖는다. 이렇게 가족에 대한 정의는 사회적으로 구성되는 것이다. 따라서 특정한 형태의 가족만을 정상가족으로 보는 것은 사실의 측면에서도, 가치의 측면에서도 문제가 된다. 사실의 측면에서 보면, 특정 형태의 가족이 통계상 지배적으로 나타나지 않으며, 가치의 측면에서 보면 한 가지 삶의 방식만을 규범화함으로써 개인의 다양한 삶의 기회를 제약한다는 문제가 발생한다.

이렇듯 가족은 형태나 의식에서, 역사적으로 사회 · 문화적으로 다양하며, 한 사회 안에서의 가족 경험도 계급, 성, 연령에 따라 서로 다르다. 이러한 가족의 다양성을 간과하는 가족에 대한 논의들은 '이성애 중심주의(hetero-sexuality)' 와 '성별 분업체계' 에 기반을 두어 여성성과 남성성을 재생산하는 가부장적 가족을 정상화함으로써 남성 중심의 권력 구조를 유지하는 결과를 낳는다. 따라서 가족은 어떤 고정된 실체가 아니고 다양하게 정의될 수 있는 열린 개념으로 보아야 할 것이다.

가족문제의 개념

가족문제란 가족의 평형이 유지되지 못하거나 가족구성원이 긴장과 혼란을 유발하는 경우를 포괄적으로 일컫는다. 그러나 개인의 문제가 가족 안에서 그대로 발현되는 경우도 있으나 반대로 가족의 기능이 이를 순화시키면 가족문제는 발생하지 않을 수 있다. 그러한 의미에서 가족의 역기능이란 범위가 매우 다양하며, 문화적 해석에 의하여 문제가 될 수도 아닐 수도 있다. 따라서 가족문제의 정의는 범죄나 일탈 등 사회규범적 제한 이외에는 구성원의 지각에 의해 좌우된다.

그러므로 가족문제란 부정적 개념보다는 변화에 대한 부적응 개념으로 다루는 것이 보다 적합하다. 가족문제를 개인문제나 사회문제와 구분하기가 쉽지는 않지만 가족이라는 집단적 특성과 역동성에 초점을 둘 때 가족 전체 단위로서의 부적응을 야기하는 문제로 제한할 수 있다. 이렇게 볼 때 가족생활과 관계되는 여러 가지 문제에는 가족구성원 간 갈등과 같은 심리적 문제, 빈곤 등과 같은 물적 자원결핍이나 노인가족 등과 같은 사회환경 조건의 변화와 관계되는 문제 등이 있다.

한국사회의 변화와 가족

한국사회가 급속하게 변화하는 과정에서 가족의 구조, 기능, 유형 면에서 많은 변화를 보이고 있다. 가족은 소규모화되고 핵가족화하는 경향을 보임과 동시에 비전통적인 가구의 수가 증가하고 있음을 알 수 있다.

가족구조의 변화

한국사회 가족구조의 변화는 확대가족의 감소, 가구규모의 축소, 가족형태의 다양화로 정리해 볼 수 있다.

첫째, 확대가족의 감소로 인한 핵가족화 현상이 뚜렷하게 나타나고 있다. 1960년 전체 가구의 28.5%를 차지하던 확대가족이 1990년에는 12.5%, 2000년에는 8.4%, 2005년에는 7%로 감소하고 있다.

둘째, 가구규모의 축소는 자녀 수의 감소와 3세대 확대가족의 비율감소에 의해 동시에 영향을 받은 결과이다(가구당 평균 자녀 수 : 1960년 6.0명, 1986년 1.6명, 2000년 1.47명/평균 가구원 수 : 1960년 5.56명, 1970년 5.24명, 1980년 4.55명, 1990년 3.71명, 2000년 3.12명, 2005년 2.88명).

셋째, 가족형태의 다양화 현상이 나타나 독신가구, 노인 단독가구, 비혈연가구의 비율

표 10-1 가구 세대 구성비

세 대 \ 연 도	1980	1985	1990	1995	2000	2005
전 체	100	100	100	100	100	100
1세대	8.26	9.57	10.74	12.66	14.2	16.2
2세대	68.48	66.99	66.31	63.28	60.8	55.4
3세대	16.46	14.45	12.18	9.77	8.2	6.9
4세대 이상	0.53	0.42	0.31	0.2	0.2	0.1
단 독	4.8	6.91	9	12.68	15.5	20
비혈연	1.47	1.67	1.46	1.41	1.1	1.4

표 10-2 2005년 인구총조사 가구원 수별 가구분포

가구원 수	비율(%)
1명	20.0
2명	22.2
3명	20.9
4명	27.0
5명	7.7
6명	2.3

자료 : 한국여성정책연구원(2008), 「2008년 여성가족패널조사」

> 한국사회에서도 서구사회가 산업화 과정에서 보인 핵가족의 증가와 가구의 소규모화에 있어서는 유사한 경향을 보이고 있으나 핵가족화가 진행되는 과정에서 핵가족의 해체가 동시에 일어나 비전형적인 가구의 수와 비율이 급속히 증가한 점이 서구와는 다른 경험, 즉 서구사회보다 한국사회에서의 다양한 가구의 혼재현상이 두드러진다고 할 수 있다.

이 늘어나고 있으며, 전통적으로 인정받지 못하던 동거가구, 미혼모가구, 편부모가구의 수와 비율이 증가하였다. 확대가족이나 핵가족에 속하지 않은 가구의 비율이 1960년에는 7.5%에 머물렀으나 1990년에는 22.0%로 증가하였다. 이는 특히 이혼율의 증대로 인하여 가속화된 가구해체의 결과이기도 하다.

가족형태의 다양화

오늘날의 가족형태는 소가족화와 함께 확대가족의 감소, 단독가구 및 1세대 가족, 맞벌이 가족, 주말부부가족, 한부모가족, 소년 · 소녀가장가족, 공동체가족 등 다양한 것이 특징이며 이러한 다양한 가족 개념을 자연스럽게 받아들이게 되었다.

가족의 형태

- 핵가족(nuclear family) : 가족은 기본적으로 부부와 미혼자녀가 그 구성의 중심을 이룬다. 그와 같은 중핵적(中核的) 분자만으로 이루어지는 가족을 핵가족이라 한다.
- 확대가족(extended family) : 직계 또는 방계의 혈연자를 포함하는 가족을 의미한다. 이 용어는 미국의 인류학자 머독이 처음 사용한 것으로 종래 일반적으로 사용되어 온 대가족과 소가족이라는 개념에 비하여 명확하며, 또한 가치적 관점에서 파악한 친자(親子)중심가족과 부부중심가족의 대개념에 비하여 가족의 인구학적 분석 상 이점이 많은 데서 과학용어로서 뿐만 아니라 일상용어로서도 널리 쓰게 된 가족의 기본적 분류개념이다.
- 학자에 따라 핵가족을 개별가족, 단순가족, 부부가족이라 칭하기도 하고, 확대가족을 총체가족, 합성가족, 복합가족(확대가족과 복혼가족), 직계가족 등으로 칭하기도 한다. 그러나 그 개념규정이 핵가족이나 확대가족과 반드시 일치하는 것은 아니다. 한국의 학자들은 대부분 부부가족, 직계가족, 확대가족으로 유형화하고 있다.

1세대 가족

최근 20년간 한국의 가족 변화 중 하나는 가족 크기의 축소에 있다. 평균가구원 수가 1980년의 4.55명에서 1995년 3.34명으로 2005년에는 2.88명으로 감소하고 있다. 한편 합계 출산율을 살펴보면 1980년의 2.7명, 1995년의 1.7명, 2005년의 1.08명, 2006년 1.13명으로 나타나고 있다.

특히 1세대 가족은 1980년의 8.3%에서 1995년 12.7%, 2005년 16.1%라는 큰 폭의 증가

표 10-3 가구원 수별 가구분포 (단위 : 1,000가구, %, 명)

연 도	일 반 가구 수	가구원 수						평 균 가구 수
		1인 가구	2인 가구	3인 가구	4인 가구	5인 가구	6인 이상 가구	
1980	7,969	383	840	1,153	1,620	1,597	2,377	4.50
1990	11,355	1,021	1,566	2,163	3,351	2,140	1,113	3.77
2000	14.312	2,224	2,731	2,987	4,447	1,443	479	3.12
2005	15,887	3,171	3,521	3,325	4,289	1,222	360	2.90

표 10-4 가족의 세대 수별 가구분포 (단위 : %)

연 도	총 가구 수	혈연가구 수					1인 가구	비혈연 가구
		계	1세대	2세대	3세대	4세대		
1980	100.0	93.7	8.3	68.5	16.5	0.5	4.8	1.5
1990	100.0	89.5	10.7	66.3	12.2	0.3	9	1.5
2000	100.0	83.3	14.2	60.8	8.2	0.2	15.5	1.1
2005	100.0	78.1	16.1	55.1	6.8	0.1	19.8	1.4

자료 : 통계청(2005), 「인구주택총조사보고서」

를 나타내고 있다. 또한 노인부부 가구 역시 1980년의 1.5%에서 1995년 4.5%로 15년 동안 3배의 증가를 보이고 있다.

한편 현대사회의 독특한 형태의 1세대 가족으로 딩크(Double Income No Kids : DINK) 가족을 들 수 있는데, 이는 자녀 없이 부부가 맞벌이하는 가족으로, 이들에게 있어 무자녀 현상은 영원한 것이라기보다는 자녀를 갖는 것을 일정기간 연기하는 것으로 볼 수 있다.

한부모가족

이혼율의 증가와 함께 편부모가족이 증가하고 있다. 이혼건수를 보면 1980년 2만 3,150건 → 1995년 6만 8,005건 → 2000년 11만 9,982건(조이혼율 2.5%) → 2004년 13만 9,365건(조이혼율 2.9%) → 2007년 12만 4,590건(조이혼율 2.5%)으로 나타났다.

$$조이혼율 = \left(\frac{이혼건수}{인구\ 수}\right) \times 1{,}000$$

한부모가족은 대부분 부부의 이혼과 사별에 의해 발생하는데, 10년 이상 동거한 후 이혼하는 경우가 증가됨으로써 편부모가족의 증가는 부수적으로 발생하게 된다.

편모인 여성은 어머니와 주부로서의 역할 외에도 생계유지는 물론 아버지의 역할로 인식되어 온 역할까지 담당하고 있으나, 배우자 부재로 인한 본인의 정서문제, 자녀양육 및 교육문제, 생계유지를 위한 취업문제 등이 심각한 문제로 나타나고 있다. 또한 저소득층 취업 편모의 경우 피고용(56.1%), 영세자영업(24.6%), 농업(19.2%) 등에 취업해 있는 것으로 나타나고 있다. 피고용 부문에서는 파출부, 가정부, 공장 가내부업, 생산직근로자,

건설노무자, 막노동 등의 일을 하고 있고, 영세자영업에서는 행상, 노점, 포장마차, 소규모 음식점, 구멍가게 등의 일을 하고 있다.

취업편모의 주당 평균 시간은 59.6시간으로, 전국 취업여성(53.4시간)이나 전국 기혼여성(59.5시간) 취업시간보다 길다. 이들의 가사노동시간까지 포함하면 하루 총 노동시간은 14시간 44분으로 이는 취업하고 있는 기혼여성들보다 긴 시간인 것이다. 특히 6세 미만의 자녀가 있는 취업편모의 41.7%가 일하는 동안 자녀를 혼자 내버려두고 있으며, 편모가 아파 누워 있을 때에도 방치하거나 큰자녀 또는 본인이 돌보는 것으로 나타나고 있다.

맞벌이 가족

여성의 경제활동이 증가하고, 특히 기혼여성의 취업이 증가하면서 그 결과 맞벌이 가족이 증가하고 있다. 1999년 여성의 경제활동 참가율은 46.9%로 1980년의 42.8%와 비교해 큰 폭의 증가를 보이고 있다. 유배우자 여성의 경제활동 참가율은 1990년에는 47.2%였으나 1999년에는 47.9%로 증가추세를 유지하고 있으며, 유배우자 여성의 경제활동 참가율은 한국경제가 IMF 경제체제로 떨어진 이후에도 여전히 증가하고 있다.

표 10-5 여성의 혼인상태별 경제활동 인구

연 도	경제활동인구		경제활동 참가율(%)		평균 경제활도 참가율(%)
	기 혼	미 혼	기 혼	미 혼	
1985	4,391	1,584	41.0	44.7	42.9
1990	5,602	1,908	47.2	46.5	46.9
1995	6,194	2,170	47.6	50.4	49.0
1999	6,714	2,031	47.9	54.9	46.9
2007	7,589	2,503	49.9	51.3	50.6

자료 : 통계청(2007), 「경제활동인구조사」, 원자료분석

대안가족

대안가족은 동거부부가족과 독신여성가구로 나누어 살펴보기로 한다.

동거부부가족

미혼 동거라는 남녀 간의 결합형태는 서구사회에서는 하나의 가족유형으로 자리 잡고 있으나 우리 사회에서는 아직은 자유분방한 성모럴의 단면으로 인식되고 있는 면이 크다고 할 수 있다.

프랑스의 경우 20~30대 연령층에서 부부관계를 이루고 살아가는 이들 중 약 30%가 결혼이라는 제도 밖의 동거상태에 있고, 이들 중 적지 않은 수가 자녀를 두고 있으며 여러 가지 사회제도적인 차원에서 보호를 받고 있다는 점에서 동거부부를 '합법적' 인 하나의 가족형태로 인정하고 있다.[1)]

한국사회에서는 1970년대를 중심으로 주로 노동자 계층에서 생계를 위한 전략차원에서 미혼의 동거부부가 사회현상으로 나타나기 시작하였으나 대부분의 계층에서는 결혼이라는 제도 밖의 남녀 간의 결합은 경제적으로 여유가 없어서 혹은 성적 자유를 주장하는 일부 소수의 스캔들로서의 성격을 넘어서지 못했다. 현재 한국사회에서 남녀 간의 동거가 적극적인 의미에서 결혼에 대한 대안으로 선택되고 있는 새로운 측면은, 미혼 동거부부에 대한 정확한 통계수치도 제시되지 못하는 상황이기는 하지만 성에 대한 가치관의 변화와 함께 부분적으로 관찰되고 있다.

독신여성가구

독신으로서의 삶은 결혼을 필수요건으로 보지 않는 젊은 층에게 있어 자유와 독립을 위한 대안적인 생활방식으로 그 선택의 가능성이 증가하고 있다. 독신여성에 대한 사회적 편견은 점차 그 완고성으로부터 탈피하고는 있지만 짝을 이루고 살지 않는 삶 자체에 대한 남성 중심적 잣대와 평가는 뿌리 깊게 남아 있다.

사회적으로 팽배해 있는 기성세대의 독신여성에 대한 인식은 남성 중심적인 가치관을 극복하지 못하고 있다. 한국사회에서 삶의 다양성이 존중되기 위해서는 제도의 개선 없이는 사회 전체적인 차원에서의 의식의 지체를 극복하기 어려울 것이다.

---

1) 프랑스 하원은 '시민연대협약(PACS)' 도입에 관한 민법 개정안을 확정, 통과시켰다(1999년 10월). 시민연대협약에 따른 계약동거는 동거를 원하는 이성 또는 동성 커플이 동거계약서를 법원에 제출하는 것만으로 사회보장, 납세, 임대차계약, 채권채무 등에서 결혼에서와 같은 권리, 의무를 보장받게 된다. 단지 결혼과 다른 점은 서로 원할 경우 복잡한 이혼절차 없이 언제든지 갈라설 수 있다는 점이 결혼과 근본적으로 다르다. 본 법은 2000년부터 시행되었다.

가족기능의 변화

현대사회에서는 의식주를 중심으로 한 가족의 물리적 기능은 약화되고 심리적 기능에 대한 기대는 증대되는 현상을 보이고 있다. 또한 가치관의 변화로 인하여 가족에 대한 기대가 변화하고 있는 중에서도 한국사회는 여전히 가족중심주의적 이데올로기가 강하게 작용하고 있음을 알 수 있다.

혈연관계의 존속 및 유지

오늘날의 한국사회는 전통사회에서 요구되는 부계혈통의 유지현상이 뚜렷이 지속되고 있다. 여성들 스스로도 아들을 낳아야 한다는 남아선호사상을 고수하고 있고, 그 결과 출생 시의 성비 불균형 현상이 뚜렷하며 이 불균형 현상은 개선되지 않고 있다. 전통적인 가족관이 여전히 유지되고, 남아선호사상이 매우 심각함을 보여 주지만 이는 가계 계승이라는 기능적인 목적보다는 노부모세대의 관여와 가부장적인 사회의 지배문화로부터 소외되기를 원치 않는 수동적인 가치관이 작용한 결과로 볼 수 있다.

그리고 현대 한국사회에서의 부모-자녀관계는 효 실천을 기반으로 한 규범적 관계에서 애정이 관계의 중요한 핵심인 감정적 관계로 나아가고 있다. 개인적이고 인격적인 관계에 기반을 둔 사랑과 정서적 유대감이 추구되기를 기대하는 부모와 자녀 간의 관계 특성은 자녀를 출산하는 동기에도 변화를 가져오고 있다.

자녀양육 및 사회화 기능

자녀를 양육하는 한국부모들의 특성을 살펴보면, 첫째, 부모의 자녀 양육 및 사회화를 위한 역할은 아버지보다 어머니에게 과중한 부담으로 작동한다. 여성이 배우자인 남성과 마찬가지로 직업활동을 통해 가정경제에 기여하고 있는 경우에도 자녀양육 및 교육을 위한 책임은 여성의 몫으로 돌려지는 것이 대부분의 경우이다. 이는 성별 역할분담이 고착되어 있는 기존의 가치관과 부성 회복을 위한 노력을 제도적으로 뒷받침해 줄 수 있는 제도적 장비의 미흡함이 걸림돌로 작용하고 있기 때문으로 볼 수 있다.

둘째, 가정 내에서의 부모의 성 역할 분담적 태도는 자녀세대에 대해 암묵적으로 내면화되는 사회화 과정의 핵심적 내용이 된다.

셋째, 현대사회는 성취지향의 경쟁사회이다. 특히 한국사회에서 가정 내의 자녀 사회화는 타인과의 관계를 배려하는 집단의 연대성을 추구하기보다는 개인주의적 가치관을 조장하는 특성을 나타내고 있다.

정서적 안정 및 유대의 기능

정서적 역할을 수행하는 여성의 입장에서 볼 때 가정은 타 가족원에게 안식처를 제공해 주는 일터일 뿐이며, 남편과 자녀에게는 은신처 또는 최소한의 여가의 장소로 경험될 수 있으나, 대부분의 여성에게 가정은 노동의 장소인 것이다. 가정이 정서적인 안식처가 되기 위해서는 남편과 아내 사이의 정서적 서비스의 상호작용적인 교환이 반복적으로 일어나야만 가능하다.

한국사회에서 이혼율의 증가는 남편과 자녀에게 헌신적으로 안식처를 제공해 온 여성들이 '자기희생의 논리' 를 거부하는 의식의 변화를 반영하는 것이기도 하다는 것에 주목해야 한다.

경제 및 소비의 기능

현대사회에서도 가족은 구성원 간에 재화와 용역을 공유하는 중요한 장소로 남아 있다. 가구의 소득공유방식에 의해서 소비공동체로서의 가구의 경제적 지위와 삶의 질 간의 긴밀한 관계가 나타나고 있는 것이다.

가족구성원들은 상호간에 가사노동을 제공하거나 제공받는 관계에 놓여 있다. 가사노동의 사회화 · 상품화 · 기계화가 지속적으로 증대되고 있는 속에서도 여성의 가정 내 역할은 중요하게 생각되며 전 가족구성원들에게 이러한 서비스를 공유할 수 있는 장치를 마련하는 기능이 중시된다.

가족관계의 변화

현대 한국사회에서의 부모-자녀관계가 과거에 비해 많이 약화되고, 부부관계가 강화되는 방향으로 나아가고 있다고 하지만 한국 가정 내에서의 부부관계는 여전히 부모-자녀관계를 포함하고 있고, 부모-자녀관계가 부부관계에 상당한 영향을 미치고 있다.

핵가족화의 추세와 더불어 신혼살림을 차리는 '신거제(neolocal residence)' 가 증가하면서 시가(媤家)와의 관계에 있어서도 상당한 변화가 진행되고 있다. 시가의 출입만큼이나 친정의 출입이 자유로워지고 남성들에게도 처가와의 관계가 중시되고 있는 것이다. 하지만 이 같은 추세 속에서도 시가와의 관계가 처가와의 관계를 앞서고 있으며, 부계제가 중시되는 경향을 보이고 있다.

한편 핵가족의 증가가 뚜렷이 나타나고 있는 와중에도 서구와는 달리 가족구조의 내용과 성격은 확대가족에서 예상되는 복합적 성격을 나타내고 있다. 즉, '수정확대가족'의 성격을 띠고 있는데, 이는 가족구조는 핵가족 형태를 유지하고 있지만 실제관계에 있어서는 확대가족 관계를 유지하고 있는 것이다.

한국사회의 가족 내 문제점

한국사회의 가족 내에서의 문제를 부부문제, 아동문제, 청소년문제, 노인문제로 나누어 살펴보기로 한다.

부부문제

한국사회에서 부부간에 문제가 발생되는 근본적인 요인으로는 가족제도에 내재된 부부불평등과 단절되어 있는 부부관계를 들 수 있다.

가족제도에 내재된 부부평등의 걸림돌

부권주의와 부부권력관계

한국의 가족제도에서는 결코 여성과 남성의 공평한 결혼조건이 구성될 수 없는 문제를 가지고 있다. 유교주의적 부계부권 가족제도의 축은 부자(父子)관계이므로, 어머니라는 존재가 의미를 갖는 것은 아들이라는 존재가 있을 때 가능해진다. 부자(父子)관계로 가족의 대가 이어지기 위해서는 이를 떠받을 수 있는 토대가 만들어져야 하는데, 부계(父系)는 철저한 부권(父權)의 구조에서 유지되기 때문에 아버지가 소유하고 있는 권한은 가족의 의사결정권뿐 아니라 경제적 소유와 분배의 권한, 배우자의 신체적 · 성적 소유권한에 이르기까지 매우 넓은 범주에서 작용하게 된다.

가부장제 가족구조 안에서 여성 위치의 주변화

유교주의적 부계부권의 가족제도 안에서 여성이 가질 수 있는 결정권한은 주로 여성이 머무르고 있는 사적 영역에서 행할 수 있는 것들이고, 가족과 관련된 대소사의 최종적인 결정권은 가정으로 귀속된다. 최종적인 결정 권한에서 배제되어 있는 여성의 위치는 독립적인 존재로 자기 스스로를 일으켜 세울 수 있는 최소한의 힘마저 착취당하는 것이다. 중산층 이상의 40대 중·후반 전업주부들이 겪는 '빈 둥지 증후군'[2]이 우울증으로 대표되는 것은 삶의 어떤 조건도 변화시킬 수 없는 무력감이 만들어 놓은 결과인 것이다.

단절되어 있는 부부관계

한국 사회에서의 부부관계는 이 사회가 규정하고 있는 남녀의 분리구조가 그대로 녹아 있다. 성별 분업구도는 생계 책임자로서의 남성과 가사 책임자로서의 여성을 구분하고, 생업활동과 가사활동의 평가 또한 나누어 놓는다. 문제는 여성의 일(역할)에 대한 비하는 집 안에서의 일뿐 아니라 사회적 노동마저 평가절하하는 결과를 낳는다. 남편과 아내의 관계는 하는 일의 내용뿐 아니라 평가에서도 우열의 구조로 나뉘는 것이다.

단절되고 이분화되어 있는 결혼생활은 같은 시공간을 공유하면서도 의사소통의 공감과 통용방식을 공유하지 못한다는 것을 보여주며 또한 사회구조에 녹아 있는 남녀의 성별 분리구조가 얼마나 완고한지를 드러내는 것이다.

또한 부부관계에서 대화가 의미를 갖는 것은 결혼을 유지하기 어려운 중대 사유로 이혼을 결심하는 부부 중 반수 이상이 '부부간의 대화 단절'을 꼽기 때문이기도 하다. 대화가 제대로 이루어지지 않는 데는 다양한 요인이 존재한다. 남편들에게 드리워 있는 성역할 기대는 말(言)과 남성다움의 긴장관계를 끊임없이 일깨운다. 해야 하는 표현도 하지 않고, 들어야 하는 말마저 듣지 않는 과묵함을 '남성다움'으로 사회화시켜 놓은 것이다. 결국 남편이 아내를 어떤 존재로 보느냐에 따라 대화의 방향이 좌우되는 양상을 띠게 된다.

2) '빈 둥지 증후군(Empty Nest Syndrome)'은 자녀들이 성장해 부모의 곁을 떠난 시기에 중년 주부들이 느끼는 허전한 심리를 말한다. 빈 둥지 증후군은 중년기 위기 증상으로 중년기 위기는 여성들의 폐경기를 전후해서 나타난다. 정신분석학자 융은 사람들이 40세를 전후로 이전에 가치를 두었던 삶의 목표와 과정에 의문을 제기하면서 중년기 위기(Midlife Crisis)가 시작된다고 주장했다. 이런 중년기 위기는 사회경제적으로 성공하기 위해 자신의 욕구를 억압하며 살아온 것에 대한 회의와 무가치감으로부터 시작된다.

이혼문제

본 절에서는 부부문제 중 최근 우리나라에서 사회문제로 떠오른 이혼문제를 좀더 자세히 살펴보기로 한다.

이혼의 의미

이혼이란, 배우자 간 협의 또는 재판에 의해 부부관계를 해소하는 것으로, 오늘날의 높은 이혼율은 부부가족체계의 발생과 확대가족체계의 쇠퇴에 기인하고 있다. 어떤 사회에서도 이혼에 긍정적 가치를 두고 있지는 않으나, 문제 있는 결혼생활로부터 벗어나는 수단으로서 이혼은 점차 받아들여지고 있다. 이혼율이 높다는 것이 반드시 결혼제도의 쇠퇴와 가족의 존재 자체의 붕괴를 반영한다고 볼 수는 없는 것이다.

이혼에 대한 금기는 개인의 자신의 삶에 대한 통제가 주장되면서 점차 완화되기 시작했고 더불어 이혼은 증가하고 있다.

이혼 이후 생활변화

부부관계 해소 이후의 생활은 여러 측면에서 변화를 경험하게 한다.

① 현실적 문제

상호보완적인 가정생활에 익숙해 있던 이혼부부는 일상적인 현실적 과제에 있어 큰 어려움에 부딪치게 된다. 또한 경제적인 문제가 이혼 이후 크게 부각된다.

② 대인관계 및 사회적 영역의 문제

이혼을 하게 되면 가족이나 가까운 사람들도 이혼의 경험을 잘 이해해 주지 못하고 이들을 지지해 주지 않아 고통을 경험하게 된다. 이혼에 대한 부정적인 고정관념 및 사회적 관계망의 축소문제 이외에 자신의 가족을 재정의하는 문제, 이혼과정에 관한 사회적 규범의 부재 때문에 혼란에 빠지게 되기도 한다.

③ 가족관계의 문제

자녀와의 문제가 대표적인 것으로 자녀양육의 패턴과 일상적인 자녀와의 대화패턴이 달라지기도 한다.

④ 신체적 · 정신적 건강상의 문제

이혼한 사람들은 그렇지 않은 사람들보다 조기 사망률을 보이며, 알코올중독, 교통사고 및 기타 상해, 자살, 타살로 인한 사망의 확률도 높은 것으로 나타나고 있다.

⑤ 이혼이 자녀에게 미치는 영향

부모의 이혼은 가족해체로 인한 어려움에 별다른 방어기제를 가지고 있지 못한 아동에게는 여러 가지 부정적인 영향을 미치게 된다. 부모의 이혼으로 자녀는 정상적인 역할모델을 잃게 되고 사회 통제력의 상실을 경험하게 되는데, 일반적으로 별거나 계속적인 갈등상태는 이혼보다 자녀에게 더 해체적 영향을 미치게 되고, 이혼이 사망에 의한 가족해체보다 자녀에게 더 나쁜 영향을 주는 것으로 알려져 있다.

평등한 부부관계는 가족 해체 방지의 묘약

결국 가정의 민주화가 사회적 민주화의 잣대가 될 수밖에 없는 이유는, 가정이 사회화의 첫 집단이기 때문이다. 평등하지 못한 부모관계와 공평하지 못한 삶의 조건을 보고 자란 아이들이 만들어 내는 사회는 결국 태생적 신분으로 불평등을 정당화시키는 구조가 될 수밖에 없는 것이다.

인격이 존중되고 서로에게 헌신을 다 할 수 있는 부부관계와 가정 공동체의 회복은 '전통' 이라는 이름으로 미화되어 있는 온갖 불평등한 부부관계의 모순을 제거하고 공평한 삶의 조건에서 평등한 부부관계를 만들어 내는 일에서부터 시작되어야 할 것이다.

아동문제

가족문제의 하나인 아동문제는 아동성학대를 중심으로 살펴본다.

아동성학대의 정의

'아동성학대' 는 다음과 같이 정의 가능하다.

- 성인의 성적 충족을 목적으로 미성숙한 아동에게 행해지는 모든 성적 행위
- 아동의 성기를 만지거나 자신의 성기에 접촉을 요구하는 행위
- 아동의 앞에서 옷을 벗으며 자기의 성기를 만지는 행위
- 강제로 애무하거나 키스하는 행위
- 아동의 나체를 보는 것을 즐기거나 포르노비디오를 아동에게 보여 주는 행위
- 매매춘행위
- 포르노물 판매행위

아동성학대는 성폭력-우발적 성학대(accidental sexual abuse ; 낯선 사람에 의해 이루

어지는 경우)와 성학대-참여적 성학대(participant sexual abuse ; 가해자인 성인이 그 아동이 잘 알고 있는 부모, 친척, 이웃 또는 친지인 경우)로 구분 가능하다. 특히 근친상간인 경우 수개월 또는 수년간 지속된다는 특징을 갖고 있다.

아동성학대 실태

보건복지부의 '아동학대 실태 및 후유증 연구' (2000)에 의하면, 성학대는 성관계(sexual intercourse)가 일어난 경우가 전체의 61%였으며, 직접적 관계는 없이 성적 접촉을 시도한 경우가 39%인 것으로 나타나고 있다.

성학대는 가족 내 학대가 전체의 44%였고, 가족 내 학대인 경우 친부에 의한 경우가 가정 내 학대의 55%로 나타나고 있다. 가족 외 학대의 경우, 평소 안면이 있는 사람이 전체의 57%여서 전체적으로 가족이든, 평소 안면이 있는 외부 사람이든, 학대는 잘 알고 있는 사람에 의해 일어나는 것이 전혀 모르는 사람에 의해 우발적으로 일어나는 것보다 더 많음을 확인할 수 있다.

표 10-6 아동학대 유형별 실태 (단위 : 건)

연 도	계	신체학대	정서학대	성학대	방 임	유 기	중복학대
2000. 10~12	464	180	30	23	205	26	-
2001	2,105	476	114	86	672	134	623
2002	2,478	254	184	65	814	212	949
2003	2,921	347	207	134	965	113	1,155
2004	3,891	364	350	177	1,367	125	1,508
2005	4,633	423	512	206	1,635	147	1,710
2006	5,202	439	604	249	2,035	76	1,799
2007	5,581	473	589	266	2,107	59	2,087

자료 : 보건복지가족부(2008), 「2008 아동청소년백서」

아동성학대 후유증

아동은 자기 방어능력이 없기 때문에 그 후유증이 심각하게 드러난다. 아동성학대는 성장 발달단계에 있는 아동에게 단기적 · 장기적으로 신체적 · 심리적인 손상을 끼치며 동시에 성장과정에 지대한 영향을 준다. 그 영향을 정리해 보면 다음과 같다.

첫째, 가해자에 대한 아동의 직 · 간접적 성적 활동에의 참여로 아동은 사랑받고 보호받고 있다고 생각하게 된다. 이로써 성 정체성이 혼돈되고 왜곡된 성생활 양식을 습득하게 되며 부적절하고 조숙한 성적 활동에 익숙해지게 되는 부작용을 낳게 된다.

둘째, 성학대를 받는 동안의 무력감은 '아무도 나를 도울 수 없다' 는 감정을 이끌어 공포와 불안을 유발한다.

셋째, 더럽혀지고 손상받았다는 생각이 가족과 또래의 반응에 의해 강화되어 수치심, 죄책감, 자존심의 손상을 낳게 된다.

넷째, 신뢰하고 있던 부모나 아끼고 보호해 주어야 할 대상에 의한 성폭력으로 인한 배신감과 상처는 타인에 대한 불신, 적대감, 분노를 갖게 한다. 학령 전 아동의 경우 특징적으로 악몽과 공포, 불안, 우울감, 외상 후 스트레스 장애의 증상이 두드러지게 나타난다.

아동성학대의 문제점

문제점으로는 다음과 같은 사실을 지적할 수 있다.

첫째, 아동성학대는 성학대 사실을 감추거나 부정하려는 경향 때문에 드러나지 않아 접근하는 데 어려움이 많고 정확한 실태 파악도 어려운 실정이다. 특히 가족 내 학대의 경우 노출되지 않아 장기간 지속적으로 일어나는 경우가 대부분이다.

둘째, 피해 아동을 도와주어야 할 친부모가 가해자를 처벌할 의지는 없이 오히려 피해를 방치하거나 묵인하고, 비밀유지 및 희생을 강요할 경우 아동의 피해 정도는 더 심각하게 드러날 수 있다.

셋째, 성학대로 인해 격리 · 보호되는 아동들은 다른 종류의 학대를 받는 아동들과는 특징적으로 다른 후유증을 갖고 있기 때문에 신체적으로는 전문적인 산부인과 치료를, 심리적으로는 아동의 심리적 손상에 대한 상담치료를 집중 · 지속적으로 제공하는 전문화된 쉼터, 그룹홈에서 안전하게 보호받을 수 있어야 한다.

청소년문제

가족과 청소년문제와의 관계

가정은 점점 고유의 가정교육 기능을 상실하고 있어 양부모가 모두 있는 소위 '생고아' 가 늘어나고, 풍요 속에서도 고독하고 불행하며 정서적으로 불안한 가정으로 전락하고 있다. 청소년들은 불안한 가정의 생활보다는 가정 외에서 안정과 행복을 찾으려 하는 경향을 나타내고 있다.

청소년문제의 유형

청소년문제의 유형으로는 비행, 자살, 폭력, 가출 등이 있다.

비 행

여러 분야로 개념화할 수 있지만 비행이란 공동생활에서 소외당한 데 대한 적극적 반항행위이다.

현대사회에서의 청소년 비행의 특징은 다음과 같이 정리 가능하다.

- 저연령화 추세 : 16~18세 청소년들은 줄어들고 있는 반면 15세 미만의 청소년이 증가하고 있다.
- 학생비행의 증가 : 학부모들의 빗나간 교육관과 입시 위주의 교육병리 현상으로 학생들은 심한 정신적 압박을 받아 중 3이나 고 3 학생들 중 많은 수가 질병을 앓거나 범죄의 길로 들어서게 된다.
- 여자 청소년 비행의 증가 : 비행의 많은 유형이 재산범 및 직 · 간접으로 성과 관련된 비행, 즉 불건전한 이성교제나 성교, 매춘 등의 성비행으로 나타나는 소녀들이 증가하고 있다.

청소년자살

자살의 동기는 인간소외에서 발생하는 심리적 갈등을 극복하지 못한 최후의 선택이다. 현대사회의 고학력 지향의 반영, 자녀들의 과잉보호, 부모의 지나친 기대, 진학경쟁에의 몰두, 사소한 욕구불만의 문제해결능력 부족 등이 자살동기로 나타나고 있다.

폭 력

청소년 폭력은 '자기보다 약한 처지에 있는 상대에게 불특정 다수의 학생이 남이 보이지 않는 곳에서 신체적 · 심리적인 폭력을 반복하여 행하거나 심각한 공격을 가하는 문제행동' 이다. 청소년 폭력은 단순한 탈선의 차원을 넘어 심각한 범죄의 단계에 이르고 있다. 급격한 산업화 과정에서 야기된 가치관의 혼란으로 청소년 자신이 폭력행위에 대해 죄의식이나 책임감을 느끼지 못하고 있다는 것이 문제로 드러나고 있다. 또한 집단화되어 가고 있다는 데 심각성이 큰 것이다.

학교폭력 발생의 중요한 원인 중의 하나가 가정의 문제로 산업사회로 진행되면서 전통적인 가족제도가 붕괴되고 핵가족화되면서 가정의 교육에 대한 역할이 축소되고, 문제가 있는 가정이 늘어나면서 청소년들이 무방비상태로 내버려지는 경우가 많아 이것이 폭력의 주요한 원인으로 여겨지고 있다.

가 출

가족구성원의 가족집단으로부터의 자발적 이탈을 의미한다. 여기에서 문제가 되는 것은 청소년들, 즉 중 · 고등학생들의 가출이다. 가출청소년이란, 18세 이하의 어린이나 청소년으로서 집을 나와 최소한 하룻밤을 지낸 청소년을 말하고, 집 없는 청소년은 부모나 대리양육자 또는 청소년시설의 보호를 받지 못하고 집 없이 거리에서 지내는 청소년들로 대부분 빈곤가정이나 밀입국자 가정의 청소년들(특히 미국의 경우)이다.

1990년대 들어 한국의 가출 청소년 수는 크게 증가하고 있다. 청소년들의 가출은 1960년대 공업화 이후에는 주로 농촌으로부터 도시로 나오는 '탈출형 가출' 이나 '도시 동경형 가출' 이 많았으나, 경제성장이 어느 정도 진행된 1980년대 이후에는 단순 가출, 본인의 성격 결함, 욕구불만, 친구의 충동, 가정파탄 등 요인이 다양해지고 있다.

청소년 가출은 남은 가족들에게 정서적인 상처를 준다는 점에서 그 자체도 문제이지만 가출한 후 비행에 몸담게 되는 것이 더 큰 문제인 것이다.

노인문제

노인인구의 인구학적 특성

현대사회의 경제적 풍요와 의료 · 보건기술의 발달은 인간의 생명을 지속적으로 연장시켜 평균 기대수명이 점점 증가하고 있다. '2008년 OECD Health Data'의 주요 지표를 분석한 결과 2006년 한국의 평균수명이 79.1세를 기록해 OECD 회원국의 평균수명(78.9세)을 앞지르고 있다. 2006년 현재 한국인의 평균수명은 여자 82.4세(OECD 평균 : 81.7세), 남자 75.7세(OECD 평균 : 76.1세)로 나타나고 있다.

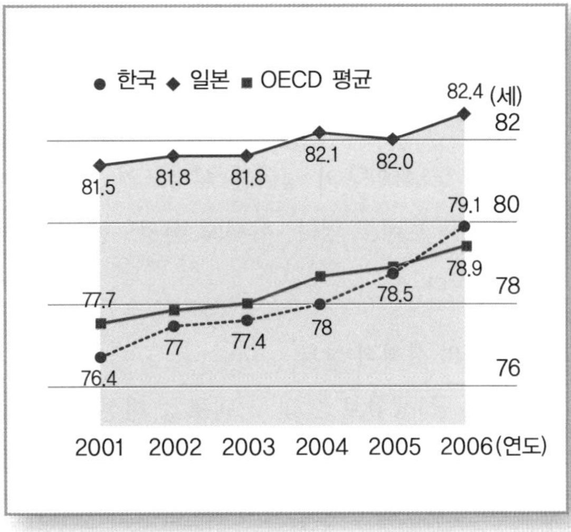

그림 10-1 한국인의 평균수명

자료 : OECD Health Data(2008)

이는 2003년과 2005년의 평균수명이 각각 75.4세와 78.5세였음을 감안하면 해마다 1.5세씩 늘어난 것으로 선진국 수준에 도달한 것으로 평가되고 있다.

산업화에 따른 노인의 경제적 지위저하 및 신체적 건강악화로 인한 사회적 역할상실은 노년기의 의존성을 증대시키고 있다. 현대사회에서의 노년기의 특성은 또 다른 사회문제를 야기시켜 노년기의 연장으로 인한 사회복지 욕구가 증가하고 있다. 노인은 생애주기상의 특성으로 소득감소, 신체적 질병, 사회적 역할 상실, 심리적 소외와 고독을 경험하게 되며 이러한 문제 중에서도 경제적 빈곤이 가장 심각한 문제로 드러나고 있다.

신체적인 면에서 65세 이상 노인의 87%가 장기간 치료 · 요양을 요하는 당뇨, 관절염, 고혈압 등 만성퇴행성 질환을 앓고 있으며, 전체 노인의 약 35%가 제3자의 도움 없이는 일상생활 유지가 곤란한 상태이다. 또한 경제적 빈곤은 다른 심리적 · 신체적 측면에도 영향을 미치는 것으로 나타나고 있다.

여성노인의 현황 및 문제

여성노인의 인구학적 특성

여성노인의 인구학적 특성 중 가장 두드러지는 것은, 평균수명이 남성보다 7~8년 정도 길다는 것과 65세 이상 남성노인의 유배우자율이 85.7%인 데 비해, 여성노인의 유배우자율은 30.4%에 불과하다는 사실이다. 이는 배우자가 가장 필요한 시기에 혼자 남게 되는 여성노인이 늘어나고 있으며 고령으로 갈수록 여성노인의 비율이 훨씬 더 높아진다는 의미가 된다.

따라서 노년 인구의 성비는 여성노인 100에 대하여 남성노인 60.7명으로, 여성노인의 과다현상을 보이고 있다. 이렇게 여성노인의 인구학적 요인은 여성노인문제의 근본 원인이 되고 있다.

여성노인의 경제적 상황

여성인구 중 생활보호 및 거택보호 대상자의 비율이 전 국민 2.7%에 비해 노인인구는 9.4%로 나타나고 있다. 또한 10명의 여성노인 중 1명이 빈곤상태에 있는 것으로 나타나고 있고, 시설보호대상자의 73.9%가 여성노인이다.

여성노인의 신체적 측면

일상생활에 있어 약간이라도 도움이 필요한 여성노인은 48.2%인 반면 남성노인은 그 절반에 불과(23.7%)하다. 일상생활 수행에 도움이 필요한 노인 중에서 실제로 부양을 받고 있는 노인은 53.3%로 나타나고 있다. 주요 부양자의 경우, 남성노인은 배우자가 2/3를 차지하는 반면, 여성노인의 경우 배우자는 12.8%에 불과하고 자녀에 많이 의존하고 있다.

사회적 · 심리적 측면에서의 여성노인

여성은 오랜 시간 동안 '가족중심' 적인 좁은 생활환경에 국한되어 왔기에 사회적 연결망이 좁고 따라서 노후적응 문제, 고독감 해소 등의 이점을 제공받을 수 있는 여러 가지 사회적 활동이 제한되어 있어 남성보다 고독, 우울감을 더 심각하게 경험하게 된다. 생활의 만족도 면에서도 여성노인은 남성노인에 비해 낮으며 우울도도 여성노인의 우울 정도가 심한 것으로 나타나 있다.

정부 가족정책의 기본 방향 및 추진과제

앞 절에서 설명한 가족 내의 문제를 해결하기 위한 정부 정책의 방향과 추진과제에 대해 살펴보기로 한다.

가족정책의 기본 방향

정부 가족정책의 기본 방향은 보편적 · 예방적 가족정책 추진, 국가–가족–지역사회의 파트너십 강화, 통합적 접근에 따른 가족정책의 체감도 향상으로 각각의 내용을 살펴보면

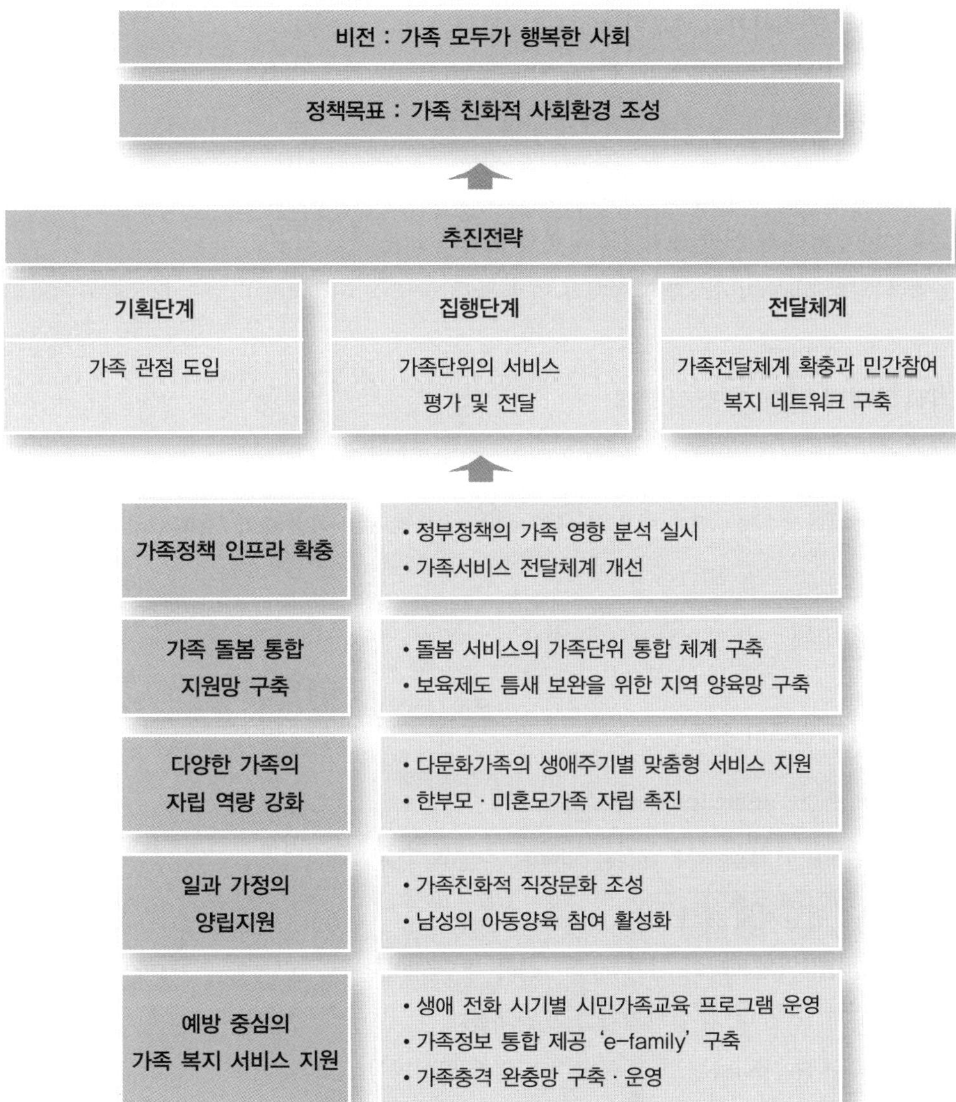

그림 10–2 가족정책의 비전과 핵심정책
자료 : 보건복지가족부(2009)

다음과 같다.

보편적 · 예방적 가족정책 추진

- 취약계층 가족 중심에서 중산층 이하 대부분의 가족으로 정책대상 확대
- 가족의 돌봄지원, 일과 가정의 양립 지원 등 사전 · 예방적 기능 강화

국가-가족-지역사회의 파트너십 강화

- 수요자 관점에서 가족의 다양한 선택을 보장
- 다양한 주체 및 자원의 협력체계 구축

통합적 접근으로 가족정책의 체감도 향상

- 아동, 노인 등 개별 복지정책과 통합성 강화
- 다양한 민관 서비스 전달체계와 연계 강화

가족정책의 비전 및 핵심정책

가족정책의 비전 및 핵심정책은 가족정책 인프라 확충, 가족돌봄 통합지원망 구축, 다양한 가족의 자립역량 강화, 일과 가정의 양립지원, 예방 중심의 가족복지 서비스 지원 등이다.

역점 추진과제

가족정책 인프라 확충

가족 영향 분석(Family Impact Analysis) 추진
정책 및 프로그램이 가족에 미치는 영향과 효과를 추정 · 분석한다.

가족서비스 전달체계 개선

- 건강가정지원센터의 지역 거점기관화 추진 : 역할강화, 전국확대 → 시 · 군 · 구(희망복지 129센터)의 협력기관으로 연계한다.
- 가족 관련 기관 유형별 가족 서비스 역할 개선방향
  - 기관유형별 가족사업 업무메뉴얼 지침 개발 · 보급한다.
  - 기관유형별 종사자 교육 및 강사를 양성한다.

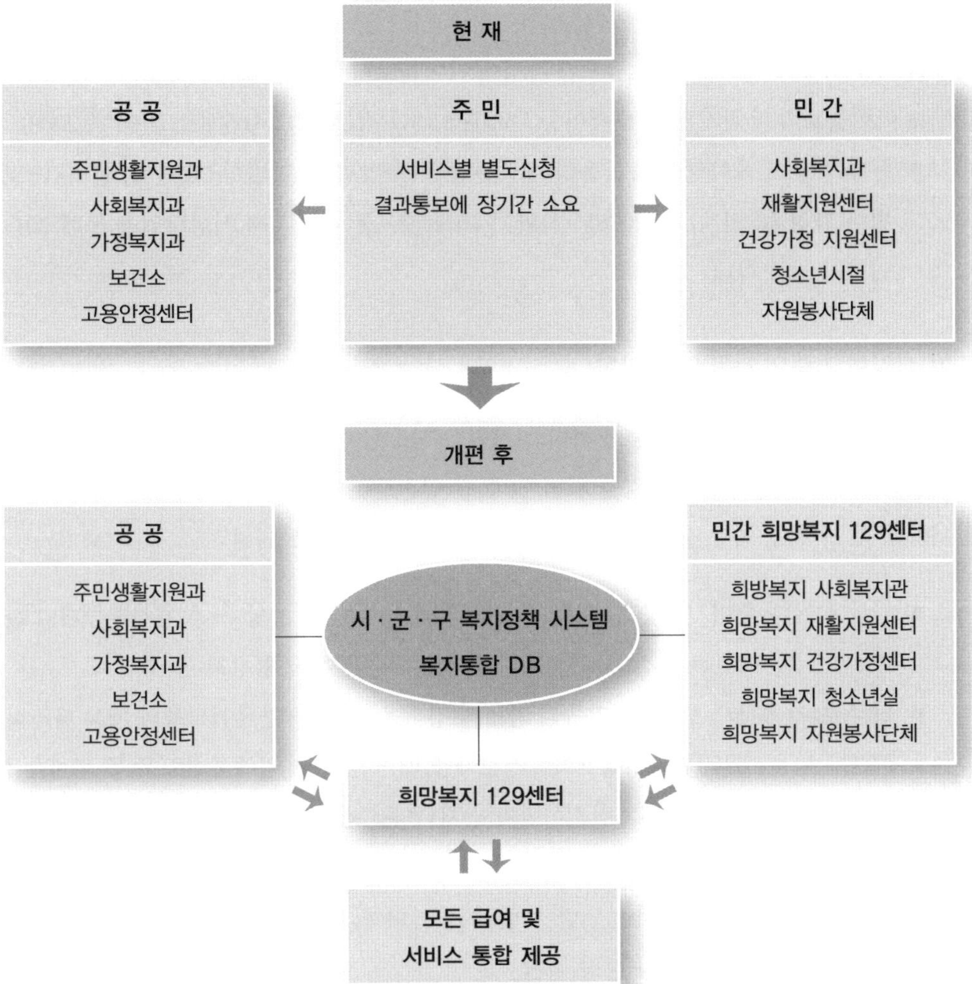

그림 10-3 가족 서비스 전달체계

자료 : 보건복지가족부(2008)

가족 돌봄 통합 지원망 구축

돌봄 서비스의 가족단위 통합 체계 구축

- 시 · 군 · 구(희망센터 129)에 가족 돌봄 서비스 관리자 배치
- 가정 내 돌봄 제공자 지지 프로그램 지원
- 건강가정지원센터, 복지관에 휴식지원 사업 등 관련 프로그램 운영 지원

지역 양육망 구축

- 긴급하고 일시적 보육이 필요한 가정에 아이돌보미 파견 확대

※ 아이돌보미 파견기관 및 수혜아동 : 38개소 10만 명(2007) → 65개소 20만 명(2008)

- 동네 품앗이 육아망 구축 · 운영(예 : 전업주부-맞벌이, 맞벌이-맞벌이, 할머니-맞벌이 가정 등 연계) → 2008년 하반기 10개 시 · 군 · 구 지역 시범사업을 통해 2011년까지 전국 확대

다양한 가족의 자립 역량 강화

다문화가족의 생애주기별 맞춤형 서비스 지원

다문화가족의 안정적 정착지원을 위해 입국 전 결혼준비기, 입국 초 가족관계 형성기, 자녀양육 및 정착기, 역량 강화기 등 생애주기별로 필요한 서비스 지원

- 입국 전 결혼준비기 : 중개과정에서 인권침해 등의 문제 예방 → 국제결혼중개업 관리, 국제결혼이민관 파견, 사전정보제공 사업, 결혼준비교육 강화 등 추진
- 입국 초 가족관계 형성기 : 가족의 안정적 정착을 지원 → 한국어교육의 매체 다각화(집합 · 방문 · 온라인 · 방송교육), 정보제공 매거진 발간, 가족통합교육 등 체계화
- 자녀양육 및 역량강화기 : 결혼이민자의 자녀양육능력 향상, 보육시설 이용 확대 지원 및 취업교육을 통한 자립 지원 강화
- 이를 위해 다문화정책 추진기반 마련, 지역사회 협력네트워크 구축, 대국민 다문화 인식개선 등 다문화 역량 강화 추진

한부모 · 미혼모가족 자립 촉진

- 저소득층 한부모 자산형성지원(IDA) 및 사례관리사업 추진 → 주택구입, 창업 자금 등 한부모 가족이 소액 저축 시 국가(민간)에서 절반씩 지원하는 사업 추진
- 이혼가정 '미래설계 상담 의무제', '자녀양육비 대지급제(代支給制)' 도입 추진 : 이혼 시 부모자녀교육 등을 의무화하도록 민법 개정 요청-이혼가정 자녀양육비 국가 대지급제(代支給制) 도입(양육의무자에게 사후 구상권)
- 미혼모 출산 · 양육 · 자립 지원 : 시설보호 필요를 감안하여, 보호 유형별로 2010년까지 34개소 확충

일과 가정의 양립 지원

가족친화적 직장문화 조성

- ‘가족친화제도 우수기업’ 인증 추진
- 탄력근무제, 자녀양육 · 부양지원 · 근로자지원, 가족친화문화제도 등 각 기업의 가족친화 수준 측정
- 가족친화지수(Family Friendliness Index : FFI) : 가족친화제도 활용도 측정지수 → 가족친화 경영 컨설팅, 교육 프로그램 개발 · 보급

남성의 아동양육 참여 활성화

- 남성의 자녀 양육 참여 프로그램 운영 지원
  - ‘저녁 학부모회의’, ‘아버지 모임’ 등 결성 학교 운영 지원
  - 아버지 요리교실, 아빠놀이왕 대회 등 교육을 사회전반으로 확대
  - 매월 6일을 ‘육아데이’로 하고 정시퇴근 등 남성의 양육참여 캠페인 실시
- ‘찾아가는 아버지 교육’ 지원 확대
  - 보육시설 · 학교 및 직장에 찾아가는 맞춤형 아버지 교육 지원확대
  - 전경련 · 중소기업연합회 등과 협조하여 자발적 참여 기업 확보

※ (2006년) 62개 기관 3,346여 명 → (2007년) 150여 개 기관 8,184명

예방 중심의 가족복지 서비스 지원

생애 전환 시기별 시민가족교육 프로그램 운영

- 지자체, 종교단체 등 유사 교육기관 협의체 구성 · 운영

※ 신혼기 : 예비부모역할, 자녀양육기 : 자녀와의 의사소통법, 중년기 : 노년기 준비법 등

- 초 · 중 · 고, 대학 교과과정에 가족의 다양성 등 포함 추진

가족정보 통합 제공 (가칭) ‘e-family’ 구축

- 생애주기별 교육 및 정보제공 : 예비부부교육, 부모교육, 가정법률 등
- 가족 관련 상담 : 아동 · 청소년, 사회복지 등 전문상담과 연계
- 가족유형별 서비스 : 맞벌이 가족, 이혼가족, 조손가족 등

가족충격 완충망 구축 · 운영

시 · 도(필요시 시 · 군 · 구)별로 관내 청소년지원센터, 건강가정지원센터, 의료기관 등으로 '가족충격 완충망' 을 구축

가족문제 해결방안

가족문제의 해결은 가족의 전체성을 고려한 가족정책 및 프로그램과 서비스로 확대되어야 할 것이다. 이에 몇몇 방안을 제시해 보기로 한다.

관련법의 제정과 제도의 도입

가족문제와 가족의 욕구를 해결할 수 있는 현재의 각종 가족관련법을 보완 · 통합하여 체계화하고 조직하기 위해 가족복지법의 제정이 필요하다.

가족수당제도의 도입

소득보장의 차원에서 가족기능을 정상화하고 경제문제로 인한 가족위기 및 가족해체를 막기 위해 선진국에서 이미 도입 · 실시되고 있는 가족수당제를 검토 · 연구하여 한국적 상황에 부합하는 가족수당제를 도입하여야 한다.

앞서 설명한 가족수당제도에 포함되어야 할 내용이 아동수당제에 관한 부분이다. 아동수당제도는 아동의 양육에 필요한 비용을 사회적으로 분담한다는 의미로 개별가정의 양육비부담을 줄이고 동시에 공동으로 책임진다는 의미도 있다. 또한 이는 저출산 예방책이기도 하다.

아동은 한 가정의 구성원일 뿐만 아니라 사회의 자원이라는 점에서 중요한 의미를 지닌다. 그러나 현대사회에서는 아동양육의 의미에 큰 변화가 일어났고 양육비의 증가와 여성의 사회활동 참여로 자녀양육을 기피하는 현상까지 발생하고 있다. 이러한 현상으로 아동의 양육을 개별 부모에 맡겨두지 않고 사회전체가 아동양육의 책임을 분담하는 의미의 아동수당제도가 필요한 것이다.

체계적이고 종합적인 가족정책 수립

가족문제에 대처하는 현행 정책의 가장 큰 문제점은 가족복지대책을 위한 여러 정책과 프로그램은 있지만 가족 전체를 통합적으로 지원하는 포괄적이고 종합적인 가족정책이 없다는 것이다. 예를 들어 한부모가족, 노인단독세대, 소년소녀가장가족, 다문화가족 등 새로운 가족형태까지 적극적으로 인정하고 이를 위한 자원을 전체 사회구조 차원에서 문제의식을 갖고 다각적으로 지원해야 할 것이다. 물론 앞 절에서 살펴본 것처럼 '가족 서비스 전달체계의 개선' 이 마무리된다면, 현행 가족정책이 긍정적 결과를 가져올 수도 있을 것이다. 즉, 앞으로의 가족정책은 가족구성원 개개인에게 초점을 맞추는 것이 아니라 '한 단위로서의 가족 전체' 에 주목하면서 가정의 보호 · 보장 · 강화를 도모하는 데 목적을 두어야 하는 것이다.

가족상담 및 가족치료 프로그램 강화

전통적인 가족에서와는 다르게 현대의 핵가족에서는 가족갈등이 야기될 경우나 가족이 위기를 맞이했을 경우 이를 중재 · 조정하거나 조언 또는 직접 도움을 줄 수 있는 기제가 존재하지 않는다. 따라서 가정 안에 갈등이 생기면 심한 감정표출과 함께 가정폭력이 쉽게 발생할 수 있고 이혼이나 별거 등을 순간적 감정으로 결정할 수도 있다. 또한 가족이 사회 · 경제적 위기에 직면했을 때 동반자살 등의 극단적인 행위도 서슴지 않게 된다. 이러한 상황을 방지하기 위해서 가족의 갈등해결을 돕고, 가족 위기 시 각종 사회자원을 동원하여 위기상황을 헤쳐나갈 수 있도록 가족상담 및 가족치료와 같은 외부개입이 필요하다. 가족치료와 가족상담 프로그램은 단순 상담을 벗어나 가족이 필요로 하는 각종 지역사회자원을 발굴하고 연결하는 기능을 포함해야 한다. 이를 위해서는 이 프로그램들이 기존의 지역사회복지관을 중심으로 실시되어야 할 것이다(김종일 외, 2005 : 405).

가족복지 서비스 전달체계

가족복지 서비스 전달체계를 구축해야 한다. 현 정부가 계획한 가족정책의 추진전략 중 한 부분인 '가족전달체계의 확충과 민간참여 복지네트워크 구축' 이 전국차원으로 확대 · 추진된다면 긍정적인 결과를 얻을 수 있을 것이다.

내용요약

1. 가족이란?

① 가족 : 부부와 그들의 자녀로 구성되는 기본적 사회집단으로서 이들은 이익관계를 초월한 애정적 혈연집단

② 가족문제 : 가족의 평형이 유지되지 못하거나 가족구성원이 긴장과 혼란을 유발하는 경우를 포괄적으로 일컬음

2. 한국사회의 가족의 변화

① 가족구조의 변화

② 가족형태의 다양화

3. 가족기능의 변화

① 혈연관계의 존속 및 유지

② 자녀양육 및 사회화 기능

③ 정서적 안정 및 유대의 기능

④ 경제 및 소비의 기능

4. 가족문제 해결방안

① 관련법의 제정과 제도의 도입

② 체계적이고 종합적인 가족정책 수립

③ 가족상담 및 가족치료 프로그램 강화

④ 가족복지 서비스 전달체계

check

1. 가족규모 축소의 원인에 대해 생각해 봅시다.

2. 한국사회에서의 가족형태의 다양화의 예를 찾아 논의해 봅시다.

3. 대안가족의 예를 하나 혹은 복수로 택해 각자의 생각을 나누어 봅시다.

4. 한국사회의 가족문제의 해결책에 대한 각자의 생각을 정리해 봅시다.

CHAPTER 11

교육문제

주요용어

교육, 교육불평등, 지식기반사회, 학교의 서열화, 국가의 교육독점, 학력경쟁, 교육의 공공성, 헤드스타트 프로그램, 드림스타트 프로그램

교육문제의 이해

교육의 개념

교육(education)은 전문화된 교사가 학생들에게 기술, 지식 및 가치를 전수하는 체계적이고도 공식적인 과정이다. 산업사회의 도래와 함께 근로자가 의존해야 하는 기술과 지식이 복잡해졌고, 사무노동이 확대되면서 문자를 다루는 능력이 매우 중요해졌으며, 모든 노동에서 수학적 능력이 기본적으로 필요하게 되었다. 이러한 문제를 해결하기 위해 대량교육, 즉 공식교육의 확대가 불가피했다(Sullivan, 2000 : 506).

오늘날의 교육제도는 몇 가지 기능을 수행하고 있다. 첫째, 새로운 사회구성원을 사회화시킴으로써 사회 · 정치 · 경제적 질서를 유지하는 것이다. 둘째, 사회가 필요로 하는 퍼스낼리티의 형성이다. 즉, 교육은 사회적으로 바람직한 사회적 자질, 예를 들어 경쟁의식, 이타주의, 용감성, 동조, 근면 등을 길러 준다. 셋째, 성인역할(adult role)의 준비이다. 즉, 복잡한 현대 분업사회에서 요구하는 전문적인 역할을 수행하는 데 필요한 지식이나 기술을 습득하고, 급속하게 변화하는 사회에서 적응할 수 있는 능력을 기르도록 하는 것이다(Eitzen & Zinn, 2000 : 387).

이러한 교육에 대한 이해와 함께 교육문제에 대해서는 학자에 따라 조금씩 다르게 나타나고 있다. 무니, 녹스 그리고 샤흐트(Mooney, Knox & Schacht)는 학업성취도, 학교폭력, 중퇴, 불충분한 교육시설과 인력, 교사의 자질부족을, 커랜과 렌제티(Curran & Renzetti)는 불충분한 교육재정, 인종별 교육격차, 교육자원의 불평등, 교육의 질을, 자스트로(Zastrow)는 교육의 질, 교육불평등, 교육목표의 혼란, 교사에 대한 처우문제를, 아이젠과 진(Eitzen & Zinn)은 교육불평등을, 설리번(Sullivan)은 인종별 교육격차를, 파릴로, 스팀슨 부부(Parrillo, Stimson & Stimson)는 교육격차, 중퇴, 성인문맹, 교육에서의 관료화문제, 교육의 질 문제를 포함시키고 있다. 이들이 지적한 여러 문제 중 공통적으로 지적하고 있는 문제가 교육기회의 차별화, 즉 '교육불평등문제' 인 것이다.

사회발전과 교육불평등의 개념

한국사회에서 형식교육(제도교육) 또는 보편교육이 자리 잡게 된 것은 해방 이후 의무교육이 시작되면서부터라고 할 수 있다. 해방 이후 교육받은 인재의 부족은 사회의 안정과 발전에 큰 걸림돌로 작용하는 가운데 소수의 교육받은 인재들은 높은 사회적 지위를 향유하게 되었다. 이 점은 한편으로는 일반 국민들에게 교육의 중요성을 일깨워 교육에 대한 높은 욕구를 갖게 하였으며, 다른 한편으로는 그 욕구 정도가 과도한 것으로 파악되어 사회문제로 부각되기도 하였다.

사회발전 동인으로서 교육의 중요성이 강조되는 가운데 교육이 갖는 내적 문제점은 교육에 대한 욕구와 그것을 수용하는 제도와의 모순에 관심이 집중되어 왔다. 그러나 전체적인 면에서의 교육문제는 교육이 갖는 모든 측면에서 제기될 수 있는 것이며, 통상 교육에 대한 접근기회, 교육과정, 교육결과 등의 측면에서 접근할 수 있을 것이다. 이러한 문제들이 국민 모두에게 해당하는 문제라면, 계층 및 지역적 차원에서 교육문제에 대한 접근은 보다 실질적인 문제로 여겨질 수도 있다. 즉, 개인의 사회적 지위를 결정하는 가장 중요한 요인으로서 교육이 작용하고, 교육에 대한 욕구가 일반국민들에게 보편적으로 나타나고 있는 가운데 지역 · 계층 간의 교육격차를 해소할 수 있는 방안이 포함되어야 한다.

교육불평등은 교육기회(교육에 대한 접근기회)의 불평등의 의미로 사용된다. 그러나 교육조건의 격차, 교육결과의 격차를 의미하기도 한다. 교육기회의 불평등은 사회경제적 요인에 의하여 교육을 받을 수 있는 기회가 불평등한 경우를 말한다. 교육기회의 불평등 여부를 판단하는 기준으로 흔히 교육형평지수가 사용되는데, 이를 통하여 계층 간, 지역 간,

성별 교육기회의 불평등을 파악한다(김신일, 1994 : 108).

그러나 교육불평등은 교육기회뿐만 아니라 교육조건으로서의 교육과정, 교육결과에 있어서의 불평등 등 포괄적인 요인들을 고려해야 한다. 특히 교육에 대한 욕구가 강하고 교육이 사회적 성취의 중요한 요건으로 작용하는 사회일수록 교육불평등의 요인에 대한 분석은 그만큼 어려운 일이 될 것이다.

교육문제의 정치 · 경제학

현대사회에서 사회계급을 구성하고 재생산하며 사회이동을 가능하게 하는 주요 자원 중의 하나가 '교육' 이고, 교육은 지식과 기술훈련을 통해 노동력의 가치를 높여 사회적으로 승인된 지위역할을 수행할 수 있도록, 그에 따른 높은 소득과 지위를 보장하기도 한다.

교육의 경제 · 정치종속성

교육의 경제종속성

'교육내용의 경제종속화' 란 교과 편제 및 내용, 명시적 또는 잠재적 교육과정에 따른 가치 형성이 주로 경쟁력 강화와 생산성 향상에 초점이 맞추어져 나가는 것을 말한다. 그 내용으로는 첫째, 과목 선택 중심과 능력별 교육과정이라는 장치들로 이 같은 장치들은 수월성을 추구하는 것일 뿐 아니라 입시와 취업에 유리한 과목으로의 집중, 그에 대한 가치부여 등의 부정적 결과들을 초래하게 된다. 대학교육에서 인문사회 분야가 축소되고 자본이 요구하는 교육과정이 심화되는 추세가 입시전형에 주로 반영되어 나갈 경우 교육내용의 편향 및 경제종속화는 더욱 심각해지는 것이다.

둘째, 학급이라는 교육단위의 의미가 축소 내지 상실되는 문제로 '능력별 교육과정' 의 확대는 학급 의미의 약화를 가져오고 고교의 선택 중심형 교육과정에서는 학교의 개념이 사실상 없어진다. 학급이라는 교육단위는 갈수록 개별화되어 가는 교육환경에서 그나마 인성교육, 사회성과 공동체성, 민주주의에 대한 훈련 등을 공동적으로 해나갈 수 있는 교육적 단위이다.

셋째, 학교의 서열화는 교육적으로, 계급적으로 많은 것을 의미한다. 입시위주 교육, 많은 학생들이 받게 될 구조적 열등감과 패배감, 교육불평등과 계급계층 재생산, 교원신분의 차별화와 안정성 상실, 교육권과 재정에 대한 국가적 책임의 방기 등이 학교서열화 속에서 심화될 수 있다.

넷째, 경제논리가 교육을 주도하는 것을 넘어서 학교 자체가 하나의 상품시장으로 전락될 수 있다는 것이다. 학교와 교사, 강좌들도 하나의 상품으로 취급되는 것이다. 학교서열구조는 필연적으로 학교시장화와 연결된다. 게다가 제7차 교육과정의 특성과 정부의 신자유주의적 정책은 학교시장화를 촉진하는 것으로 작용하고 있다.

교육의 정치종속성

관주도적인 교육, 권위주의적인 교육행정의 구조와 운영, 교육내용에 대한 중앙집권적인 통제, 교육정책 수립 · 시행과정에서의 비민주성, 교사와 학생의 자율성 부재 등의 문제는 교육에 대한 힘의 행사가 다양한 교육주체에 균형 있게 분산되어 있지 않고, 국가에 편재되어 있음을 말해 주는 것이고, 이를 '교육의 국가독점'이라 한다.

학교의 교육과정을 국가에서 관장하는 이유로는 첫째, 제도적 공교육으로써 행해지는 학교교육에 관하여 국가가 그 기본 방향을 제시해 주고자 하는 것이며, 둘째, 각급 학교에서 배우고 익혀야 할 최소 필수의 교육내용을 국가에서 선정해 줌으로써 교육의 질을 관리함과 동시에 각급 학교별 · 학년별 교육내용의 연계성을 도모하고자 하는 의도이다. 셋째, 학교교육의 목표 및 내용의 편파성, 일방적인 종교성 혹은 비합리적인 개인의 신념 등에 대한 피해를 사전에 예방함으로써 비교적 국민 전 계층이 받아들일 수 있고 인정할 수 있는 수준에서 학교교육을 실시하고자 하는 의도를 갖는 것이고, 넷째, 국가적 수준에서 학교교육을 통해 길러져야 할 바람직한 인간상과 실현하고자 하는 사회상 등을 제시함으로써, 교육행정가와 교사들에게 자신들이 행하고 있는 교육이 국가에서 요구하는 교육의 기본방향과 일치하는지를 점검할 수 있도록 하자는 의도인 것이다.

교육과 계급재생산

지배계급의 이데올로기적 장치

알튀세(Althusser L.)는 '이데올로기와 이데올로기적 국가장치'에서 학교와 대학을 포함한 '교육장치'를 '자본주의 사회 구성체의 지배적인 이데올로기 국가장치'로 설정하여 교육내용 자체가 중립적일 수 없음을 지적하고 있다. 부르디외(Bourdieu P.)는 불평등을 재생산하는 실질적이고 이데올로기적인 교육의 기능에 대해 설명하고 있다.

> 교육(action pédagogique)은 계급들 사이의 문화자본의 불균등한 분배를 재생산하고, 지배집단은 이익을 보존하며, 불평등한 사회구조를 재생산한다. 가장 높은 지위에 있는 행위자는 지배집단의 객관적 이해를 가장 잘 대변해 주고 있다. 시험은 단순히 선발의 공정성을 인식하게 하는 것이며, 지배계급을 보호하기 위한 제도적 장치이다. 학교는 문화적 자본을 풍부히 소유한 아동들에게는 유리하게 작용하고 있으며, 그렇지 못한 아동들은 합법적으로 정당하게 탈락시키는 기능을 한다. 학교는 학업성취의 결과를 개인차나 능력, 객관적 시험절차에 의해 나타나는 자연스런 불평등현상으로 오인하게 하는 것이다. 즉, 후천적 불평등의 현상을 선천적인 것으로 보이게 한다는 것이다.

교과과정, 시험, 관료적 통제, 경쟁에 대한 강조를 통하여, 학교는 학생들에게 그들 부모의 지위와 유사한 경제적 지위에 걸맞도록 함으로써 사회의 계층구조를 반영하고 있다.

빈부격차에 따른 교육기회의 불평등

빈부격차에 따른 교육기회의 불평등 현상은 상대적으로 계급 간 세습 성향이 강한 한국사회에서 그 성향을 더 강화시켜 빈익빈 부익부라는 사회문제를 발생시키고 빈곤층에게는 빈곤의 악순환이 강화되는 경향을 보이고 있다. 따라서 우리 사회에서 가장 큰 교육의 문제점은 경제적 능력과 비례하는 교육기회의 부여라는 불평등 현상을 타파하는 것이다. 계급 간 교육기회의 차이는 공교육 부문에서보다 사교육 부문에서 극명하게 나타나고 있다. 사교육은 유아교육으로부터 고등학교에 이르기까지 다양한 영역에서 발생하고 있다.

학교의 체제유지 기능

부르디외가 설명하는 '교육의 장(場)' 이란 "지배이데올로기를 재생산하는 원천이며, 일정한 계급의 성향, 즉 계급 아비투스(habitus)을 재생산하는 공간" 이다. 즉, 학교는 계급을 구조화시킴으로써 사회불평등구조를 문화적으로 재생산하는 메커니즘이라는 것이다. 여기에서 아비투스는 경험 속에서 습득된 인식으로, 경험과 실천 속에서 구성되고 내면화된 객관성을 의미한다. 이 객관성은 이론영역에서 미리 주어진 구조나 규칙이 아니라 경험적으로 습득된 것으로 부르디외는 이를 '사회화된 의식(sense)' 이라고 칭하고 있다 (Bourdieu P., 2002 : 75).

교육문제의 발생원인

한국사회의 교육문제의 핵심은 교육기회와 교육조건의 불평등에 있다. 이러한 불평등의 발생원인은 대개 개인적 요인, 제도적 요인, 사회구조적 요인의 세 가지로 나누어 볼 수 있다.

개인적 요인

불평등이 빚어지는 근본 원인을 개인에게서 찾으려는 입장이다. 개인의 지능, 특수 재능 등의 차에 따르는 교육기회의 차는 감수하여야 한다. 그리고 교육이 진행되는 과정에서 능력이나 노력의 부족으로 탈락하는 것은 전적으로 개인의 책임이다. 본 입장의 주장자들은 교육이 능력주의에 근거하고 있으므로 교육의 출발점과 진행과정에서 이루어지는 선발의 결과로 생기는 교육기회 분배의 불균등은 그 자체로서는 문제될 것이 없다고 주장한다.

제도적 요인

문제의 원인을 교육제도와 교육기관의 기능 부조화에서 찾는다. 학제, 입시제도, 학교시설, 교육재정 등을 비롯한 교육의 제도상의 결함이 불평등을 초래한다는 것이다. 학교 간의 시설과 교사 자질의 차이도 자주 지적되는 요인이다. 예컨대, 교육의 제도적 측면과 학교에 불평등의 원인이 있다는 입장이다. 이 입장의 지지자들은 교육제도와 학교의 개혁을 통하여 교육평등을 이룩할 수 있다고 믿는다.

사회구조적 요인

교육불평등은 사회의 구조적 모순에 기인하기 때문에 교육제도만의 개혁으로는 교육평등의 실현은 불가능하다는 주장이다. 즉, 교육불평등은 사회불평등의 반영이며, 교육은 사회평등의 증진에 아무런 공헌도 할 수 없다는 것이다. 교육불평등의 궁극적 해소를 위해서는 사회개혁이 불가피하다.

한국 교육문제의 분석

한국사회의 '학교 교육의 위기' 의 구체적 내용을 살펴보면 첫째, 학교 종별이나 학교 급에 따라 다양한 양상을 보이지만, 학교 현장은 전반적으로 학생들이 정말 배우고자 하는 욕구를 충족시키지 못하며 교사들 역시 스스로의 노력이 제대로 효과를 낼 수 없는 학교 현실에 깊은 회의를 지니고 있다. 이는 교육과정이나 학교의 운영과 관련된 제도나 관행, 행정구조 등 전반적인 학교교육 체제에서 비롯된 것이다.

둘째, 학교교육 현실 인식에 있어, 학생들이 교사들에 비해 기존의 학교체제에 관하여 더 부정적인 반응을 보인다는 것이다. 예를 들어 수업이 제대로 이루어지지 않는 점에 대해 교사들은 사교육이나 학생들의 산만함을 이유로 드는 반면, 학생들은 과목 자체가 흥미가 없거나 교사의 불성실 탓으로 생각하고 있다.

셋째, 전통적인 학교의 필요성이나 효용성에 관하여 학생들은 교사나 부모세대에 비하여 훨씬 높은 비율로 부정하고 있다. 학생들은 자신이 원하지 않는 과목은 배우지 않아도 되기를 바라고 있으며 교과의 실용성을 원하고 있다.

넷째, 학교교육은 교실에서 뿐만 아니라 제도적 수준에서도 이미 종래의 위치를 잃고 있다. 교육개혁을 통해 추진하는 학교체제의 다양한 정책은 기존의 학교가 고수해 온 형식과 내용을 넘어서 학교와 학교 밖의 경계를 상당 부분 해체하고 있고, 아직 주류를 이루고 있는 것은 아니나 현대교육의 이념과 기본 가정, 운영체제에 근본적인 이의를 제기하고 대안적인 교육 이념과 방식을 추구하는 대안교육과 탈학교 운동도 호응을 얻고 있는 상황이다.

더욱이 7차 교육과정[1]에 내재된 교육 방향과 목표가 신지식인 양성이나 경쟁력 강화 등 엘리트주의 교육을 표방하고 있으므로 상위그룹과 하위그룹 간의 차이는 더 심각해질 것이며, 상위그룹에 속하지 못한 다수의 아이들이 갖게 될 구조적 열등감, 패배감은 치유 불가능한 상태로 떨어지게 될 것이다.

교육정책의 문제

한국사회의 교육제도의 가장 큰 문제는 교육평등권 실현의 장인 공교육제도가 평등하지 못하다는 점과 사회를 올바른 방향으로 이끌어 갈 수 있는 지식생산과 이를 담당할 주체 형성의 발굴에 취약하다는 것이다.

교육재정 문제

신자유주의는 교육에 대한 재정적 투자를 줄이면서도 자본이 필요로 하는 유연한 노동력은 더욱 효율적으로 공급받고자 공교육 분야를 교육공급자–교육상품–교육소비자의 구조로 파악하면서 학생 및 학교 간 경쟁구조의 창출, 국가에 의한 규제완화 및 민간참여 확대, 기업적 경영방식의 교육부문에의 도입, 교육비의 수익자부담원칙 확대 등을 추진하고 있다.

교육계획의 부재

교육은 장기적인 '교육 마스터플랜' 이 마련되어야 함에도 정부가 바뀌고, 교육당국자들이 바뀔 때마다 과거정책은 경시되고 새로운 정책이 출현하고 있다. 명확한 대학입시 제도와 체계적인 진로지도가 잘 정리되고 신뢰성 있게 진행될 때, 공교육은 신뢰를 받을 것이고, 국민은 각자에 알맞은 장래 비전과 실천계획을 세울 수 있을 것이다.

---

1) 8차 교육과정의 적용시기 : 수학과 영어만 2년 앞당겨서 고등학생이 되는 2009년부터 시행한다. 초등학교는 2009년 입학생부터 적용하고, 중학교는 2010년 입학생부터(현 초등학교 6학년 해당), 고등학교는 2011년 입학생부터(현 중학교 2학년 해당) 적용한다.

표 11-1 연도별 정부예산 대비 교육부예산 (단위 : 100만 원)

연 도	정부예산(A)	교육부예산(B)	B/A(%)
1965	94,652	15,331	16.2
1980	5,804,061	1,099,159	18.9
1990	22,689,433	5,062,431	22.3
1995	54,845,022	12,495,810	22.8
2000	93,937,000	19,172,028	20.4
2007	156,517,719	30,486,332	19.5

자료 : 교육과학기술부(2008)

전인교육의 부족 : 교육문제의 이중성

현행 교육의 가장 큰 문제 중 하나로 교육문제 자체가 지닌 이중성에 대해 살펴보면 다음과 같다.

- 학교교육은 창의성을 고무시키지만, 실제 창의적인 학생들은 학교나 사회로부터 방해를 받고 있다.
- 학교교육은 개방된 정신을 고무시키지만, 교사들은 여전히 교조(dogmatic)적이다.
- 학교교육은 성숙된 학생으로 성장시키기 위한 목표를 지니지만, 실제로는 성숙에 필수적인 자유를 제공하지 못하고 있다.
- 학교교육은 학생들의 개별적 욕구를 충족시키기 위한 서비스를 제공해 주어야 하지만, 실제적으로는 거의 모든 면에서 순종을 요구받고 있다.
- 학교교육에서는 학생들이 잠재력을 발휘할 수 있도록 목표를 세우지만, 실제 실패자에 대해 지속적으로 낙인을 찍음으로써 일종의 경쟁심이 길러진다.
- 학교교육에서는 학생 개인의 가장 뛰어난 재능을 최상으로 이끌도록 계획되어 있지만 그들의 재능과는 상관없이 특정 범주 내의 학생들에게만 이익이 돌아가고 있다.

교육의 부정적인 견해에 대한 근본적인 재검토와 공교육을 강화하기 위한 실질적인 교육투자의 확대 등이 우선적으로 이루어져야 할 것이다.

학력경쟁

학력사회는 사회자원의 배분 및 인적 자원의 충원과정에서 학위와 그 연고가 지배적인 사회로, 한국사회는 학력이 성공적인 사회진출을 위한 가장 중요한 통로로 인식되고 있는 사회이다.

학력주의가 가속화된 주요 원인으로는 ① 전통적인 문화적 의식, ② 국가주도의 산업화에 발맞춘 국가 주도의 교육확산 정책, 그리고 학력이 노동시장을 분단하는 가장 중요한 요인으로 입사와 승진, 소득, 노동조건 등을 차등화시키는 요인이 되어 있기 때문이라 할 수 있다.

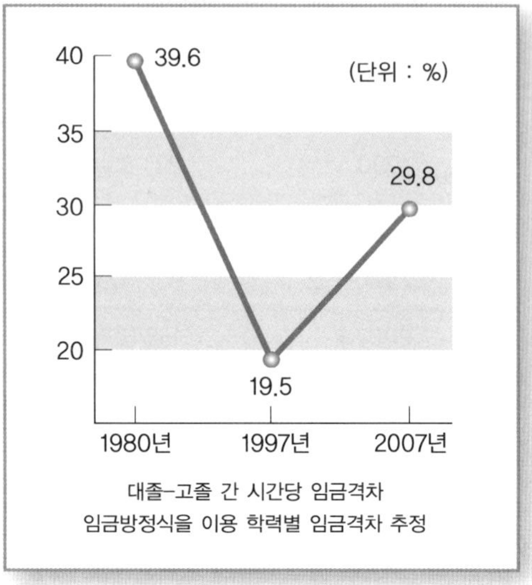

그림 11-1 학력별 임금격차 추이
자료 : 한국은행(2008),
「고용구조의 변화와 학력별 임금격차」

학력사회의 가장 큰 문제는 획일화, 서열화된 학력에 따라 부와 권력을 불평등하게 배분한다는 데 있다.

2008년 한국은행이 발표한 '고용구조의 변화와 학력별 임금격차'에 따르면, 2007년 현재 대졸-고졸 간의 시간 당 임금차이는 29.8%였다. 이들 간의 임금차이는 1980년 39.6%에서 1997년 19.5%까지 좁혀졌으나 1998년부터 확대되기 시작하였다.

교육의 보수적 특성

교육의 목적은 사회적 평등화에 있다. 그러나 한국의 교육체계는 교육이 기회균등이라는 사회적 이상을 실현하기보다는 기존 지배계급의 이익이나 특권을 재생산하고 있다는 분석이 지배적이다. 이렇게 한국의 교육이 자체적인 성격상 보수적일 수밖에 없는 이유는, 학교에 부여된 기능이 사회의 유지를 위해 사회구성원들(아동 · 청소년)에게 가치, 역할, 전문지식 등을 가르치는 것이었기 때문이다. 즉, 문화를 변화시키는 것이 아니라 그 사회의 문화를 유지시키는 것으로 작동한 것이다. 따라서 학교에서 사회가 인정한 규범에서 벗어난 창의적인 사고나, 사회규범을 의문시하는 태도는 용납되지 않았던 것에 문제가 있는 것이다.

교육문제의 해결을 위하여

앞에서 논의된 문제들의 해결을 위한 대안을 일반적 해결책과 사회복지적 접근으로 나누어 살펴보고자 한다.

일반적 해결책

교육에 관한 원칙을 다시 세워야 한다

공공성의 핵심은 똑같은 기회를 계층에 관계없이 부여하는 것이 아니라 가장 가난한 계층의 학생에게 가장 많은 교육기회를 주는 데 있는 것이다. 현재의 공교육 시스템 내에서는 교육 기회 불평등 문제를 해결할 수 없기 때문에 '새로운 개념의 공교육 제도'가 필요하다.

공교육의 정상화를 위해서는 '교육의 공공성' 확립이 우선되어야 한다

현재의 교육정책은 '신자유주의정책'을 교육부문에 적용하여, '공공부문'으로 이행하는 과제를 추진하기보다는 오히려 '교육 시장화'로의 이행을 추진하고 있는 것으로 보인다. 예를 들어, 자립형 사립학교의 도입은 학생의 가정적 배경에 따라 중상류층의 귀족학교로 변화될 가능성이 많고 학교 간 서열화를 부채질하고 있다. 교육이 사적 부문에 의존하게 되면 학교서열화, 빈익빈 부익부 현상을 막을 수 없다. 교육의 공공성이 강화되어야 하는 이유가 여기에 있는 것이다.

학교교육은 사회에 필요한 '기능공'만을 양성하기 위해 지식과 기술만을 전달하는 것이 아니라, 인성을 건전하게 함양하고 올바른 대인관계, 사회관계를 맺고 살 수 있도록 하는 데 초점을 두어야 할 것이며, 이를 위해서는 교육에 대한 공공성이 보다 더 강조되어야 할 것이다.

사회복지적 접근

학교사회복지의 활성화

학교에서 문제학생의 예방과 치료를 위한 학교사회복지가 활성화되어야 한다. 학교사회복지에서 사회복지사의 업무는 다양하게 제시된다. 학교사회복지사의 업무는 다음과 같다.

빈곤아동 교육을 위한 프로그램 도입

미국의 예 : 교육기회 격차 해소를 위한 헤드스타트 프로그램

헤드스타트(Head Start) 프로그램은 빈부격차로 인한 교육기회의 격차를 해소하기 위해 1964년 미국에서 도입된 프로그램으로 일반아동에 비해 인지발달 및 건강상태가 떨어지는 빈곤층 및 이민자, 이혼가정 등 사회취약계층의 3~5세의 취학 전 아동을 대상으로 실시되었다.

이들은 센터에서, 학습법뿐만 아니라 건강상태 및 발육상황도 체크받는다. 1994년부터는 0~2세 영아에게까지 수혜대상이 확장된 '조기 헤드스타트(Early Head Start)' 프로그램이 도입되어 영아보육 · 가족지원뿐 아니라, 임산부의 건강진단 · 태아검진까지도 보조해주고 있다.

미국 전역에 약 1만 8,000여 개의 지역 센터가 설치되어 있고, 해마다 정부의 지원이 늘어나고 있으며, 부모들의 자원봉사활동 또한 매우 활발하다.

미 정부는 헤드스타트 프로그램을 운영하는 기관이 정부의 기준을 충족하지 못할 경우 운영기관을 교체하게 되며 따라서 기타 민간 보육기관보다 양질의 서비스를 제공하게 된다.

이 프로그램의 주요 대상은 학생부부, 실업상태에서 직업훈련을 받거나, 다시 직장에 나가게 된 저소득층 자녀이다. 교육내용은 킨더가든 입학 전에 필요한 글자, 숫자, 사회성, 문화 등 일반 프리 스쿨에서 가르치는 것과 동일하다.

헤드스타트의 특징은 다음과 같다.

- 교육대상은 생후 6주된 아기부터 5세까지이다.
- 보육시간은 파트-데이(part-day) 프로그램은 오전 8시부터 정오까지며(아침과 점심 제공), 풀-데이(full-day)는 오전 7시부터 오후 5시까지(아침, 점심, 간식 제공)로 나

표 11-2 학교사회복지사의 주요 업무

<table>
<tr><th colspan="2">목 표</th><th>세부업무의 예</th><th>비 고</th></tr>
<tr><td colspan="2">학교사회복지실천을 위한 여건조성</td><td>• 관련 협의체 및 협력부서 조직
• 사무실 및 학생상담 공간 마련과 환경조성
• 학생/학부모/교사/지역사회 대상 홍보 활동
• 자원봉사자 모집, 배치</td><td></td></tr>
<tr><td rowspan="3">학생 대상 활동</td><td>개별사회사업</td><td>• 수시 개별상담 및 전문가 의뢰
• 복합적인 문제와 욕구를 가진 학생을 위한 다양한 전문가로 구성된 지원팀 운영
• 심리검사</td><td>보건교사 협조</td></tr>
<tr><td>집단사회사업</td><td>• 자아성장을 위한 집단활동
– 학습전략, 진로탐색, 자원봉사, 또래상담 등 문제해결을 위한 집단활동
– 의사소통기술훈련, 분노조절, 행동수정 등 예방교육
– 폭력예방, 공동체의식 향상집단 등</td><td>상담자원봉사자 협조, 지역사회 전문기관 활용</td></tr>
<tr><td>기타 문화행사</td><td>• 문화체험 행사 및 방학 중 캠프
• 즐거운 학교생활을 위한 문화 이벤트
• 건강한 청소년문화를 위한 학생활동 지원</td><td>학생회 · 교사협조, 지역사회자원연계</td></tr>
<tr><td colspan="2">가족 자원활동</td><td>• 가정방문, 부모상담
• 장학금, 생활보조금 등 연계
• 결손가정학생을 위한 정서적 후원자 결연</td><td>지역사회 자원연계</td></tr>
<tr><td colspan="2">학교변화를 위한 활동</td><td>• 학생복지 이해 증진을 위한 교사연수
• 학생원조를 위한 교내 서비스 체계 마련
• 학생옹호활동 및 학교체계 변화를 위한 활동</td><td></td></tr>
<tr><td colspan="2">지역사회 자원구축 및 연계 서비스</td><td>• 지역사회자원 조사 및 개발 활동
• 전문가, 전문기관과의 공조체계 마련
• 지역사회 학생복지 지원협의체 결성 · 운영
• 지역사회 인식개선과 환경개선을 위한 캠페인 및 참여활동</td><td></td></tr>
<tr><td colspan="2">기 타</td><td>• 활동기록, 평가, 자문
• 서비스 효과성 조사연구
• 활동홍보 및 보고서 작성 배포</td><td></td></tr>
</table>

뉜다.

- 보육료는 파트-데이는 무료고, 풀-데이는 한 달에 500달러인데, 저소득층은 각종 프로그램으로부터 할인혜택을 받아 대부분 절반 이하의 보육료를 내고 있다.
- 보육장소는 각 공립학교를 비롯, 기존 공공시설 속에 있거나(center-based program), 가정집에서 자격요건을 갖춘 교사가 3~5세까지 4~6명의 아이들을 돌본다(family child care homes).
- 1주일에 1회 1시간가량 가정방문을 통해 임신부를 위한 태아교육과, 유아를 가진 부모를 위한 부모역할교육도 한다. 헤드스타트 프로그램은 생후 6주부터 3세(Early Head Start)까지, 그리고 3세부터 5세까지로 나눠 진행된다.

바네트(Barnett)에 따르면, 헤드스타트 프로그램을 받은 아동은 받지 않은 아동에 비해 IQ나 학업성적 면에서 높았으며, 문제아를 위한 특수학급에 배치되는 비율과(37% vs. 50%), 유급되는 비율이 낮았다(15% vs. 20%). 고등학교를 졸업하는 비율에 있어서도 헤드스타트 프로그램을 받는 아동은 67%인 데 반해 받지 않는 아동은 49%였다.

한국의 경우 : 드림스타트운동

'모든 아동은 공평한 기회를 보장받으며, 건강하고 행복하게 자랄 권리가 있다.'는 전제하에 드림스타트(dream start)는 아동의 공평한 양육여건과 출발기회를 보장하기 위해 저소득층 0~12세 아동과 그 가족에게 건강, 복지, 보육 · 교육 프로그램을 통합한 전문적 · 맞춤형 서비스를 제공하기 위해 국가가 주도하는 아동복지 프로그램이다.

2007년 16개 센터에서 시범적으로 실시된 드림스타트 사업은 2008년 16개 센터가 추가되어 전국 32개 센터에서 운영되고 있다.

드림스타트 사업의 성공적 정착을 위해 한국보건사회연구원은 보건복지가족부의 위탁에 의해 2008년부터 사업지원단을 위탁 설치 · 운영하고 있으며, 사업지원단은 전국 32개 센터의 사업 정착을 지원하고, 더 나아가 드림스타트 사업의 전국적 확대를 위한 모델 정립에 힘쓰고 있다. 그 자세한 내용을 살펴보면 다음과 같다.

- 기본 추진방향
  - 빈곤아동과 그 가족에게 보건 · 복지 · 교육을 통합한 맞춤형 전문 서비스를 제공하여 문제를 조기 진단, 개입하는 예방적 서비스 체계 구축 : 시 · 군 · 구 드림스타트

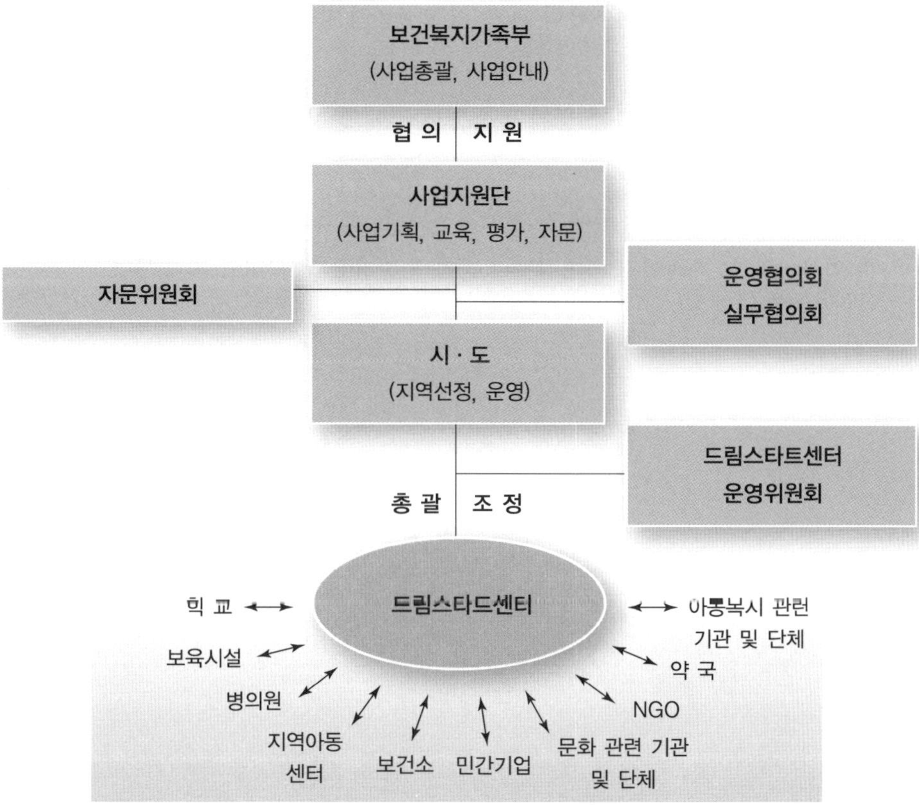

그림 11-2 드림스타트 사업추진체계

자료 : 보건복지부(2008)

전담팀을 구성하여 공적 보호체계 중심으로 추진

- 빈곤가정 지원을 위한 지역사회 자원 간의 협력 파트너십 구축 : 기존의 지역사회 가용자원을 최대한 활용하고 지원
- 미래사회 성장 동력으로서의 아동에 대한 사회적 투자 확대

■ 사업별 추진방향

- 사회복지사와 간호사가 한 팀을 구성하여 산모와 영유아를 대상으로 가정방문 프로그램을 제공함으로써 건강 기회의 형평성 보장
- 가정방문 영아교육 프로그램과 유아 학교준비 및 인지능력개발 프로그램 제공으로 교육기회의 형평성 보장

- 빈곤계층 초등학생의 기초학력 제고, 학교적응력 향상, 정서문화체험 등 전인적 발달 지원에 중점
- 사후 해결이나 치료보다는 문제 발생을 사전에 방지하는 예방적 조기개입 서비스 체계 구축
- 아동의 전인적인 발달욕구에 맞는 보건 · 복지 · 교육의 서비스 연계조정체계 구축
- 지역사회와 그 가족의 문제해결능력 강화에 중점을 둔 서비스 체계 구축

내용요약

1. 교육불평등

교육기회(교육에 대한 접근기회)불평등 의미로 사용된다. 그러나 교육조건의 격차, 교육결과의 격차를 의미하기도 한다. 교육기회의 불평등은 사회경제적 요인에 의하여 교육을 받을 수 있는 기회가 불평등한 경우를 말한다.

2. 부르디외(Bourdieu P.)의 '교육의 장(場)'

지배이데올로기를 재생산하는 원천이며, 일정한 계급의 성향, 즉 계급 아비투스(habitus)를 재생산하는 공간

3. 교육문제의 발생원인

개인적 요인, 제도적 요인, 사회구조적 요인

4. 헤드스타트 프로그램

빈부격차로 인한 교육기회의 격차를 해소하기 위해 1964년 미국에서 도입된 프로그램. 일반아동에 비해 인지발달 및 건강상태가 떨어지는 빈곤층 및 이민자, 이혼가정 등 사회취약계층의 3~5세의 취학 전 아동을 대상으로 실시되었다.

5. 드림스타트운동

'모든 아동은 공평한 기회를 보장받으며, 건강하고 행복하게 자랄 권리가 있다.'는 전제하에 아동의 공평한 양육여건과 출발기회를 보장하기 위해 저소득층 0~12세 아동과 그 가족에게 건강, 복지, 보육 · 교육 프로그램을 통합한 전문적 · 맞춤형 서비스를 제공하기 위해 국가가 주도하는 아동복지 프로그램

check

1. 우리사회 교육정책의 문제에 대해 생각해 봅시다.

2. 학력주의가 가속화되는 원인에 대해 생각해 봅시다.

3. 미국의 '헤드스타트 운동'에서 우리가 배울 수 있는 점에 대해 논해봅시다.

4. 미국의 '헤드스타트 운동'과 유사한 각국의 프로그램을 찾아봅시다.

CHAPTER 12

노동문제

주요용어

노동문제, 실업, 고용보험, 산업재해, 산업재해보상보험, 최저임금제, 노사분규, 코포라티즘, 일자리 나누기, 사회안전망

노동과 노동문제

고대사회에서 노동은 정당한 평가를 받지 못했다. 고대 그리스인들은 노동을 노예나 하는 미천한 일로 간주하였고, 로마인들은 노동을 하찮은 사람들이나 하는 일로 여겼다. 또한 고대 히브리인들은 노동이 고역이지만 사회에 필요한 것이라고 생각하는 한편, 성서상의 원죄를 속죄하는 행위로 간주하는 모호한 태도를 취하였다. 그러나 초기 기독교도들의 노동관은 노동을 원죄의 속죄행위로 생각하면서도 생계를 유지하거나 타인을 돕기 위해 필요하고, 자기정화와 자기부정과 같은 영적 가치의 실현을 위한 수단이 될 수 있다고 생각했다.

부정적인 노동관념에 변화가 일어난 것은 16세기의 종교개혁이었다. 프로테스탄트들은 노동에 높은 가치를 부여하였다. 루터는 노동을 '신에 대한 봉사' 로 보았고, 캘빈은 노동을 '신의 의지' 라 표현하고 있다. 그러나 노동의 본질을 바꾸어 놓은 것은 19세기의 산업화였다. 산업화는 수작업을 기계로 전환시켰고, 일관작업과 분업을 도입하여 대량생산을 가져왔으며, 공장의 발전과 팽창은 대도시를 탄생시켰다. 대도시는 비공식적이고 정의적인 인간관계와 1차 집단을 공식적인 인간관계와 2차 집단으로 대체하였고, 가족 중심적인 농업경제는 가정 밖의 임금노동으로 바뀌었다.

이후 20세기 중반부터는 후기 산업화가 진행되었다. 후기 산업화는 제조업 중심의 산업

경제가 서비스산업 중심 및 정보집약적 경제로 바뀐 것으로, 그 특징은 고학력의 노동력, 자동화 · 전산화된 생산방법, 경제에 대한 정부개입의 확대, 높은 생활수준 등으로 요약할 수 있다.

한편 노동문제를 노동과 관련된 사회문제 또는 노동조직으로부터 생기는 사회문제라 정의할 때, 실업을 필두로 근로현장에서의 성차별, 인종차별, 저임금, 노동착취, 아동노동, 산업재해, 직무불만, 소외, 노동조합, 노동자의 권리 등 다양한 문제들을 포함시킬 수 있다.

실 업

실업의 개념

실업(unemployment)은 적극적으로 일자리를 원하고 또 일하는 데 필요한 능력을 갖추었지만 일을 하지 않고 있는 경우를 말하는 것으로 실직과는 다른 것이다. 실직은 당사자의 의지와 관계없이 개인으로부터 임금을 지불하는 고용상태를 제거당하는 사건으로 정의된다(Kolmes & Rahe, 1967 : 213–218). 실직은 기간이라는 측면에서 실업상태와 구별된다. 즉, 실직은 개인의 의지와 무관하게 개인으로부터 고용관계를 제거하는 사건을 의미하는 반면, 실업은 그러한 사건이 지속되는 상태를 의미한다. 또한 실업은 불완전고용(under-employment)과도 다르다. 불완전고용은 ① 파트타임 근로자로서 풀타임 일자리를 찾고 있는 사람과, ② 일하기 원하지만 일자리를 찾는 데 실패하여 취업을 포기한 사람, 즉 취업 포기자를 칭한다.

실업의 유형

실업의 형태는 매우 다양하게 나타난다.

주기적 실업

경기변동에 따라 주기적으로 발생하는 총 수요 부족으로 인한 실업을 주기적 실업(cyclical unemployment) 또는 '수요 부족 실업' 이라고 한다. 재화와 서비스의 총 수요가 부족하여 완전고용에 필요한 충분한 일자리가 부족하기 때문에 발생하는 실업이기 때문에 적절한 통화정책과 금융정책을 통해 퇴치 가능하다.

기술적 실업

노동을 절감시키는 기계와 새로운 생산기술 또는 경영기술의 개발에 따라 노동자가 대체되어 발생하는 것을 기술적 실업(technological unemployment)이라 한다. 예컨대, 기술의 발전으로 비숙련·반숙련 제조업 노동자들의 실업과 시대에 뒤떨어진 공장의 패쇄에 따른 실업 등이 그것이다. 그러나 반대로 새로운 기술이 새로운 일자리를 창출하기도 한다. 그 예로 컴퓨터 기술 등을 들 수 있다.

구조적 실업

일자리가 요구하는 기술과 노동자가 보유한 기술의 격차 또는 일자리와 일을 원하는 사람 간의 지역적 격차에 의한 실업을 구조적 실업(structural unemployment)이라 한다. 예를 들어, 해외 기업과의 경쟁, 특정한 상품에 대한 수요의 감소, 특정 산업의 사양화 등으로 인해 특정 지역의 실업이 만성화되는 경우가 그것이다.

마찰적 실업

마찰적 실업(frictional unemployment)은 개별 노동자가 일자리를 바꾸고자 할 때 발생하는 실업으로, 직업 찾기의 불완전성으로 인한 일시적인 실업형태이다.

계절적 실업

계절적 실업(seasonal unemployment)은 기업의 계절적 경기변동으로 인한 실업으로 농업과 건설업은 계절적 실업의 원인이 되는 가장 대표적인 산업이다.

실업의 경제적 · 비경제적 비용

경제적 비용(economic costs)

- 실업은 GDP를 하락시킨다.
- 노동력은 소멸되는 상품이다. 실업으로 인한 노동시간의 상실은 영구적이다.
- 완전고용과 삶의 질의 보장을 위해서는 경제성장이 필요한데, 실업은 경제성장을 하락시킨다.

비경제적 비용(noneconomic costs)

- 장기간의 실업은 숙련도를 하락시키고, 스트레스를 주어 사회에 부정적인 태도를 형성시킨다.
- 자존심을 손상시키고, 가족 간의 불화를 조장한다.
- 알코올중독과 약물중독, 이혼을 야기하고, 아동학대, 건강문제, 가정생활의 악화를 가져온다.

실업실태

앞에서 언급했듯이 실업자(unemployed persons)는 "고용조사 시점에서 '일주일' 동안 적절한 일자리가 있음에도 불구하고 일을 하지 않은 사람과 연속 '4주간' 일자리를 찾고자 노력했으나 일을 하지 못한 사람"을 칭하며, 재취업을 위해 대기 중인 사람도 실업자로 간주한다.

한편 피용자(employed persons)는 "고용조사 시점에서 '일주일' 동안 타인에게 고용되거나 자신의 비즈니스, 농장 또는 전문직에서 대가를 받고 일한 사람과 자신의 가족사업에서 대가를 받지 않고 '15시간' 이상 일한 사람"으로, 질병, 나쁜 날씨, 휴가, 노동쟁의, 아동양육 문제, 직업훈련 또는 기타 가정문제로 인해 일시적으로 일자리를 떠난 사람도 포함된다(Rejda, 1999 : 285-286).

1960년대 이후 한국사회는 공업 중심의 경제발전전략을 추진하는 가운데 낙후된 농어촌이 대량의 저임금 노동력 공급처로서 기능했다. 이 같은 현상은 노동력의 공급과잉을 가져왔고, 상대적으로 불리한 위치에 처한 노동자들은 해고의 위험을 안은 채 저임금과 장시간 노동에 순종적일 수밖에 없었다. 이것이 자본축적에 유리한 조건을 제공했음은 물론이다. 이러한 과잉노동 상태는 1980년대 후반부터 사라지면서 제조업 부문을 포함한 3D업종에 노동력 공급부족 현상이 나타나기 시작하였다. 또한 이러한 현상은 전반적인 고학력화 경향과 함께 고학력 노동자의 공급과잉이 현저해지는 등 노동력의 수요와 공급 구조에 변화가 나타났다. 이러한 상황 속에서 한국은 서구 선진국과 비교해 실업여건이 열악한 편은 아니었으나 1997년 말 국제통화기금(IMF) 위기를 맞아 실업률이 증가하였고, 2008년 새 정부의 출범 이후 세계경제의 추락과 함께 한국의 실업상황도 위기에 직면해 있다.

2009년 1월 현재 실업자는 84만 8,000명으로 전년 동월 대비 7만 3,000명(9.5%) 증가하였다. 성별로 보면 남자는 56만 7,000명으로 전년 동월 대비 6만 6,000명(13.1%) 증가하였고, 여자는 28만 1,000명으로 전년 동월 대비 8,000명(2.9%) 증가하였다.

또한 실업률은 3.6%로 전년 동월 대비 0.3%p 상승하였음을 알 수 있다. 성별로 보면 남

- 경제활동인구 = 15세 이상 취업자 + 실업자
- 비경제활동인구 = 15세 이상 인구−경제활동인구
- 실업률 = 실업자÷경제활동인구
- 경제활동참가율 = 경제활동인구÷15세 이상 인구

표 12-1 한국의 실업자 및 실업률 추이 (단위 : 천 명, %)

구 분	2005	2006	2007	전년대비증감(률)		
				2005	2006	2007
실업자	887	827	783	27(3.1)	−57(−6.7)	−44(−5.4)
남 자	553	533	517	19(3.5)	−19(−3.5)	−16(−3.1)
여 자	334	294	266	8(2.5)	−40(−12.0)	−28(−9.5)
실업률	3.7	3.5	3.2	0.0p	−0.2p	−0.3p
남 자	4.0	3.8	3.7	0.1p	−0.2p	−0.1p
여 자	3.4	2.9	2.6	0.0p	−0.5p	−0.3p

자료 : 통계청(2008), 「경제활동인구연보」

표 12-2 실업자 및 실업률

구 분	2008. 1	2008. 9	2008. 10	2008. 11	2008. 12	2009. 1
실업자(천 명)	775	722	736	750	787	848
실업률(%)	3.3	3.0	3.0	3.1	3.3	3.6
(전년 동월 대비 증감, %p)	(−0.3)	(0.0)	(0.0)	(0.1)	(0.2)	(0.3)

(단위 : 천 명, %, 전년동월대비)

구 분	2008. 1	2008. 12			2009. 1		
			증 감	증감률		증 감	증감률
실업자	775	787	51	6.9	848	73	9.5
남 자	502	527	51	10.8	567	66	13.1
여 자	273	260	0	−0.2	281	8	2.9
실업률	3.3	3.3	0.2p	−	3.6	0.3p	−
남 자	3.6	3.7	0.3p	−	4.1	0.5p	−
여 자	2.8	2.6	0.0p	−	2.9	0.1p	−

자료 : 통계청(2009), 「국가통계포털」

자는 4.1%로 전년 동월 대비 0.5%p 상승하였고, 여자는 2.9%로 전년 동월 대비 0.1%p 상승하였다.

고용보험

고용보험은 실업자의 생계보장과 재취업 지원이라는 개인적 또는 1차적 목적뿐 아니라 경기조절과 고용안정이라는 사회경제적 또는 2차적인 목적을 갖고 있다.

개인적 · 1차적 목적

- 비자발적 실업기간에 현금급여를 제공한다. 실업기간은 단기적인 것으로 간주되어 실업급여는 길어야 1년이다.
- 노동자의 생활수준을 유지시켜 준다. 노동자의 생활수준은 평소 임금수준에 좌우된다. 따라서 실업급여 수준은 평소 임금수준에 비례한다.

■ 재취업에 필요한 시간적 여유를 갖도록 한다. 실업급여를 받아 생계유지가 가능하면, 다른 직장을 구할 수 있는 시간적 여유를 갖게 되는 것이다.
■ 실업 노동자가 새 일자리를 찾도록 도움을 준다. 취업 희망자와 고용주를 서로 연결해주거나, 새로운 일자리에 대한 정보를 제공하거나 하여 재취업 할 수 있도록 돕는다.

사회경제적 · 2차적 목표

■ 경기조절 효과(counter-cyclical effect) : 고용보험은 강력한 자동경기조절 기능을 수행한다. 경기불황기에는 실업급여가 증가하여 개인 소득과 소비를 떠받쳐 준다. 또한 경기불황기에도 구매력을 유지시켜 준다.
■ 사회적 비용 부담 : 실업의 사회적 비용을 여러 고용주들이 분담하게 된다. 실업률이 높은 기업의 경우 실업급여 비용을 지불하자면 그 부담이 너무 크게 된다.
■ 노동 활용도 개선 : 실업 노동자가 신속하게 새 일자리를 찾게 만들고, 새로운 기술을 취득하도록 조력함으로써 경제의 효율성과 안정을 제고한다.
■ 고용주에게 고용 안정화 노력에 대한 유인 제공 : 기업별로 실업률의 차이에 따라 보험료를 차등 부과함으로써 고용주에게 고용을 유지하는 유인을 갖게 한다.
■ 숙련 노동력을 유지하게 만든다 : 숙련 기술자들에게 실업기간 동안 실업급여를 제공함으로써 전직하지 않고 동일 직장에 재취업할 수 있는 기회를 제공함으로써 숙련 기술자를 확보하는 데 도움이 된다.

우리 사회에서 고용보험은 실직근로자에게 실업급여를 지급하는 전통적인 의미의 실업보험사업 외에 산업구조조정의 촉진 및 실업 예방, 고용촉진 등을 위한 고용안정사업, 근로자의 생애 직업능력개발을 위한 직업능력개발사업을 상호 연계하여 실시하는 적극적인 노동시장정책의 하나로 도입하였다. 1993년 12월 고용보험법을 제정하고 1995년 7월 1일부터 시행하고 있다.

1995년 7월 1일 제도 도입 당시 고용보험은 30인 이상 사업장에 적용되었으나 이후 점차적으로 적용대상범위를 확대하여 1998년 10월 1일부터는 1인 이상 모든 사업장에 고용보험이 적용되고 있으며, 건설업의 경우에도 모든 공사(단, 개인이 시공하는 총 공사금액 2,000만 원 미만 공사 등을 제외)가 적용대상이다.

1998년 10월 1일자로 고용보험이 1인 이상 영세사업장을 포함한 전 사업장으로 확대됨에 따라 실직의 공포로부터 영세 취약계층 근로자를 포함한 사실상 거의 모든 근로자를 보호할 수 있는 기본적인 사회안전망을 갖추게 되어 실직으로 인한 사회불안 요인을 최소화할 수 있게 되었다.

또한 1997년 말 외환위기 이후 증가하고 있는 구조조정과 노동시장의 유연화에 대처하기 위하여 실직자에 대한 실업급여 수혜는 물론 재직자 고용유지를 위한 고용안정사업 및 직업능력개발사업을 추진하는 기초적인 여건을 구비하는 데 크게 기여하였다.

한편 고용보험사업의 체계를 살펴보면, 실업급여로서 취직촉진수당이 있고, 고용안정사업으로는 고용지원사업, 지역고용 촉진사업, 고령자 등의 고용촉진, 건설근로자 등의

표 12-3 사업별 · 규모별 고용보험 적용 확대과정

보험사업별	적용대상 사업장 규모						
	'95. 7. 1~ '96. 12. 31	'97. 1. 1~ '97. 12. 31	'98. 1. 1~ '98. 2. 28	'98. 3. 1~ 6. 30	'98. 7. 1~ '98. 9. 30	'98. 10. 1~ '03. 12. 31	'04. 1. 1~
실업급여	30인 이상	30인 이상	10인 이상	5인 이상	5인 이상	1인 이상	1인 이상
고용안정 · 직업능력 개 발	70인 이상	70인 이상	50인 이상	50인 이상	5인 이상	1인 이상	1인 이상
건설업의 총 공사금액	40억 원	44억 원	34억 원	34억 원	3억 4,000만 원	3억 4,000만 원	2,000만 원

주 : 1) 건설업은 3사업(실업급여, 고용안정사업, 직업능력개발사업)의 적용기준임

2) 건설업의 경우 2005년 1월 1일부터 주택건설사업자, 건설업자, 전기공사업자, 정보통신공사업자, 소방시설업자, 문화재수리업자 등 건설업자가 아닌 자가 시공하는 총 공사금액 2,000만 원 미만 건설공사 또는 건축물의 건축 또는 대수선 공사로서 노동부장관이 정하여 고시하는 규정에 의하여 산정되는 연면적 330m²에 해당하는 총 공사금액 이하인 공사를 제외한 모든 공사로 확대 적용(2006년 1월 1일부터 시행령으로 상향 규정)

자료 : 노동부(2008), 「고용보험백서」

표 12-4 고용보험 적용 현황 (단위 : 명, %)

구 분	적용사업장			2006년 대비 2007년 증가율
	2005년	2006년	2007년	
고용보험	1,148,474	1,176,462	1,288,136	9.4

자료 : 노동부(2008), 「노동백서」

고용안정지원, 고용촉진시설에 대한 지원, 고용정보제공 및 직업지도 등이 있으며, 직업능력개발사업으로는 직업훈련지원, 교육훈련 등 지원, 실업자 재취직훈련, 직업훈련시설

표 12-5 고용보험 징수 현황 (단위 : 백만 원)

구 분	2005년		2006년		2007년	
	징수결정액	수납액	징수결정액	수납액	징수결정액	수납액
고용보험	3,652,516	3,204,152	3,865,645	3,446,703	4,036,472	3,671,425

표 12-6 고용보험사업의 체계

구 분	구직급여	
실업급여	취직촉진수당	조기재취직수당, 직업능력개발수당, 광역구직활동비, 이주비
고용안정 사업	고용지원사업	휴업수당지원금, 직업전환훈련지원금, 창업 교육훈련지원금, 인력재배치 지원금, 채용장려금, 적응훈련지원금
	지역고용 촉진사업	지역고용촉진지원금
	고령자 등의 고용촉진	고령자 고용촉진장려금, 재고용장려금, 육아휴직장려금
	건설근로자 등의 고용안정지원	건설근로자 퇴직공제부금의 지원
	고용촉진시설에 대한 지원	
	고용정보제공 및 직업지도	
직업능력 개발사업	직업훈련지원	
	교육훈련 등 지원	교육훈련 등의 비용지원, 유급교육훈련 휴가 지원
	실업자 재취직훈련	
	직업훈련시설에 대한 훈련	직업훈련시설에 대한 비용대부, 우선지원대상 사업주의 직업훈련 시설지원
	직업능력개발의 촉진	직업능력개발의 촉진, 수강 장려금의 지원, 교육수강비용의 대부
	건설근로자 등의 직업능력개발지원	

에 대한 훈련, 직업능력개발의 촉진, 건설근로자 등의 직업능력개발지원 등이 있다.

산업재해

재해 발생 추이

재해자는 제조업(38%), 기타 산업(35%)에서 많이 발생하였으며, 주로 5~49인 사업장(제조업 1만 401명, 기타 산업 9,227명)에서 발생한 것으로 나타나고 있다.

- 재해다발 세부업종으로는 제조업의 경우 금속제품 등 제조업(3,482명), 기계기구제조업(3,187명), 화학제품제조업(1,674명)순이다.
- 기타 산업은 도 · 소매 및 소비자 용품 수리업(4,123명), 음식 및 숙박업(3,640명), 건

표 12-7 업종별 산업재해 발생 현황

구 분	2008년 7월 말			전년 동기			증 감	
	근로자 수	재해자 수 (사망자)	재해율 (사망인율)	근로자 수	재해자 수 (사망자)	재해율 (사망인율)	재해자 수 (사망자)	재해율 (사망인율)
총 계	13,497,834	55,398 (1,471)	0.41 (1.09)	12,430,095	51,890 (1,471)	0.42 (1.14)	3,508 (54)	−2.38 (−4.39)
광 업	15,311	828 (273)	5.41 (178.30)	16,526	920 (268)	5.57 (162.17)	−92 (5)	−2.87 (9.95)
제조업	3,110,888	21,120 (338)	0.68 (1.09)	3,094,878	20,193 (344)	0.65 (1.11)	927 (−6)	4.62 (−1.80)
건설업	3,396,707	11,104 (398)	0.33 (1.17)	2,890,119	10,474 (355)	0.36 (1.23)	630 (43)	−8.33 (−4.88)
전기가스 수도업	54,526	65 (6)	0.12 (1.10)	54,179	63 (4)	0.12 (0.74)	2 (2)	0.00 (48.65)
운수창고 통신업	701,705	2,782 (113)	0.40 (1.61)	691,623	2,794 (110)	0.40 (1.59)	−12 (3)	0.00 (1.26)
기타 산업	6,218,697	19,499 (343)	0.31 (0.55)	5,682,770	17,446 (336)	0.31 (0.59)	2,053 (7)	0.00 (−6.78)

표 12-8 주요 업종별 재해다발 상위 3대 세부업종 현황

업 종	세부업종	2008년 7월 말		2007년 7월 말		증 감	
		재해자 수	사망자 수	재해자 수	사망자 수	재해자 수	사망자 수
제조업	비금속광물제품제조 및 금속제품제조업 또는 금속가공업	3,482	52	3,282	58	200	△6
	기계기구 제조업	3,187	49	3,073	44	114	5
	화학제품 제조업	1,674	25	1,700	23	△26	2
운수창고 통신업	자동차여객 운수업	909	54	946	44	△37	10
	수상운수업, 항만하역 및 화물취급사업	863	25	846	29	17	△4
	화물자동차 운수업	317	13	295	13	22	0
기타 산업	기타 각종사업	11,172	182	9,995	178	1,177	4
	건물 등 종합관리업	2,389	52	2,125	49	264	3
	위생 및 유사 서비스업	1,357	40	1,281	27	76	13

물 등의 종합관리사업(2,389명)순으로 나타나고 있다.

- 사망자는 건설업(27%)에서 가장 많이 발생하였으며, 5인 미만 건설현장(114명)에서 많이 발생하고 있다.
- 제조업 및 기타 산업은 5~49인 사업장에서 각각 152명으로 가장 많이 발생했다.
- 재해자는 100인 이상 사업장에서 전년 동기 대비 감소하였으며, 2008년 6월 말 기준 전년 동기 대비 증감률에 비해 5인 미만, 300~999인 사업장을 제외하고는 증가율이 감소했거나 감소율이 증가하였다.
- 사망자는 5~49인, 50~99인, 1,000인 사업장을 제외하고는 전년 동기 대비 증가율이 2008년 6월 말 기준 전년 동기 대비 증가율에 비해 증가한 것으로 나타나고 있다.

표 12-9 규모별 산업재해 발생 수 및 발생률

구 분	2008년 7월 말			전년 동기			증 감	
	근로자 수	재해자 수 (사망자)	재해율 (사망인율)	근로자 수	재해자 수 (사망자)	재해율 (사망인율)	재해자 수 (사망자)	재해율 (사망인율)
총 계	13,497,834	55,398 (1,471)	0.41 (1.09)	12,430,095	51,890 (1,417)	0.42 (1.14)	3,508 (54)	−2.38 (−4.39)
5인 미만	1,808,299	17,166 (355)	0.95 (1.96)	1,680,745	14,702 (308)	0.87 (1.83)	2,464 (47)	9.20 (7.10)
5~49인	5,124,523	25,658 (479)	0.50 (0.93)	4,596,771	24,267 (516)	0.53 (1.12)	1,391 (−37)	−5.66 (−16.96)
50~99인	1,413,093	4,079 (183)	0.29 (1.30)	1,296,865	4,009 (139)	0.31 (1.07)	70 (44)	−6.45 (21.50)
100~299인	2,103,538	4,156 (204)	0.20 (0.97)	1,951,886	4,244 (189)	0.22 (0.97)	−88 (15)	−9.09 (0.00)
300~999인	1,537,686	1,912 (159)	0.12 (1.03)	1,421,682	2,021 (158)	0.14 (1.11)	−109 (1)	−14.29 (−7.21)
1,000인 이상	1,510,695	2,427 (91)	0.16 (0.60)	1,482,146	2,647 (107)	0.18 (0.72)	−220 (−16)	−11.11 (−16.67)

자료 : 노동부, 「2008년 7월 산업재해발생 현황」

산재보험

산재보험 개괄

산재보험은 산재보상의 고용주책임을 사회보험으로 연대화한 것이다. 즉, 개별 산재 피해자에 대해 개별 고용주가 책임을 지고 보상하던 시스템을 전체 산재 피해자를 전체 고용주가 연대책임을 주는 시스템으로 바꾼 것이다.

산재보험의 보상 대상은 산업재해, 직업병으로, 업무와 관련된 재해와 질병인지의 여부가 보상을 결정하는 데 관건이 된다는 것을 의미한다. 산재 인정범위는 업무수행성과 업무기인성의 두 요건주의에 따라 정해진다.

여기에서 '업무수행성' 이란 업무수행 과정에서 발생한 재해여야 한다는 것으로, 보통 고용주의 관리하에 있는 경우를 말하지만, 많은 예외가 있고, 예외적인 업무를 둘러싼 분쟁이 끊이지 않고 있으며, 대체로 예외의 기준이 완화되어 왔다. 예를 들어 작업 직전이나 직후에 발생한 재해, 회사의 기숙사와 회사의 교통수단에서 발생한 재해 등도 산재에 포함시키고 있다.

또한 '업무기인성'은 업무로 인해 입은 재해여야 한다는 것이다. 이와 관련해 논의되는 것이 직업병이다. 직업병은 1925년 독일 사회보장법 개정에서 처음으로 산재에 포함되었다. 작업 중의 순간적인 사고가 아니라 장기적인 진행과정을 거치는 질병이기 때문에 업무기인성을 증명해야 하는 문제가 되기 쉽다. 즉, 일반 질병과 구분되는 직업병으로서의 특이성을 갖지 못하는 경우가 많아 회사와 개별 근로자 간 다툼이 생길 소지가 항상 존재하는 것이다.

한편 업무상 재해(산재보험법 제4조 제1호에 의한)란 '업무상의 사유에 의한 근로자의 부상 · 질병 · 신체장애 또는 사망'을 말한다. 1981년 법개정 이전까지는 두 요건주의에 의거하여 업무상 재해를 인정하였으나, 1981년부터 두 요건 중 업무수행성을 삭제함으로써(두 요건주의의 폐기) 업무상 재해의 인정 요건이 완화되어 그 범위가 확대되었다. 그러나 업무상 재해의 범위를 규정한 산재보험법 시행규칙(제4장 제3절)은 여전히 두 요건주의를 채택하고 있어 실질적으로 재해 인정기준이 완화되었다고 보기는 어렵다. 산재보험법 시행규칙에 규정된 업무상 사고(제32조)는 사고로 인한 근로자의 사상과 업무상 질병(제33조)을 의미하고 있다.

산재보험 상황

산재보험은 공업화가 진전되면서 급격히 증가하는 산업재해 근로자를 보호하기 위해 1964년 사회보험제도 중 가장 먼저 도입(1963년 제정)되었으며, 산재보험의 적용대상은 기업 규모별 또 업종별로 단계적으로 확대되었다.

산재보험 급여의 종류는 다음과 같다.

- 요양급여 : 업무상 부상 또는 질병에 걸렸을 때 의료기관에서 상병의 치료에 소요되는 비용을 치료될 때까지 지급하는 현물급여
- 휴업급여 : 업무상 재해를 당하거나 업무상 질병에 걸린 근로자가 요양으로 인하여 취업하지 못한 기간에 대하여 피재근로자와 그 가족의 생활보호를 위하여 임금 대신 지급하는 보험급여

표 12-10 산재보험 적용 현황 (단위 : 개, %)

구 분	적용사업장			2006년 대비 2007년 증가율
	2005년	2006년	2007년	
산재보험	1,175,606	1,292,696	1,429,885	6.1

표 12-11 산재보험 징수 현황 (단위 : 백만 원)

구 분	2005년		2006년		2007년	
	징수결정액	수납액	징수결정액	수납액	징수결정액	수납액
산재보험	3,894,265	3,247,703	4,470,041	3,827,266	5,116,770	4,514,368

- 장해급여 : 업무상 재해를 당한 근로자가 요양 후 치유되었으나 정신적 · 신체적 결손이 남게 되는 경우 그 장해로 인한 손실전보를 위해 지급되는 보험급여
- 간병급여 : 요양을 종결한 중증 산재근로자가 자비로 간병 비용을 부담하는 사례가 발생, 요양이 끝난 후에도 의학적으로 간병이 필요한 경우 보험급여로서 간병급여를 지급하여 중증 장애자를 보호하기 위한 보험급여
- 유족급여 : 근로자가 업무상 사유로 사망 시 또는 사망으로 추정되는 경우 그에 의하여 부양되고 있던 유족들의 생활보장을 위하여 지급되는 보험급여
- 상병보상연금 : 요양 개시 후 2년이 경과하여도 치유되지 아니하고 요양이 장기화됨에 따라 해당 피재근로자와 그 가족이 생활안정을 도모하기 위하여 휴업급여 대신 보상수준을 향상시켜 지급하게 되는 연금
- 장의비 : 근로자가 업무상 사유로 사망한 경우 그 장제에 소요되는 비용으로 실비의 성격을 가진다.

산재보험의 개선

노동부는 산재보험제도에 대해 그동안 요양관리, 재활 서비스, 급여체계 등 제도 전반에 걸쳐 신속 · 공정한 산재근로자 보호라는 본연의 취지에 맞게 산재근로자에 대한 보장성을 강화하고 보험관리의 효율성을 높이기 위한 제도개선 방안을 모색하였다.

2006년 5월 23일 노사정위원회의 개최 이후 동년 12월 13일 5개 분야, 80개 항목에 이르

는 제도 개선방안에 대한 합의를 도출하였다. 노동부는 합의 내용을 반영하여 산재보험법 및 보험료징수법 개정안을 마련하였고, 2007년 12월 14일 공포되었으며, 2008년 7월 1일부터 시행되었다.

본 산재보험제도의 개선은 산재보험 역사상 최초의 노사정 합의에 기초하였다는 점과 제도 전반에 걸쳐 포괄적 개선안이 마련되었다는 점에서 의의가 크다. 그 주요 개선 내용은 다음과 같다.

- 요양 · 재활 분야는 재해근로자의 직장 · 사회복귀를 촉진하기 위하여 요양기준 · 관리절차를 합리화하되, 의료 · 재활 서비스는 강화되도록 개선하였다.
- 보험급여 · 관리 운영 분야는 보험급여 기준을 합리적으로 조정하고, 심사 · 재심사 제도의 공정성 · 전문성을 강화하며, 산재보험 관리 · 운영체계에의 노사참여를 확대하도록 개선하였다.
- 재정 · 징수 분야는 보험료 부담의 형평성을 제고하고 중장기적으로 안정적인 재정운용이 가능하도록 하며 특수형태 근로종사자에 대해 산재보험이 적용되도록 하였다.

향후 과제

앞에서 살펴본 것처럼 산재보험제도의 많은 부분이 개선되었으나 보완해야 할 과제도 여전히 남아 있다. 보완해야 할 과제로는 다음의 사항을 지적해 볼 수 있다.

- 연금 등 장기급여의 적립을 위한 산재보험 재정방식 개편 방안
- 하역근로자 산재보험 적용문제
- 노조 전임자의 산재보험 적용문제
- 산재보험 적용대상 확대 여부 : 소규모 건설공사, 중소기업 사업주
- 산재보험수지율 산정 시 사업주의 책임을 물을 수 없는 업무상재해의 추가 제외 여부
- 산재보험료 적용상 사업종류 분류방식 개선
- 산재보험의 보험급여와 국민연금의 각종 급여와의 조정
- 산재장해의 평가기준, 등급체계 개선, 등급별 장해급여 수준
- 유족급여수준, 배우자의 연금수급자격, 유족급여 수급권의 분할
- 간병급여의 등급 세분화, 현물급여화 방안

- 상병보상급여의 등급별 급여수준 조정
- 출·퇴근 재해의 산재보험 전면 적용방안, 자동차보험과의 조정, 소요재원 부담방법
- 진폐의 장해판정제도 및 판정기준, 진폐재해자의 요양 및 통원기준
- 산재보험료와 다른 사회보험료의 징수 통합 방안(사회보험료 징수통합 시 산재보험 급여의 산정기초인 평균임금과 보험료징수의 산정기초인 소득세 부과기준과의 일원화 방안)
- 산재보험 적용확대 방안 : 무급 가족종사자, 자원봉사자 등
- 산재보험과 민사배상 조정문제
- 산재보험급여의 일시금과 연금급여 수준의 조정

최저임금제

최저임금제는 '국가가 근로자가 받은 임금의 최저수준을 결정·고시하여 사용자로 하여금 최저임금수준 이상의 임금을 지불하도록 법으로 규정함으로써 근로자의 최저생활을 보장해 주는 제도'로, 1986년 12월 「최저임금법」을 제정·공포하였고, 1988년 1월부터 시행되었다.

최저임금의 적용대상은 근로자를 사용하는 전 사업장이다. 최저임금법의 적용을 받는 사업장의 근로자는 상용근로자뿐만 아니라 임시직·일용직·시간제 근로자까지 포함한

표 12-12 최저임금 산정에 포함되는 임금과 포함되지 않는 임금

최저임금 산정 시 불산입되는 임금	최저임금 산정 시 산입되는 임금
매월 1회 이상 정기적으로 지급하는 임금 외의 임금	단체협약, 취업규칙, 근로계약에 임금항목으로 명시 또는 관례에 따라 지급하는 임금 또는 수당
소정의 근로시간 또는 일에 대하여 지급하는 임금 외의 임금	미리 정해진 지급조건·지급률에 따라 소정근로에 대해 매월 1회 이상 정기적·일률적으로 지급하는 임금 또는 수당
기타 최저임금액에 산입하는 것이 적당하지 않은 임금(생활보조 또는 복리후생을 위한 수당 등)	기타 직무·직책수당, 물가·조정수당, 기술·면허·특수작업수당 등

표 12-13 최근 6년간의 최저임금

연 도	적용대상	최저임금액	인상률
2009. 1~2009. 12	전산업(모든 사업장)	시간급 : 4,000원(일급 8시간 기준 : 32,000원)	6.1%
2008. 1~2008. 12	전산업(모든 사업장)	시간급 : 3,770원(일급 8시간 기준 : 30,160원) 감시적 · 단속적 근로종사자 시간급 : 3,016원	8.3%
2007. 1~2007. 12	전산업(모든 사업장)	시간급 : 3,480원(일급 8시간 기준 : 27,840원) 감시적 · 단속적 근로종사자 시간급 : 2,436원	12.3%
2005. 1~2006. 12	전산업(모든 사업장)	시간급 : 3,100원(일급 8시간 기준 : 24,800원)	9.2%
2004. 1~2005. 12	전산업(모든 사업장)	시간급 : 2,840원(일급 8시간 기준 : 22,720원)	13.1%
2003. 1~2003. 12	전산업(모든 사업장)	시간급 : 2,510원(일급 8시간 기준 : 20,080원)	10.3%

다. 단, 취업기간 6개월 미만, 18세 미만의 근로자에게는 최저임금액의 90%가 적용된다.

최저임금은 노동부장관이 매년 최저임금위원회의 심의를 거쳐 결정 · 고시하는데, 근로자의 생계비 · 유사근로자의 임금 및 노동생산성을 고려하여 결정하며, 시간, 일, 주 또는 월 단위로 결정하되, 시간급은 반드시 환산하여 명시한다. 최저임금의 범위는 근로자에게 정기적 · 일률적으로 소정의 근로 또는 총 근로에 대하여 지급하기로 정해진 시간급, 일급, 주급, 월급 또는 도급금액이다. 2009년 1월 현재 최저임금의 시간급은 4,000원이다.

노사관계

노사갈등

노사분규현황

한국의 노사갈등은 1994년 이후 감소하다가 1997년부터 증가하는 양상을 보이고 있다. 노사관계가 다소 불안한 양상을 보인 이유는 1997년 외환위기 이후 지속된 구조조정, 경기회복에 따른 임금 등 근로조건 보상심리, 근로시간 단축 등 노동관계 법 · 제도 개선을 둘러싼 노사대립에서 찾을 수 있을 것이다. 노사관계의 상황은 다음과 같다.

표 12-14 노사분규 현황

(단위 : 건, 천 명, 천 일, 일, %)

구 분	1997	1998	1999	2000	2001	2002	2003	2004	2005	2006	2007
노동쟁의 조정신청	630	850	862	1,036	1,096	1,042	896	868	891	758	885
노사분규 발생건수	78	129	198	250	235	322	320	462	287	138 〈253〉	115 〈212〉
분규 참가자 수	44	146	92	178	89	94	137	185	118	131	93
근로 손실일수	445	1,452	1,366	1,894	1,083	1,580	1,299	1,199	848	1,201	536
건당분규 지속일수	22.7	26.1	19.2	30.0	31.7	30.2	29.0	24.7	48.6	54.5	33.6
불법분규 건수(비율)	17 (21.7)	55 (42.6)	95 (48.0)	67 (26.8)	55 (23.4)	66 (20.5)	29 (9.1)	58 (12.6)	17 (5.9)	24 (17.4) 〈24〉 〈(9.5)〉	17 (14.8) 〈17〉 〈(8.0)〉

주 : 1) ( )는 전체분규건수 대비 백분율

2) 〈 〉는 2006~2007년도 노사분규건수를 종전과 같은 방식(다수의 사업장이 산별노조 파업에 참가 시 사업장 수대로 계상)으로 산출 시 현황

- 노동쟁의 조정신청건수는 2007년 현재 전년대비 16.8% 증가
- 노사분규 발생건수는 전년대비 16.7% 감소
- 근로손실일수는 전년대비 55.3% 감소
- 건당 분규지속일수는 전년대비 38.3% 감소
- 불법분규 발생건수는 전년대비 29.2% 감소
- 분규 참가자 수는 전년대비 28.9% 감소

상급단체별

2007년 현재 민주노총 소속 사업장의 노사분규가 102건으로 전체 노사분규 건수의 88.7%를 차지하고 있고, 한국노총 소속 사업장의 노사분규는 11건으로 9.6%를 점하고 있다.

발생원인별

임금협약 및 단체협약 관련 노사분규가 102건으로 전체 노사분규 건수의 88.7%를 점하고 있으며, 체불임금, 구조조정 등 기타 노사분규는 13건으로 11.3%를 차지하고 있다.

표 12-15 상급단체별 노사분규 (단위 : 건, %)

구 분	계	무노조	한국노총	소 계	민주노총					상급단체 미가입	혼 합
					금속연맹	화섬연맹	공공연맹	병원노련	기 타		
2007	115 (100.0)	-	11 (9.6)	102 (88.7)	34 (29.6)	8 (6.9)	17 (14.8)	1 (0.9)	42 (36.5)	2 (1.7)	-
2006	138 (100.0)	-	16 (11.6)	119 (86.2)	47 (34.1)	9 (6.5)	14 (10.1)	6 (4.3)	43 (31.2)	3 (2.2)	-
2005	287 (100.0)	-	39 (13.6)	244 (85.0)	138 (48.1)	12 (4.2)	27 (9.4)	12 (4.2)	55 (19.1)	4 (1.4)	-
2004	462 (100.0)	0 (0.0)	63 (13.6)	396 (85.7)	101 (21.9)	21 (4.5)	33 (7.1)	67 (14.5)	174 (37.7)	3 (0.7)	-
2003	320 (100.0)	0 (0.0)	72 (22.2)	248 (77.8)	129 (40.6)	21 (6.3)	23 (6.3)	3 (0.9)	72 (23.7)	-	-
2002	322 (100.0)	0 (0.0)	34 (10.6)	287 (89.1)	143 (44.4)	23 (7.1)	31 (9.6)	18 (5.6)	72 (22.4)	1 (0.3)	-

표 12-16 발생원인별 노사분규 (단위 : 건)

구 분	1997	1998	1999	2000	2001	2002	2003	2004	2005	2006	2007
계	78	129	198	250	235	322	320	462	287	138	115
임금협약 (임금인상)	18	28	40	47	59	44	43	56	36	26	24
단체협약	15	14	24	60	44	46	48	37	42	19	21
임 · 단협	36	43	65	107	105	203	201	349	194	78	57
기 타	9	44	69	36	27	29	28	20	15	15	13

자료 : 노동부(2008), 「노동백서」

노동조합

노동단체 현황

2006년 말 현재 노동조합은 5,889개, 조합원은 155만 9,000명(남 : 121만 5,000명, 여 : 34만 4,000명)으로 노조 조직률은 10.3%이다. 이는 전년도와 비교하여 노동조합은 82개 감소하였으나 조합원 수는 5만 3,000명 증가하였다.

표 12-17 조합 수 및 조합원 수 현황

(단위 : 개소, 천 명, %)

구 분	1990년	1995년	2000년	2003년	2005년	2006년
조합 수	7,861	6,606	5,698	6,257	5,971	5,889
조합원 수	1,887	1,614	1,526	1,550	1,506	1,559

자료 : 노동부(2008), 「노동백서」

단체별

한국노총에 가입되어 있는 노동조합(지부, 분회포함)은 3,429개이며, 조합원은 75만 5,234명으로 전체 조합 수의 58.2%를, 조합원 수의 48.5%에 이르고 있다. 이와 비교해 민주노총에 가입되어 있는 노동조합의 수는 1,143개이며, 조합원은 62만 7,274명으로 전체 조합 수의 19.4%를, 조합원 수의 40.2%를 점하고 있다.

상급단체에 가입하지 않은 노동조합은 1,317개이며, 조합원은 17만 6,671명이다. 이는 전체 조합 수의 22.4%이며, 조합원 수의 11.32%를 차지하는 수치이다.

표 12-18 총합단체별 조합 수 및 조합원 수

(단위 : 개소, 천 명, %)

구 분	노동조합 수(연합단체)	조합원 수	조합원 구성비
계	5,889(43)	1,559,172	100
한국노총	3,429(22)	755,234	48.5
민주노총	1,143(14)	627,274	40.2
미가입	1,317(7)	176,671	11.3

자료 : 노동부(2008), 「노동백서」

노조 규모별 노조조직률

조합원 500인 이상의 대규모 노동조합은 369개이며, 조합원 수는 106만 6,000명이다. 이는 전체 조합 수의 6.2%이고 조합원 수의 70.8%이다. 그리고 조합원 50인 미만의 노동조합의 수는 2,976개이고, 조합원 수는 5만 명으로 전체 조합 수의 49.8%, 조합원 수의 3.3%를 차지하고 있다.

표 12-19 노조 규모별 조합 수 및 조합원 수 현황 (단위 : 개소, 명, %)

구 분	총 계	50인 미만	50~99인	100~299인	300~499인	500~999인	1,000인 이상
노동조합 수	5,889 (100.0)	2,966 (50.4)	964 (16.4)	1,285 (21.8)	261 (4.4)	205 (3.5)	208 (3.5)
조합원 수	1,559,179 (100.0)	50,360 (3.2)	69,246 (4.5)	213,535 (13.7)	101,168 (6.5)	138,812 (8.9)	986,058 (63.2)

경영계

사용자단체로는 한국경영자총협회(경총), 전국경제인연합회(전경련), 대한상공회의소(대한상의), 한국무역협회, 중소기업협동조합중앙회 등이 있다. 이들 중 경총은 1970년 7월 노사관계에 있어 사용자의 이익을 대변하는 것을 목적으로 설립되었다. 지방에는 광역시 · 도 단위로 경영자협의회가 구성되어 있으며, 각각 별도의 법인이지만 경영자협의회 회장은 경총의 이사가 되어 조직 간 협조체제를 유지하고 있다. 또한 전경련은 1961년에

표 12-20 사용자단체 현황

구 분	경 총	전경련	대한상의	무역협회	중기협	금속산업 사용자협의회
설립년도	1970	1961	1884	1946	1962	2006
회원사	412	421	183	64,021	897	94
설립근거	민 법 (노동부허가)	민 법 (산자부허가)	상공회의소법	민법 (산자부허가)	중소기업 협동조합법	민법 (노동부허가)

자료 : 노동부(2008)

설립되어 경제계의 관심사항, 경제 전반에 걸친 회원사 간 협의 및 국제경제 교류 촉진 등과 관련된 활동을 한다.

한편 대한상공회의소는 62개의 지방상공회의소, 상공단체 및 상공업자 342개 회원으로 1984년에 설립되어 주요 경제현안 및 업계 실태에 관한 조사연구 업무를 수행하고 있다. 그리고 중소기업협동조합중앙회가 있는데, 본 조직은 1962년에 설립되어, 전국의 중소기업연합회 20개와 전국을 업무구역으로 하는 144개 조합을 회원으로 하고 있으며, 주로 회원사의 지도 및 중소기업에 관한 조사 · 연구를 하고 있다.

노사정위원회

한국의 '코포라티즘' 이라 칭해지는 것이 '노사정위원회' 이다. 코포라티즘(corporatism)이란, 거대 노조의 출현으로 사용자와 대등한 수준에서 임금과 근로조건 등 노사 간의 주요 현안을 협상하고 정부가 이를 중재하며, 나아가 정부와 노사 간의 현안인 물가와 복지 등의 문제를 상의 · 결정하는 삼자협동주의가 정착된 제2차 세계대전 이후 서구사회의 특징으로 나타난 조직이다. 노조와 자본가단체는 평범한 압력단체에서 '통치기구' 로 변화된 거대한 힘을 가진 조직으로 발전하였다.

한국의 '노사정위원회' 는 IMF 경제위기가 직접적 계기가 되어 탄생하였다. 1998년 1월 15일 노 · 사 · 정 및 정당이 참여한 노사정위원회가 발족되었고, 1999년 5월 24일 「노사정위원회의 설치 및 운영 등에 관한 법률」이 제정됨으로써 법적 근거를 갖게 되었다. 이후부터는 노조의 정치자금기부 허용 문제, 전력산업 구조개편문제, 공공부문 예산편성지침 관련사항, 노조전임자 급여 문제, 복수노조의 교섭창구단일화 문제, 단체협약 이행방안 등이 논의되었다.

발족 이후 2002년까지 노사정 협의사항은 기업의 투명성 확보 및 구조조정 촉진, 고용안정 및 실업대책, 임금안정과 노사협력 증진, 노동기본권 신장, 노동시장 유연성제고 등 10대 의제에 총 90개 항목이었다.

2003년도 노사정위원회는 대화와 타협을 통해 합리적 해법을 찾는 중앙단위 노사정 간 정책협의의 장으로서 우리나라 노사관계의 현실과 문제점을 심층적으로 진단하고, 이를 구조적으로 개선하기 위해 다양한 논의와 합의도출 노력을 전개하였다.

그 주요 성과는 첫째, '노사정위원회 운영계획' 을 수립하여 노사정 간 '충실한 대화 · 협의 · 타협의 장' 으로 위원회 위상과 역할을 정립하고, 둘째, 노사단체, 하계, 국제기구 등에서 지속적으로 문제를 제기한 법 · 제도 개선 과제에 대한 종합적 논의(노사관계 법 · 제도 선진화 방안)를 하였다. 셋째, 사회적 문제로 대두한 손배 · 가압류 문제에 관한 사회협약을 체결했으며, 넷째, 비정규직 대책, 퇴직연금제 등에 대해 사회적 공감대를 형성하면서 논의를 효과적으로 마무리하고, 특수형태 근로종사자 보호방안, 전력산업 배전분할 등 노사간 갈등을 빚고 있는 주요 현안에 대해 합리적 해결방안을 모색하였다. 다섯째, 국제노사정기구연합(IASECSI)에 가입, ILO와 공동협력사업 추진 등 국제협력 강화에 이바지했다(노동부, 2004).

2007년도는 주요 산별노조와 대형사업장에서 임금단체협상 교섭이 전반적으로 원만하게 타결되고, 지역 · 업종, 사업장 단위의 노사화합 사례가 증가하였다. 이에 따라 산업현장 노사분규 건수 및 근로손실일수가 큰 폭으로 감소하여 노사관계가 안정 추세를 이어갔다. 또한 전국공무원노동조합이 합법노조 전환을 선언하는 등 공무원 노사관계도 정착단계로 진입하였다. 이렇게 노사정대타협 정신이 산업현장에 확산됨에 따라 그동안의 대립적 노사관계를 협력적 노사관계로 전환할 수 있다는 가능성을 보여 주었다고 평가할 수 있다. 이러한 공감대 속에서 노동위원회법(2007. 4. 1), 경제사회발전노사정위원회법(2007. 4. 27), 근로기준법(2007. 7. 1), 근로자참여 및 협력증진에 관한 법률(2007. 7. 1) 시행을 위한 하위규정의 개정도 완료하였다.

노사안정과 노사협력 분위기 확산에 힘입어 2007년 10월 세계경제포럼(WEF)이 발표한 한국의 노사관계 경쟁력 순위는 55위로 2006년의 113위에서 크게 상승하였다. 하지만 앞으로 우리사회가 직면한 치열한 국제경쟁, 양극화, 성장과 분배의 선순환 구조 약화 등 대내 · 외적인 도전을 극복하고 지속적인 발전을 이루기 위해 노사정 모두의 지속적인 노력이 절실한 때이다.

노동문제의 해결책 및 대안

실업 관련 대책

실업 관련 대책을 노동시장정책, 일자리 나누기, 사회안전망 확충으로 나누어 살펴보기로 한다.

노동시장정책

노동시장정책은 실업 발생 시 실업급여를 지급하는 것으로 그치는 소극적 노동시장정책과는 달리, 적극적 노동시장정책을 통한 실업예방과 고용창출을 주목적으로 한다(표갑수, 2006 : 195). 넓은 의미에서 적극적 노동시장정책은 실업자의 취업가능성을 높이기 위한 모든 조치를 포괄하는 개념이다. 취업상담과 같은 초보적인 것에서부터 교육 · 훈련, 정부의 직접 일자리 창출과 같은 것까지 포함한다. 적극적 노동시장정책의 가장 큰 특징은 일반적 경제성장에 의존하지 않고도 고용증대를 촉진할 수 있다는 점이다.

구조적 원인으로 인한 실업문제는 노동복지정책만으로 해결하기는 어렵다. 그러므로 장기실업자의 구체적 특징과 현상을 파악하는 한편, 상담 · 치료 · 재활 · 사회복지시설의 이용 등 사회복지 서비스를 확충해야 한다. 이를 위해 무엇보다도 정확한 고용통계와 노동자의 능력 및 욕구에 대한 자료의 축적이 중요하다.

또한 상대적으로 취약한 노동자를 보호하기 위해 산재, 질병, 노령화 및 폐질, 비자발적 실업 그리고 일상생활에서의 수행능력이 부족한 사회구성원을 위한 요양 서비스 등에 대비한 사회보험제도와 사회보험으로도 보호할 수 없는 사회구성원을 위한 공공부조, 사회복지 서비스를 체계적으로 구축하는 과제를 해결해야 한다.

일자리 나누기

일자리 나누기(job sharing)는 서구 여러 나라에서 시행하는 실업대책 가운데 하나이다. 일자리 나누기는 고용규모를 조정하지 않고 노동시간의 단축을 통해 고용을 창출하거나 유지하는 방법이다. 예를 들어 하루에 열 명이 여덟 시간 하던 일을 여섯 시간으로 줄이면, 세 사람 정도가 추가로 일을 할 수 있게 된다. 일자리 나누기는 비자발적 실업을 줄이

'잡 셰어링'으로 일자리 3만 4,000개 만든다

경제상황 악화로 청년 실업 및 실직가장 등 취업란이 가중되고 있는 가운데 전국 97개 지방자치단체와 지방공기업이 일자리 나누기를 통해 3만 4,000개의 신규 일자리를 창출할 것으로 보인다.

행정안전부는 자발적인 '잡 셰어링(job sharing, 일자리 나누기)이 지자체 및 지방공기업에서 급속 확산되고 있다고 24일 밝혔다. 잡 셰어링은 임금 삭감 또는 근로시간 단축 등을 통해 일자리를 유지하거나 창출하는 것으로 임금동결, 삭감 등을 통한 고용유지, 창출까지 포함된다.

행안부에 따르면 지난 20일 현재 전국 97개 지자체 및 지방공기업에서 일자리 나누기에 나서 약 3만 4,000개의 일자리가 추가 확보된다. 참여사례는 직원의 임금반납형, 성과상여금이나 복리후생비 반납형, 예산절감형 등이다.

직원 임금을 삭감해 일자리 나누기에 나선 대표적인 지자체는 인천시와 서울시로 인천시의 경우 5급 이상 직원 550명의 임금 1~5%를 자진 반납받아 매달 약 3,500만 원을 청년인턴 채용사업에 활용한다. 서울시는 직원들의 봉급 일부 기부와 업무추진비, 경상경비 등 절감으로 100억 원 규모의 재원을 조성, 청년 일자리 1,000여 개를 창출한다.

경남 양산시, 전남 완도군, 충남 보령군 등은 성과상여금을 반납, 일자리 나누기에 동참했다. 경남 마산시는 연가보상비 8억 원을 기부해 1,004개의 일자리를 창출하고 광주시 지방투자기관인 '한국광기술원'은 성과상여금 6,000만 원을 반납, 청년인턴 6명을 채용했다.

경북 울진군의회는 해외연수비 등 경상경비 삭감으로 일자리 창출 예산을 편성했다. 제주도 개발공사 및 제주관광공사는 경상경비 절감 및 성과급 축소로 25명의 청년인턴을 채용했다.

○○○ 행안부 지역발전정책국장은 "지자체와 공기업 부문에서 자발적으로 전개되는 일자리 나누기가 민간 부문의 활발한 동참을 유도하도록 모범사례를 지속적으로 발굴할 계획"이라며 "민간 역시 적극적으로 동참해 줄 것"을 당부했다.

자료 : 파이낸셜뉴스, 2009년 2월 24일

고 일자리를 재분배함으로써 실업의 고통을 함께 나누자는 사회적 연대(social solidarity)의 뜻을 담고 있다. 일자리 나누기 정책은 1997년 말의 외환위기 이후 또 다른 경제위기에 직면한 한국경제상황에서 선호하는 실업대책 중 하나이다.

사회안전망 확충

세계화 이후 점점 강화되는 자유주의적 경향 속에서 소외되어 빈곤층으로 전락하는 사회적 소수자들이 이른바 '신빈곤층' 혹은 '사회적 빈곤층' 이다. 이들은 '일하는 빈곤층(working poor)' 으로서 노동하면서도 동시에 실업에 노출되는 불안정한 상태에 처하게 된다. 게다가 날로 증가하는 청년실업과 장기실업의 증가는 앞으로 노동빈곤층이 고착화될 것이라는 예측을 가능하게 해준다. 이들은 또한 새로이 취업을 한다 해도 낮은 임금의 일자리로 취업될 가능성이 매우 높아 노동시장 진입으로도 생계를 꾸려나가기에 충분하지 못할 위험에 노출되기 때문이다.

여기에서 중요한 것은 경제적 소외현상 그 자체에만 국한되는 것이 아니다. 한국사회는 사회복지 영역에 있어서 사회통합과 탈상품화의 노력이 매우 미약한 상태이기 때문에, 사회복지와 시장 간의 불균형으로 인한 사회적 충격은 국민에게 고통으로 이어지게 되었고 전체 국민의 과반수 이상이 '일하는 빈곤층(working poor)' 으로 사회적 소수자가 되는 결과를 가져왔다.

한국의 경우 이 같은 빈곤층의 경제적 소외현상을 극복하기 위한 방법으로 근로장려세제(EITC)를 시행(2008년부터)하고 있다. 본 제도의 핵심은 일은 하고 있지만 일정 수준보다 낮은 소득을 가지는 경우, 부(negative)의 근로소득세와 같은 개념으로 일정 비율을 환급해 주는 데 있다. 따라서 일전 소득수준에 도달할 때까지는 근로를 통한 소득이 늘어날수록 지원을 많이 받게 되어 근로유인효과를 볼 수 있다.

그러나 본 제도의 문제는 '기초생활보장제도의 수급자는 제도적용 대상에서 제외' 한다는 점이다. 이른바 수급자는 이미 기초생활보장제도를 통해 국가로부터 보장을 받고 있으므로, 근로장려세제를 통한 이중세제 혜택을 줄 수 없다는 입장에 기초한 것이다. 그러나 '일하는 빈곤층' 의 상당수가 국민기초생활보장법에 의한 수급자임을 본다면, 정부가 '근로장려세제' 로 명명하여 도입한 제도는 자칫 경제적 소외계층 속의 또 다른 사각지대를 낳을 수 있는 위험이 내재되어 있다.

또 다른 문제는 본 제도가 근로유인의 효과가 있는지 여부와 관련된 '실효성의 문제' 이다. 수급액수가 연 80만 원 수준으로 제한되었다는 점에서 본다면, 본 제도의 목적인 근로유인을 달성할 수 있느냐 하는 것이다.

사회안전망의 사각지대에 놓여 있는 이들이 다수 존재한다. 이는 사회복지급여의 실제

수급률이 낮다는 것과 일맥상통한다. 특히 비정규직 노동자의 수급률은 정규직 노동자와 견주어 매우 낮다. 또한 사회복지급여의 수준도 문제이다. 현재의 실업급여는 남용방지를 의식해 낮은 수준에 머물러 있다. 또한 장기실업자에 대한 연장급여의 지급이 필요하다.

한편 국민기초생활부장제도에 대해 개선이 요구되고 있다. 특히 수급자를 선정하는 기준이 지나치게 까다롭다는 지적이다.

근로자 원조 대책

근로자에게 '사회 서비스'를 제공하는 대표적 프로그램으로는 미국의 '근로자 원조 프로그램(employee assistance program)'을 들 수 있다. 이제는 우리사회에서도 근로자에게 사회 서비스를 제공하는 활동에 적극적으로 나서야 할 것이다. 미국의 경우 보건복지부에서 제공하는 근로자 원조 프로그램에는 가족문제, 부부문제, 약물남용, 스트레스 기타 정서적 문제를 겪는 근로자들을 위한 사후관리까지 포함된다.

자스트로(Zastrow)는 근로자 원조 프로그램에서 주로 제공되는 서비스의 내용을 알코올·약물남용 상담, 정서를 문제를 가진 근로자에 대한 상담, 가족상담, 경력상담 및 교육, 재정상담, 퇴직계획으로 나누어 설명하고 있다(Zastrow, 2000 : 409-411). 본 절에서는 우리 사회의 상황에 맞는 내용을 중심으로 살펴보기로 한다.

가족상담

근로자는 자신의 가족문제를 직장으로 가져올 뿐 아니라 직장문제를 가정으로 가져가 가족구성원에게 발산하게 된다. 근로자 원조 프로그램은 배우자와 가족이 관련된 스트레스에 대하여 큰 관심을 갖는데, 특히 아동학대나 가정폭력의 문제에 관심을 갖는다. 본 프로그램을 통해 근로자와 그 가족에게 직접 상담을 제공하거나 다른 서비스 제공자에게 의뢰할 수 있다.

한편 근로자가 실업의 상태가 될 경우 역시 상담 서비스를 제공하거나 외부에 의뢰할 수 있다.

경력상담 및 교육

경력상담 및 교육의 경우 본 프로그램은 두 영역에 관여하게 된다. 첫째, 근로자가 자신에게 맞는 경력목표를 설정하고 이 목표에 달성하도록 도와주는 것이다. 기업은 이러한 프로그램을 사업장에서 직접 제공하거나 또는 근로자가 이런 프로그램에 등록하는 데 드는 비용을 부담하고 있다.

둘째, 근로자가 스트레스 관리기술을 배워 활용하도록 도와주는 것이다. 업무에 지치거나 심각한 직무 스트레스를 겪는 근로자에게 상담을 제공하거나 외부에 치료 서비스를 제공하도록 의뢰할 수 있다.

재정상담 및 퇴직상담

재정적 어려움을 겪고 있는 근로자에게 원조를 제공하는 프로그램들이 많아지고 있다. 이 중의 하나가 부채상담이다. 이 경우 근로자는 채권자에게 장기간에 걸쳐 빚을 갚는 것과 관련하여 도움을 받는다.

또한 퇴직 후의 생활에 대해 관심을 갖고 있는 대부분의 근로자들에게 강연회나 세미나 등을 통해 퇴직계획과 관련해 여러 프로그램을 제공할 수 있다.

내용요약

1. 노동문제

노동과 관련된 사회문제 또는 노동조직으로부터 생기는 사회문제라 정의할 때, 실업을 필두로 근로현장에서의 성차별, 인종차별, 저임금, 노동착취, 아동노동, 산업재해, 직무불만, 소외, 노동조합, 노동자의 권리 등 다양한 문제들을 포함시킬 수 있다.

2. 실업자(unemployed persons)

고용조사 시점에서 '일주일' 동안 적절한 일자리가 있음에도 불구하고 일을 하지 않은 사람과 연속 '4주간' 일자리를 찾고자 노력했으나 일을 하지 못한 사람

3. 실업(unemployment)

적극적으로 일자리를 원하고 또 일하는 데 필요한 능력을 갖추었지만 일을 하지 않고 있는 경우

4. 불완전고용(under-employment)

① 파트타임 근로자로서 풀타임 일자리를 찾고 있는 사람, ② 일하길 원하지만 일자리를 찾는 데 실패하여 취업을 포기한 사람, 즉 취업포기자를 칭함

5. 산재보험

산재보상의 고용주책임을 사회보험으로 연대화한 것. 즉, 개별 산재 피해자에 대해 개별 고용주가 책임을 지고 보상하던 시스템을 전체 산재 피해자를 전체 고용주가 연대책임을 주는 시스템으로 바꾼 것

6. 최저임금제

국가가 근로자가 받은 임금의 최저수준을 결정·고시하여 사용자로 하여금 최저임금수준 이상의 임금을 지불하도록 법으로 규정함으로써 근로자의 최저생활을 보장해 주는 제도로 1986년 12월「최저임금법」이 제정·공포되었고 1988년 1월부터 시행

7. 조합주의(corporatism)

거대 노조의 출현으로 사용자와 대등한 수준에서 임금과 근로조건 등 노사 간의 주요 현안을 협상하고 정부가 이를 중재하며, 나아가 정부와 노사 간의 현안인 물가와 복지 등의 문제를 상의·결정하는 삼자협동주의가 정착된 제2차 세계대전 이후 서구사회의 특징. 노조와 자본가단체는 평범한 압력단체에서 '통치기구'로 변화된 거대한 힘을 가진 조직

check list

1. 실업의 유형을 찾아봅시다.

2. 근로조건부 복지를 찬성하는 논리에 대해 생각해 봅시다.

3. 현 한국의 경제상황에서 시행 가능한 일자리 나누기의 형태에 대해 생각해 봅시다.

4. EITC의 한국적 적용에 대한 본인의 생각을 정리해 봅시다.

5. 서구사회의 조합주의(coporatism)와 한국의 '노사정위원회'의 공통점과 차이점을 찾아봅시다.

CHAPTER 13

빈곤문제

주요용어

빈곤, 절대적 빈곤, 상대적 빈곤, 빈곤문화, 빈곤선, 하위문화, 반물량방식, 전물량방식, 세대 간 빈곤, 근로조건부 복지

빈곤의 개념

빈곤을 정의하는 데 가장 일반적으로 사용되는 논리는 경제적 정의와 문화적 정의이다.

경제적 정의

경제적 의미로서의 빈곤은 쉽게 계량화할 수 있고 범주화할 수 있기 때문에 널리 활용되고 있다. 경제적 빈곤은 한 개인이나 가족이 일정 소득 이하이면 빈민이라고 하는데, 이와 같이 빈곤선을 설정하는 데는 절대적인 방법과 상대적인 방법이 있다.

절대적 빈곤

절대적 빈곤(absolute poverty)은 한 개인이나 가구의 소득 또는 지출이 최저생활을 유지하는 데 필요한 생계비 또는 영양을 충족하지 못하는 것을 말한다. 절대적 빈곤은 생존과 관련하여 절대빈곤층을 파악하기 위하여 최저생계비를 산출하고 이를 기준으로 빈곤선을 설정하는 것이 보통이다. 이는 최소한의 신체적 효율성(physical efficiency)을 유지하는 데 필요한 식 · 열 · 주 · 의를 가지지 못한 수준을 말한다. 보통 최소한의 일일 칼로리 섭취량, 식품비가 가계지출에서 차지하는 비율(엥겔계수), 최소한의 생필품을 구입하는 데 필요한 소득 등으로 정해진다(Dixon & Macarov ed., 1998 : 4).

찰스 부스(Charles Booth, 1889)의 빈곤
세계 최초로 대규모의 과학적인 사회조사를 하였고, 가난한 사람을 빈민(poor)과 극빈층(pauper)으로 구분하였다. 빈민은 '규칙적인 수입은 있지만 그 수준이 겨우 먹고 살만한 정도에 그치는 경우' 라고 정의함으로써 최초의 '빈곤선(poverty line)' 을 설정하였다. 한편 극빈층은 불규칙한 노동, 질병, 부양자녀 등으로 인해 빈민보다 더 가난한 경우를 말한다.

시봄 라운트리(Seebhom Rowntree, 1901)의 빈곤
부스에 이어 시봄 라운트리(Seebhom Rowntree, 1901)는 '빈곤선' 의 개념을 발전시켜, 빈곤을 1차 빈곤과 2차 빈곤으로 구분하고 있다.

1차 빈곤은 가족의 소득이 생물학적 효율성을 유지하기에도 부족한 수준, 즉 네 가지 기초생필품(음식, 연료, 거처, 피복)을 구입할 수준도 안 되는 경우를 말한다. 2차 빈곤은 네 가지 기초생필품을 구입할 능력은 있지만 소득의 일부를 다른 용도로 사용하는 경우, 즉 소득을 잘못 사용하는 경우를 뜻한다.

라운트리는 최저생계비 측정을 위해 지방정부청의 식품목록에 입각해 식품 소매가격을 조사하였고, 임대료, 가재도구의 가격 및 가족의 크기와 자녀의 연령도 조사하였다(원석조, 2008 : 220).

빈곤선을 중심으로 한 빈곤의 정의(절대적 정의)는 사회복지정책 특히 공적 부조에 널리 사용되고 있으나, 현물소득을 계측하고 다른 소득과의 비교가 힘들다는 것과, 일반적으로 소득조사에서 소득은 과소 보고되고 지출은 과대 보고되는 경향이 있어 소득을 파악하기 힘들다는 점, 경제적 빈곤은 빈곤가구의 특수한 욕구를 반영하지 못한다는 단점을 가지고 있다.

상대적 빈곤

상대적 빈곤(relative poverty)은 한 사회의 평균적인 생활수준에 비교하여 빈곤을 규정하는 것으로, 절대빈곤이 소득과 소비에 기준을 두고 있는 것이라면, 상대빈곤은 소득 대신 자원을 소비 대신 생활양식에 준거하고 있다.

타운젠트(P. Townsend)의 상대적 빈곤

타운젠트는 상대적 빈곤을 "일상식품을 획득하고 사회활동에 참여하며, 그들이 속한 사회에서는 관례적인 생활 조건과 편의시설을 갖기에 필요한 자원을 결여하고 있는 사람"이라고 정의하고 있다(김영모 편, 1992 : 37).

그는 빈곤의 기준이 상대적이어야 하는 이유를 '빈민의 욕구가 시기별, 지역별, 가족 크기별, 계층별로 다양하고 빈곤의 영양기준이라는 것이 빈곤현상을 충분히 반영하지 못하는 데 있다' 고 설명하고 있다. 즉, 빈곤을 불평등이라는 맥락에서 고찰하여 다양한 기준에 입각한 상대적 박탈(relative deprivation)의 개념으로 파악하고 있다.

타운젠트의 상대적 박탈 조건은 다음과 같다.

- 지난 1년간 일주일간의 휴가가 있었는지
- 지난 4주 동안 친구를 집에 초대한 적이 있었는지(성인)
- 지난 4주 동안 친구를 외식에 초대한 적이 있었는지(성인)
- 지난 4주 동안 같이 논 친구가 있었는지(15세 미만 아동)
- 생일파티를 했는지(아동)
- 지난 2주 동안 예술을 관람한 적이 있었는지
- 일주일에 4일간 신선한 고기를 섭취했었는지
- 지난 2주 동안 하루 이상 요리된 음식을 섭취했었는지
- 일주일 동안 요리된 아침식사를 했는지
- 냉장고가 있는지
- 가족과의 일요 모임을 가졌는지
- 가정 내 표준 편의시설(예 : 부엌, 온수, 수세식 화장실, 욕실, 가스 또는 전기 조리기)이 설치되어 있는지의 유무

그러나 박탈지표들이 얼마만큼 빈곤을 과학적으로 측정할 수 있는지, 박탈의 시점(빈민이 되는 시점)이 언제인지를 검증하는 문제는 여전히 숙제로 남아 있다(원석조, 2008 : 222).

문화적 정의

빈곤문화이론을 주장하는 학자들은 빈곤을 경제적 조건보다는 문화적인 조건에 입각하여 정의하고 있다. 예를 들어 헤이즈는 빈곤은 사람들이 얼마나 많이 가지고 있느냐를 기준으로 정의하기보다는 왜 그러한 특수한 경제적 수준에 처하게 되었는가를 기준으로 정의해야 한다고 주장하고 있다(Hayes, 1970 : 41-54). 즉, 빈곤이란 실직, 자력으로 감당할 수 없는 막중한 부채 혹은 소득을 효과적으로 관리할 수 있는 능력의 부재 등에 의해서 파생될 수 있다는 것이다.

빈곤문화에 대한 이론을 처음 발전시킨 이는 오스카 루이스(Oscar Lewis)이다. 루이스에 의하면, "빈곤문화란, 반드시 경제적 박탈이나 해체, 예컨대 어떤 사물의 결핍만을 의미하는 것이 아니라 그 이상의 어떤 적극적 의미까지 포함해 빈민이 살아가는 데 없어서는 안 되는 문화구조이자 근거이고, 방어기제가 된다."고 언급하고 있다. 그의 주된 주장은 "가난한 사람들은 사회의 지배문화(dominant culture)와 이와는 질적으로 다른 하위문화(sub-culture)에서 살기 때문에 그들의 태도, 가치, 행동 등에서 다르고 이러한 형태는 사회화 과정을 통해 세대 간에 세습된다."는 것이다.

빈곤문화의 특징은 첫째, 빈곤문화는 사회의 주된 제도들, 예를 들어 학교, 교회, 정당, 노동조합 등에 참여 혹은 동화하는 것을 막아 사회에 지배적인 가치의 수용을 거부한다는 것이다. 둘째, 빈곤문화에서의 가족관계는 모(母) 중심적인 가족이 선호되거나 아동으로서의 기간이 짧아 어린 나이에 성관계를 경험하거나 합법적인 결혼 없이 동거형태의 혼인생활이 흔하고 또한 쉽게 헤어진다는 것이다. 셋째, 빈곤문화는 또한 절망감, 의존심, 열

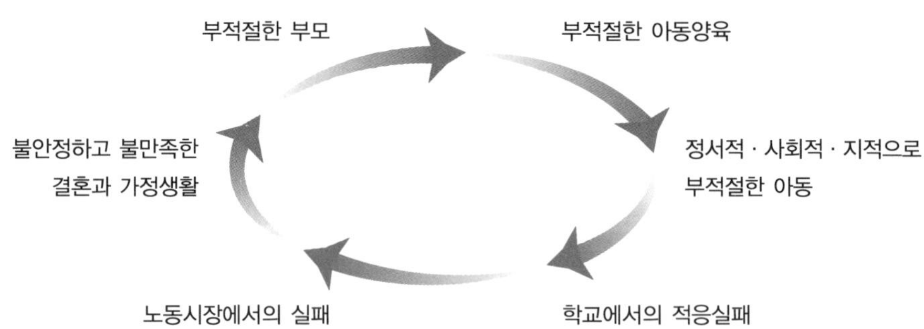

그림 13-1 빈곤의 악순환

자료 : 최일섭 · 최성재 공편(2003), p. 93

등감 등을 배양하여 쉽게 체념하고 운명주의자가 되며 '출세'에 대한 동기가 매우 약하고, 충동을 억제하지 못하여 현재 중심적인 생활을 영위하게 한다는 것이다. 빈곤문화론에서 빈곤의 원인으로 가장 근원적인 것은 빈곤가정의 아동양육형태이다.

이러한 빈곤문화론은 1960년대 후반 이후 인종적 차별이라는 비판을 받게 되었는데, 그 이유로는 앞서 열거했던 빈곤문화의 특징들이 가난한 이들에게 존재하지도 않을 뿐만 아니라 이러한 빈곤문화가 세습되지도 않는다는 것이다. 즉, 빈곤한 사람과 빈곤하지 않은 사람을 구분하는 '빈곤문화'는 존재하지 않고, 두 집단의 유일한 차이는 빈곤하지 않을 수 있는 '기회'의 차이라는 것이다.

그럼에도 빈곤문화론은 빈곤대책을 마련하는 데 몇몇 시사점을 던져주고 있다. 첫째, 부적절한 부모에 대한 심리치료 교육, 상담 등을 통하여 부적절한 아동교육방법을 고치는 것, 둘째, 앞서 지적한 방법으로 아동들에 대한 조기교육 프로그램(예 : Head Start) 같은 것을 통하여 부모의 '나쁜 영향'을 차단하는 것, 셋째, 정규학교교육을 통하여 빈곤아동들이 그들 부모의 아동양육방법을 배우지 않도록 훈련시키는 것 등을 들 수 있다(최일섭 · 최성재 공편, 2003 : 94).

빈곤원인론

빈곤은 해당 사회와 시대의 산물이기 때문에 모든 사회와 시대에서의 빈곤은 서로 다른 상황에서 비롯된다고 할 수 있다. 본 절에서는 빈곤의 원인을 기능주의적 관점, 갈등론적 관점, 상호작용주의적 관점으로 나누어 살펴본 후 한국의 빈곤 원인을 찾아보고자 한다.

빈곤원인에 대한 이론적 관점

기능주의적 관점

많은 기능주의 이론가들은 빈곤은 불가피하다고 결론짓는데, 이러한 결론에 도달하는 데는 다음과 같은 논리에 근거하고 있다.

기능론자인 데이비스(Davis)와 무어(Moore)는 사회계층이 기능적 필연성(functional

necessity)에 의해 형성된다고 본다. 즉, 한 사회의 계급구조에서 한 개인의 위치는 그가 전체사회의 기능에 얼마나 중요한 공헌을 하느냐에 달려 있다는 것이다(Davis & Moore, 1945 : 242-249). 따라서 중요한 공헌을 하면 계급구조에서 그만큼 높은 위치를 차지하고 금전이나 지위 등 보다 높은 보상을 받게 된다는 것이다. 이같이 차등적 보상이 주어지는 것은 사람들로 하여금 더 열심히 일하고, 복잡하고, 중요한 일들을 수행하도록 동기를 부여하기 때문에 필요하며 기능적이라는 것이다. 그리고 본인이 수행하는 특정 과업에 주어지는 보상의 양은 일의 중요성, 과업을 진행할 재능을 가진 사람의 희소성, 과업의 난이성의 정도와 수련기간 등에 의해 결정된다고 설명하고 있다.

이러한 기능주의적 관점에 따르면, 사회에 쓸모가 적은 과업을 수행하거나 혹은 전혀 과업을 수행하지 않은 사람은 거의 보상받을 필요가 없거나 아주 적은 보상을 받아야 한다. 따라서 사회에 공헌하지 못한 결과가 바로 빈곤인 것이며, 이 때문에 사람들은 사회에서 중요한 일을 보다 잘 수행하도록 노력하게 된다는 것이다.

기능주의적 관점의 구체적인 예로, 의사들은 그들이 기능적으로 중요한 과업을 수행하고 상대적으로 공급이 부족한 기술을 보유하고 있기 때문에 높은 보상을 받는다. 그리고 의사가 되기 위한 수련기간이 길다. 따라서 만약 충분한 보상이 주어지지 않는다면 의사가 되려는 동기를 갖지 않을 것이다. 반면에 청소부는 사회에 중요한 일을 수행하지만 훈련이 거의 필요하지 않고, 청소부를 하려는 사람이 부족하지도 않다. 따라서 그들이 받는 임금은 비록 충분하다 하더라도 의사들과 비교해 매우 적을 수밖에 없다. 즉, 빈민들은 중요한 과업을 수행하지 않기 때문에 적은 보상을 받는다는 것이다.

이러한 기능주의적 관점은 현대사회의 계층구조에서 과업의 공헌도와 보상수준 간의 상관관계가 있기 때문에 어느 정도는 지지를 받지만, 예외적인 경우도 많아 비판을 받기도 한다. 예를 들어 연예인이나 스포츠 스타들은 그들의 공헌 정도에 비해 엄청난 소득을 올리는 반면, 간호사와 같은 직업은 사회적으로 중요한 공헌을 하고 기술의 공급이 많지 않음에도 적은 보상을 받고 있다. 이러한 비판에도 불구하고 데이비스와 무어는 빈곤에 관한 프로그램을 개발하는 데 주요한 시사점을 제공한 것이다.

한편 간스(H. J. Gans)는 빈곤의 사회적 기능으로 인해 빈곤이라는 사회문제가 잘 해결되지 않는다고 보고 있다. 즉, 빈곤은 어떤 집단에게는 기능적이기 때문에 계속 존재한다는 것이다. 간스가 설명하는 빈곤의 기능적인 측면은 다음과 같다.

- 빈민은 '지저분한 일'을 처리한다. 빈민이 존재하기 때문에 낮은 임금에 지저분한 일들(예 : 청소와 관련된 일)의 해결이 가능하다.
- 직·간접적으로 부유층에 이익을 주는 활동을 재정적으로 지원한다. 빈민의 저임금은 민간경제의 소비와 투자를 진작시킨다(예 : 저임금의 가정부, 지방세, 간접세 등).
- 빈민은 많은 직업과 전문 직종을 만들게 해준다. 빈민을 대상이나 고객으로 활동하는 경찰, 변호사, 사법당국 등이 그들이며, 빈민을 대상으로 번성하는 도박, 마약, 목사, 전당포 등도 마찬가지이다.
- 빈민은 일반 사람들이 피하는 상품을 구입함으로써 그 상품의 경제적 유용성을 연장시킨다(예 : 오래된 빵, 과일, 중고 의류, 중고 차, 낡은 집 등).
- 빈민은 지배적 법규범을 강화시켜 준다. 지배적인 규범을 강화하기 위해서는 나태, 낭비, 부정직, 성문란 등을 이유로 도덕적 또는 법적 제재의 대상이 되는 사람이 필요하다. 그리고 빈민들이 주로 그 대상이다.
- 빈민에게 도움을 주는 사람에게 심리적 만족감을 준다. 빈민을 돕는 활동을 함으로써 스스로를 도덕적인 사람이나 윤리의 실천자로 여기게 만든다.
- 빈민은 부유한 사람들에게 대리경험의 기회를 준다(예 : 알코올 중독, 마약남용 등).
- 빈민은 비빈민의 사회적 지위를 보장해 준다.
- 빈민은 비빈민의 계층상승을 도와준다. 빈민을 교육기회를 거부하거나 어리석고 가르치기 힘든 존재로 정형화함으로써 다른 사람들이 더 나은 일자리를 갖기 위해 노력하도록 독려한다.
- 빈민은 비경제적 집단을 활성화시켜 준다. 자선사업이나 사회사업기관 및 협회 등이 대표적이다.
- 빈민은 문화적 기능도 수행한다. 건물 건축에 육체노동을 제공하고, 고급문화를 만드는 예술가와 지식인을 재정적으로 지원하는 데 소요되는 잉여가치를 생산하는 이들이다.
- 빈민이 만든 하위문화를 부유층이 수용하기도 한다(예 : 재즈, 블루스, 흑인 영가 등).
- 정치집단의 상징적인 지지자 또는 반대자로 기능한다.
- 사회의 변화와 성장에 필요한 경제적·정치적 비용을 부담한다. 도시의 건설 노동자, 도시재개발의 대상, 도시발전에 필요한 공간의 양보 등을 통해 그런 역할을 감수한다.

■ 정치과정의 형성에도 기여한다.

갈등론적 관점

갈등론자들은 빈곤을 불가피하다거나 기능적인 것이라고 생각하기보다는 빈민들이 가난한 것은 빈곤이 존재함으로써 이익을 보는 보다 강력한 집단들에 의해 그들이 착취를 당하기 때문이라고 주장한다. 즉, 생산관계에서 노동자계급은 잉여노동가치를 착취당하고 기계화, 자동화에 의하여 노동소외 현상이 나타나 노동자는 더욱 가난해진다는 것이다. 갈등론에 의한 빈곤원인은 권력론과 맑스주의로 구분해 볼 수 있다.

권력론에서 보면 사회는 권력이나 권위관계로 이루어진 상·하의 지배, 복종관계이기 때문에 빈곤한 자는 권력이나 권위를 적게 가진 혹은 갖지 못한 피지배층이 된다. 권력과 권위로부터 소외되면 자원에 대한 통제력을 박탈당하고 빈곤해질 수밖에 없다. 따라서 빈곤의 원인은 권력과 권위의 박탈에 있다.

맑스주의자들은 빈곤을 자본주의 경제체제의 고유한 것으로 간주한다. 맑스는 자본주의 사회의 빈곤의 필연적 변증논리에 대해 다음과 같이 설명하고 있다. "부와 자본의 축적, 산업의 팽창은 생산성의 끊임없는 증가를 필요로 한다. 그러나 자본주의의 구조적 모순으로 인해 평균이익은 계속 하락한다. 이때 생산성이 정체되면 필요 없는 노동력이 생기고 결국 이들은 일자리를 잃고 만다. 이들은 실직해서 소득을 갖지 못하게 되고 따라서 빈곤하게 되는 것이다(Marx, 1976 : 29)." 즉, 생산물의 가치란 노동의 총량에 대한 함수(노동가치설)이며, 자본가의 기여는 아무런 영향을 미치지 않기 때문에 자본가는 가능하면 노동가치의 착취를 통해 부를 축적하고자 한다. 따라서 빈곤의 원인은 자본가가 노동자를 착취한 데 있다고 보는 것이다.

한편 오늘날의 신맑스주의자들은 자본가계급의 노동자계급에 대한 잉여가치의 착취뿐 아니라 흑인, 여성, 인종적 소수집단, 미국의 이민 노동자, 유럽의 외국근로자, 제3세계 국민에 대한 착취관계에 초점을 두고 고전적 맑스주의자보다 범위를 넓혀 빈곤을 살피고 있다(Etzioni ed., 1976 : 2 -30).

상호작용주의적 관점

상호주의적 관점은 현실의 주관적 성질을 강조하는 낙인이론에 근거한다. 본 이론에서는 인간의 행동이 타인과의 상호작용을 통해 학습된다고 본다.

하워드 베커(Howard S. Becker)는 하위문화에 속한 사람은 그 하위문화의 역할, 규칙, 태도 등을 배우게 된다고 주장한다(Becker, 1963). 즉, 한 사람이 다른 집단들과 강한 유대관계를 갖지 않으면 그는 그의 하위문화 및 그 구성원들과 동일시하게 되고, 결국 상위문화뿐만 아니라 하위문화권의 구성원들도 그를 하위문화권의 구성원으로 규정하고 이름을 붙이게 되며, 그 사람은 그러한 이름들을 받아들이고 또 하위문화권의 구성원으로 자신을 규정하게 된다는 것이다.

이와 같은 낙인과정(labeling process)은 빈민들에게도 영향을 미칠 수 있다. 우리는 흔히 빈민을 부정적인 시각으로 보고 그들에게 바람직하지 않은 부분이 많다고 생각한다. 빈민은 게으르고, 둔하고, 부도덕하며, 주도권과 공격성이 결여되어 있다고 여긴다. 만약 다른 사람들 특히 가족, 친구, 선생님 등 중요한 주위 사람들로부터 이러한 반응이 지속되면, 그 해당자는 그에 대한 규정을 받아들일 가능성이 높다는 것이다.

상호작용주의 관점은 가난한 사란들이 가난한 하위문화권에서 외부와의 유대가 강하지 않은 상태에서 장기간 살게 되면, 외부와 하위문화권이 자신을 바라보는 시각을 내면화하여 가난한 사람의 태도와 행동을 하게 되고 가난에서 벗어나지 못하게 된다는 것이다(최일섭 · 최성재 공편, 2003 : 99).

한국의 빈곤원인

빈곤의 원인은 일반적으로 거시적 차원과 미시적 차원에서 설명된다. 거시적 차원에서의 빈곤원인은 사회제도적 기능결함에 의한 것이며, 미시적 차원에서는 개인적 결함과 비자발적인 결함에서 빈곤이 발생한다고 본다.

거시적 차원은 빈곤의 원인을 취업과 교육의 기회제한, 임금격차, 사회보장정책의 미흡 등 사회의 구조적 결함에서 찾는다. 즉, 사회자원의 소유관계와 불평등한 사회관계 속에서 빈곤이 발생하는 것으로 설명이 가능하다.

한편 미시적 차원 혹은 개인적 원인으로 볼 때, 이를 다시 개인의 동기 부족, 즉 낮은 성취동기와 열망수준, 게으름, 의타심, 과다한 출산, 음주, 도박, 부적응 등과 같은 개인적 결함에 의한 원인과 부양의무자의 사망, 질병, 불구, 폐질 등과 같은 비자발적 원인으로 나눌 수 있다(임희섭, 1983 : 17).

그리고 한국의 경우 빈곤의 거시적 · 사회구조적 원인으로는 ① 영세농 출신 도시 이입자의 취업기회 제한과 불안정한 취업, ② 농촌지역 경작규모의 영세성, ③ 저소득층 자녀의 교육기회 제한 등으로 인한 빈곤의 세습화, ④ 공적 부조나 사회보장 등 소득보장정책의 미흡, ⑤ 최저임금제의 미정착과 심한 임금격차 현상, ⑥ 사회복지 서비스의 미흡 등이 지적될 수 있다.

한국사회의 빈곤문제는 복합적인 사회구조로 인해 발생하는 것으로 이해할 수 있다. 한국사회는 1960년대부터 경제발전을 국정 과제로 삼았다. 산업 · 도시화에 따른 이농현상으로 인한 노동력의 과잉공급으로 고용기회가 제한되면서 저임금 또는 임금격차를 강요받아 도시빈민층이 형성되었다. 경제성장을 유지하려는 경제정책으로 노동자들은 저임금의 상태로 불안정한 생활을 유지해야 했고, 농촌사회는 이농현상으로 농촌노동력이 고갈되면서 빈곤현상이 가속화되었다.

한국사회에서 빈곤계층을 지원하는 사회보장제도는 오랫동안 빈곤의 원인을 제거하는 것이 아니라 절대적 빈곤계층을 대상으로 한 제한된 정책이 대부분으로 현재의 국민기초생활보장법(2000년 이전의 생활보호사업법)에 의한 생계비 지원 수준에 그치고 있다. 그에 따라 빈곤계층의 자녀는 경제적 이유로 교육의 기회가 제한된 상태에서 직업선택의 기회도 줄어들었다. 이로써 빈곤이 세습되는 만성적 빈곤계층이 양산되었다.

사회구조적 요인 또한 빈곤과 밀접한 관계가 있다. 현재 우리 사회는 심각한 가족해체의 위기를 경험하고 있다. 특히 여성이 가장인 경우 전문기술이 남성에 비해 부족해 노동시장에 참여할 기회가 제한된다. 이러한 현실은 자녀양육과 교육기회에도 영향을 주어 빈곤으로부터 탈피할 수 있는 기회조차 박탈당하기도 한다. 뿐만 아니라 미혼모, 한부모가정의 증가, 소년소녀가장세대의 증가, 노인가구, 장애인가구의 증가 등이 빈곤의 상황을 더욱 심각하게 만드는 요인으로 작용하고 있다.

빈곤문화

미국의 인류학자인 오스카 루이스(Oscar Lewis)는 『산체스네 아이들(The Children of Sanchez)』(1961)을 통해 '빈곤문화(the culture of poverty)' 라는 용어를 처음 사용하였다. 문화란 본질적으로 대대로 전수되어 오는 생활양식인데, 빈민들 역시 대대로 전수된 문화, 즉 빈곤문화를 갖고 있는 것이다(Lewis O., 1966 : 19–25).

빈민의 태도와 가치 유형은 독립성을 가지고 있고 사회의 지배적인 문화인 주류문화(main culture)와는 다른 독립된 하위문화(sub-culture)로 존재하며, 그 특성은 빈곤에 적응된 '낮은 열망수준' 과 '태도' 와 '가치의 세대 간의 전승' 으로 나타난다.

루이스는 빈곤문화를 네 차원의 체계로 나누어 설명하고 있다.

주류문화와 하위문화

빈민들은 일반적인 사회제도에 통합되지 못하고 이탈되어 있다. 이는 빈민들이 가지고 있는 차별, 공포, 의심, 적대감, 격리, 무관심을 반영한다. 예를 들어 빈곤하위문화에 속해 있는 빈민들은 노동조합이나 정당에 소속되어 있지 않고 은행, 종합병원, 백화점, 박물관 등도 거의 이용하지 않는다. 이들이 사회제도에 참여한다 하더라도 빈곤문화의 특성을 떨치기는 매우 어렵다. 이들의 생계수준을 보장해 주는 구호제도는 빈곤과 무력감을 해소하기보다는 오히려 지속시킨다.

지역적 특성

거주상태는 매우 열악하며 과밀상태에서 집단적으로 생활하고 있다. 빈민들은 일시적인 비공식조직에 가담하기도 하며, 빈민들의 거주지역에는 폭력집단이 존재한다. 이 외에 인종적 · 언어적 · 민족적 집단을 형성하기도 한다.

가족적 특성

가족의 생활주기 중 아동기를 아동이 가족의 보호를 받고 성장하며, 머물고 싶어 하는 시기라고 여기지 않는다. 빈민가정의 아동들은 조기 성경험을 하게 되고, 결혼생활의 불안정으로 모계 중심의 가족생활을 하며, 형식적으로는 가족유대를 강조하지만 형제간의 다툼이 치열하고, 사생활의 보장이 없다.

태도와 가치

빈곤문화에서 성장한 개인들은 운명론, 무력감, 의타심, 열등감, 연약한 자아구조, 성적 정체감의 부족, 강한 현재 지향성, 남성 우월주의, 지역의식 · 계급의식의 부재 등의 특성을 갖고 있다.

빈곤의 측정

빈곤을 가리기 위해서는 일정 기준이 필요하다. 일반적으로 빈곤과 빈민을 생계비 개념으로 파악하고 소득이나 재산을 기준으로 평가하는 경우가 많다.

오샨스키 척도

오샨스키 척도(the Orshansky scale)는 최저생계비 개념에 입각하여 빈곤을 측정한다. 식품비를 기준으로 빈곤을 측정하는데, 1950년대 이후 오늘날까지 미국의 빈곤선 설정에 근간이 되었다. 이 개념은 엥겔의 법칙(Engel' s law)에 기반을 둔 것으로 상품의 수용에 대한 소득탄력성이 다르다는 점에 착안한 것이다. 오샨스키가 주목한 것은 식료품이 가장 비탄력적으로 소득의 증가에 크게 영향을 받지 않으며, 소득 규모가 낮을수록 비탄력적 식료품에 대한 지출비중이 상대적으로 높아지고 반대로 주택이나 사치품, 문화상품에 대한 지출은 낮아진다는 점이다. 이렇게 되면 절대 빈곤층의 식료품 비중은 높아질 것이고, 따라서 생계유지를 위한 식료품비의 산정만으로도 절대 빈곤의 수준은 쉽게 계산할 수 있는 것이다.

이러한 논리로 오샨스키는 미국에서 3인 이상 가구의 엥겔계수가 약 1/3이라는 사실을 발견하고, 최저식품비에 그 역수인 3을 곱하여 빈곤선을 설정했다. 미국 사회보장청(SSA)은 1969년에 이를 공식적으로 채택하고 가구원의 숫자, 18세 미만의 아동, 가장의 연령에 따라 조정하고 있다. 또한 최저 식품비를 매년 추정하는 것이 쉽지 않으므로 기준 연도에 이를 추정하고, 가격변동에 따른 구매력의 변화를 보정하기 위해 기준 연도의 빈곤선에 해당 연도의 물가지수(Consumer Price Index : CPI)를 반영한다.

그 과정은 다음과 같다. 먼저 영양학적 기준을 충족시키는 데 필요한 최저한의 비용, 즉 객관적인 식품비(이론적 식품비)를 계산하고, 가구의 실질적인 생활비 분석을 통해 엥겔계수를 구한다. 그리고 나서 엥겔계수를 이론적 식품비에 적용하여 전체 생계비를 계산한다. 또한 모든 항목의 생계비를 조사하지 않고, 엥겔계수로 생계비를 추정한다는 점에서 반물량방식(半物量方式)이라고도 한다. 실제로 오샨스키는 최소한의 식품 마켓 바스켓을 구성하여 산출한 저소득층의 최저식품비의 세 배로 빈곤선을 정하고 있다. 본 빈곤선은 처음 적용된 이후 매년 인플레를 감안하여 인상한다.

오샨스키 빈곤선의 장점은 명확하고, 계산하기 쉬우며, 수정하기도 쉽다는 점이다. 단점으로는 빈곤의 측정방법이 너무 단순하여 빈민이 경험하는 다양한 생활상의 압박을 제대로 반영하지 못한다는 데 있다.

예산기준방식(budget standards)

빈민의 소비지출 마켓 바스켓을 구성하여 이를 합산하여 빈곤선을 정하는 방법이 예산기준방식이다. 이를 위해 먼저 다양한 소비지출 유형을 위한 가계기준을 설정한다. 즉, 식료품, 의료, 교통, 주택, 난방 등 표준적인 소비를 위해 얼마가 지출되어야 하는지를 조사하는 것이다.

이러한 작업은 전문가 집단이 수행한다. 본 방식은 라운트리의 신체적 효율성에 입각한 최저생계비 개념에서 나온 것으로, 빈민의 전체 소비지출을 감안한다는 점에서 이를 전물량방식(全物量方式)이라고도 한다. 사회가 수용할 만한 생계비 마켓 바스켓을 발전시키고 비용을 산출하기는 어려운 것이다. 즉, 식품비, 의료비, 주거비 외에 사회활동에 필요한 교통비, 여가활동비, 문화비, 경조사비 등을 포함시키는 데 사회구성원들의 동의를 얻는 것은 쉽지 않은 것이다.

여론 · 합의방식

여론 · 합의방식은 빈곤을 정의하고 측정하는 것을 전문가집단에게 위임하는 것이 아니라 일반인의 여론에 따라 하는 방식이다. 예를 들어, 여론조사를 통해 "빈곤에서 벗어나기 위해서는 어느 정도의 소득이 있어야 하는가?", "표준생계를 위해 꼭 필요한 생필품 항목은 무엇인가?"를 물어 빈곤선을 계산해 내는 것이다. 이때 중요한 것은 전문가의 견해나 주변에서 관찰되는 생계수준이 아니라 일반인이 생각하는 사회 전체의 견해이다.

이러한 여론 · 합의방식의 장점은 자의적이고 독단적인 전문가집단의 판단을 배제하고, 일반 사람들이 빈곤의 기준을 결정하게 만드는 것이라는 점이고, 단점으로는 빈곤수준에 대한 일반인들의 생각이 그들의 주관적 경험에 기초하고 있기 때문에 빈곤실태를 얼마나 사실적으로 반영하는지는 알 수 없다는 점이다. 이러한 문제의 극복을 위해 조사대상자에게 어떤 소득을 제시한 다음 그것이 충분한지 아니면 불충분한지에 관해 직접 질문을 던지는 방법의 결과물이 '주관적 빈곤선' 이나, 이 역시 응답자의 최저욕구에 대한 주관적 판단을 피할 수는 없다.

가계지출방식

가계지출방식은 전체 인구의 가계지출 평균치에 의거하여 빈곤선을 정하는 것이다. 가계지출에 관한 자세하고도 신뢰할 만한 자료가 있어야 하고, 또 자료가 정기적으로 업데이트 되어야 가능하다.

영국이 1988년부터 본 방식을 채택하고 있다. 평균가계소득의 40% 이하를 빈곤선으로 정하고 있다. 본 방식은 상대빈곤을 측정하는 것이라기보다는 사회보장의 최저급여 수준을 정하는 방법이라고 보는 것이 더 정확할 것이다. 그러나 단점으로는 가계지출조사 대상에 모든 가구가 포함되지 않는다는 점이다. 본 조사 대상에서 노숙자는 제외되며, 수입도 정확히 조사된다고 보기는 어려운 점이 있다. 비현금 수입이나 조세감면, 국가제공 급여 등 가족의 복지에 기여하는 각종 수입은 조사대상에서 제외되고 있다.

빈곤의 결과

빈곤은 그 자체로도 중요한 사회문제이지만 다른 사회문제도 야기시킨다. 빈곤으로 인해 발생하는 문제들은 다음과 같다.

건강문제

영아사망률, 아동사망률, 평균수명과 깊은 관계가 있다. 가난이 건강을 유지하는 데 필요한 영양분의 섭취를 막아 영 · 유아는 물론 성인의 건강을 악화시켜 사망에 이르게 만들기 때문이다.

교육문제

빈곤아동의 학업성취도는 가난하지 않은 아동의 그것보다 낮게 나타나고 있다. 빈곤 아동의 중퇴율은 상대적으로 높고, 대학진학률 또한 낮다. 빈곤과 관계가 깊은 건강문제가 빈곤아동의 학습에 큰 장애가 되고 있는 것도 사실이다.

가족문제

빈곤은 가족문제의 원인이기도 하다. 빈곤은 가정폭력의 원인 중 하나이고, 빈곤으로 인한 스트레스는 아동학대와 이혼의 원인이 되며, 빈곤으로 인한 경제적 능력의 부족은 아동양육을 등한시하게 된다.

주택문제와 노숙자

빈곤은 열악한 주거문제의 원인으로 작용한다. 경제적 능력이 부족한 빈민은 쾌적한 주택에서 살지 못하는 경우가 대부분이다.

빈곤의 세습

빈곤은 다음 세대로 전승될 가능성이 크다. 부모가 가난하여 자식도 가난하게 된 경우를 '세대 간 빈곤(intergenerational poverty)' 이라 칭한다. 세대 간 빈곤은 빈곤을 항구화시키며, 최하층계급을 형성한다. 여기에서 최하층계급이란, 낮은 교육수준, 만성적 실업, 범죄 전과, 불안정한 가족구조, 복지에의 의존성을 특징으로 하며, 같은 처지의 가난한 이웃과 함께 슬럼지역에서 사는 극빈층을 일컫는다.

전쟁과 사회갈등

빈곤은 국가 간의 전쟁과 사회갈등을 야기한다. 빈민의 절망이 전쟁과 사회갈등의 원인이 되기 때문이다.

한국의 빈곤 실태

그러면 한국 빈민의 수는 몇 명일까? 이에 대한 답은 빈곤을 절대빈곤으로 볼 것인가, 상대빈곤으로 볼 것인가에 따라 달라질 것이다. OECD 기준(2001년), 즉 평균 가구소득의 50%에 못 미치는 가구를 빈곤가구로 보고, 한국의 가구소득 자료를 분석한 것에 의하면, 한국의 상대빈곤 가구의 비율이 전체 가구의 20%(1999년 현재)에 달하는 것으로 나타나고 있다.

절대빈곤은 한국의 공적부조 제도인 국민기초생활보장제도의 대상자 수로 파악하는 것이 현실적이라 할 수 있다. 이는 '국민기초생활보장제도' 에서 수급자를 선정하는 핵심적인 기준의 하나가 최저생계비이기 때문이다.

표 13-1에 나타나는 것과 같이 한국사회의 절대빈곤율은 2006년 현재 5.7로 나타났으며, 상대빈곤율은 12.5%로 나타났다. 또한 OECD의 주요 국가들을 비교해 보았을 때 2005년 현재 한국의 상대 빈곤율은 OECD의 평균치에서 떨어지고 있으나 일본, 미국과 비

표 13-1 절대빈곤율 (단위 : %)

2000년	2001년	2002년	2003년	2004년	2005년	2006년
7.6	6.5	5.2	6.1	6.1	6.5	5.7

자료 : 한국보건사회연구원(2007), 「빈곤통계연보」

표 13-2 상대빈곤율 (단위 : %)

2000년	2001년	2002년	2003년	2004년	2005년	2006년
9.8	10.6	10.3	11.3	12.0	12.3	12.5

자료 : 통계청(2007), 「가계조사」

표 13-3 2005년 OECD 주요 국가의 상대빈곤율 비교

스웨덴	노르웨이	프랑스	벨기에	일 본	미 국	한 국	OECD평균
5.3	6.8	7.1	9.4	14.9	15.3	14.6	10.8

주 : OECD기준 – 1인 및 농가 포함 전체가구의 가처분소득 기준 중위 50%
자료 : 보건복지가족부(2009), 「길잡이 통계」

표 13-4 국민기초생활보장 수급자 선정기준

기 준	내 용
부양의무자	• 부양능력이 있는 부양의무자가 없어야 함 • 부양의무자의 범위 : 직계혈족 및 생계를 같이 하는 2촌 이내의 혈족
부양능력	• 부양의무자가 부양능력이 없거나 미약할 경우 수급자로 선정 가능 • 소득과 재산이 양 가구 소득기준이나 재산기준 합의 120%를 미달해야만 수급자로 선정 가능
소 득	월 1인 33만 원, 2인 55만 원, 3인 76만 원, 4인 96만 원, 5인 109만 원, 6인 123만 원 (7인 이상 가구는 1인당 13만 원 씩 증가, 즉 7인 136만 원, 8인 149만 원 등)
재 산	1~2인 3,100만 원, 3~4인 3,400만 원, 5~6인 3,800만 원(실 거래가)
주거면적	• 전 · 월세 가구 : 전용면적 약 66m^2 이하 • 주택소유가구 전용면적 약 50m^2 이하(재래식 농가주택은 제외)
토지소유	평균 농지 소유면적 이하의 농지를 소유한 가구
자동차 소유	승용목적의 자동차가 있는 가구(생업용 차량, 장애인 차량, 10년 이상된 차량은 제외)

슷한 수준을 나타내고 있다.

기초생활보장제도의 적용대상이 되는 사항은 다음과 같다.

- 소득평가액 기준
- 재산기준(금액기준, 주택 · 농지 면적기준, 승용차 기준)
- 부양의무자기준을 충족해야 한다.

여기에서 가장 중요한 기준인 소득평가액이 보건복지가족부가 매년 고시하는 최저생계비에 의거하여 정해진다.

이러한 기준에 따라 선정된 국민기초생활보장제도의 대상자 수는 표 13-5에서 볼 수

표 13-5 수급자 수와 구성비율(2007년)

(단위 : 명, %)

구 분	계	일반수급자	시설수급자
수급자 수	1,549,848	1,463,140	86,708
구성비	100.0	94.4	5.6

있는 것처럼 2007년 현재 한국의 절대빈민 수는 약 155만여 명이다.

2007년 12월 기준으로 국민기초생활보장수급자는 약 155만 명(85만 2,000가구)으로 전 인구 대비 국민기초생활수급자의 비율인 수급률은 3.2%이다. 이것을 수급자의 종류별로 보면, 일반수급자가 대부분(94.4%)이며, 시설수급자는 5.6%로 나타나고 있다.

빈곤대책

국민기초생활보장제도

IMF 구제금융사태 이후 근로능력에 상관없이 최저생계비 이하의 저소득층의 기초생활을 국가가 보장해야 할 필요성이 대두되었다. 1998년 45개 시민단체가 '국민기초생활보장법 제정추진연대회의'를 구성하여 법률제정을 청원하였고, 국민적 합의를 바탕으로 1999년 9월 「국민기초생활보장법」이 제정되었으며, 2001년 10월부터 시행되었다.

국민기초생활보장법의 의의를 정리해보면 다음과 같다.

- 최저생활을 보장받을 헌법상의 권리를 실체적으로 규정한 법률로, 본 법은 복지를 국민의 권리인 동시에 국가의 의무로 간주하고 있다.
- 모든 국민들에게 최저생계비 수준의 기초생활을 국가가 보장한다는 데 의의가 있다. 본 법은 근로능력의 유무에 관계없이 국가의 보호를 필요로 하는 빈곤선 이하 국민의 최저생활을 보장한다.
- 근로능력이 있는 국민에게는 체계적인 자활지원서비스를 제공하여 일할 수 있도록 생산적 복지를 지향한다. 기초생활을 권리로서 보장하되 근로능력이 있는 사람에게

표 13-6 가구별 최저생계비

가구 규모	1인	2인	3인	4인	5인	6인
2009(원/월)	490,845	835,763	1,081,186	1,326,609	1,572,031	1,817,454
2008(원/월)	463,047	784,319	1,026,603	1,265,848	1,487,878	1,712,186

자료 : 통계청(2007), 「가계조사」

노동의 기회를 부여함으로써 사회에 기여토록 한다는 것이다.

수급권자에 대한 급여는 보건복지가족부장관이 '중앙생활보장위원회' 의 심의 · 의결을 거쳐 매년 12월 1일에 공표하는 최저생계비에서 수급권자의 소득평가액을 차감하여 그 나머지 금액으로 정해진다. 급여의 종류로는 생계급여, 주거급여, 의료급여, 교육급여, 해산급여, 장제급여 및 자활급여 등이 있다.

근로조건부 복지

신자유주의는 사회보장 전반에 지대한 영향을 주었고, 공적 부조도 마찬가지이다. 신자유주의가 공적 부조에 미친 가장 큰 영향은 공적 부조 대상자에게 복지급여의 조건으로 근로를 요구한 근로조건부 복지(workfare)였다.

1990년대 미국의 클린턴 정부의 복지정책은 WtW, 즉 일하게 만드는 복지(Welfare to Work)였고, 1996년 8월 제정된 복지개혁법의 기조를 이루었다. 그 내용의 핵심은 사회복지정책에 있어서 노동 동기를 강조하고, 사회복지정책 대상자들에 대한 수혜보다는 노동을 통해 자립 · 자활시키는 데 있었다. 즉, 국가는 근로능력이 있는 모든 빈민에게 노동을 통해(노동의 상품화) 자립함으로써 사회복지 수급자에게 벗어나야만 할 것을 요구했던 것이다.

그 과정을 살펴보면, 사회복지 급여를 수급하기 위해서는 일정 기간 이상 노동을 해야만 하고, 일정 기간 이상 사회복지 수급자로 잔류할 수는 없게 하였으며(통상 5년), 복지수급자를 노동하게 만드는 프로그램에 정부 보조금이 지급되었고, 구직자와 구인기업을 연결시켜 주는 전국적인 조직망이 갖추어졌으며, 장기간의 사회복지 수급자를 고용하는 기업에 세금공제 혜택을 부여하였다.

영국의 경우는 대처정부에 이어 블레어 노동당 정부도 복지보다는 '근로조건부 복지' 를 중시하였다. 대처 정부는 주로 실업급여의 요건을 강화하여 '근로조건부 복지' 를 실현코자 노력했고, 제3의 길을 내세운 블레어 정부는 베버리지식의 소극적인 복지(passive welfare)를 지양하고, 적극적 복지(active welfare)로 나아갈 것, 즉 궁핍을 자율성으로, 질병을 건강으로, 무지를 교육으로, 불결을 안녕으로, 나태를 진취성으로 대치할 것을 주장하였다. 이는 노동당도 복지국가의 이념을 포기하고 '근로조건부 복지' 를 수용했다는 것을 의미한다.

한국의 경우, DJ정권이 표방한 '생산적 복지' 의 이념도 '근로조건부 복지' 와 친화력이 높다. 즉, '생산적 복지' 는 빈민에 대한 사회적 구호보다는 빈민의 자립과 자율을 우선시하고, 빈민이 빈곤에서 스스로 탈출하여 자립할 수 있도록 돕는 것을 중시하였다. 예를 들어 근로능력과 의욕이 있는 노인, 장애인, 독신여성에 대해서는 기술훈련, 직장시설 개선, 고용 인센티브 제공 등을 통해 일할 기회를 확대해 주어 경제발전과 연결되는 생산적 복지를 추구해야 한다는 것이다.

2008년 출범한 MB정부가 표방한 복지정책의 목표는 '능동적 복지' 로, 그 내용을 살펴보면 다음과 같다.

- 빈곤과 질병 등 사회적 위험을 사전에 예방하고,
- 위험에 처한 사람들이 일을 통해 재기할 수 있도록 돕고,
- 경제성장과 함께하는 복지

즉, '일할 능력이 있는 사람에게는 일자리를, 도움이 필요한 사람에게는 국가가 따뜻한 손길을 제공' 한다는 것이다.

이렇게 각국의 빈곤정책에서 근로조건부 복지의 관념은 지배적인 위치를 점하고 있고, 사회보험의 민영화 추세와 함께 이미 공적 부조의 '키워드' 가 되었다고 할 수 있다. 그러나 근로조건부 복지를 찬성하는 논리만큼이나 이에 대한 반론 역시 적극적으로 제기되고 있다.

근로조건부복지를 찬성하는 논리

- 근로는 복지의존성을 확실히 종식시킬 수 있다.
- 기존의 제도로는 빈민의 지위를 향상시킬 수 없다. 근로를 통한 소득은 노동윤리에 맞고, 빈민의 존엄성을 지켜준다.
- 사회적 가치관이 변화하였다. 예를 들어 과거에는 편모가정의 어머니는 가정에서 자녀를 양육해야만 하는 것으로 인식했으나 일하는 어머니 수의 증가로 이제는 편모가정 어머니도 가족의 생계를 위해 노동을 해야만 하는 것으로 변화하고 있다.

근로조건부 복지에 대한 반론

- 근로조건복지정책의 효과가 미지수라는 것이다. 1970년대 미국의 경우 본 정책의

프로그램을 통해 직업을 갖게 된 사람들의 수는 극히 소수였다는 점이 설득력을 얻고 있다.

■ 근로조건복지는 노동을 강요한다. 그러나 빈민들에게 주어지는 일자리는 보수가 매우 낮아 생계에 크게 도움이 안 되는 것이 현실이라는 점이다. 그럼에도 일자리를 갖게 되면 각종 복지급여가 삭감되어 이들의 근로유인이 높을 수는 없다는 것이다.

■ 근로조건복지 프로그램의 관리운영 비용도 적지 않다.

■ 실업이 증가할 수도 있다. 그 구체적인 예로, 복지수급여성들을 노동시장에 강제로 투입시키면, 그에 상응하는 수의 실업자가 발생한다는 점이다.

자활사업의 활성화

자활사업은 재활 · 지역봉사, 자활근로(취로형, 업그레이드형), 자활공동체 그리고 직업알선 및 창업지원 등으로 이루어져 있다. 자활후견사업은 자활사업 중 주로 업그레이드형 자활근로와 자활공동체사업을 담당한다. 자활사업의 핵심은 업그레이드형 자활근로를 자활공동체로 전환해 궁극적으로 자립하도록 하는 것이며 이를 체계적으로 지원하기 위한 기관이 자활후견기관이다.

업그레이드형 자활근로는 궁극적으로 자활공동체로의 전환을 목표로 한다. 즉, 조건부 수급자에서 벗어나 자립하는 것이다. 문제는 사업참여자의 특성(근로능력, 가구특성, 기타 개인여건 등), 사업의 특성 및 목표에 따라 자활공동체로의 발전이 가능한 경우도 있고, 그렇지 못한 경우도 있다는 것이다. 자활공동체로의 발전이 가능한 경우는 자활사업의 취지에 부합하며 큰 문제가 되지 않으나, 자활공동체로의 발전가능성이 없는 경우 계속 정부의 지원이 필요하다. 후자의 경우는 무조건적 수급으로 인한 근로능력과 의지의 약화를 막고 근로능력이 미약한 수급자들이 공익활동에 참여함으로써 사회성을 잃지 않고, 보람을 얻는 것에 의의를 두어야 한다.

따라서 자활사업은 사업참여자의 특성, 사업의 목표와 특성에 따라 구분되어야 한다. 자활사업을 이원화하여 ① 근로능력과 의지가 강한 실직빈곤층을 대상으로 적극적 노동시장정책과 연계하여 취업 및 창업을 지원하는 '노동시장 진입형 자활지원사업' 과 ② 근로능력이 상대적으로 취약한 빈곤층으로 사회적 근로참여를 주로 하는 '사회적 보호형 자활지원사업' 으로 구분하는 것이 필요하다(이인재 외, 2004 : 452-453).

내용요약

1. 빈곤문화

빈민의 태도와 가치 유형은 독립성을 가지고 있고 사회의 지배적인 문화인 주류문화(main culture)와는 다른 독립된 하위문화(sub-culture)로 존재하며, 그 특성은 빈곤에 적응된 '낮은 열망수준'과 '태도'와 '가치의 세대 간의 전승'으로 나타남

2. 최하층계급

낮은 교육수준, 만성적 실업, 범죄 전과, 불안정한 가족구조, 복지에의 의존성을 특징으로 하며, 같은 처지의 가난한 이웃과 함께 슬럼지역에서 사는 극빈층

3. 루이스(Lewis)의 빈곤문화의 네 차원

① 주류문화와 하위문화, ② 지역적 특성, ③ 가족적 특성, ④ 태도와 가치

4. 기초생활보장제도의 적용대상이 되는 사항

① 소득평가액 기준, ② 재산기준(금액기준, 주택 · 농지 면적기준, 승용차 기준), ③ 부양의무자기준을 충족해야 한다.

5. 근로조건부 복지(workfare)

사회복지정책에 있어서 노동 동기를 강조하고, 사회복지정책 대상자들에 대한 수혜보다는 노동을 통해 자립 · 자활시키는 데 있었다.

6. MB정부가 표방한 '능동적 복지'의 내용

① 빈곤과 질병 등 사회적 위험을 사전에 예방
② 위험에 처한 사람들이 일을 통해 재기할 수 있도록 도움
③ 경제성장과 함께하는 복지

check

1. 각자가 생각하는 '상대적 빈곤'에 대해 생각을 교환해 봅시다.

2. 한국 현대사에 있어 빈곤의 문제가 어떻게 전개되는가를 정리해 봅시다.

3. 전물량방식과 반물량방식의 장 · 단점을 비교해 봅시다.

4. 빈곤의 결과에 대해 생각해 봅시다.

5. 빈곤의 대책에 대해 각자의 생각을 정리해 봅시다.

CHAPTER 14

성차별문제

주요용어

성차별, 성희롱, 직장 내 성희롱, 성차별대책, 여성인력 채용목표제

성차별의 개념

인류역사상 오랜 시간 동안 자연스럽고 당연한 것으로 받아들여지던 성차별이 사회문제로 인식되어 본격적으로 거론되기 시작한 것은 1960년대 여성해방운동이 활발하게 일어난 이후부터이다. 성차별은 여성발전의 저해요인일 뿐만 아니라 전체 사회의 발전을 저해하는 주요 요인이며, 여성의 인간화를 가로 막는 근본 원인으로 간주되기 시작한 것이다. 서구사회를 중심으로 일기 시작하여 전 세계적으로 확산 · 전개되고 있는 여성해방운동은 성차별의 극복과 여성문제 해결을 주요 과제로 하여 오늘날까지 지속되고 있음에도 여성에 대한 성차별적 상황은 계속되고 있다.

최근의 여성운동의 영향으로 여성의 사회적 지위는 놀라울 정도로 신장한 것이 사실이다. 그럼에도 여전히 직장에서의 여성차별과 가정에서의 남녀 스테레오타입이 잔존하는 것 또한 사실이다.

여기에서 성차별(gender inequality, sexism)이란 남녀의 생물학적 성을 기초로 하여 특정 성에 대해 사회적으로 부과된 편견이나 차별을 의미한다. 이러한 성차별은 남녀 모두에게 적용될 수 있으나 가부장제 사회에서는 여성에 대한 편견과 차별이 더욱 일반화되어 보편적으로 존재하며, 사회제도 속에 확고히 뿌리내리고 있다. 이로 인해 남성과 여성 모두가 희생을 치르고 있으나 특히 여성이 경제적으로나 정서적으로 보다 많은 대가를 치르고 있다(한국여성개발원, 1989 : 46-47).

성차별에 대한 학자들의 정의는 다양하게 나타나고 있다.

콘블럼(Kornblum)과 줄리안(Julian)은 "성차별주의(Sexism)란 성(gender)에 기반하여 여성(혹은 남성)을 차별하는 태도, 신념, 정책, 법, 행동"이라고 정의하고 있다(Kornblum & Julian, 1992 : 287). 데카드(B. Deckard)는 "성차별이란 남성과 여성이 각 성에 적합한 사회적 역할을 담당해야 한다고 보는 고정관념으로서 과거에는 법으로 규정되어 있었으나 현재는 사회적 관습에 의해 강화되고 있는 신념"이라고 정의한 반면, 프리맨(J. Freeman)은 성차별이란 "남성과 여성이 다르다는 전통적 관념에 기반하여 주로 여성이기 때문에 겪는 독특한 억압형태"라고 정의하고 있다(한국여성개발원, 1989 : 47).

앞의 내용을 정리해 볼 때 성차별이란 남녀 간의 불평등한 제도를 정당화하고 지지하는 이데올로기 체계라고 규정할 수 있고 성차별은 이론과 주장을 갖춘 하나의 이데올로기로서, 남성과 여성의 사회적 행동과 정치적 활동을 조정하는 동시에 방향을 제시해 주는 기능을 한다. 결과적으로 성차별 현상은 사회 내에서의 성계층화(gender stratification)로 연결된다. 즉, 여성은 남성에 비해 경제적으로나 사회적으로 더 낮은 지위를 점하고 있으므로 남성과 여성 사이에 위계질서가 형성되고 여성이 받고 있는 차별적 대우가 제도화되어

성차의 원인

사회생물학적 관점

인간을 육체적 욕구를 가진 생물로 간주하며, 동시에 사회학적이고 심리적인 존재로 보지만 이 역시 생물학적 특질에서 나오는 것으로 보는 관점이다. 파슨스(T. Parsons)도 남녀는 생물학적으로 다르며, 사회적 역할에서도 차이가 난다고 강조하고 있다. 남성의 여성 지배를 논리화한 것이다.

페미니스트 관점

성은 사회적인 창조물이다. 성은 사회화과정을 통해 재생산되고, 전승되는 일련의 사회적 기대로 구성되며, 원칙적으로 개인의 퍼스낼리티와 문화의 구성물이다. 개인의 퍼스낼리티와 행동상의 성별 차이에 생물학적 요인이 영향을 미치지만, 그것을 가지고 어느 한 쪽 성이 다른 쪽 성보다 더 우월하거나 사회적 자원과 보상을 더 많이 차지해야 한다고 할 수는 없는 것이다(Curran & Renzetti, 1993 : 250-253).

나타나는 것이다.

한편 남녀 간의 성차가 생물학적 차이에서 오는 것인지 아니면 사회적 학습이나 사회통제 메커니즘에서 오는 것인지를 놓고 의견이 엇갈리고 있다.

성차별 실태

성차별의 실태는 그 정도가 가장 두드러지는 교육과 고용을 중심으로 살펴보기로 한다.

교 육

교육 연수의 남녀 차이를 보면 여성의 교육 연수가 남성보다 빨리 증가함을 알 수 있다. 25세 이상 인구의 학력별 분포를 성별로 보면 남녀 모두 빠른 속도로 고학력화되고 있음을 보여 주고 있다. 여성 중에서 초졸 이하와 중졸 학력소지자의 비율은 2005년 각각 25.5%와 12.1%로 1995년에 비해 9.5%와 5.0% 감소했고, 고졸과 대졸 이상의 비율은 각각 2.2%, 12.3% 증가한 현상을 보이고 있다.

또한 각 연령대별 교육 연수를 성별로 나누어 살펴보면, 아동, 청소년기의 연령대를 제외하고는 거의 모든 연령대에서 남성들이 더 많이 교육을 받고 있음을 확인할 수 있다.

진학률 역시 고등학교 진학까지는 남녀차이가 거의 없는 것으로 나타나나, 고등학생의 대학 진학률은 남녀 간 매년 일정수준 이상의 차이를 보이고 있다. 2007년에는 대학 진학

표 14-1 성별 취학률 비교

연 도	초등학교			중학교			고등학교			고등교육기관		
	계	남	여	계	남	여	계	남	여	계	남	여
1982	99.8	99.5	100.1	75.6	76.8	74.4	58.2	62.9	53.1	17.2	23.1	10.8
1990	100.5	100.1	101.0	91.6	91.2	92.0	79.4	81.4	77.2	22.9	26.5	19.0
2000	97.2	96.7	97.8	95.0	94.3	95.8	89.4	89.5	89.4	50.2	54.2	46.1
2008	99.0	98.9	99.2	93.2	93.3	93.1	90.0	89.6	90.5	67.2	69.3	65.0

자료 : 교육과학기술부, 「교육통계연보」, 각 연도

표 14-2 성별 진학률 비교

연 도	초등학교 → 중학교			중학교 → 고등학교			고등학교 → 대학교		
	계	남	여	계	남	여	계	남	여
1982	97.7	98.4	97.0	86.9	91.0	82.2	37.7	41.9	32.1
1990	99.8	99.8	99.8	95.7	96.3	95.0	33.2	33.9	32.4
2000	99.9	99.9	99.9	99.6	99.5	99.6	68.0	70.4	65.4
2008	99.9	99.9	99.9	99.7	99.6	99.7	83.8	84.0	83.5

자료 : 교육과학기술부, 「교육통계연보」, 각 연도

표 14-3 25세 이상 남녀 학력분포

연 도	성	초졸 이하	중 졸	고 졸	대졸 이상
1985	전 체	43.4	20.5	25.9	10.2
	여 성	54.1	20.5	20.2	5.2
	남 성	31.9	20.5	32.1	15.5
1995	전 체	26.6	15.7	38.0	19.7
	여 성	35.0	17.1	34.8	13.1
	남 성	17.8	14.2	41.1	26.6
2005	전 체	19.1	11.2	38.3	31.4
	여 성	25.5	12.1	37.0	25.4
	남 성	12.2	10.2	39.7	37.8

자료 : 통계청(2005), 「인구주택총조사보고서」

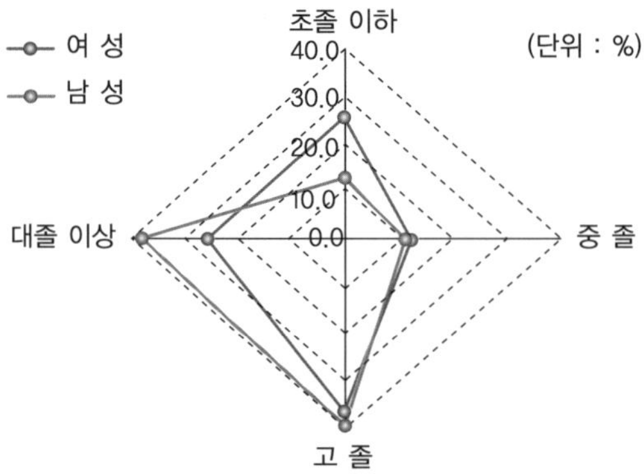

표 14-4 성 · 연령대별 교육 연수

연 도	성	평 균	6~19세	20~29세	30~39세	40~49세	50세 이상
1985	전 체	8.6	6.7	11.0	10.1	8.5	4.6
	여 성	7.6	6.7	10.6	9.3	7.1	3.1
	남 성	9.7	6.7	11.3	10.9	9.9	6.5
1995	전 체	10.3	7.0	12.7	12.1	10.5	6.5
	여 성	9.4	7.2	12.7	11.6	9.6	4.8
	남 성	11.2	6.7	12.7	12.7	11.4	8.5
2005	전 체	11.2	4.2	13.8	13.6	12.3	8.2
	여 성	10.5	4.3	13.9	13.3	11.7	6.7
	남 성	12.0	4.0	13.6	13.8	12.9	10.0

자료 : 통계청(2006), 「한국의 사회지표」

표 14-5 교육 정도별 임금격차

(단위 : %)

연 도	중졸 이하		고 졸		전문대졸		대졸 이상	
	여 자	남 자	여 자	남 자	여 자	남 자	여 자	남 자
1985	76.3	147.0	100.0	179.8	158.9	210.8	259.3	356.8
1990	81.4	146.5	100.0	164.2	124.0	179.9	184.3	270.8
1995	82.2	146.5	100.0	158.4	114.6	166.2	161.3	225.0
2000	80.8	137.1	100.0	150.1	109.1	156.5	160.8	225.3
2002	80.0	132.8	100.0	149.2	103.8	154.2	150.7	220.8
2004	77.5	126.8	100.0	148.4	104.9	154.1	150.7	222.3
2005	80.2	131.0	100.0	148.8	109.4	154.4	152.8	226.9

주 : 여성 고졸임금을 기준으로 함

자료 : 노동부, 「임금구조기본통계조사보고서」(1986, 1991, 1996, 2001, 2003, 2005, 2006)

률에서 여성이 남성을 추월하는 모습을 보이기도 한다.

표 14-5에서 알 수 있듯이 어느 정도의 교육을 받았느냐에 따라 임금은 크게 차이가 나

며, 이를 성별 비교를 할 경우 그 정도는 도가 넘는다고 할 수 있다.

고 용

2009년도 1월 현재 경제활동인구는 2,307만 9,000명으로 전년 대비 67만 2,000명(1.0%)이 감소하였음을 알 수 있다. 이는 현재의 경제상황을 나타내는 것이라 할 수 있다. 또한 최근 여성의 경제활동참가율은 50%대를 유지하고 있음을 알 수 있다.

또한 연령 · 계층별 여성근로자 수를 살펴보면, 5인 이상 사업장의 연령별 여성근로자는

표 14-6 경제활동인구 현황

성 별	항 목	2008. 8	2008. 9	2008. 10	2008. 11	2008. 12	2009. 1
남 자	15세 이상 인구(천 명)	19,357	19,376	19,395	19,419	19,441	19,484
	경제활동인구(천 명)	14,289	14,223	14,280	14,310	14,103	13,968
	취업자(천 명)	13,780	13,741	13,798	13,810	13,576	13,401
	실업자(천 명)	509	482	482	499	527	567
	비경제활동인구(천 명)	5,068	5,153	5,115	5,110	5,337	5,516
	경제활동참가율(%)	73.8	73.4	73.6	73.7	72.5	71.7
	실업률(%)	3.6	3.4	3.4	3.5	3.7	4.1
	고용률(%)	71.2	70.9	71.1	71.1	69.8	68.8
여 자	15세 이상 인구(천 명)	20,301	20,316	20,332	20,348	20,364	20,380
	경제활동인구(천 명)	10,092	10,233	10,302	10,256	9,929	9,741
	취업자(천 명)	9,837	9,993	10,049	10,006	9,669	9,460
	실업자(천 명)	255	241	254	251	260	281
	비경제활동인구(천 명)	10,209	10,083	10,030	10,091	10,435	10,640
	경제활동참가율(%)	49.7	50.4	50.7	50.4	48.8	47.8
	실업률(%)	2.5	2.4	2.5	2.4	2.6	2.9
	고용률(%)	48.5	49.2	49.4	49.2	47.5	46.4

자료 : KOSIS(2009), 「한국의 주요 지표」

표 14-7 성별 경제활동인구비 (단위 : 천 명, %, %p)

구 분	2005	2006	2007	전년대비 증감(률) 2005	2006	2007
15세 이상 인구	38,300	38,762	39,170	583(1.5)	462(1.2)	408(1.1)
경제활동인구	23,743	23,978	24,216	326(1.4)	235(1.0)	238(1.0)
남자 (구성비)	13,883 (58.5)	13,978 (58.3)	14,124 (58.3)	156(1.1)	95(0.7)	146(1.0)
여자 (구성비)	9,860 (41.5)	10,001 (41.7)	10,092 (41.7)	170(1.8)	141(1.4)	91(0.9)
경제활동참가율	62.0	61.9	61.8	(−0.1p)	(−0.1p)	(−0.1p)
남 자	74.6	74.1	74.0	(−0.4p)	(−0.5p)	(−0.1p)
여 자	50.1	50.3	50.2	(0.2p)	(0.2p)	(−0.1p)
비경제활동인구	14,557	14,784	14,954	257(1.8)	227(1.6)	171(1.2)
가사 · 육아	6,725	6,773	6,839	3(0.0)	48(0.7)	66(1.0)
통학 등	7,852	8,011	8,115	274(3.6)	159(2.0)	104(1.3)
남 자	4,734	4,885	4,960	149(3.3)	151(3.2)	75(1.5)
여 자	9,823	9,898	9,994	108(1.1)	75(0.8)	96(1.0)

20~30대가 68.1%를 차지하고 있으며, 19세 이하 근로자는 전체근로자의 0.7%에 불과하나 19세 이하 전체근로자의 66.3%가 여성근로자라는 사실은 여성들의 노동상황이 유리하지 않음을 예측할 수 있다.

여성의 고용 진출은 괄목할 만하지만, 고용의 질적인 측면에서, 여자는 남자에 비해 불리한 위치에 있음을 확인할 수 있다. 여성 취업자의 직종별 분포는 2005년 현재 사무직원(34.9%), 전문가(13.6%), 장치 · 기계조작원 및 조립원(13.2%), 단순노무직근로자(11.4%) 순으로 나타났다.

실업자 및 실업률의 추이 또한 전년대비 증감률에서 알 수 있는 것처럼, 여자실업자의 정도는 남자에 비해 거의 배에 달하고 있음을 알 수 있다.

한편 여성의 고용불안도 심화되고 있음이 드러나고 있다. 여성취업자는 증가하고 있지

표 14-8 연령계층별 · 성별 근로자 수

(단위 : 명, %)

구 분	계	남	여
합 계	6,584,715(100.0)	4,540,948(100.0)	2,043,767(100.0)
19세 이하	44,247(0.7)	14,899(0.3)	29,348(1.4)
20~24세	585,002(8.9)	196,447(4.3)	388,555(19.0)
25~29세	1,142,131(17.3)	653,863(14.4)	488,268(23.9)
30~39세	2,209,523(33.6)	1,694,986(37.3)	514,537(25.2)
40~49세	1,605,074(24.4)	1,207,661(26.6)	397,413(19.4)
50~54세	450,846(6.8)	336,583(7.4)	114,263(5.6)
55세 이상	547,892(8.3)	436,509(9.6)	111,383(5.4)

표 14-9 직종별 · 성별 근로자 수

(단위 : 명, %)

구 분	계	남	여
전 직종	6,584,715(100.0)	4,540,948(100.0)	2,043,767(100.0)
고위임직원 및 관리자	330,361(5.0)	308,039(6.8)	22,322(1.1)
전문가	725,137(11.0)	447,348(9.9)	277,789(13.6)
기술공 및 준전문가	912,649(13.9)	720,434(15.9)	192,215(9.4)
사무종사자	1,742,719(26.5)	1,029,099(22.7)	713,620(34.9)
서비스종사자	243,961(3.7)	90,179(2.0)	153,782(7.5)
판매종사자	183,077(2.8)	93,156(2.1)	89,921(4.4)
농업 및 어업숙련종사자	9,768(0.1)	8,935(0.2)	833(0.0)
기능원 및 관련 기능근로자	564,300(8.6)	472,797(10.4)	91,503(4.5)
장치, 기계조작원 및 조립종사자	1,276,234(19.4)	1,006,960(22.2)	269,274(13.2)
단순노무종사자	596,509(9.1)	364,001(8.0)	232,508(11.4)

주 : 상용근로자 5인 이상 사업체 대상

자료 : 노동부(2007), 「2005 임금구조기본통계조사보고서」

표 14-10 실업자 및 실업률 추이 (단위 : 천 명, %)

구 분	2005	2006	2007	전년대비 증감(률)		
				2005	2006	2007
실업자	887	827	783	27(3.1)	-57(-6.7)	-44(-5.4)
남 자	553	533	517	19(3.5)	-19(-3.5)	-16(-3.1)
여 자	334	294	266	8(2.5)	-40(-12.0)	-28(-9.5)
실업률	3.7	3.5	3.2	0.0p	-0.2p	-0.3p
남 자	4.0	3.8	3.7	0.1p	-0.2p	-0.1p
여 자	3.4	2.9	2.6	0.0p	-0.5p	-0.3p

자료 : 통계청(2008), 「2007 경제활동인구연보」

표 14-11 종사상 지위별 취업자 (단위 : 명, %)

종사상 지위별 \ 연 도	2006	2005	2004	2003	2002	2001	2000
전 체	23,151	22,856	22,557	22,139	22,169	21,572	21,156
임금근로자	15,551	15,185	14,894	14,402	14,181	13,659	13,360
상시근로자(상용+임시)	13,347	12,973	12,706	12,273	11,748	11,441	11,003
상용근로자	8,204	7,917	7,625	7,269	6,862	6,714	6,395
임시근로자	5,143	5,056	5,082	5,004	4,886	4,726	4,608
일용근로자	2,204	2,212	2,188	2,130	2,433	2,218	2,357
여 자	9,706	9,526	9,364	9,108	9,225	8,991	8,769
임금근로자	6,573	6,391	6,237	5,970	5,857	5,609	5,397
상시근로자(상용+임시)	5,525	5,312	5,158	4,935	4,650	4,450	4,175
상용근로자	2,616	2,439	2,289	2,109	1,968	1,861	1,679
임시근로자	2,909	2,874	2,869	2,826	2,682	2,589	2,496
일용근로자	1,048	1,079	1,079	1,036	1,207	1,159	1,222

주 : 1) 2003년 1월에 2000년 인구주택총조사 결과를 토대로 작성된 추계인구의 변경과 연령계층별 승수의 적용으로 2002년 12월 이전의 자료가 변경되었음
2) 임금근로자 = 상시근로자 + 일용근로자
3) 상시근로자 = 상용근로자 + 임시근로자

자료 : 통계청(2006), 「경제활동인구연보」

만 여성 상용직 근로자는 감소하는 반면, 임시직과 일용직 중 여성의 비율이 높은 것으로 나타나고 있다.

성희롱

여러 종류의 성차별 중 남녀 간의 교육기회의 차이와 직장에서의 차별이 가장 대표적이라 할 수 있다. 최근 들어 여성의 직장에의 진출이 활발해지고, 또 사회적 지위가 신장되면서 직장 안에서의 새로운 성차별 현상으로서 '성희롱(sexual harassment)' 에 주목해야 할 것이다.

여기에서 성희롱이라 함은 반복적이고, 원하지 않는 성적 접근으로 그 피해자는 대부분이 여성이다. 「남녀고용평등법」에서 '성희롱' 은 "사업주 상급자 또는 근로자가 직장 내 지위를 이용하거나 업무와 관련하여 다른 근로자에게 성적인 언어나 행동 또는 이를 조건으로 고용상 불이익을 주거나 성적 굴욕감을 유발하여 고용환경을 악화시키는 것" 이라고 정의하고 있다.

성희롱의 유형

성적 행위

'성적 행위' 와 관련된 성희롱의 유형은 시각적 · 언어적 · 육체적 · 음란물의 전시나 낙서, 성적 봉사의 요구 등으로 유형화할 수 있다.

- 시각적 성희롱은 불쾌한 응시나 음란한 시선 등 가해자의 직접적인 시각적 행위와 가해자의 성적인 제스추어 등에 의해 야기된 피해자의 불쾌한 시각적 경험, 양쪽을 다 포함한다.
- 언어적 성희롱의 가장 흔한 것은 성을 암시하거나 빗대는 '우스갯소리' 혹은 농담의 형태나 농담을 가장한 성희롱, 언어적 성희롱의 또 다른 형태는 언어를 통한 직접적인 성관계 의사의 표현이다. 대부분의 경우 특정 개인을 대상으로 한 성관계 의사로 나타나지만, 역시 농담의 형태를 띠거나 가장하기 때문에 직접적인 대응이 어

렵다.

- 육체적 성희롱의 형태는 손을 잡거나 엉덩이를 툭 치는 행위, 무릎에 앉히는 행위, 포옹이나 뒤에서 안는 행위 등이다. 또 다른 형태는 업무 수행을 빙자해서 혹은 업무 수행을 가장한 육체적 접촉이나 추행행위로 이 경우 가해자의 행위는 은밀하게 이루어지기 때문에 피해자는 거부하거나 저항하기가 더욱 어렵게 된다. 한편 음란물의 전시나 낙서는 가해자가 고의적으로 음란물을 보여 줌으로써 피해자에게 당혹감을 주는 경우에 해당한다. 또한 의도적이지 않은 음란물의 전시나 낙서도 보는 사람이 불쾌감을 느낀다면 성희롱 행위로 간주할 수 있다.
- 성적 봉사 요구란 업무 수행상 필요한 친절 이상의 과잉 서비스나 애교의 요구를 의미한다. 성적 봉사요구의 전형적인 형태는 회의나 회식, 야유회 같은 공식·비공식적 모임에서 여직원을 상사 옆에 앉도록 강요하거나, 몸을 만지는 행위, 술을 따르게 하는 행위 등이다. 이 밖에 업무 수행과정에서 상사나 관리자가 여직원에게 고객이 요구하는 필요 이상의 과도한 서비스에 응하도록 강요하거나, 응하지 않았다고 부당한 처리를 하는 경우도 성희롱에 해당된다.

성별에 기반한 행위

성별에 기반한 행위는 직접적으로 성적 행위는 아니지만, 명백히 성별에 기반해서 이루어지고, 그러한 행위가 여직원에게 불쾌한 느낌을 주거나 업무에 영향을 준다면 성희롱으로 볼 수 있다. 예를 들어 옷이나 외모, 화장에 대한 평가나 언급이 '여성' 이라는 성별에 기반해서 이루어지는 경우, 직접적으로 성행위는 아니지만 성희롱에 포함되는 것이다. 또한 명백한 성차별적 발언이나, 고정관념적 성별분담의 강요 등도 성별에 기반한 성희롱에 해당된다.

이러한 성희롱은 피해 당사자의 개인적 피해는 물론 직장 전체에도 부정적인 영향을 미친다. 더 나아가 성희롱은 사회·국가적인 측면에서 바람직하지 않은 문화·경제적 손실을 가져올 수 있다.

개인이 받는 영향

첫째, 정신적·육체적 후유증이다. 성희롱의 피해자들은 개인적인 차이는 있지만 특정한 종류의 정신적·육체적 후유증을 겪을 수 있음을 서구사회의 연구를 통해 알 수 있다.

표 14-12 성희롱의 유형과 내용

유 형	내 용
언어적 성희롱	• 성적 암시 • 시사적 코멘트 • 옷, 신체 또는 성행위에 관한 성적인 언급 • 성차별적인 모욕, 농담 및 언급 • 개인의 직급과 직무와 관련된 암시적 또는 언어적 위협 • 성적 제안, 초대 또는 압력 • 일자리를 제공하며 성관계를 요구
비언어적 성희롱	• 성의 시각적 표현 : 원치 않는 포르노그래피, 포스터, 만화, 기타 자료 보여 주기 • 신체언어 : 추파와 신체 밀착 • 암시적인 휘파람 • 순간적인 치부 노출 • 음란한 몸짓 • 성차별적인 편애행동
신체적 성희롱	• 패팅, 꼬집기, 기타 부적절한 신체접촉 또는 느낌 • 브래지어 잡아채기 • 신체 스쳐 지나가기 • 움켜쥐기 또는 더듬기 • 키스 또는 뒤에서 껴안기 또는 미수 • 강압적인 성관계 • 강간 또는 강간미수

둘째, 성희롱으로 인한 정신적 · 육체적 스트레스이다. 여성의 자존심을 상실시키고 자기비하를 내면화시킨다. 특히 여성다움을 깊이 내면화한 여성일수록 성희롱의 경험으로 인한 분노나 불쾌감을 상대에게 표현하기보다 그 자체를 자신의 탓으로 자책하거나 안으로 삭이려고 노력하게 된다.

셋째, 노동자로서 여성의 업무 수행의 의욕 저하나 능력의 저하를 가져온다. 성희롱으로 인한 업무 의욕의 상실과 능력의 저하는 직장 자체의 의미를 잃게 해서 직장을 그만두게 하는 극단적인 결과까지 초래한다.

넷째, 특정 개인을 대상으로 성희롱과 관련해 일어나는 업무상 불이익이나 부당 대우 및 해고 등은 고용조건형 성희롱의 유형이다. 이러한 유형은 일반적으로 피해 여성이 성

표 14-13 직장 내 성희롱 예방지침에 규정된 성희롱의 유형과 내용

유 형	내 용
언어적 행위	• 음란한 농담이나 음담패설 • 외모에 대한 성적인 비유나 평가 • 성적 사실을 묻거나 성적인 내용의 정보를 의도적으로 유포하는 행위 • 성적 관계를 강요하거나 회유하는 행위 • 음란한 내용의 전화통화 • 회식자리 등에서 무리하게 옆에 앉혀 술을 따르도록 강요하는 행위
시각적 행위	• 자신의 성기 등 특정 신체 부위를 고의적으로 노출시키거나 만지는 행위 • 외설적인 사진, 그림, 낙서, 음란출판물 등을 고의적으로 게시하거나 보여 주는 행위 • 직접 또는 팩스나 컴퓨터 등을 통해 음란한 편지, 사진, 그림을 보내는 행위
육체적 행위	• 입맞춤, 포옹, 뒤에서 껴안기 등의 신체적 접촉 • 가슴, 엉덩이 등 특정 신체 부위를 만지는 행위 • 안마나 애무를 강요하는 행위
기 타	• 사회통념상 성적 굴욕감을 유발하는 것으로 인정되는 언어나 행동

희롱에 대해 거부 의사를 표시하거나 항의를 하는 경우 표현화된다.

성희롱으로 인해 기업이 받게 되는 영향

건전한 직장문화의 형성을 저해한다. 대부분의 남성들은 성희롱을 '분위기를 좋게 하는 농담' 이나 '장난 또는 유머' 혹은 '친밀감의 표현' 이라고까지 생각한다. 그러나 서로를 인격체로 존중하고 따뜻하게 배려하며 친절하게 대우하는 행위와 상대를 비하하고 농담의 대상으로 격하시키며 불쾌하게 하는 행위는 분명히 다른 것이다.

경제적인 측면

성희롱은 경제적인 측면에서도 상당한 손실을 초래하는 것으로 보고되고 있다. 외국의 연구에 의하면, 직장 내 성희롱의 방치가 생산성 및 효율성의 저하, 높은 이직률 등으로 인한 다양한 형태의 비용을 치르게 된다고 주장하고 있다(조순경, 1994).

성차별대책

사회적 인식의 전환

한국사회에서 관찰되는 성차별 상황은 전통적인 가부장제의 잔존과 연관되어 있다고 할 수 있다. 따라서 성차별 해소의 관건은 가부장제를 어떻게 해소하는가에 달려 있다 해도 과언이 아니다. 이를 위해서는 가치관의 변화를 위한 지속적인 교육이나 각종 캠페인에 초점을 둘 수 있다.

그러나 문제는 가부장적 가치관은 오랜 역사를 통해 만들어지고 확산되었기 때문에 짧은 기간 동안에는 별다른 변화를 보이지 않는다는 것이다. 교육과 같은 의식개혁운동은 기본적으로 필요한 것이나, 가부장제가 모든 사회제도에 스며들어 있고, 사회를 지배하고 있는 현실에서는 그러한 프로그램의 성과는 제한적일 수밖에 없다.

여성인력 채용목표제

여성과 남성의 사회경제적 격차를 줄이기 위한 보다 직접적이고 효과적인 방법은 정부가 법적 · 제도적인 조치를 취하는 것이다. 그 대표적인 것이 사회적으로 차별받는 집단을 우대함으로써 집단들 간의 불평등을 바로잡는다는 의미의 적극적 조치(affirmative action)이다. 성적 불평등을 줄이기 위한 적극적 조치로는 여성할당제나 여성인력 채용목표제를 들 수 있다. 남성이 지배적이어서 여성이 진입하기 어려운 직종에 대해 일정 비율 이상의 인력을 여성으로 충당하도록 강제한다면 성별직종분리와 같은 성차별적 현상이 빠른 시일 내에 자취를 감추게 될 것이다.

한국에서는 1990년대 이래로 공공부문을 중심으로 여성채용목표제의 형태로 적극적인 조치들이 도입되어 왔다. 예를 들어 1996년 여성공무원 채용목표제가 도입되어 2000년도 이후에는 직급별로 최대 30%까지 여성을 채용하도록 하였고, 2003년에서 2007년까지는 한시적으로 '양성평등채용목표제'가 도입되어 공무원 채용 시 어느 한쪽 성의 합격자 비율이 30% 이상이 되도록 조정하게 되었다. 여성공무원 채용목표제에 이어 2002년과 2003년에 여성과학기술인 채용목표제와 국 · 공립대 여교수 채용목표제가 도입되었다.

여성채용목표제는 성차별 해소를 위해 꼭 필요한 제도이며 현실적으로 그 효과가 매우 크다. 그러나 한국에서는 여성채용목표제가 공공부문의 일부에서만 도입되어 있어, 본 제도가 그 효과를 제대로 발휘하려면 민간부문에까지 확대되어야 할 것이다. 현재 노동부가 남녀고용평등법 개정안을 통하여 공기업과 일반기업을 대상으로 '적극적 고용개선조치'를 실시하고 있으나 여성채용이 강제할당이 아니라 기업의 자율에 맡겨져 있다.

시장경제를 기반으로 하고 있는 사회에서 민영기업에 대해서 정부가 강제적으로 여성할당제를 실시하기는 쉽지 않다. 그러나 북유럽 국가들의 사례에서 볼 수 있듯이 정부지원을 받아 낙후된 지역에 설립된 기업들에 대해서는 여성할당제나 양성평등채용목표제의 채택을 의무화할 수 있을 것이다. 또한 미국이나 캐나다에서와 같이 정부와 일정 금액 이상의 계약을 체결한 기업들에 대해서 여성채용목표제를 강제할 수도 있을 것이다(권승 외, 2008 : 250).

직장에서의 성차별 대책

직장에서의 성차별에 대처하기 위해 「남녀고용평등법」이 제정되었다. 2001년 8월 제4차 개정에서는 적용범위를 5인 이상 사업장에서 1인 이상 전 사업장으로 확대하여 영세사업장 근로자 보호를 강화하고 있다.

명예퇴직과 정리해고 시 성차별 대책

여성근로자의 고용환경 악화를 막기 위해 남녀차별 신고센터와 민간단체인 고용평등 상담실이 만들어져 고용상의 성차별을 방지하도록 하였으며, 노동부는 1999년 8월 '여성부당해고방지업무지침'을 만들어 각 지방노동관서에 시달했고, 여성 우선 감원방지를 위하여 사업장에 대한 예방지도인 '고용평등특별점검'을 연례화(연 2회)하고 있다.

구조조정을 이유로 여성을 우선 또는 다수 감원하거나 그 우려가 있는 사업장, 경영상 이유로 인한 해고계획 신고 시 해고예정 근로자 중 여성근로자 비율이 높은 사업장, 구조조정이 진행 중이거나 예상되는 사업장 중에서 여성이 다수 근무하는 사업장 등을 대상으로 하는 지도점검을 실시하고 있다.

남녀고용평등법 자율이행 지도감독

남녀고용평등법이 시행된 이후 이 법이 사업장에서 충실히 이행될 수 있도록 노사에 대한 교육 및 홍보활동을 적극적으로 전개하는 한편 개별사업장의 노사가 이 법을 자율적으로 실천해 나가는 데 중점을 두고 취업규칙 등에 나타난 성차별 규정 등을 시정하고 이를 이행하지 않는 사업장에 대해서는 근로감독을 실시하고 있다.

직원 채용 시 남녀차별 개선대책

직원의 모집 · 채용에 있어서의 남녀차별을 개선하기 위해 1992년부터 전국 45개 일간지에 게재된 모집 · 채용광고에 대해 신문광고 모니터링 기간을 설정 · 운영하여 성차별적인 광고에 대하여 시정토록 하고 있다.

성차별적 모집 · 채용광고를 싣는 언론사에도 협조를 구해 개선이 되도록 하고 있다. 2001년에는 중앙지와 지방지뿐만 아니라 지역정보지를 포함한 5만 8,454건을 모니터링하여 성차별적 광고 382건에 대해 경고(140건) 또는 시정광고(242건)토록 조치하였다.

직장 내 성희롱 대책

1999년 7월 「남녀차별금지 및 구제에 관한 법률」이 제정되어, 성희롱은 더 이상 개인 차원에서 고민하는 문제가 아니라 국가로부터 법적인 보호를 받고 개선을 요구할 수 있게 되었다.

본 법은 성희롱 방지를 위해 공공기관의 장 및 사용자가 연 1회 이상 성희롱 예방교육을 실시할 의무를 부과한 것이다. 또한 2001년 4월 여성부가 고시한 '공공기관의 성희롱 예방지침' 에서 공공기관의 성희롱 예방교육을 위한 세부적인 사항을 규정하고 있다.

성희롱 예방교육 실적을 보면, 2000년 입법부, 사법부, 행정부 등 총 3,737개 기관 중 3,609개 기관의 거의 대부분인 96.6%가 교육을 실시하였다. 또한 1999년부터 공공기관의 장 및 사용자의 성희롱 예방교육 지원을 위해 성희롱 예방교육 '강사은행' 을 구성 · 운영하였는데 이후 강사진이 보강되고, 성희롱 예방교육용 자료가 제작되어 중앙행정기관, 지방자치단체, 공공기관 등에 배포하고 있다.

MB정부 들어서는 각 공공기관에서 '성희롱 방지조치 추진실적' 을 입력시킬 수 있는 시스템을 구축하였다. 또한 공공기관의 성희롱 방지를 위하여, 포스터(스티커 포함) 및 교육용 책자를 제작하여 배포하고 있다.

내용요약

1. 성차별

남녀 간의 교육기회의 차이와 직장에서의 차별이 가장 대표적. 최근 들어 여성의 직장에의 진출이 활발해지고, 또 사회적 지위가 신장되면서 직장 안에서의 새로운 성차별 현상으로서 '성희롱(sexual harassment)' 에 주목

2. 「남녀고용평등법」에서의 '성희롱'

사업주 상급자 또는 근로자가 직장 내 지위를 이용하거나 업무와 관련하여 다른 근로자에게 성적인 언어나 행동 또는 이를 조건으로 고용상 불이익을 주거나 성적 굴욕감을 유발하여 고용환경을 악화시키는 것

3. 성희롱의 부정적 영향

① 개인이 받는 영향 : 정신적 · 육체적 후유증이다.
② 성희롱으로 인해 기업이 받게 되는 영향 : 건전한 직장문화의 형성을 저해한다.
③ 경제적인 측면에서도 성희롱은 상당한 손실을 초래하는 것으로 보고되고 있다.

check

1. 성차의 원인에 대해 생각해 봅시다.

2. 직장 내에서 발생가능한 '성희롱' 에 대해 서로의 의견을 교환해 봅시다.

3. 한국사회의 성차별대책에 대해 각자의 생각을 정리해 봅시다.

CHAPTER 15

다문화가족문제

주요용어

다문화가족, 이주노동자가족, 결혼이민자가족, 국경없는 마을, 다문화가족지원센터

다문화가족의 개념

한국사회 내에서의 다문화가족의 흐름

한국전쟁 이후 미군의 주둔에 따른 혼혈아문제는 한국 최초로 가장 많은 국제결혼과 다문화가족이 문제시된 계기가 되었고, 이러한 문제는 기지촌을 중심으로 제한적으로 발생하였다.

1980년대 들어서는 통일교 교도와 결혼한 일본여성이 대부분이었고, 1988년 이후부터는 코리안 드림(Korean dream)을 안고 한국을 찾아온 이주노동자들인 동남아 남성과 한국여성 사이에 태어난 아이들과 한국남성과 결혼한 동남아시아 여성 사이에 태어난 코시안(Koseans)이 다문화가정을 형성하게 된다.

다문화가족의 의미는 국제결혼이라는 용어가 내포한 내국인 간의 결혼과 외국인과의 결혼으로 구분하는 국적에 따른 차별성 대신, 한 가족 내에 다양한 문화가 공존하고 있다는 의미로, 한국인 남성과 결혼한 이주여성 가족, 한국인 여성과 결혼한 이주남성 가족, 이주민가족(이주노동자, 유학생, 북한이탈주민 등)을 포함하여 그 범위가 확대되어 사용되고 있다.

다문화가족의 탄생

다문화가족이란 한국의 국제결혼의 역사와 맥락 속에서 만들어진 개념이다. 2002년 이후 이주여성과 국제결혼을 지원하는 NGO단체들과 학자들을 중심으로 다문화주의에 대한 논의가 이루어졌다. 원래 한국사회에서 다문화주의라는 용어가 등장하는 배경은 단일민족에 기반한 국민주의가 만들어내는 인종적 · 성적 · 계급적 등 다양한 폭력들을 통해 이주노동자, 혼혈안, 결혼이주자에 대한 인권이 심각하게 침해되었기 때문이다. 그러므로 다문화주의는 그것이 일반적으로 내포하는 문화적 차이에 대한 상호 인정과 승인의 의미보다는 한국의 단일문화주의의 폭력성에 대한 대항적 개념이다. 또한 다양한 국가에서 이주해 온 이주노동자들과 여성들이 이뤄낸 가족들 간의 상호 열린 교류를 지향하는 의미였다.

다문화가족이라는 용어가 정부 문서에 등장하게 된 것은 한 NGO단체의 제안에 의해서이다. 2003년 가정문화운동단체인 '하이패밀리'는 '혼혈아'라는 표현이 인권을 침해한다는 내용의 진정서를 국가인권위원회에 제출했고, 호칭을 '다문화가족 2세'로 변경할 것을 요청하였다. 2005년부터 결혼이주자 여성들이 정부의 관심대상으로 부상하기 시작했고, 그 이후 정부에서 국제결혼가족과 다문화가족이란 말을 사용하기 시작하였다. 2006년 이후 다문화가족이 정부에 의해 적극적으로 차용되면서 국가의 개입을 정당화하며 권력을 집행하는 통치기술의 하나로 의미의 '변질'을 겪게 된다. 2006년 한국정부는 '다문화 · 다민족 사회로의 전환'을 급작스럽게 선언하면서 이주자정책에 관 주도의 다문화주의 담론을 도입하였다(오경석, 2007 : 31).

다문화가족의 유형

다문화가족의 유형은 이주노동자가족, 결혼이민자가족, 새터민가족으로 나누어 볼 수 있는데, 본 절에서는 이주노동자가족과 결혼이민자가족에 대해 살펴보고, 새터민가족의 문제는 다음 장에서 다루기로 한다.

이주노동자 가족

1970년대 한국은 인력 송출국으로 독일에 광부와 간호사를 파견하거나 사우디아라비아에

표 15-1 다문화가족의 유형

유 형	내 용
이주노동자 가족	• 외국인근로자가 한국에서 결혼한 가족 • 본국에서 결혼하여 형성된 가족이 국내에 이주한 가족
결혼이민자 가족	• 한국인 남성과 외국인 여성의 혼인 • 한국인 여성과 외국인 남성의 혼인
새터민가족	• 북한에서 남한으로 이주해 온 가족

현장근로자를 파견하였다. 그러나 1990년대로 들어서면서 외국인 노동자 수입국으로 변하였다. 한국 거주 이주민(법무부 2006년 3월 통계)은 203개국의 80만여 명으로, 이 중 외국인 노동자는 약 39만 명이다. 이들 중 합법적 고용허가제와 산업연수제를 통해 입국한 비율은 51.4%이고, 미등록노동자가 48.6%이다.

외국인 노동자에 대한 정책은 4단계로 나누어져 산업연수제를 거쳐 현재 고용허가제를 실시하고 있다. 2007년 1월부터는 외국인력제도를 고용허가제로 일원화하고 있다. 본 제도의 시행으로 국가의 책임성을 높이고 이주노동자에게 노동자임을 보장한다는 긍정적인 측면이 있다.

이주노동자는 전국적으로 분포되어 있으나, 가장 많은 수가 경기도 안산시 원곡동을 중심으로 집결되어 있다. 안산시 원곡동은 주민과 외국인의 비율이 1 : 1로 한국 최대의 외국인 집단거주지이며 '국경 없는 마을' 로 알려져 있다.

'국경 없는 마을' 은 안산이주민센터 대표인 박천응 목사가 다문화가족을 대상으로 주민으로서의 권리와 시민권을 보장해 주기 위해 시작한 곳이다. 이곳을 중심으로 중립적 의미를 가진 코시안이라는 용어가 처음 사용되었으며, 배타문화와 소외문화, 경쟁문화에서 벗어나 인간존중의 원리로 이웃과 함께 살아가는 공동체 원리를 기본으로 하고 있다. '국경 없는 마을' 운동사업은 '차별극복과 관계회복을 통한 공동체가 형성되었다' 는 평가를 받고 있기도 하다.

이주노동자를 위한 사회복지대책은 다음과 같다.

- 외국인에 대한 이해와 사회구성원의 일원으로 수용하기 위한 다문화 이해 및 문화체험 교육이 필요하다.

표 15-2 외국인 인력정책의 단계별 특징

구 분	1단계	2단계	3단계	4단계
시 기	1988~1991. 10	1991. 11~2003. 10	2003. 11~2007. 1	2007. 1~현재
특 징	정책부재	산업연수제	고용허가제와 산업연수제 병행	고용허가제
내 용	• 한국에 입국한 외국인이 미등록노동자로 정착하는 것을 방관	• 연수생의 저임금, 장시간 노동, 노동법 적용과 사회복지제도 혜택에서 배제, 미등록노동자 증가 • 사업장 이동 가속	• 고용허가제 시행 • 중소기업중앙회의 반발로 산업연수제 존속 • 미등록노동자 감소 • 사업장 이동	• 고용허가제만 시행 • 사업장 이동

자료 : 보건복지가족부(2009)

- 불법체류자문제를 해결하기 위한 장기체류자에 대한 법적 지위 부여 대책이 마련되어야 할 것이다.
- 외국이주민 집단거주지를 양성화하고 활성화하여 이주노동자도 지역사회에 참여할 수 있는 기회를 부여함으로써 지역사회 통합을 이루어 내야 할 것이다.
- 이주노동자 지원 프로그램 제공으로 한국어교육, 기초질서교육, 인권 및 노동 관련 상담서비스, 무료진료, 직업안내, 여가시설 확충 등이 요구된다.
- 한국인에게는 아시아 문화 이해하기, 문화차이 이해와 차별문화 극복을 위한 교육이 요구되며 특히 언어교육이 우선되어야 한다.

결혼이민자가족

결혼이민자가족 현황

한국사회 전체 결혼에서 국제결혼이 차지하는 비율이 점차 높아져가고 있으며 2000년대에 들어서면서는 보편화되어 가고 있다. 세계화의 추세와 국내적으로는 저출산 · 고령화, 남녀성비 불균형, 독신여성의 증가, 국내에서 결혼이 어려운 남성의 증가 등이 원인이 되어 국제결혼이 증가하고 있다.

1990년대 중반부터 외국인 결혼여성의 유입비율이 증가하여, 2000년 한국남성과 외국

표 15-3 국제결혼건수와 비율

(단위 : 명, %)

구 분	총 결혼 수	국제결혼건수	외국인 아내	외국인 남편
1990년	399,312	4,710(1.2)	619(0.2)	4,091(1.0)
1995년	398,484	13,494(3.4)	10,365(2.6)	3,129(0.8)
2000년	334,030	12,319(3.7)	7,304(2.2)	5,015(1.5)
2005년	316,375	43,121(13.6)	31,180(9.9)	11,941(3.8)
2006년	332,752	39,690(11.9)	30,208(9.01)	9,482(2.8)

자료 : 보건복지가족부(2009)

여성의 혼인신고건수는 7,304건이었으나 2006년에 이르러 3만 208건으로 4배 이상 늘어났으며, 1990년과 비교하면 16년 사이에 49배가 증가하였다.

한편 한국남성과 결혼한 외국여성의 국적을 살펴보면, 중국, 베트남 여성이 외국인 처

표 15-4 한국남성과 혼인한 외국여성의 국적

(단위 : 건, %)

구 분	2000	2001	2002	2003	2004	2005	2006		
								구성비	전년대비 증감률
계	7,304	10,006	11,017	19,214	25,594	31,180	30,208	100.0	-3.1
중 국	3,586	7,001	7,041	13,373	18,527	20,635	14,608	48.4	-29.2
베트남	95	134	476	1,403	2,462	5,822	10,131	33.5	74.0
일 본	1,131	976	959	1,242	1,224	1,255	1,484	4.9	18.2
필리핀	1,358	510	850	944	964	997	1,157	3.8	16.0
몽 골	77	118	195	318	504	561	594	2.0	5.9
캄보디아	*	*	*	19	72	157	394	1.3	151.0
미 국	235	265	267	323	344	285	334	1.1	17.2
우즈베키스탄	43	66	183	329	247	333	314	1.0	-5.7
기 타	779	936	1,046	1,263	1,250	1,135	1,192	3.9	5.0

주 : 기타에 포함

자료 : 통계청(2007), 「혼인통계 결과」

의 81.9%를 차지하고 있다.

또한 한국여성과 결혼한 외국남성의 국적은 일본, 중국, 미국남성이 82.3%를 차지하고 있다. 전년과 비교하여 호주, 영국, 독일은 각각 30% 이상 높은 증가율을 보였고, 2005년 크게 증가했던 중국과 파키스탄은 각각 48.5%, 30.6%로 감소하고 있음을 알 수 있다.

국제결혼을 한 부부의 평균 혼인연령차는 2006년 한국남성과 외국여성 부부가 11.5세로 2000년(6.7세)보다 4.8세 높아 한국인 부부의 결혼 연령차(2.4세)보다 약 4.8배 높은 것으로 나타나고 있다. 반대로 한국여성과 외국인 남성 부부의 결혼 연령차는 한국인 부부보다 약 1.7배 높음을 알 수 있다.

혼인종류별 구성비를 살펴보면, 외국여성과 결혼한 한국남성의 혼인종류별 구성비는 2000년의 경우 초혼 75.8%, 재혼 24.3%에서 2006년에는 초혼 64.0%, 재혼 36.0%로 초혼의 비율이 재혼보다 1.2~3.1% 높게 나타나고 있다. 그리고 이들 혼인신고자의 약 55% 정도가 서울, 경기 및 인천지역이 주소지로 나타나고 있어 "국제결혼은 농촌총각이 한다"는 일반인들의 인식과는 달리 나타나고 있음을 알 수 있다.

표 15-5 한국여성과 혼인한 외국남성의 국적 (단위 : 건, %)

구 분	2000	2001	2002	2003	2004	2005	2006	구성비	전년대비 증감률
계	5,015	5,228	4,896	6,444	9,853	11,941	9,482	100.0	−20.6
일 본	2,941	3,011	2,377	2,613	3,378	3,672	3,756	39.6	2.3
중 국	218	222	272	1,199	3,621	5,042	2,597	27.4	−48.5
미 국	1,095	1,132	1,210	1,237	1,348	1,413	1,455	15.3	3.0
캐나다	149	164	174	223	230	285	308	3.2	8.1
파키스탄	39	64	126	130	103	219	152	1.6	−30.6
호 주	74	79	89	108	136	102	139	1.5	36.3
영 국	66	70	87	88	120	106	138	1.5	30.2
독 일	85	97	84	93	110	85	129	1.4	51.8
기 타	348	389	477	753	807	1,017	808	8.5	−20.6

자료 : 통계청(2007), 「혼인통계 결과」

결혼이민자가족 여성의 문제

결혼이민자가족 여성의 문제는 입국과정에서의 문제, 문화적 갈등, 언어소통의 문제, 자녀교육문제, 경제문제, 신분상의 불안 등으로 살펴보기로 한다.

입국과정에서 나타나는 문제

중국동포, 한족 여성들은 소개를 통해, 대부분의 일본여성들은 특정종교(통일교)를 통해, 베트남 · 몽골 · 구소련 여성들은 중개업자를 통해 한국남성을 소개받고 있는 것으로 나타나고 있다.

중개업자는 이윤을 극대화하기 위해 강압적 방법을 사용하기도 하며, 자유로운 의사결정을 하지 못하도록 막기도 한다. 한국남성이 의도하지 않았다 하더라도 허위정보가 여성측에 전달되기도 하며, 허위정보는 통역과정에서 의도적으로 왜곡되고 잘못 전달되기도 한다.

문화적 갈등

한국사회에 깊이 남아 있는 남존여비사상, 유교문화, 시부모와의 관계 몰이해, 한국요리의 어려움, 관혼상제에 따른 가정 대소사에 관한 몰이해, 종교와 가치관의 차이에 따른 갈등, 사생활 침해에 대한 상이한 이해로 빚어지는 갈등 등이 나타난다.

언어소통의 문제

한국어 습득의 기회를 갖기 전 출산 혹은 가정의 대소사를 책임져야 하는 등 일상생활의 적응 자체에서 언어로 인한 어려움을 경험하게 되는데, 이는 다문화가정 자녀의 언어장애 문제로 대두되기도 한다. 어머니가 한국말을 하지 못하는 경우 자녀가 발달성 언어장애를 겪기도 하고, 자녀가 고학년으로 갈수록 학습을 도와줄 수 없게 되는 문제가 발생한다.

자녀교육문제

결혼이주 여성들은 한글과 한국어에 익숙치 않아 자녀들이 성장과정에서 어려움을 경험한다. 또한 부모의 국적 차이와 문화적 차이로 정체성의 혼란을 경험하기도 한다. 문제는 결혼이주 여성과 자녀에 대한 사회적 편견을 해소하기 위한 교육 등의 대책이 미흡하며, 사회적 서비스 역시 부족한 실정이다.

경제적 문제

남편의 경제적 무능으로 인해 본국에 있는 가족의 생계를 도울 수 없을 뿐 아니라 남편의

빚을 갚느라고 한국에서 자신의 생활을 유지하는 것조차 힘든 경우가 다수이다. 이러한 어려움을 해결하기 위해 일자리를 찾게 되고 그 일자리의 대부분은 식당이나 단순노무직 종이다. 실업과 빈곤으로부터 벗어나고자 결혼을 선택한 결혼이민자 가족 여성에게는 경제적 이유가 불화의 요인이 된다.

신분상의 불안

귀화시험의 자격요건이 2년 이상 체류한 배우자이다. 개정된 국적법으로 필기시험 면제, 초등학교 3, 4학년 수준의 읽기와 한국에 관한 기본상식을 묻는 것에 60점 이상을 취득해야 한다. 한편 이혼의 경우에는 귀책사유가 남편에 있음을 증명해야만 한다.

결혼이민자가족 여성을 위한 복지대책

한글 및 생활교육 실시

이주여성이 겪는 어려움 중 가장 큰 것은 언어와 생활문화로, 결혼이민여성을 대상으로 한글교육을 실시, 요리강습, 예절교육 등 생활교육을 병행한 한글을 초급과 중급과정으로 나누어 실시하면 큰 도움이 될 것이다.

결혼이민자가족정책 및 지지체계 구축

가족단위의 통합적 접근을 원칙으로 해서 결혼이민자가족 여성과 남편, 자녀와 시가식구 등 모두를 포함하는 결혼이민자가족 종합대책을 수립하여 추진하는 것이 바람직하다. 결혼이민자가족지원센터 건립 혹은 기존 시설과 단체에 위탁해 지원을 강화하는 것 또한 요구된다.

결혼이민자가족 여성 자녀교육 기능 강화

결혼이민자가족 미취학자녀의 우리말 익히기와 사회생활 적응교육을 도와 나가야 할 것이다. 그 방안으로는, 외국어학과 대학생이나 졸업생과의 자매결연, 대학생 멘토제도 도입 및 바우처사업을 통한 서비스 제공방안 등이 있다.

이주여성 긴급전화 1366 상담센터

'이주여성 긴급전화 1366' 은 2006년 7월 한국 사회에 이주해 있는 외국인 이주여성들의 가정폭력, 성폭력, 성매매 등 폭력피해 예방을 위해 마련된 것으로, 같은 해 10월 전용상담전화 '1577-1366' 으로 개편된 이후 11월부터 서비스를 시작하였다. 현재 '1366' 은 베트남어, 중국어, 영어, 러시아어, 몽골어, 태국어 등이 가능한 상담원이 배치돼 365일 상담에 임하고 있으며 모든 상담은 비공개를 원칙으로 신원이 보장된다. 상담의 종류는 '체류상담', '여성상담', '노동상담' 등 세 가지를 기본으로 하고 있다.

이렇게 결혼이민자와 그 가족에 대해 사회구성원으로 통합해 나가려는 노력이 요구되는데 그 내용을 요약해 보면 다음과 같다.

- 이들의 안정적 생활정착을 위한 지역맞춤형 서비스 개발
- 자녀에 대한 지원 강화
- 일반 주민을 대상으로 하는 다문화이해 증진과 사회적 편견을 극복하기 위한 교육과 행사의 활성화 등

다문화가족을 위한 정부의 정책

1단계 : 입국 전 결혼준비기

국제결혼중개업체 관리 및 윤리의식 향상교육 실시

2008년 6월「결혼중개업의 관리에 관한 법률」시행으로 국제결혼중개업 등록 · 관리제도를 도입하고 있다. 현지법령 준수, 허위 · 과장광고 금지, 손해배상 책임, 서면계약서 등 의무규정 및 의무위반에 대한 제재를 강화하고 있으며, 국제결혼중개업자의 전문지식 및 윤리의식 향상을 위한 교육을 실시하고 있다.

결혼이민예정 여성에게 한국생활 정보제공 및 상담 실시

2007년 12월부터 베트남, 필리핀 등 2개국에 국제결혼이민관을 파견해 상담 · 사전정보제공하고 있으며, 주재국 정부와의 협력활동 강화 등을 추진하고 있다. 몽골, 캄보디아 등 현지에서 콜센터 운영 및 입국 전 교육 프로그램 운영 계획을 가지고 있다.

단계별	내 용	정책수단 및 전달체계
입국 전 결혼준비기	국제결혼중개업체 관리 한국생활 정보제공 · 상담 한국인 배우자교육	결혼중개업의 관리에 관한 법률 국제결혼이민관/콜센터 결혼이민자가족지원센터
가족관계 형성기	한국어교육 및 임신 · 출산지원 종합정보제공 및 통 · 번역 서비스 위기개입, 가족통합교육	결혼이민자가족지원센터 방송 및 디지털대학교 정보매거진/통 · 번역시스템 이주여성1366센터 및 쉼터
정착 및 자녀양육기	아동양육지원 취업역량강화 영농기술교육/취업교육/정보화교육	결혼이민자가족지원센터 보육시설
역량강화기	취업연계 다문화사회 통합선도자 육성	결혼이민자가족지원센터 정책모니터링단/자조모임

그림 15-1 생애주기별 맞춤형 서비스 내용

자료 : 보건복지가족부(2008)

한국인 배우자 대상 결혼준비교육 추진

결혼이민자가족지원센터(전국 80개소)에서 결혼이민여성 입국 전 한국인 배우자에게 사전교육 추진 중에 있다. 특히 배우자 교육 시 가정폭력 예방 교육을 실시하고 있으며, 한국인 배우자의 교육 참여율을 높이기 위해, 교육이수자에 대한 각종 정부정책 서비스 우선 제공 등 인센티브 부여 방안을 검토하고 있다.

2단계 : 입국 초 가족관계 형성기

다양한 매체를 통한 한국어교육

■ 집합교육 : 언어별 · 수준별로 세분화된 교육 프로그램을 실시 중에 있으며 전국 80

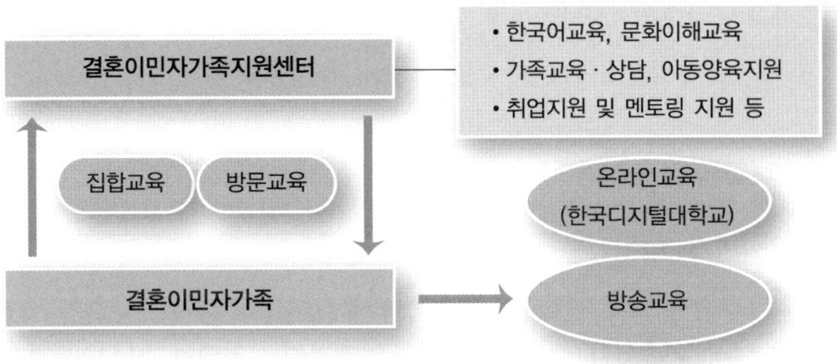

그림 15-2 한국어교육 체계도

자료 : 보건복지가족부(2008)

개 결혼이민자지원센터에서 초 · 중 · 고급교육을 실시하고 있다.

- 방문교육 : 결혼이민자가족지원센터에서 '찾아가는 서비스'를 실시하고 있다. 2008년 한글교육지도사 960명을 파견해 5,760가족을 지원하고 있다.
- 방송교육 : 방송매체를 활용한 한국어교육을 실시하고 있다.

찾아가는 임신 · 출산 지원

결혼이민자가족지원센터에서 출산을 1~2개월 앞둔 출산 예정자를 대상으로 찾아가는 임신 · 출산 지원 서비스를 제공하고 있다.

종합생활정보 제공 및 통 · 번역 서비스 제공

다국어판 생활 · 정책 정보 매거진을 연 4회 발간하여, 해외공관 및 출입국관리사무소 등을 통해 배포하여 외국현지 및 입국 시부터 활용하고 있다(한국어/영어, 중국어, 베트남어, 캄보디아어, 타갈로그어 혼용 5종 7만 부). 또한 전국적인 통 · 번역 핫라인 시스템 구축 예정에 있다. 전화 · 인터넷 등을 활용한 중앙지원 통 · 번역 시스템을 구축하고, 지역별 통역요원을 통해 전국적인 연계망을 확충하고, 가족갈등 심화 또는 가족위기, 행정 · 사법기관 방문, 병원진료 등 위급하고 긴급한 상황발생 시 통역요원 파견을 지원하고 있다.

위기개입 및 가족통합교육 실시

가정폭력 피해 상담 · 보호를 위해 이주여성 긴급전화 및 전용쉼터, 법률구조기관 등 관련기관 간 연계 · 강화하고 있다. 이주여성긴급전화 '1366 센터'에는 여섯 개 언어로 24시간 지원하고, 다섯 개의 쉼터를 운영하고 있다(여성부). 또한 결혼이민자가족지원센터 및 방문교육지도사의 남편교육 · 상담기능을 강화하고, 결혼이민자, 배우자, 시부모, 부부관계, 부모자녀 등 가족관계 증진을 위한 가족통합교육을 추진하고 있다.

3단계 : 자녀양육 및 정착기

아동양육지원 서비스 제공

결혼이민여성의 양육능력을 향상하기 위하여 결혼이민자가족지원센터에서 아동양육지원 방문교육을 실시 중에 있다. 아동발달주기와 가정환경을 고려한 자녀양육 및 언어발달 지도방법 등을 교육하고 있다. 2008년 결혼이민자지원센터에서 '아동양육지도사' 1,600명을 파견하고, 1만 240가구를 지원할 예정이다. 또한 다문화가족 영유아 대상 보육교사 파견 등 아동 보육지원 프로그램을 개발하고, 다문화가족 밀집지역에 다문화 특성화 보육시설 지정 및 특별활동 프로그램을 지원할 계획을 하고 있다.

취업역량 강화 교육 실시

농촌거주 결혼이민자의 농촌사회 정착을 돕고 농업인력으로의 육성을 위해 영농기술교육 실시 예정에 있으며, 컴퓨터 및 인터넷 활용기술 등을 통한 정보 습득 및 온라인 교육 참여 능력 제고를 위하여 결혼이민자가족지원센터에서 정보화교육을 실시 중에 있으며, 직장 예절, 면접기술 및 구직등록, 기술교육 등 취업능력 향상 교육을 통한 경제적 자립 능력 함양에 대한 지원 중에 있다.

4단계 : 역량 강화기

다문화사회 통합 선도자 육성

결혼이민자가족지원센터 내에 출신국별 결혼이민자 자조모임을 결성하고, 출신국별 초기 이민자 사회통합 지원 멘토 역할 수행을 실시하고 있으며, 결혼이민자 및 그 배우자로 구성된 다문화정책 모니터링단을 운영하고 있다.

이민자 적합 직종 인력양성 및 취업연계

다문화강사를 양성해 지역 내 보육시설 및 초등학교 등에서의 활동과 연계 지원하고 있으며, 원어민 외국어강사를 양성해 지역교육청과 연계하여 보조강사로 활동할 수 있도록 지원하고 있다. 또한 통 · 번역사 등 이민자 적합 직종을 개발하고 인력양성과 연계 시스템을 구축 검토하고 있다.

전 단계 : 다문화역량 강화

다문화정책 추진기반 마련

2008년 9월 다문화가족지원법이 시행되면서 중앙-지방-NGO의 유기적 연계 및 체계적 추진체계 기반이 구축되었다. 그 주요 내용은 다음과 같다.

- 한국어 · 사회적응 · 직업 · 가족교육 등 교육지원 및 생활정보 제공
- 가정폭력 피해자 보호 · 지원, 산전 · 산후 건강관리, 아동의 보육 및 교육지원 등 언어와 문화적 차이를 고려한 서비스 지원
- 다문화가족지원센터의 지정, 실태조사 등
- 결혼이민자가족지원센터 확대
  - 한국어 · 문화교육, 가족교육 · 상담, 자녀지원 등 다양한 서비스를 원스톱으로 제공
  - 결혼이민자가족지원센터의 인력확대 및 보수교육 등을 통해 종사인력의 역량 강화

지역사회 협력 네트워크 강화

결혼이민자가족지원센터를 중심으로, 기업-지역사회 등이 함께 할 수 있는 네트워크를 형성하고, 다문화가족-활동가-지역사회가 함께 하는 '전국대회' 를 추진하고 있다.

대국민 다문화 인식개선을 위한 교육 · 홍보 강화

공공기관 직장교육 및 각급 교육훈련기관 등 공무원 교육과정에 다문화과정을 포함시키고, 다문화사회에 대한 국민 인식제고를 위한 교육 · 홍보를 강화하고 있다. 그 내용으로는 다문화 콘텐츠 개발 및 보급, 다문화 강사 양성 · 활용 등 전문적인 교육 · 홍보체계 마련 등이다. 결혼이민자가족지원센터 및 건강가정지원센터 등에서 다문화가족과 일반가족이 함께 할 수 있는 교육 및 문화행사를 실시한다.

표 15-6 2008년 결혼이민자가족지원센터 운영 현황(80개소)

시 도	지 역	기관 · 단체명	주소(연락처)	대표자	비 고
서 울 (4)	성북구	천주교노동사목위원회	서울 성북구 보문동5가 14 노동사목회관5층 (02-953-0468)	권호희	비영리 민간단체
	영등포구	대한불교조계종 사회복지재단(건강가정지원센터)	서울 영등포구 신길1동 465-2 신길종합사회복지관 (02-846-5432)	금유현	건강가정 지원센터
	동대문구	경희대학교 (건강가정지원센터)	서울 동대문구 회기동 1 경희대학교 생활과학대학 (02-957-1074)	오윤자	건강가정 지원센터
	동작구	중앙대학교 (건강가정지원센터)	서울 동작구 사당3동 324-14 유창빌딩 304호 (02-599-3301)	김양희	건강가정 지원센터
부 산 (3)	부 산	부산시	부산 사상구 학장동 168-2 여성문화회관 (051-320-8342)	조숙희	직 영
	부 산	부산시	부산 남구 대연3동 38-1 여성회관 (051-610-2027)	도영주	직 영
	사하구	사하구	부산 사하구 신평동 545-2 (051-220-5572)	구용대	직 영
대 구 (3)	남 구	불교사회복지회	대구 남구 대명2동 19-1 (053-475-2324)	장영숙	사회복지 법인
	달서구	계명대학교 (건강가정지원센터)	대구 달서구 이곡동 1000-148 (053-580-6819)	유가효	건강가정 지원센터
	서 구	가정복지회	대구 서구 원대동 111-5 제일종합사회복지관 (053-353-8310)	김진홍	사회복지 법인
인 천 (3)	인 천	인천시	인천 남구 주안동 946-1 여성복지관 (032-440-6545)	김경자	직 영
	계양구	빈곤퇴치운동본부	인천 계양구 계산동 931-47 (032-552-1016)	조대흥	사단법인
	강화군	인천교구 강화천주교회	인천 강화군 강화읍 관청리 884-5 (032-933-0981)	신숙자	사회복지 법인
광 주 (2)	광 주	광주시	광주 서구 치평동 1162 여성발전센터 (062-383-5758)	최송화	직 영
	북 구	이주가족복지회	광주 북구 우산동 동문로 3번지 (062-363-2963)	이상옥	사단법인

시 도	지 역	기관 · 단체명	주소(연락처)	대표자	비 고
대 전 (2)	대 전	대전대학교 (건강가정지원센터)	대전 중구 은행동 142-6 충남여성회관 (042-252-9997)	차성란	건강가정 지원센터
	대덕구	대전가톨릭사회복지회	대전 대덕구 오정동 74-4 대전카톨릭사회복지회관 (042-639-2665)	맹상학	사회복지 법인
울 산 (1)	울 산	울산대학교 (건강가정지원센터)	울산 남구 옥동 336-2 가족문화센터 (052-274-3137)	정민자	건강가정 지원센터
경 기 (9)	수 원	천주교수원교구유지재단 (엠마하우스)	경기 수원시 팔달구 화서동 102-1 (031-257-8504)	최병조	재단법인
	부 천	부천문화재단	경기 부천시 원미구 상1동 394-2 부천시여성회관 (032-320-6348)	곽병권	재단법인
	안 성	성결원	경기 안성시 봉남동 349-2 안싱종합사회복지관 (031-677-7191)	김활란	사회복지 빕인
	남양주	남양주시	경기 남양주시 지금동 남양주시청 제2청사 (031-590-8214)	서동완	직 영
	고양시	고양시	경기 고양시 덕양구 행신동 774 여성회관 (031-938-9801)	장경희	직 영
	의정부시	경민대학교 (건강가정지원센터)	경기 의정부시 의정부2동 564번지 경민빌딩 1층 (031-878-7117)	홍인종	건강가정 지원센터
	안산시	안산YMCA	경기 안산시 단원구 고잔동 710-2 하늘법조빌딩 3층 (031-483-6536)	임주현	사단법인
	성남시	신구대학 산학협력단	경기 성남시 중원구 금광2동 2685 신구대학 평생교육원 (031-740-1175)	문영보	학교법인
	용인시	우원기념사업회	경기 용인시 처인구 김량장동 286 처인구청내 (031-324-2265)	이준범	사단법인
강 원 (6)	춘천시	홀트아동복지회 강원아동상담소	강원 춘천시 죽림동 189 브라운가 6동 6303호 (033-251-8009)	정승기	사회복지 법인
	강릉시	강릉문화원	강원 강릉시 교1동 1785 (033-648-3019)	염돈호	특수법인
	원주시	명륜사회복지관	강원 원주시 명륜2동 705 (033-762-8131)	김효종	사회복지 법인

시 도	지 역	기관 · 단체명	주소(연락처)	대표자	비 고
강 원 (6)	속초시	속초YMCA	강원 속초시 영랑동 234-2 (033-638-3523)	한금옥	사단법인
	홍천군	홍천문화원	강원 홍천군 홍천읍 신장대리 51-20 (033-433-1925)	박원재	특수법인
	횡성군	원주카톨릭사회복지회	강원 횡성군 횡성읍 어수로 46번지 횡성종합사회복지관 (033-344-3459)	배은하	사회복지 법인
충 북 (5)	청주시	충북이주여성인권센터	충북 청주시 상당구 남문로2가 97 정우빌딩 3층 (043-223-5253)	고은영	사단법인
	옥천군	옥천한국어학당	충북 옥천군 옥천읍 문정리 439 다목적회관 1층 (043-733-1915)	전만길	비영리 민간단체
	충주시	충주결혼이민자 가족지원센터	충북 충주시 연수동 1454-1 (043-856-2253)	박충환	비영리 민간단체
	제천시	제천외국인한글학교	충북 제천시 중앙로2가 88-13 (043-643-0050)	김호영	비영리 민간단체
	보은군	아사달	충북 보은군 보은삼산리 141-1 (043-544-5422)	박윤수	비영리 민간단체
충 남 (5)	아산시	아산시	충남 아산시 온천동 1626 시청 별관 (041-540-2972)	유선열	직 영
	공주시	공주기독교 종합사회복지관	충남 공주시 중동 321 (041-856-0881~2)	궁제영	사회복지 법인
	금산군	금산문화원	충남 금산군 금산읍 상리 24-2 (041-750-3990)	김호택	특수법인
	부여군	부여군	충남 부여군 계백로 399 부여군청 (041-830-2277)	사회복지 과장	직 영
	예산군	행복나무	충남 예산군 예산읍 산성리 673번지 3층 (041-334-1366)	최현숙	사단법인
전 북 (7)	익산시	원광대학교 (건강가정지원센터)	전북 익산시 신용동 344-2 원광대학교 생활과학대학 (063-850-6046)	채옥희	건강가정 지원센터
	장수군	호남사회연구회 논실마을사람들	전북 장수군 번암면 대론리 221 논실마을학교 (063-352-3362)	이현선	사단법인

시 도	지 역	기관 · 단체명	주소(연락처)	대표자	비 고
전 북 (7)	김제시	김제이주여성쉼터	전북 김제시 서암동 393-1 (063-545-8506)	이정주	사단법인
	정읍시	정읍시	전북 정읍시 연지동 252-54 여성문화회관 (063-530-7355)	박경희	직 영
	남원시	한울안운동전북지부	전북 남원시 동충동 446-3 (063-625-5610)	오지영	사단법인
	완주군	우석대 산학협력단	전북 완주군 삼례읍 후정리 490 (063-278-3631)	이승미	학교법인
	전주시	아시아노동인권센터	전북 전주시 덕진구 우아동 3가 755-12 (063-243-0333)	이지훈	사단법인
전 남 (10)	전라남도	전라남도	전남 무안군 삼향면 남악리 1000 전남도청 민원동 3층 (061-286-5947~9)	최순애	직 영
	순천시	순천시지역사회복지협의체	전남 순천시 저전길 9 (061-742-1050)	문성윤	비영리 민간단체
	나주시	나주결혼이민자지원센터	전남 나주시 이창동 162-6 우리빌딩 4층 (061-331-0709)	홍기술	사단법인
	영암군	영안이주여성센터	전남 영암군 삼호읍 용당리 2178-2 한마음회관 2층 (061-463-2929)	송영희	비영리 민간단체
	여수시	여수시	전남 여수시 미평동 591-9 여성문화회관 (061-690-7158)	최유성	직 영
	광양시	광양시	전남 광양시 중동 1313 광양시청내 (061-797-2342)	서문식	직 영
	고흥군	고흥군	전남 고흥군 고흥읍 옥하리 200 고흥군청내 (061-830-5320)	조정훈	직 영
	장흥군	장흥군	전남 장흥군 장흥읍 건산리 751-11 장흥군청내 (061-860-0317)	김철두	직 영
	해남군	두성재단	전남 해남군 해남읍 해리 451-1 해남종합사회복지관 (061-534-6777)	정광선	사회복지 법인
	장성군	전남대학교 국어교육원	전남 장성군 장성읍 영천리 1083-9 여성회관 내 (061-390-7316)	서상준	학교법인

시 도	지 역	기관 · 단체명	주소(연락처)	대표자	비 고
경 북 (10)	구미시	아름다운가정만들기	경북 구미시 형곡동 314-3 (054-464-0545)	장흔성	비영리 민간단체
	예천군	예천군	경북 예천군 예천읍 서본리 50-1 여성회관 (054-650-6960)	김수남	직 영
	포항시	포항시	경북 포항시 북구 우현동 우현구획 정리지구 4B 1L 여성문화회관 (054-270-5553)	이계영	직 영
	문경시	문경시	경북 문경시 모전동 220 여성회관 (054-550-6212)	이명숙	직 영
	경주시	경주시	경북 경주시 용강상리 4길 18호 농업기술센터 농어민회관 2층 (054-779-6163)	서이환	직 영
	안동시	천주교안동교구유지재단	경북 안동시 옥동 974 안동종합사회복지관 (054-853-3090)	최승근	재단법인
	상주시	상주교회	경북 상주시 무양동 1-161 (054-535-1341)	곽희주	비영리 민간단체
	경산시	경산시	경북 경산시 서상동 143-8 여성회관 (053-810-6221)	사회복지과장	직 영
	김천시	조계종 직지사 지부	경북 김천시 대항면 운수리 241번지 (054-439-8279)	장영기	사회복지 법인
	영주시	영주가흥종합사회복지관	경북 영주시 상망동 259-1 (054-636-0834)	김영숙	사회복지 법인
경 남 (9)	경상남도	창원대학교 (건강가정지원센터)	경남 창원시 사림동 9 창원대학교 공동실험실습관 (055-274-8337)	박해숙	건강가정 지원센터
	진주시	진주시	경남 진주시 상대동 284 진주시청 (055-749-5702)	정영석	직 영
	김해시	인제대학교 (건강가정지원센터)	경남 김해시 부원동 623-2 시청 별관 (055-329-6349)	서흥란	건강가정 지원센터
	마산시	마산YMCA	경남 마산시 중앙동 3가 4-190 (055-246-8746)	강희순	사단법인
	밀양시	성우애육원	경남 밀양시 가곡동 455 가곡종합사회복지관 (055-355-7484)	손영진	사회복지 법인

시 도	지 역	기관 · 단체명	주소(연락처)	대표자	비 고
경 남 (9)	거제시	거제YMCA	경남 거제시 아주동 290 (055-682-4957)	류재선	사단법인
	함양군	함양문화원	경남 함양군 함양읍 교산리 967-4 (055-963-2646)	김흥식	특수법인
	양산시	양산외국인노동자의집	경남 양산시 중부동 656-15 (055-382-0988)	이영화	비영리 민간단체
	거창군	거창YMCA	경남 거창군 거창읍 대동리 683번지 (055-942-6986)	강대성	사단법인
제 주 (1)	제주시	제주외국인근로자센터	제주시 노형동 727 은혜빌딩 6층 (064-712-1140)	이소영	사단법인

주 : 2008년 6월 현재

내용요약

1. 다문화가족

국제결혼이라는 용어가 내포한 내국인 간의 결혼과 외국인과의 결혼으로 구분하는 국적에 따른 차별성 대신 한 가족 내에 다양한 문화가 공존하고 있다는 의미

2. 다문화가족의 유형

이주노동자가족, 결혼이민자가족, 새터민가족

3. 결혼이민자 가족 여성의 문제

입국과정에서의 문제, 문화적 갈등, 언어소통의 문제, 자녀교육문제, 경제문제, 신분상의 불안 등

4. 결혼이민자 가족 여성을 위한 복지대책

① 한글 및 생활교육 실시
② 결혼이민자 가족정책 및 지지체계 구축
③ 결혼이민자 가족 여성 자녀교육 기능 강화
④ 이주여성 긴급전화 1366 상담센터

check list

1. 이주노동자를 위한 사회복지대책에 대해 생각해 봅시다.

2. 결혼이민자 가족 여성의 문제와 그 대책에 대해 생각해 봅시다.

3. 다문화가족을 바라보는 시각에 대해 각자의 생각을 정리해 봅시다.

CHAPTER 16

새터민문제

주요용어

북한이탈주민, 새터민, 하나원, 정착지원

새터민 현황

북한이탈주민이라 함은, 「북한이탈주민보호 및 정착지원에 관한 법률」에 의하면 "북한에 주소, 직계가족, 배우자, 직장 등을 두고 있는 자로서 북한을 벗어난 후 외국의 국적을 취득하지 아니한 자"를 말한다. 그러나 2005년 1월부터는 '새로운 터전에 삶의 희망을 갖고 있는 사람' 이란 의미에서 '북한이탈주민' 이란 용어 대신 '새터민' 으로 사용하고 있다.

표 16-1에서 볼 수 있는 것처럼, 탈북주민의 국내유입은 2000년을 기점으로 큰 폭으로 늘어나고 있다. 또한 2002년을 기점으로 연 유입 인원이 1,000명대를 넘어선 이후 2006년에 이르면 매년 2,000명이 넘는 탈북주민들이 유입되고 있고, 이는 시간이 흐를수록 수적

표 16-1 새터민 성별 입국 현황

(단위 : 명)

구분	'89 이전	'90~'94	'95	'96	'97	'98	'99	'00	'01	'02	'03	'04	'05	'06	'07	계
남	564	80	35	43	56	53	90	180	294	514	468	625	422	510	569	4,503
여	43	6	6	13	30	18	58	132	289	625	813	1,269	961	1,509	1,979	7,751
합계	607	86	41	56	86	71	148	312	583	1,139	1,281	1,894	1,383	2,019	2,548	12,254

주 : 1) 2007년 12월 31일 기준

2) 새터민 입국인원은 보호결정을 기준으로 집계

자료 : 통일부(2009)

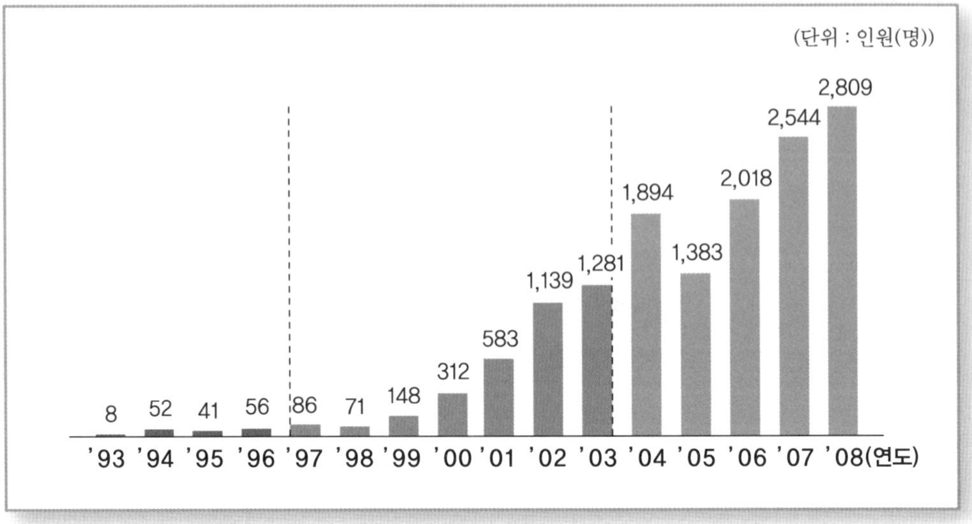

그림 16-1 새터민 입국 현황
자료 : 통일부(2009)

인 면에서 큰 폭으로 증가하리라는 것을 예상할 수 있다.

한편 탈북주민들의 입국 현황을 성별로 살펴보면, 초기 입국자의 다수가 남성이었던 것에 비해 탈북주민들이 대량 유입되기 시작한 2000년을 기점으로 여성 입국자의 수가 큰 폭으로 늘어나고 있음을 알 수 있다. 또한 2002년부터는 남녀의 입국비가 역전되는 것을 볼 수 있다.

탈북주민들의 면면을 살펴보면, 초기의 탈북자는 군출신이나 외교관, 유학생 등 고위인사가 대부분으로 '귀순용사'로 불리며 남한에 정착할 수 있도록 많은 특혜를 받았다. 이들은 주로 북한체제에 불만을 가졌던 사람들이었다. 그러나 1994년 이후 하층민이나 무직 등 경제난과 식량난으로 탈북하는 '경제난민'으로서의 탈북자가 급증하였고, 이들의 자립정착을 위해 획기적인 지원책으로 정착을 도와왔다. 2000년 이후에는 식량난을 넘어 더 나은 삶을 추구해 가족단위로 탈북하는 수가 증가하였고, 여성의 비율이 대폭 증가하고 있다.

이들 새터민들이 보이는 특징은 다음과 같다.

- 죽음을 각오하고 사선을 넘은 이들이기에 자신의 의지를 적극적으로 실천하려는 의지가 강하며 통일의 전위세력으로서의 소명의식도 갖고 있다.

■ 강한 자의식을 갖고 있는 반면 의사결정과정을 경시하는 경향을 보인다.

■ 탈북에 성공했다는 사실에 대하여 강한 자긍심을 가지며 죽음을 넘어선 만큼 정부의 보호와 지원에 대해 높은 기대감을 갖고 있다.

■ 심리적으로는 남한사회에서 정체감의 혼란을 느끼며 정착과정에서 사기와 착취의 경험으로 인해 타인에 대한 불신감과 정서적으로 불안감이 높다.

■ 신변노출을 거부하지만 경제적 성취욕구는 강하다.

새터민 지원정책

'새터민 1만 명 시대' 를 맞아 정부는 새터민들이 우리사회의 일원으로 안정적으로 정착하도록 다양한 정책적 지원을 해왔다. 2007년에는 자립 · 자활의지를 형성할 수 있는 제도 마련에 중점을 두어, '새터민 지원제도 개선 종합대책' 을 수립하고, 북한이탈주민 정착지원법 및 시행령을 개정하였다.

새터민 종합대책

• 새터민의 자립유도를 위해 정착기본금을 감액하는 대신 취업장려금을 확대한다.

• 기초생활보장 특례제도를 개선하여 생활능력세대에 대해 생계급여 조건부과 면제기간 및 특례기간을 단축한다.

• 장기근속자와 취약계층의 취업보호기간을 기존 2년에서 3년으로 연장한다. 새터민 모범 고용사업장에 대한 정부 우선구매 신청요건을 강화하는 등 새터민 고용을 위한 인센티브를 부여한다.

개선점

• 현재의 새터민 지원정책은 남성, 성인, 단독세대의 소규모 입국을 전제한다.

• 해외에 장기체류하고 있는 탈북자 및 2002년 이후 급격하게 증가하고 있는 여성과 가족동반 새터민의 입국 증가에 대한 대응은 미흡한 실정이다.

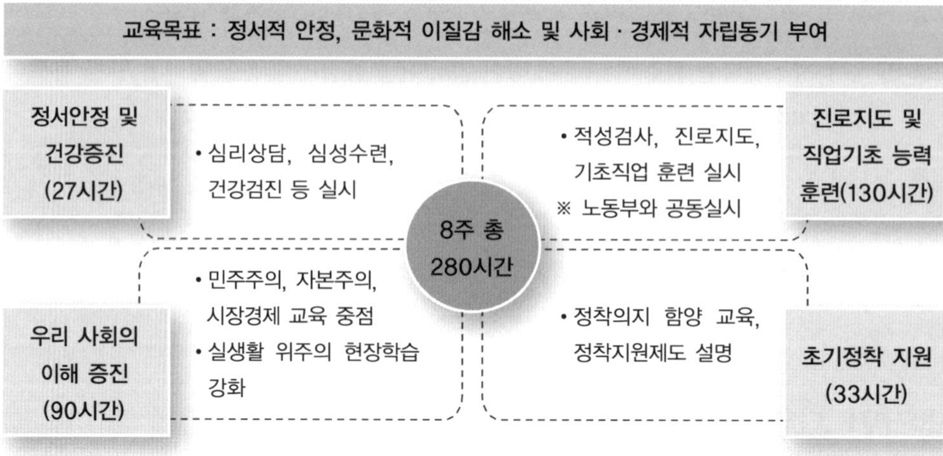

그림 16-2 하나원 교육내용

자료 : 통일부(2008), 「통일백서」

사회적응교육

하나원은 1997년 제정된 「북한이탈주민의 보호 및 정착지원에 관한 법률」에 의거하여 설치 · 운영되고 있는 정착지원시설로 국내에 입국한 새터민들이 우리 사회의 일원으로 조기에 안정적으로 정착할 수 있도록 도와주는 종합교육 · 지원센터 역할을 하고 있다.

새터민들은 하나원에서 8주 동안 집중 교육과정을 거친다. 하나원의 주된 교육은 '민주주의와 자본주의 등 사회제도와 기본질서에 대한 이해 증진 프로그램', '정서안정 프로그램', '원활한 취업을 위한 진로지도 및 직업기초능력 훈련' 등이다.

2009년에 들어 하나원은 사회적응교육 표준교육과정을 확대 · 개편(8주 280시간 → 12주 420시간)하여 2009년 3월 10일(126기)부터 운영하고 있다. 이번 개편은 북한이탈주민의 법적 지위를 확보하는 취적(가족관계등록 창설) 및 거주지 주택 배정의 원활한 추진을 위해서는 12주 정도의 기간이 필요하다.

그동안 교육기간은 2007년 5월부터 8주로 운영되었으나, 취적 지원 및 주거지(임대주택) 배정 등을 위해 실제로는 9~11주 정도의 기간으로 운영했었다. 2008년 12월 18일 하나원 증축으로 수용능력이 연간 4,200명으로 확대됨에 따라 시설부족으로 불가피하게 단축했던 교육기간을 정상화하며, 컴퓨터교육, 가정체험 등은 야간 · 주말과정에서 정규과정에 편입시켰다.

개편된 교육과정은 교육생의 열악한 심신상태를 감안, 심리 안정 및 건강 증진을 강화하고, 우리 사회 적응력 향상을 위해 현장 체험교육 등을 확대하였으며, 정보화시대 정보 활용능력 제고를 위해 컴퓨터 자격증 취득을 지원하고 최근 여성 증가 상황을 감안, 성별 특화교육도 강화했다. 특히 여성특화교육은 여성부 양성평등교육진흥원이 참여하여 2009년 6월경 실시 예정이며, 하나원은 사회적응교육 표준교육과정 확대 및 개편을 계기로 북한이탈주민들의 심리 · 정서안정, 한국사회에의 적응능력 강화에 기여할 것으로 기대하고 있다(나눔뉴스, 2009년 3월 10일).

또한 2006년 5월 18일 '통일부–노동부 간 북한이탈주민 고용지원을 위한 합의서' 체결로 하나원에서 실시하던 직업교육을 기술교육 전문기관인 폴리텍대학에 위탁 실시하고 있다. 새터민에게 특화된 교육과정으로 총 108시간(3주)의 '기초직업적응훈련 및 컴퓨터 훈련'을 실시하고 있다. 2006년 5월 위탁교육이 실시된 이래 2007년 12월 말 현재 1,933명의 새터민이 폴리텍대학을 수료하였다.

이와 함께 전문 직업상담사에 의한 '적성검사와 진로지도'를 강화하고 있다. 새터민들의 교육과 관련하여 새터민들이 하나원에 있는 동안 일반국민들과의 접촉기회를 늘리고 남한생활에 대한 체험 기회를 확보하기 위해 외부위탁 교육시간을 50% 이상 배정하고 있다.

하나원은 남녀 분리교육을 위해 2006년 3월부터 분원을 운영하고 있으며, 분원에서는 그 수가 적은 성인 남성만을 대상으로 교육하고 있다. 본원과 분원을 합치면 400명을 동

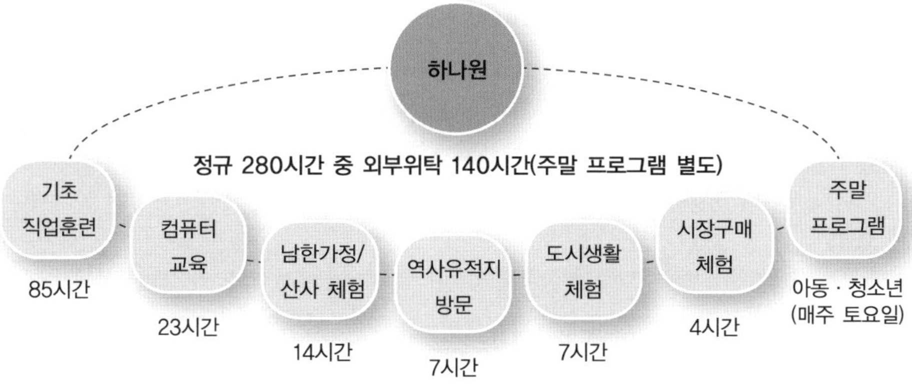

그림 16-3 하나원 직업 · 기술교육

하나원 교육기간 1개월 늘어

송민순 의원 개정안… 직업훈련 3개월 지원

하나원 교육기간이 3월부터 1개월(현행 8주에서 12주로) 늘어나고 탈북자 진위를 가리기 위한 합동심문 조사기관이 국가정보원으로 이관된다.

하나원 교육 기간이 1개월 늘어나게 된 것은 탈북자들의 사회적응과 교육, 초기정착을 지원하는 과정에서 시간이 절대 부족하기 때문이다. 탈북자들이 크게 늘어난 만큼 8주 기간에 임대주택 물량을 확보하고 주민등록증을 부여할 시간 여유가 없어진 것이다. 정부는 또한 300명을 수용할 수 있던 하나원을 한번에 600명을 수용할 수 있도록 증축하여 연간 4,200명의 탈북자를 수용할 수 있게 하였다.… 아울러 탈북자들의 남한 입국 시 탈북자 진위와 대공용의점 등과 관련 조사를 벌이던 '대성공사' 업무는 국정원이 주관하는 종합합동심문소로 이관됐다. 종합합동심문소는 기존 정부합동심문 참여기관인 국방부, 경찰, 기무사, 정보사에 통일부와 해양경찰청을 비롯한 유관부문 합동기관을 망라한다.

한편 송민순 의원이 지난해 9월 3일 발의한 '북한이탈주민 보호법' 개정안은 현재 외교통상통일위원회를 통과해 법사위와 본회의 의결만을 남겨두고 있다. 주요 내용은 하나원 교육 뒤 최소 3개월 이상 직업훈련을 받아야 한다는 내용이다.

자료 : 통일신문, 2009년 1월 6일

통일부, 안성 하나원 증축 완료

북한이탈주민 정착시설인 경기도 안성 하나원 본원이 증축공사를 마치고 18일 준공한다고 통일부가 15일 밝혔다. 통일부는 지난해 10월부터 128억 5,000만 원을 투입, 본원 내에 교육관과 생활관, 직원 숙소 각 1동을 새로 건립하고 운동장과 주차장도 넓혔다.

지하 1층, 지상 4층 규모의 교육관은 강의실과 컴퓨터실, 종교관, 놀이방, 상담실 등을 갖추고 있으며 숙소인 생활관은 300명을 동시 수용할 수 있는 규모로 지어졌다. 이번 증축으로 본원의 동시 수용인원은 현재 300명에서 600명으로 늘어나 연간 3,600명을 수용할 수 있게 됐다.

통일부 관계자는 "북한이탈주민의 국내 입국이 급증함에 따라 숙소 및 강의시설 확충의 필요성이 제기돼 정착지원시설을 증축키로 했다."며 "이번 증축으로 쾌적한 교육환경을 조성하고 탈북자들에게 심리적 안정감을 주는 데 도움이 될 것"이라고 말했다.

자료 : 연합뉴스, 2008년 12월 15일

시에 수용할 수 있는 규모로 1999년 7월 개원 이후 2007년 12월 말까지 총 1만 333명이 사회적응교육을 수료하였다.

정착지원

2004년 이전에는 '수혜적인 보호정착 지원'을 새터민 정책의 기본방향으로 삼았으나, 새터민의 증가와 더불어 정착지원의 방향을 '자립자활 중심'으로 전환해야 한다는 여론의 제기에 따라 2004년과 2006년 새터민 정착지원 개선 종합대책을 수립하였다. 2007년 1월 26일「북한이탈주민의 보호 및 정착지원에 관한 법률」을 개정하고 2007년 6월 28일 동법 시행령을 개정하였다.

초기 정착금 지급

새터민이 사회에 나온 뒤 기초적인 생계를 해결할 수 있도록 새터민 모두에게 일정액의 현금을 지급하는 제도이다. 새터민의 자립과 자활을 촉진하기 위해, 기본금을 축소하고 장려금제도를 폭넓게 도입하였다.

2007년 현재 정착금 내역은 정착기본금 이외에 새터민 개개인의 자립자활 노력 및 사정에 따라 정착장려금과 정착가산금으로 구분하여 지급하도록 세분화되어 있다. 그리고 직

표 16-2 2007년 정착기본금 지급 기준 (단위 : 만 원)

가족 수	초기 지급금	분할 지급금	주거지원금	합 계
1인	300	300	1,300	1,900
2인	400	700	1,700	2,800
3인	500	1,000	1,700	3,200
4인	600	1,300	1,700	3,600
5인	700	1,600	2,000	4,300
6인	800	1,900	2,000	4,700
7인 이상	900	2,200	2,000	5,100

주 : 분할 지급금은 매분기별로 1년 동안 지급

표 16-3 2007년 정착가산금 지급기준

구 분	지급기준	지급수준(만 원)
연령 가산금	60세 이상	720
장애 가산금	장애 등급	1,540(1급), 1,080(2~3급), 360(4~5급)
장기치료 가산금	중증질환으로 3개월 이상 입원	개월 수×80
결손가정아동보호 가산금	편부모 아동	360

자료 : 통일부(2008), 「통일백서」

업훈련을 6개월 이상 받거나 자격증을 취득한 경우, 직장에 취업한 뒤 1년 이상 동일 직장에 계속 다니는 경우에 각각 해당 장려금을 지급하고 있다.

또한 정착가산금은 노령, 장애, 장기 질병이 있는 새터민에게 지급하는 것으로 취약계층을 특별히 더 보호한다는 의미이다. 다만, 정착가산금제도는 동일인에게 가산금을 지급할 수 있는 사유를 하나만 인정하고 있다.

- 연령가산금 : 보호결정일을 기준으로 만 60세 이상인 새터민에게 지급
- 장애가산금 : 장애등급에 따라 1급, 2~3급, 4~5급에 차등 지급
- 장기치료 가산금 : 보건복지가족부 고시 '본인 일부부담금 특례에 관한 기준'에 따라 중증질환으로 3개월 이상 입원한 새터민이 수혜대상
- 결손가정 아동보호 가산금 : 보호결정일 기준으로 만 12세 이하의 아동이 그 수혜자

주택지원

하나원 사회적응교육 후 사회로 배출된 새터민에게는 대한주택공사나 각 지방자치단체에서 건립한 공공건설 임대주택을 우선적으로 알선하고 해당 임대주택에 실제로 입주할 수 있도록 주거지원금을 지원한다. 주거지역 결정 시 우선적으로 본인의 의사를 최대한 수용하며, 이들이 희망하는 지역에 주거공간이 부족할 경우 차순위 지역으로 배정한다.

취업지원

새터민의 취업을 지원하기 위해 직업훈련 기회를 제공하고, 사업장을 알선하여 새터민을

위한 맞춤형 취업박람회를 개최하며, 새터민을 고용하는 사업주에게 고용지원금을 교부한다. 직업훈련 기회를 무상으로 제공하고, 훈련기간 중에는 최소한의 필요경비를 감당할 수 있도록 훈련수당을 지급한다. 특히 2006년부터는 새터민이 취업과 관련된 기본 소양이 부족하다는 점을 감안하여, 이들이 전문직업훈련을 받기 이전 단계에서 기본 소양을 배울 수 있도록 '기초직업적응훈련' 과정을 교육 프로그램에 도입하여 운영하고 있다.

또한 노동부 산하 전국 53개소에 달하는 고용지원센터의 전문취업상담 공무원을 새터민 취업보호담당관으로 지정하여 진로지도, 직업훈련기관 알선, 이들을 고용할 의사가 있는 사업장과 연결하는 업무를 담당하게 하고 있다.

그 외에 내용은 다음과 같다.

- 구직활동 지원을 위해 온라인상으로는 '새터민 취업지원사이버센터' 를 운영한다.
- 새터민을 고용하는 사업주에게 임금의 1/2에 해당하는 금액을 지원해 주는 고용지원금제도를 시행하고, 2007년부터 고용지원금 지급기간을 2년에서 3년으로 연장하는 등의 사업이 있다.

교육지원

새터민은 북한이나 제3국에서 이수하였던 학력을 인정받아 해당 대학이 정하는 입학절차에 따라 본인이 원하는 학교에 편입하거나 입학하는 것이 가능하다.

- 2004년 이전 : 만 35세 미만의 새터민이 전문대 이상의 학교에 입학하거나 편입하는 경우, 국내 입국한 시점에 관계없이 국립대학은 학비를 전액면제, 사립대학은 국가와 학교가 각각 1/2을 분담하여 지원하였다.
- 2007년 이후 : 새터민의 자립 · 자활을 촉진하고 취업을 장려하기 위하여 만 35세 미만인 사람이 일반대학에 입학하거나 편입할 경우, 학비 면제를 받을 수 있는 기간은 거주지 보호기간인 5년 이내 또는 고졸 검정고시 합격 등 대학진학 자격을 획득한 지 5년 이내에 진학해야 지원을 받을 수 있도록 기간을 제한하는 규정을 도입하고 있다.

북한이탈주민이 증가하면서 가족동반 또는 단독으로 입국하는 새터민 청소년들 또한 증가하고 있다. 이들은 남북한 간 이질화된 문화, 학제의 차이, 긴 탈북기간 동안 수업결손 등으로 남한 학교에 바로 편입하여 학교생활에 적응하는 데 많은 어려움을 겪고 있다. 이러한 점을 감안하여 '한겨레학교'를 설립 · 운영하고 있다.

- 한겨레학교의 설립 · 운영 : 새터민 청소년들이 일반학교로 진학하기 이전의 디딤돌 학교로서 탈북청소년특성화학교이다. 또한 기숙형 중 · 고교 과정 통합학교로 2006년 3월에 개교하였다.
- '한겨레학교'의 목표 : 새터민 청소년을 대상으로 2개월~2년의 기간 동안 사전교육을 실시하면서 이들이 제도권 교과과정으로 편입했을 때 적응력을 높이고, 무연고 청소년을 성년이 될 때까지 보호하면서 다양한 대안교육을 시행하는 것이다.

사회보장지원

새터민을 위한 사회보장제도에는 「국민기초생활보장법」에 따라 이들의 소득 인정액이 최저생계비에 미달하는 경우에 지원하는 생계급여와 「의료급여법」에 따라 생활이 어려운 새터민을 대상으로 의료혜택을 지원하는 의료보호가 있다.

생계급여

「국민기초생활보장법」에 따라 이들의 소득 인정액이 최저 생계비에 미달하는 경우로, 하나원을 수료하고 사회에 나온 후 6개월까지는 조건부과를 면제하여 시행하지만, 6개월이 경과한 후에는 조건부 수급권자로 편성하여 자활사업에 참여하는 것을 조건으로 현금을 지급한다. 세대구성원이 모두 근로능력이 없는 경우 특례를 인정하여 세대구성원의 수보다 1명을 더 추가하여 현금 급여액을 산정하여 지급한다.

표 16-4 2007년 생계급여 지급 기준(최고액)

세대기준	현금급여액	세대기준	현금급여액
1인 세대	37만 원	4인 세대	103만 원
2인 세대	62만 원	5인 세대	120만 원
3인 세대	83만 원	6인 세대	137만 원

자료 : 통일부(2008), 「통일백서」

의료보호

「의료급여법」에 따라 생활이 어려운 새터민을 대상으로 의료혜택을 지원한다. 의료급여법이 정하는 소득인정액 기준에 따라 의료보호 1종 수급건자로 지정하여 진찰과 치료를 비롯한 의료혜택을 부여한다.

거주지 지원

하나원을 떠나 거주지에 주택을 배정받고 나면 정착도우미, 보호담당관, 북한이탈주민후원회, 각 지역협의회의 도움과 지원을 받게 된다.

정착도우미 제도

2006년 1월부터 시행되었다. 정착 초창기 일상생활과 주변환경에 적응하는 데 실질적인 어려움을 겪는 점을 감안하여 민간 자원봉사자를 활용하는 사업이다. 정착도우미는 자원봉사 경력 10년 이상의 유경험자 중에서 선정한다. 새터민이 거주지에 편입된 이후 1년에 걸쳐 지역사회를 안내하고 이들의 어려움이 무엇인지 듣고 도와주는 상담자 역할을 수행한다. 새터민 1세대당 2명을 지정하게 되는데, 2007년 7월 현재 1,500여 명이 활동 중에 있다.

보호담당관

거주지보호 담당관과 신변보호 담당관으로 구분한다.

- 거주지보호 담당관 : 각 지방자치단체별로 지정한다. 새터민의 거주지 편입과정에서부터 생계급여를 지급하고 의료급여 대상자를 선정하여 지원하는 등 각종 행정지원업무를 담당한다.
- 신변보호 담당관 : 새터민의 관할 경찰서에서 지정한다. 신변보호와 관련 상담업무를 수행한다. 2007년 현재 전국에 700여 명의 경찰관이 신변보호 담당관의 임무를 맡아 활동하고 있다.

북한이탈주민후원회

「북한이탈주민의 보호 및 정착지원에 관한 법률」 제30조에 의거해 설립된 법정단체이다.

- 새터민의 사회지원을 지원한다. 민간단체와 협력하여 새터민을 위한 다양한 심리·

정서적 적응프로그램들을 개발 · 운영한다. 예를 들어 새터민 청소년을 위한 대안교육단체 및 보호시설에 대한 지원, 고령자와 여성 새터민을 위한 시범사업, 새터민 친목단체 지원 등에 총 4억 8,000여만 원을 지출하였다.

각 지역협의회

지역 내 보호담당관과 지역사회복지관, 민간단체 등을 중심으로 협의체를 구성하여 새터민의 정착과정에 필요한 생활실태자료를 파악하고 각종 애로사항 해결을 위해 협조체계를 구축한다. 16개 지역협의회가 구성되어 활동하고 있다.

새터민문제의 정책적 대안

앞에서 살펴본 새터민들은 우리 사회의 새로운 소수자 내지 사회적 약자층이기는 하나 향후 남북통일과 통일된 한반도의 사회적 통합을 주도할 이들이기도 하다. 따라서 이들이 소수이지만 국민적 공감대를 바탕으로 생산적 사회구성원으로 정착할 수 있도록 다양한 지원책이 모색되어야 할 것이다(정경환, 2003 : 101-102).

새터민의 정책지원을 위한 민관의 협력적 관계 모색

새터민의 사회정착은 크게 관의 역할인 주거, 생계, 신변보호, 학력인정, 직업훈련 등과 민간차원에서의 실질적 사회적응에 관한 도움이다. 이 과정에서 새터민들은 관의 제도적 도움이 무엇보다도 중요하지만 앞으로도 계속 늘어날 새터민에 대한 통일부의 하나원 프로그램만으로는 감당하기에는 한계에 직면하게 될 것이다. 물론 1999년 하나원의 개원 이후 두 차례의 중축을 거쳐 현재에 이르고 있으나 여전히 새터민의 수용능력에는 한계가 있을 것이라는 점을 예측할 수 있다. 이에 각 지역의 사회복지시설을 적극 활용할 필요가 있다. 지역사회복지시설은 늘어나는 새터민들이 보다 지역사회에 잘 정착할 수 있도록 원조할 수 있는 체계를 가지고 있다. 물론 관에서 새터민의 사회정착을 위한 프로그램 운영에 참여하는 지역사회복지기관에 역할수행을 위한 제도적 · 물적 지원이 있어야 할 것이다.

지역단위로 '새터민 사회정착지원관' 설치 · 운영

하나원의 교육 프로그램 중 일부를 '새터민 사회정착지원관' 으로 이관하고, 특히 새터민에게 공급되는 공공임대주택과 정착금 지원 및 취업보호 프로그램을 각 지역 '새터민 사회정착지원관' 에 위임하는 방안을 모색할 필요가 있다. 그 이유로는 첫째, 새터민은 공공임대주택을 정부로부터 배정받아 일정지역에 집단으로 거주하기 때문에 이들이 다수 거주하고 있는 전국적인 지역 안에 새터민에 대한 지원 경험이 있고, 오랫동안의 지지기반을 가지고 있는 민간자원의 활용이 용이하고, 새터민들이 남한의 적응과정에서 가장 어려움을 겪고 있는 경제 · 사회 · 문화 · 심리적 문제를 효과적으로 해결할 수 있는 유용한 대안이 될 수 있다.

둘째, 정착금 지원에 있어서도 새로운 대안을 모색할 필요가 있다. 새터민들이 현금관리능력이 부족하고 특히 지원금이 본인들의 정착을 위해 사용되지 못하는 경우를 대비하기 위해서이다. 새터민들은 자본주의체제에 대한 이해 부족과 현금관리능력의 부족으로 사회정착 이전에 정착금이 탕진되는 경우가 허다하다. 이에 새터민 본인에게 제공되는 정착금을 줄이고 그들의 정착과정을 위임받아 원조하는 '새터민 사회정착지원관' 에서 나머지 비용을 지원하여 정착금 대신 적응서비스를 제공하는 것을 모색할 필요가 있다.

지역사회복지기관들의 '새터민 사회정착지원관' 운영을 위한 프로그램 개발

새터민의 문제는 더 이상 정부에 의존해 해결되기를 바랄 것이 아니라 민간단체에서도 적극적인 해결방안을 모색해야 할 것이다. 이러한 측면에서 지역사회복지관들이 현재 실행하고 있는 프로그램들을 바탕으로 새터민들에게 적합한 서비스 프로그램을 찾아야 할 것이다. 최근 입국하는 새터민의 유형이 가족 · 여성 · 아동 · 청소년 등으로 넓어지고 있고, 이들의 욕구도 직업교육 · 건강 · 지역정보안내 · 대인관계 · 학업 · 취업 등 매우 다양하게 나타나고 있는 바, 이러한 욕구의 해결은 각 지역사회복지관에서 프로그램을 개발하여 이들을 적용시키는 것이 효과성에서 앞설 것이다.

내용요약

1. 새터민들이 보이는 특징

① 죽음을 각오하고 사선을 넘은 이들이기에 자신의 의지를 적극적으로 실천하려는 의지가 강하며 통일의 전위세력으로서의 소명의식도 갖고 있다.

② 강한 자의식을 갖고 있는 반면 의사결정과정을 경시하는 경향을 보인다.

③ 탈북에 성공했다는 사실에 대하여 강한 자긍심을 가지며 죽음을 넘어선 만큼 정부의 보호와 지원에 대해 높은 기대감을 갖고 있다.

④ 심리적으로는 남한사회에서 정체감의 혼란을 느끼며 정착과정에서 사기와 착취의 경험으로 인해 타인에 대한 불신감과 정서적으로 불안감이 높다.

⑤ 신변노출을 거부하지만 경제적 성취욕구는 강하다.

2. 하나원의 개편

2009년 들어 하나원은 사회적응교육 표준교육과정을 확대 · 개편(8주 280시간 → 12주 420시간)하여 2009년 3월 10일(126기)부터 운영. 이번 개편은 북한이탈주민의 법적 지위를 확보하는 취적(가족관계등록 창설) 및 거주지 주택 배정의 원활한 추진을 위해서는 12주 정도의 기간이 필요하다.

3. 정착지원의 종류

① 초기 정착금 지급, ② 주택지원, ③ 취업지원, ④ 교육지원, ⑤ 사회보장지원, ⑥ 거주지 지원

4. 새터민문제의 정책적 대안

① 새터민의 정책지원을 위한 민관의 협력적 관계 모색

② 지역단위로 '새터민 사회정착지원관' 설치 · 운영

③ 지역사회복지기관들의 '새터민 사회정착지원관' 운영을 위한 프로그램 개발

check list

1. 통일과정에서의 새터민의 역할에 대해 생각해 봅시다.

2. 새터민이 가지고 있는 일상생활 속에서의 어려움에 대해 생각을 교환해 봅시다.

PART 4

삶의 질과 사회문제

CHAPTER 17

인구 · 도시문제

주요용어

인구문제, 인구과잉, 도시문제, 저출산, 고령화, 노숙인문제

인구문제

인구증가

근대사회 이전의 출산율은 현대 산업사회의 출산율에 비해 매우 높았다. 그렇지만 당시에는 출산과 사망 수준이 대체로 균형을 이루었기 때문에 인구성장은 지극히 낮은 수준에 머물렀다. 즉, 출생아 수는 매우 많았으나 사망 수준 역시 높았기 때문에 급격한 인구성장이 일어나지 않았다.

산업화가 진행되는 시기 동안 많은 사람들은 궁핍의 시기가 사라질 것으로 기대했다. 근대 산업의 발전은 삶의 수준이 향상된 풍요로운 시기가 올 것이라는 믿음을 심어 주었다. 1798년 『인구론(An Essay on the Principle of Population)』에서 맬서스(Thomas R. Malthus)는 이러한 생각을 비판하고 오늘날에도 계속되는 인구와 식량자원 간의 관계에 대한 논쟁에 불을 붙였다. 그러나 그동안 서구 국가들의 인구성장 유형이 맬서스가 예견한 바와는 상이하게 진행되었기 때문에 맬서스주의는 무시되었었다. 사실 서구사회에서의 인구성장 비율은 19세기와 20세기 내내 매우 낮았으며, 1930년대에는 인구의 감소를 걱정하는 상황에 처하기도 하였다. 그러나 20세기 중반 이후 세계인구가 급격히 증가하자 맬서스의 견해에 다시 귀를 기울이기 시작하였다. 유엔이 작성한 장기 인구 추계에 따르면 세계인구는 21세기 후반에 약 100억 명에 도달할 것으로 예상하고 있다. 그리고 인구증가의 대부분은 개발도상국에서 일어날 것으로 예측되고 있다.

인구성장이 궁핍과 기근을 동반할 것이라는 우려는 그릇된 것이 아니며, 인구의 급격한 증가는 환경과 물리적 하부구조에 막대한 영향을 끼쳤다. 인구성장은 생활전반에 '부족'을 가져오는 여러 요인 중 하나이다(기든스저, 송호근 외 역, 2003 : 532).

이렇게 볼 때 인구문제란, '인구증가와 그로 인한 부작용 문제' 라 할 수 있다. 세계인구는 기원전 8000년 전에는 500만 명에 불과했지만, 19세기 산업혁명과 함께 폭발적으로 증가하여 1975년에는 40억 명을 넘어섰고, 2015년에는 80억 명에 달할 것으로 추산하고 있다. 인구가 두 배로 늘어나는 기간도 AD 1650년에는 1500년이 걸렸으나, 1975년에는 54년에 불과했고, 2015년에는 40년밖에 안 될 것으로 예상되고 있다.

인구증가율은 지역에 따라 크게 차이가 난다. 선진국은 20세기 들어 인구증가 속도가 매우 완만해지기 시작해 인구정체상태에 도달한 반면, 후진국 특히 아프리카 빈곤국가의 인구성장은 지속되고 있다. 또한 선진국과 후진국은 인구 2배 증가 도달기간에도 큰 차이를 보이고 있다. 2001년 현재 선진국의 인구 2배 도달기간은 809년이나 되지만, 후진국은 42년밖에 되지 않는다.

인구증가로 인한 인구과잉은 식량 부족, 식수 부족, 경제문제, 인구과밀, 이민 등이 원인이 된다.

■ 식량 부족 : 전 세계적으로 약 10억 명의 인구가 영양부족상태에 있는 것으로 추정되

표 17-1 세계 인구증가 추세

연 도	인구 수	인구 2배 도달기간
BC 8000	500만 명	
AD 1650	5억 명	1,500년
1850	10억 명	200년
1930	20억 명	80년
1975	40억 명	45년
2015	80억 명	40년

자료 : Zastrow(2000), p. 418

고 있다. 이러한 영양부족은 신체발육 장애, 두뇌성장지체, 지능발달장애, 소인증(dwarfism)의 원인이 되고 있다.

- 식수 부족 : 인구증가는 식수부족을 야기한다. 현재 전 세계에 있는 물의 3%만이 음용이 가능한 것으로 나타나 있다. 한국도 이미 물부족 국가로 분류되어 있다.

표 17-2 선진국과 후진국의 인구 2배 도달기간

지 역	인구 2배 도달기간
전 세계	51년
선진국	809년
후진국	42년
중국을 제외한 후진국	36년

자료 : Mooney(2002), Knox & Schacht, p. 415

- 경제문제 : 인구증가는 1인당 국민소득을 감소시켜 삶의 질을 낮춘다. 저소득층일수록 출산율이 높은데, 높은 출산율은 자녀 양육비 부담의 증가를 가져와 생활고를 가중시키고, 자녀교육의 장애요인이 된다.
- 인구과밀 : 인구과밀은 범죄, 정서적 문제, 근친상간, 아동학대, 자살, 폭력, 환경오염의 원인이 될 수 있다.
- 이민 : 인구증가률이 높은 후진국 국민들은 인구가 상대적으로 적은 선진국으로의 이주를 원하며, 기회가 되는대로 이민을 실행에 옮기려 한다. 선진국으로의 이민은 인종문제, 불법이민, 불법거주 등과 같은 사회문제를 야기하고 있다.

새로운 인구문제

1960~1970년대만 해도 한국은 인구증가로 인해 곤란을 겪었던 개발도상국의 하나였으며, 인구억제를 위한 가족계획이 인구정책의 핵심이었다. 그러나 1980년도 1.57%였던 인구증가율이 1990년에는 0.99%, 2000년에는 0.84%를 나타내었고, 2005년에는 0.21%로 급격히 감소하였다. 이러한 성장률은 2020년에 이르면 마이너스(−) 성장률을 나타낼 것이다.

한편 한국사회 인구구조의 변화에서 가장 인상적인 현상 중 하나가 지속적인 출산율의 저하이다. 출산율의 지속적인 저하는 0~14세 인구도 감소시킬 것이고, 15~64세 인구는 1990년도 69.3%에서 점차 늘어 2011년도에는 72.2%까지 증가한 후 2014년도까지 그 수준을 유지할 것이며 2015년부터는 감소할 것으로 예상된다.

여기에서 합계출산율이란, 여자 1명이 가임기간 동안 연령별 출산율과 동일한 출산을 하게 될 때 낳을 수 있는 자녀 수를 말한다. 2008년 합계출산율은 1.19명으로 나타났다.

표 17-3 총 인구 · 인구성장률

연 도	1970	1980	1990	2000	2005	2010	2020	2030	2040	2050
총 인구	32,241	38,124	42,869	47,008	48,138	48,875	49,326	48,635	46,343	42,343
인구성장률	2.21	1.57	0.99	0.84	0.21	0.26	−0.02	−0.25	−0.67	−1.07

자료 : 통계청(2009), 「장례인구추계」

표 17-4 합계출산율 추이

연 도	2001	2002	2003	2004	2005	2006	2007
출생아 수	557	495	493	476	483	452	497
합계출산율	1.30	1.17	1.19	1.16	1.08	1.13	1.26

자료 : 통계청(2008), 「2007년 출산통계」

또 하나의 특징으로는 노령화를 들 수 있다. 65세 이상 노인인구는 1990년도 5.1%에서 2020년 15.1%로 늘어날 것으로 예상되며, 이에 따라 부양비도 2000년도 10.1%에서 2020년 21.3%까지 증가될 전망이다.

인구구조의 변화는 인구문제에 대한 새로운 이해와 접근이 요구된다.

표 17-5 주요 인구지표 현황 및 전망

연 도		1980	1985	1990	1995	2000	2020
총 인구(천 명)		38,124	40,806	42,869	45,093	47,008	50,650
자연인구증가율(%)		1.42	0.96	1.08	1.01	0.83	0.06
합계출산율(명)		2.83	1.70	1.59	1.65	1.47	1.80
연령구조 (%)	0~14세	34.0	30.1	25.6	23.4	21.1	13.9
	15~64세	62.2	65.6	69.3	70.7	71.7	71.0
	65세 이상	3.8	4.3	5.1	5.9	7.6	15.1
노년부양비(%)		6.1	6.5	7.4	8.3	10.1	21.3

표 17-6 출산순위별 출생성비

연 도	계	첫째 자녀	둘째 자녀	셋째 자녀	넷째 자녀 이상
1970	109.5	110.2	109.3	109.1	109.4
1980	105.3	106.0	106.5	106.9	110.2
1990	116.3	108.5	117.0	188.8	209.2
2000	110.2	106.2	107.4	141.7	167.5
2004	108.2	105.2	106.2	132.0	138.4
2005	107.7	104.8	106.4	127.7	133.5
2006	107.4	105.6	106.0	121.8	121.6
2007	106.2	104.5	106.0	115.3	119.1

자료 : 통계청, 「인구동태통계연보」, 각 연도

남녀 출생성비의 불균형

한국사회의 전통적인 남아선호사상과 불법적인 태아 성감별에 의한 인공임신중절 및 저출산 추세로 1983년부터 남아(男兒)가 여아(女兒)에 비해 비정상적으로 많은 출생성비 불균형상태를 보이고 있다.

여아에 대한 국민의식의 전환과 남녀불평등 상태의 개선 등의 영향을 받아 1992년을 고비로 출생성비의 불균형이 다소 완화되는 기미를 보이고 있으나 아직도 자연적 성비인 105~106에 비해 높은 실정이고, 셋째 아이 이상에서의 불균형은 여전히 심각한 것을 보여 주고 있다.

성비 불균형문제의 해결을 위해서는 남녀차별 사회관행의 제도적 보완, 여성의 고용기회 확대, 전문인력 양성 등 남아선호사상을 근본적으로 불식시킬 수 있는 대책이 요청된다.

신 인구정책

한국의 인구정책은 1960년대 초부터 국가개발계획의 일환으로 범정부적 차원에서 출산억제 위주로 추진되어 왔으며, 그 결과 1980년대 중반에 인구증가율 1% 미만, 합계출산율 2.1% 이하로 저하됨으로써 인구증가 억제를 조기에 달성하였다.

문제는 기존의 인구증가문제보다도 인구고령화, 가족해체와 유대감의 약화, 여성차별, 여성학대 · 성폭력 증가, 성비 불균형, 청소년의 성과 부작용 증가, 높은 인공임신 중절률, 에이즈 증가 등과 같이 인구와 관련된 사회문제가 새로이 인구문제의 과제로 등장한 점이다. 특히 저출산과 노령화문제는 우리사회가 시급히 풀어내야만 하는 문제로 대두하였다.

저출산 기조의 지속과 인구문제의 해결을 위해 정부는 1996년 6월 '향후 인구정책추진계획' 을 발표하면서 인구정책을 인구증가 억제에서 인구의 자질과 삶의 질 향상에 역점을 두는 '신 인구정책' 으로 방향을 전환하였다. 여기에서 신 인구정책이란, 합계출산율을 인구대치수준으로 유지하고, 가족보건사업은 출산억제 위주의 가족계획사업에서 벗어나 모자보건 강화, 출생성비 불균형 해소, 인공임신중절 예방, 청소년 성문제 해결 등 사회문제 해결 위주로 추진하며, 노동력 부족에 대비하기 위해 여성 및 노령인구 활용 프로그램을 개발하는 한편, 인구노령화에 대비하여 노인복지 서비스를 확대하는 내용을 담고 있다.

노령화 문제

노인인구의 추이와 전망

한국은 2000년에 이미 65세 이상 고령인구 비율이 7.2%로 '고령화 사회' 로 접어들었다.

표 17-7 평균수명 추이

연 도	1960	1970	1980	1990	1995	2000	2008
평 균	52.4	63.2	65.8	71.6	73.5	74.9	78.5
남	51.1	59.8	62.7	67.7	69.6	71.0	75
여	53.7	66.7	69.1	75.7	77.4	78.6	82

표 17-8 65세 이상 노인인구의 증가 추이

연 도	1990	2000	2010	2020	2022	2030
인구(천 명)	2,195	3,395	5,032	7,667	8,403	11,604
구성비(%)	5.1	7.2	10.7	15.1	16.6	23.1

자료 : 통계청(2008)

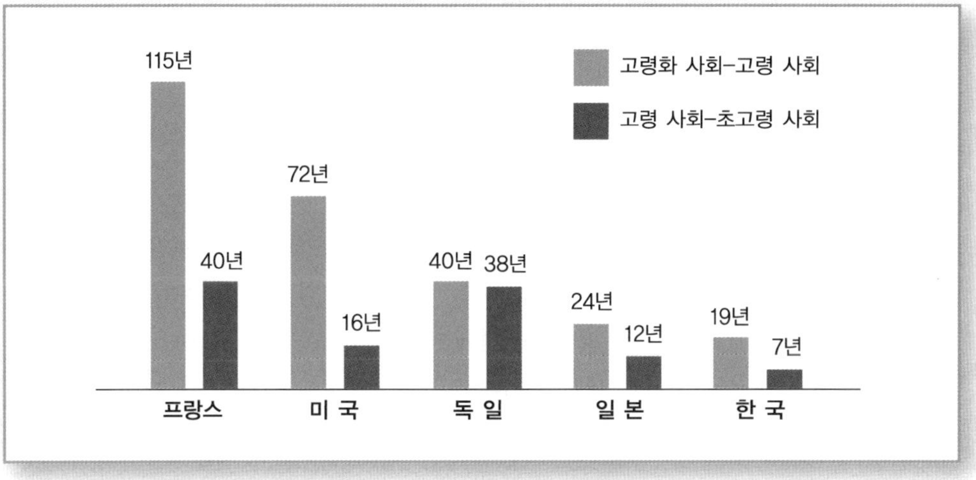

그림 17-1 인구고령화속도 국제비교

표 17-9 노인부양비 수이

연 도	1990	2000	2010	2030
노인부양비(%)	7.4	10.1	15.0	37.7
노령화지수	20.0	34.3	67.7	213.8
노인 1명당 생산가능인구	13.5	9.9	6.6	2.7

주 : 노령화 지수 = (65세 이상 인구/0~14세 인구)×100
자료 : 통계청(2007)

UN은 65세 이상 인구가 총 인구의 7% 이상이면 '고령화 사회', 14% 이상이면 '고령 사회', 20% 이상이면 '초고령 사회'로 정의하고 있다.

한국의 노인인구 증가 속도는 외국과 비교해도 매우 빠르다. 고령화 사회에서 고령 사회로 넘어가는 데 프랑스는 115년, 미국은 72년, 독일 40년이 소요되었으나 한국은 그 기간이 19년에 불과하였다. 노인인구의 빠른 증가는 노인부양비의 급증으로 이어지고 있다. 경제활동인구(15~64세) 대비 노인인구 비율인 노인부양비는 2007년 현재 13.8%에 달하고 있는데, 이는 생산가능 인구 7.3명이 노인 1명을 부양하는 것이다. 2030년에는 노인부양비가 37.7%로 늘어나, 생산가능인구 2.7명이 1명의 노인을 부양해야 할 것으로 전망된다.

경로연금/기초노령연금

- 경로연금 : 정부는 저소득 노인의 소득보장을 위해 1991년부터 70세 이상 생활보호대상 노인에게 노령수당을 지급하기 시작하였다. 1997년 8월 노인복지법 개정으로 무갹출 경로연금제도가 도입되어 1998년 7월부터 생활보호노인(기초생활보장 수급자) 및 저소득 노인에게 매월 경로연금을 지급하였다. 1999년에는 57만 5,000명의 노인들에게 매월 2만~5만 원을, 2001년에는 71만 5,000명에게 월 3만~5만 원을 지급하였다. 그러나 2008년 1월부터 시행되는 기초노령연금으로 경로연금은 폐지되었다.
- 기초노령연금 : 전체 노인의 60%(300만 명)에게 매월 일정액의 연금을 제공해 국가발전과 자녀양육에 헌신해 온 노고에 보답하려는 제도이다. 현재의 노인들은 격동의 현대사를 모두 거치면서 한국이 선진국이 되는 토대를 마련하였고, 자녀들이 잘 살 수 있도록 헌신해 왔으나 정작 본인들의 노후대비는 미처하지 못한 부분에 대한 배려에서 만들어진 것이다. 실제로 소득이나 재산이 전혀 없는 노인가구가 전체 32%에 이를 만큼 경제사정이 어려운 노인들이 대부분이다. 이런 노인들을 부양하는 자녀들의 경제적 부담도 큰 편이다. 따라서 이러한 문제의 해소를 목적으로 생활이 어려운 노인들에게 매월 연금을 지급해 노후생활 안정에 도움을 주고자 하는 것이다. 그 대상자는 다음과 같다.
  - 65세 이상 전체 노인 중 소득과 재산이 적은 60%(2008년)의 노인에게 지급, 2008년도에는 전체 500만 명 중 약 300만 명이 해당되었다.
  - 2008년 1월부터는 70세 이상(1937. 12. 31 이전 출생자)의 노인에게, 2008년 7월부터는 65세 이상 노인에게도 지급한다. 2008년 7월부터는 65세가 되는 달에 신청하면 된다.
  - 65세 이상 전체 노인 중 소득과 재산이 적은 하위 60%를 선정하는 기준은 혼자 사는 노인은 40만 원 이하, 노인부부인 경우는 64만 원 이하이다.

  2009년도 기초노령연금액은 「국민연금법」 제51조 제1항 제1호에 따른 금액(A값)[1]의 5/100의 5에 해당하는 액수이다. 연금액 적용기간은 그해 4월부터 다음 연도 3월

1) 국민연금수급 전 3년간의 평균소득월액의 평균액

표 17-10 2009년도 기초노령연금 선정기준액

구 분	노인단독*	노인부부**
선정기준액(원)	680,000	1,088,000

주 : * 노인단독 : 신청인이 65세 이상 노인으로 배우자가 없는 경우
　　* * 노인부부 : 신청인이 65세 이상 노인으로 배우자(배우자의 연령은 무관)가 있는 경우

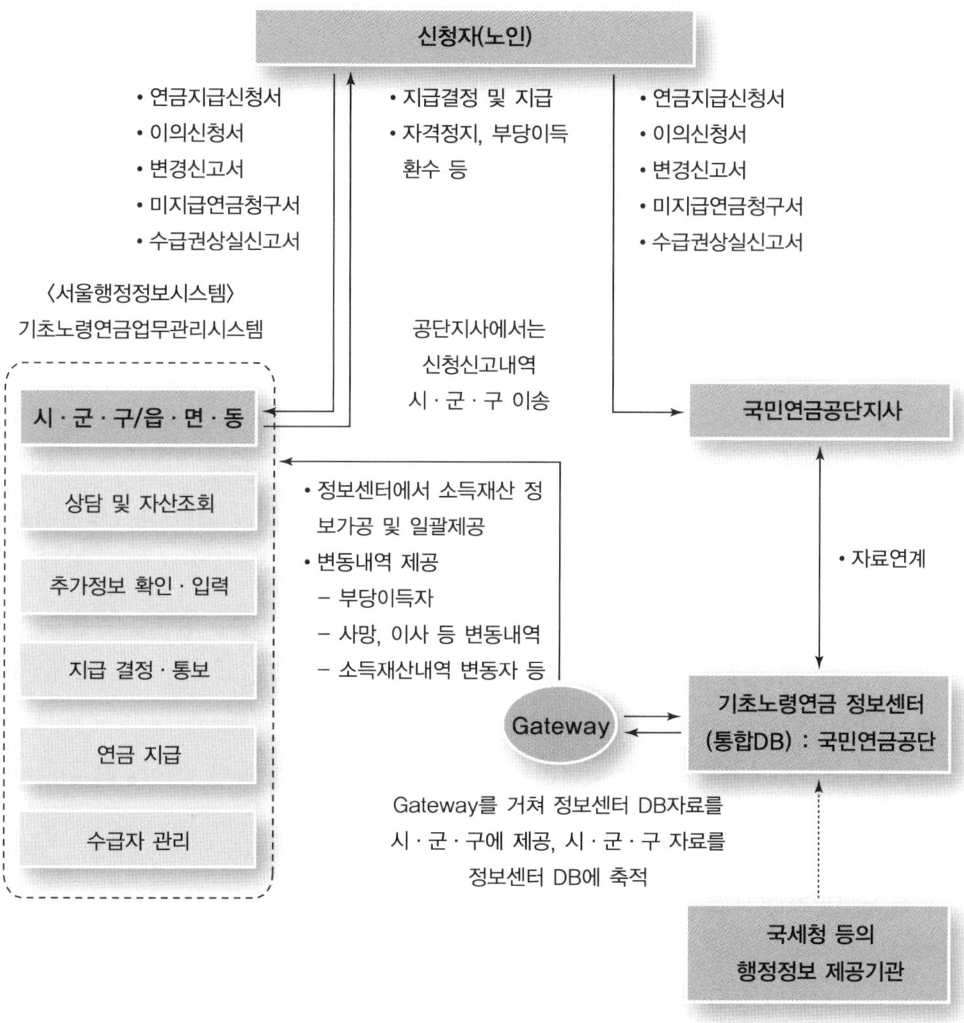

그림 17-2 기초노령연금 업무처리 흐름도

자료 : 보건복지가족부(2009)

까지로, 2009년 1~3월 연금액은 8만 4,000원(부부 13만 4,160원), 2009년 4월~2010년 3월까지 연금액은 8만 7,000원(부부 13만 9,000원)으로 추정된다.

노인취업

대한노인회는 복지부의 지원을 받아 노인들에게 소득을 올릴 수 있는 기회를 부여하고 사회참여 기회 확대를 위해 1996년까지 60개소의 노인능력은행을 운영하였고, 1997년부터 노인능력은행을 노인취업알선센터로 개편하여 운영하였으며, 2004년 8월 노인취업지원센터를 발족하였다(248개소).

노인일자리사업(2008년도)의 목적은 노동시장에서 소외된 65세 이상 노인계층을 위해 노인 특성에 맞는 노인일자리를 창출·보급하여, 소득창출 및 사회참여 기회를 제공하고 사회구성원으로서의 성취감 고취 및 건강하고 활기찬 노후생활을 보장하려는 데 있다. 사업참여의 대상은 만 65세 이상의 신체노동이 가능한 노인과 사업종류와 운영행태에 따라 만 60~64세인 자도 가능하다.

노인일자리사업의 근거는 「노인복지법」 제23조와 「저출산고령사회기본법」 제11조에 의거한다.

■ 노인복지법
  - 제23조 : 노인적합 직종의 개발 및 보급시책을 강구하고 근로능력이 있는 노인에게 일할 기회를 우선적으로 제공하도록 노력하여야 한다.
  - 제23조의 2 : 노인적합 일자리의 개발·보급과 교육 훈련 등을 전담할 기관을 설치·운영하거나 법인·단체 등에 위탁할 수 있다.

■ 저출산고령사회기본법
  - 제11조 : 노인에게 적합한 일자리창출 등 안정된 노후생활을 할 수 있도록 필요한 조치를 강구하여야 한다.

또한 노인일자리 사업유형은 표 17-11과 같다.

그리고 노인일자리사업 수행기관은 일자리사업추진, 참여자 모집·관리 등의 실질적인 업무를 수행하는 기관이다. 이러한 기관으로는 다음의 기관들이 있다.

■ 지방자치단체 : 해당 시군구(노인복지 담당과)에서 노인일자리사업 실시

■ 노인복지관 : 노인복지증진을 위해 고령자 취업알선 실시

표 17-11 노인일자리 사업유형

유형(2008년 계획)		정 의	일자리 예시	지원내용(2008년)
사회 공헌형	공익형	지자체 및 공공기관 업무영역에서 창출된 일자리로 지역사회 발전 및 개발에 공헌하는 공익성이 강한 일자리	거리 · 자연환경지킴이, 교통안전, 방범순찰, 공공시설관리사업, 도서관사서도우미 등	월 20만 원 7개월
	교육형	특정분야 전문지식 · 경험 소유자가 복지시설 및 교육기관 등에서 강의하는 일자리로 '자원봉사형' 일자리	숲생태 · 문화재해설사, 예절 · 서예 · 한자 강사 등	월 20만 원 7개월
	복지형	사회활동이 어려운 소외계층의 생활안정과 행복추구를 지원하는 일자리	노(老)-노(老)케어, 노인주거개선, 독거노인 보호, 보육도우미 등	월 20만 원 7개월
민간 분야	인큐베이터형	사업 초기 투자비의 일정 기간 지원 이후 사업단 자체수익만으로 사업운영이 가능할 정도로 자립이 예상되는 일자리	노인전용매장(실버카페, 휴게소)떡 등 식품 제조 판매업 등	수익에 따라 배분
	인력파견형	수요처의 요구에 의해 일정교육수료 후 해당 수요처에 파견되어 일정 임금을 지급받는 일자리	시험감독관, 주유원, 주례사 등 인력풀 운영방식의 사업과 가사도우미, 건물관리, 경비 등 맞춤형 파견사업	

주 : 2008년 노인일자리 사업 규모-11만 7,000자리

- 시니어클럽 : 노인일자리 전담기관으로 노인맞춤형 일자리 제공
- 대한노인회 취업지원센터 : 노인들의 자립적인 취업알선을 위해 각 지역별로 취업지원센터 운영

노인여가

1997년 노인복지법이 개정되어 노인의 사회참여를 위해 지역봉사지도원을 위촉할 수 있는 근거 규정이 신설되어 노인들의 전직경험을 살려 기초질서 지도, 교통질서 안내, 각종 재난사고 신고 등 자발적인 사회봉사에 나설 수 있게 되었다. 현재 자연보호, 교통안내 등 자원봉사에 참여하는 노인들을 지역봉사지도원으로 위촉하고 있으며, 우수활동자에 대하

여 포상을 실시하고 있다.

노인건강

- 노인건강진단 : 노인건강진단은 질병의 조기발견 및 조기치료로 건강의 유지 · 증진 도모와 노인건강수준 향상으로 건강하고 활기찬 노후생활 보장에 목적을 두고 있다. 그 실시 대상은 시 · 군 · 구 관할구역에 거주하는 65세 이상 국민기초생활보장 수급권자 및 차상위 노인 중 노인건강진단 희망자이다. 유질환자의 경우 보건소의 등록관리 및 공공의료기관과의 연계에 의한 방문보건 또는 의료 서비스를 체계적으로 제공하게 된다.
- 치매 · 중증질환노인 : 2007년 현재 65세 이상 노인인구의 약 8.3%인 39만 명 정도가 치매노인인 것으로 추정하고 있다. 치매와 중증질환노인의 수는 인구증가에 따라 계속적으로 증가할 것으로 예상할 수 있다. 치매의 특성상 가족의 정신적 · 육체적 · 경제적 부담은 매우 심각한 문제이나 아직까지 치매에 대한 종합적인 관리체계가 미비하고, 전문요양시설과 전문진료기관이 부족하며 전문인력 양성체계와 종합적인 연구기능도 미흡한 상태이다. 이에 정부에서는 치매문제에 대처하기 위해 1999년 노인보건복지 중장기 발전계획을 수립하여 보건소에 치매상담신고센터를 설치하고, 치매상담전문요원을 배치하여 치매환자의 등록, 상담 · 간병지도, 치료에 대한 각종 정보를 제공하고 있다.
  - 노인장기요양보험제도 : 본 제도는 고령이나 노인성 질병 등으로 목욕이나 집안 일 등 일상생활을 혼자하기 어려운 노인들에게 신체활동 · 가사활동지원 등의 급여를

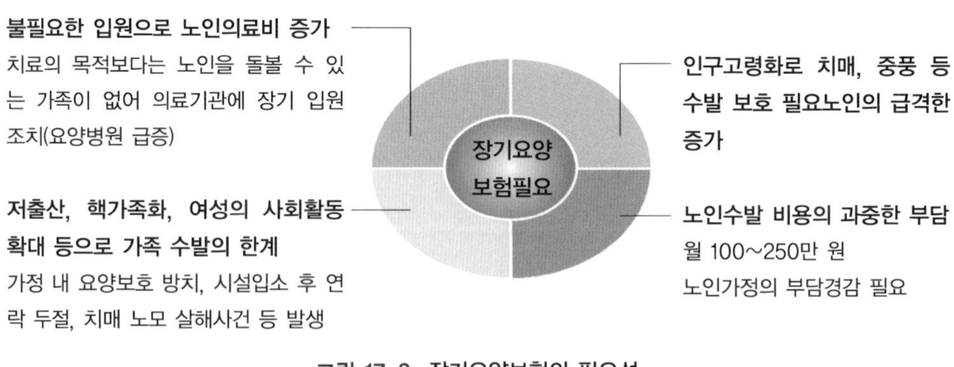

그림 17-3 장기요양보험의 필요성

자료 : 보건복지가족부(2009)

표 17-12 치매노인 수(추계)

(단위 : 천 명)

연 령	치매노인 수(추계)					
	2000년	2006년	2007년	2010년	2015년	2020년
65세 이상 노인 수	3,395	4,597	4,810	5,357	6,445	7,701
치매노인 수	278	382	399	461	580	693
치매유병률(%)	8.2	8.3	8.3	8.6	9.0	9.0

주 : 한국보건사회연구원, 치매관리 Mapping 개발연구(1997년 12월)
자료 : 통계청(2006), 「장래인구추계」

보험급여의 내용

재가급여

- 방문요양 : 수급자의 가정 등을 방문하여 신체활동 및 가사활동 등을 지원하는 장기요양급여
- 방문목욕 : 목욕설비를 갖춘 장비를 이용하여 수급자의 가정 등을 방문하여 목욕을 제공하는 장기요양급여
- 방문간호 : 간호사 등이 의사 · 한의사 또는 치과의사의 방문간호지시서에 따라 수급자의 가정 등을 방문하여 간호, 진료의 보조, 요양에 관한 상담 또는 구강위생 등을 제공하는 장기요양급여
- 주 · 야간보호 : 수급자를 하루 중 일정한 시간 동안 장기요양기관에 보호하여 신체활동 지원 등을 제공하는 장기요양급여
- 단기보호 : 수급자를 일정기간 동안 장기요양기관에 보호하여 신체활동 지원 등을 제공하는 장기요양급여
- 기타 재가급여 : 수급자의 일상생활 · 신체활동 지원에 필요한 용구를 제공하는 등의 장기요양급여

시설급여

요양에 필요한 시설과 설비 및 전문인력을 갖추고 있는 노인요양시설에 장기간 입소하여 신체활동 지원 등을 제공하는 장기요양급여

특별현금급여

도서벽지 지역 등 요양시설이 없어 불가피하게 가족 등으로부터 요양을 받는 경우에 지원되는 현금급여 등

표 17-13 노인의료복지시설 현황

종 류	시 설	2007년		2006년		2005년	
		시설 수	입소정원	시설 수	입소정원	시설 수	입소정원
노인 의료 복지 시설	소 계	1,186	61,406	898	52,628	583	35,172
	노인요양시설(무료)	202	12,540	174	11,546	149	10,321
	실비노인요양시설	350	11,654	260	9,099	123	4,819
	유료노인요양시설	123	3,169	103	2,381	84	2,189
	노인전문요양시설(무료)	273	16,635	184	13,445	139	10,436
	실비노인전문요양시설	59	3,560	24	1,518	5	520
	유료노인전문요양시설	107	3,752	70	2,600	43	1,678
	노인전문병원	72	10,096	83	12,039	40	5,209

자료 : 보건복지가족부(2008),「노인복지시설 현황」

제공하여 노후생활의 안정과 그 가족의 부담을 덜어주어 국민의 삶의 질을 높여 주는 사회보험제도로서 그 필요성은 그림 17-3과 같이 정리 가능하다.

본 제도는 수급자에게 배설, 목욕, 식사, 취사, 조리, 세탁, 청소, 간호, 진료의 보조 또는 요양상의 상담 등을 다양한 방식으로 장기요양급여를 제공한다. 이미 오래 전부터 고령화 현상을 겪고 있는 선진국들은 우리나라보다 앞서 다양한 방식으로 장기요양 서비스를 제공 중에 있다. 본 제도는 2008년 7월 1일부터 시행되었다.

- 노인의료복지시설 : 건강이 좋지 않아 독립적인 생활이 불가능한 노인을 대상으로 의료서비스를 제공하는 노인의료복지시설은 2007년 현재 모두 1,186개. 그 중 무료노인 요양시설이 202개, 무료노인전문요양시설이 273개이다(표 17-13).

재가노인 보건복지 서비스

- 가정봉사원 파견사업 : 식사시중, 목욕 · 용변 수발, 병원안내 등 각종 생활편의를 제공하는 가정봉사원 파견시설
- 주간보호(daycare)와 단기보호(short-stay) : 부양가족의 질병, 출장 등 부득이한 사유로 가족의 보호를 받을 수 없는 노인을 낮 동안 또는 수일간(2~3일 또는 10~40일간) 입소시켜 급식 · 목욕, 여가생활 서비스 등 각종 서비스를 제공하는 시설

- 독거노인 : 혼자 사는 노인에 대한 보호대책으로 전화 달아주기 운동과 결연확대 및 말벗 맺어주기 운동이 실시되고 있다. 노인복지회관, 지역사회 자원봉사자 등을 통하여 정기적인 안부전화와 방문 등이 제공되고 있고, 위급상황 시 인근 사회복지관 및 소방서에 응급구조를 요청할 수 있는 응급 자동신고 시스템이 구축되어 있다.
- 경로식당과 식사배달사업 : 가정형편이 어렵거나 기타 부득이한 사정으로 식사를 거르는 결식노인을 위한 무료 경로식당이 운영. 또한 치매 · 중풍 등 노인성 질환으로 거동이 불편하여 무료경로식당조차 이용하지 못하는 노인들에게 무료 식사배달사업을 실시하고 있다.

노인복지시설

노인복지시설은 노인주거복지시설, 노인의료복지시설, 노인여가복지시설, 재가노인복지시설로 나누어 볼 수 있다. 각 시설의 종류는 표 17-14와 같다.

표 17-14 노인복지시설의 종류

분 류	시설 종류
노인주거복지시설	양로시설, 실비양로시설, 유료양로시설, 실비노인복지주택, 유료노인복지주택
노인의료복지시설	노인요양시설, 실비노인 요양시설, 유료노인요양시설, 노인전문요양시설, 유료노인전문요양시설, 노인전문병원
노인여가복지시설	노인복지회관, 경로당, 노인교실, 노인휴양소
재가노인복지시설	가정봉사원파견시설, 주간보호시설, 단기보호시설

표 17-15 노인복지시설 현황

종 류	시 설	2007년		2006년		2005년	
		시설 수	입소정원	시설 수	입소정원	시설 수	입소정원
노인 주거 복지 시설	소 계	398	16,579	366	16,074	282	13,289
	양로시설(무료)	147	5,643	145	5,780	137	6,051
	실비양로시설	161	2,772	132	2,267	64	1,126
	유료양로시설	76	4,599	74	4,462	69	3,954
	실비노인복지주택						
	유료노인복지주택	14	3,565	15	3,565	12	2,158
노인 여가 복지 시설	소 계	57,777		56,789		54,785	
	노인복지회관	211		183		163	
	경로당	56,480		55,504		53,616	
	노인교실	1,082		1,099		1,002	
	노인휴양소	4		3		4	
재가 노인 복지 시설	소 계	1,408	72,563	1,049	51,699	851	40,002
	가정봉사원파견시설	767	62,736	523	42,832	399	32,752
	가정봉사원교육시설			4	903	3	
	주간보호시설	504	8,109	409	6,557	346	5,682
	단기보호시설	137	1,718	113	1,407	103	1,568
노인보호 전문기관	노인보호전문기관	19		19		17	

자료 : 보건복지가족부(2008), 「노인복지시설 현황」

도시문제

도시의 확장은 인구증가의 결과에서 비롯되며, 이에 더하여 농촌과 소읍지역에서의 인구 이동도 도시 인구의 증가를 가져온다. 대개의 경우 농촌에 거주하는 사람들은 직장, 부, 다양한 상품과 서비스가 제공되는 도시 지역의 매력과 함께 농촌지역의 기회부족 때문에 도시로 이주하게 된다. 이 경우 도시는 재정과 산업의 중심지로서 더욱더 집중되는 양상을 보인다.

현대 도시의 발전은 관습과 행위양식에 지대한 영향을 끼치게 될 뿐만 아니라 사고와 감정의 유형에도 큰 영향을 미친다. 거대한 도시집중이 이루어지게 된 18세기부터 도시가 사회생활에 미친 영향에 관한 견해는 매우 대조적이다. 어떤 이들은 도시를 역동성과 문화적 다양성의 원천으로 인식하기도 하나, 이와는 반대로 도시의 부정적인 측면에 주목하는 사람들은 도시를 서로 신뢰하지 못하고 매연이 가득하며, 범죄와 폭력 및 타락이 난무하는 곳으로 본다. 도시가 점점 거대해지자 많은 사람들은 불평등과 도시빈곤이 점차 심화되는 양상에 주목하게 되었다(기든스 저, 송호근 외 역, 2003 : 511). 이것이 도시문제에 대한 논의의 시작이라 할 수 있다. 본 절에서는 도시문제를 그 개념과 노숙인문제를 중심으로 살펴보기로 한다.

도시문제의 개념

도시문제(urban problems)는 복합적이다. 도시빈곤문제, 주택문제, 슬럼, 도시 인프라문제, 교통문제, 인구과밀문제 등 도시가 안고 있는 문제는 매우 이질적이고 다양하다(Mooney et al., 2002 : 388-397).

대표적인 도시문제로 다음과 같은 문제들을 언급할 수 있다.

도시빈민

빈민은 일자리를 찾아 도시로 모여들기 때문에 농촌보다는 도시에 빈민의 수가 많다.

주택문제

대부분의 도시들은 주택 부족, 주택의 질적 저하, 부유촌과 빈민촌의 분리 등과 같은 문제를 안고 있다. 저소득층 주거지가 도심에 집중되는 경향을 보이는 대표적인 예로 미국의 흑인들의 슬럼인 게토(ghetto)와 라틴인 슬럼인 바리오(barrio)를 들 수 있다.

학교문제

도시의 인구과밀은 학교의 질적 저하를 가져온다. 학급당 · 교사 1인당 학생 수가 증가하고, 학생 수에 비해 학교 시설이 부족하게 된다.

약물중독 · 에이즈 · 범죄

'목이 세 개인 도시 괴물(the urban three-headed)' 로 일컬어지는 것으로 주로 도시민 사이에서 발생하는 도시적인 문제이다.

교통문제

도시의 인구과밀과 도시민의 자동차 선호 및 도시의 높은 지가(地價)는 교통문제를 유발한다.

환경훼손

도시의 인구증가는 도시지역의 확대를 가져오고, 도시지역의 확대는 도시 주변환경을 훼손시킨다. 도시개발과 함께 도시 주변의 많은 숲과 야생동물들이 사라지게 된다.

노숙인문제

노숙인(homelessness)은 자신과 가족에게 필요한 거처를 항구적으로 상실한 사람을 말한다. 미국 연방정부의 정의를 보면 "노숙인은 고정되고 일반적이며 적절한 잠자리를 갖지 못한 사람 또는 일시적 주거지로서 공공 또는 민간이 이용하는 보호소나 시설, 버려진 빌딩, 차 공원, 거리와 같이 일반적 잠자리로서는 적합하지 않은 장소를 이용하는 사람"을 뜻한다(U. S. Congress, 1987). 미국의 경우 노숙인 중에는 월남전 참가자, 정신병자, 신체장애인, 만성병자, 온 가족 실업자, 무의무탁노인, 홀로된 여인, 가출아동, 이민자, 나이 든 성매매여성, 부랑자 등이 다수라고 한다.

영국의 경우에는 정부가 인정하고 지원하는 노숙인, 임시주거공간에서 생활하는 단신노숙인, 실제 거리노숙인으로 구분하고 있다. 이와 같이 영국은 폭넓게 노숙인을 인정하여 노숙인 외에도 사람이 살기에 부적합한 주택에 거주하는 사람과 불안정한 상태로 거주하는 사람 등도 노숙인의 범위에 포함시키고 있다(표갑수, 2006 : 227).

노숙인 문제는 미국의 대도시나 서구사회에 국한된 사회문제로 간주되었었으나 1997년 말의 IMF 경제위기 이후 한국사회에서도 사회문제의 하나로 등장하였다.

노숙자 상황

노숙인을 흔히 거리노숙인(street homeless)과 보호시설 이용 노숙인 혹은 쉼터노숙인

(sheltered homeless)으로 구분한다. 전자는 주거가 없어 길거리나 숙박용도가 아닌 시설 및 장소(공원, 역사, 지하도 등)에서 자는 경우가 포함되고, 후자는 쉼터와 같은 노숙인 보호(복지)시설을 숙소로 이용하는 경우가 포함된다. 또한 노숙인의 유형을 거리노숙인, 쉼터 노숙인 및 쪽방생활자로 구분하기도 한다(이태진 · 김선미, 2002 : 12). 여기에서 쪽방생활자는 아직 주거를 상실하지는 않았지만 임시의 불안정한 쪽방에 거주하는 경우로 예비노숙인으로 간주될 수 있는 주거취약계층이다.

1999년 6,200여 명 수준이던 노숙인 수는 2004년 4,466명으로 감소하였고, 2007년 12월 말 4,454명으로 다소 증가하였다. 노숙인의 분포는 서울 64.5%, 부산 11.0%, 경기 7.8%, 대구 6.5% 등으로 대도시에 집중되어 있다.

노숙인 수는 경기침체로 인한 쪽방 생활자의 거리노숙인으로 전락, 신용불량 등으로 인한 신분노출을 우려한 노숙인 입소 기피 및 사회부적응 등의 여러 요인으로 거리노숙인이 증가 추세를 보이고 있다.

노숙인은 일반적으로 쉼터 이용자와 거리 노숙인으로 구분한다. 노숙인 쉼터는 노숙인에게 긴급구호 및 숙식 제공, 재활 및 자활 프로그램 등 서비스를 제공하기 위해 종교기관 · 사회복지관 등에서 운영하고 있으며, 그 수는 2003년도 114개소에서 2007년 말 79개소로 감소하였다.

쉼터노숙인은 2006년 말 대비 5.6% 감소하였으며, 거리노숙인은 지속적으로 증가하다가 2005년도에 960여 명으로 정체현상을 보였고 2007년 1,181명으로 다시 증가하였다. 그 중 여성노숙인은 쉼터에 228명, 거리에 42명을 차지하고 있다.

표 17-16 시 · 도별 노숙인 분포 현황 (단위 : 명)

구 분	계	서울	부산	대구	인천	광주	대전	울산	경기	강원	충북	충남	전북
계	4,544	2,929	498	274	116	27	155	37	353	83	13	21	38
쉼터이용자	3,363	2,409	350	101	37	21	85	22	221	49	13	21	34
거리노숙자	1,181	520	148	173	79	6	70	15	132	34	–	5	4

주 : 1) 2007년 12월 31일 현재
2) 전남, 경북, 경남, 제주는 노숙인보호시설 미설치 지역이어서 제외됨
자료 : 보건복지가족부(2008), 「보건복지가족백서」

노숙인 지원

노숙인에 대한 지원은 2004년까지 국고보조사업으로 155억 원을 지원하였으나 2005년도부터 지방이양사업으로 전환되어 분권교부세로 지원하고 있다. 쉼터를 통해 1일 2식(조·석식)의 무료급식과 숙소를 제공하고, 노숙인과 노숙인 쉼터 종사자에 대한 인건비를 지원하며, 쉼터 이용 노숙인에게 진료지원을 실시하였다.

한편 노숙인쉼터 입소를 기피하는 거리노숙인 보호를 강화하기 위하여 전국 대도시 역 근처에 노숙인 상담보호센터 8개소를 설치·운영하고 있으며, 근로능력과 재활의지를 회복한 노숙인을 대상으로 소규모 창업지원 사업인 자활공동체사업, 자립 노숙인에게 거처를 마련해 주는 '자활의 집' 프로그램, 직업훈련, 취업알선 등을 제공하여 이들이 조속히 사회에 복귀할 수 있도록 지원하고 있다.

노숙인은 부실한 식사와 열악한 주거환경에 노출되어 있어 결핵 등 전염성 질환에 감염될 소지가 높고 이는 일반국민의 건강문제와도 직결되는 문제이다. 따라서 정부는 쉼터 노숙인은 물론 거리노숙인을 대상으로 결핵 및 정신질환(알코올중독 포함)에 대한 일제 검진을 실시하여 검진결과 치료가 필요한 노숙인에게는 적정한 의료지원을 받도록 하는 등 이들의 건강권을 최대한 보호할 수 있도록 예방대책을 강구하고 있다.

또한 일하기를 원하며 자립의지가 높은 노숙인에게는 지하철 건설현장의 경비, 자재정리, 청소 등 일자리를 제공토록하고 자활후견기관에서도 일거리를 연결시켜 주어 사회복귀를 도모하도록 할 계획을 가지고 있다.

노숙인문제의 해결방안

노숙인 지원대책은 노숙을 야기하는 사회구조적 원인을 차단하고, 이미 발생한 노숙문제를 종합적으로 해결하는 예방적이면서 종합적인 대책이 마련되어야 할 것이다.

포괄적 정책수립의 필요

노숙인은 기본적으로 복합적인 문제를 갖고 있기 때문에, 그들의 욕구에 대해 다양한 범주로 구성하여 접근하며 다중적으로 이루어져야 한다. 즉, 주거, 건강상태, 소득지원, 급식, 사회적 지지, 고용, 보건, 직업교육 및 취업알선, 재활 서비스에 대한 접근성 등이 정책안에 녹아 있어야 하며, 서비스 전달체계에 걸쳐 고루 분포되어야 할 것이다(이태진·김선미, 2002 : 13).

「무료급식소 설치 지원법」 발의

사회복지법인, 종교단체 등이 요청할 경우 국가 재원으로 실내 급식시설을 설치할 수 있도록 하는 법안이 발의됐다.

한나라당 김정훈 의원은 5일 노숙자나 사회보호대상계층의 안정적인 급식제공을 위해 정부 지원을 받아 실내무료급식소를 설치하는 '사회복지사업법' 개정안을 대표 발의했다고 밝혔다.

지난해 보건복지가족부가 파악한 전국 노숙인은 모두 4,400여 명이지만 실내 무료급식소에 대한 법률 규정이 마련돼 있지 않아 정부나 지방자치단체의 실내 무료급식소는 단 한곳도 없다.

또 현재 정부는 서울역 인근 무료급식소를 1개소 설치할 수 있는 예산 2억 8,000만 원만 확보한 상태이다. 특히 사회복지법인, 종교단체 등 급식지원단체가 무료급식사업을 진행하고 있지만 예산과 시설의 부족으로 역이나 공원 주변의 거리 급식으로 이뤄지고 있고 혹한, 혹서, 우천 시에는 급식이 취소되기도 한다.

개정안에 따르면, 국가 및 지방자치단체는 급식지원단체가 노숙인 등에게 무료급식을 제공할 수 있도록 실내 무료급식소를 설치 · 운영할 수 있도록 하도록 했다.

아울러 급식지원단체 간 정보공유 및 협력체계를 구축하기 위해 급식지원단체정보망을 구축해 운영하도록 했다. 김 의원은 "노숙인과 소외된 이웃이 따뜻하고 청결한 공간에서 식사를 해 보다 인간적인 삶을 살 수 있도록 배려해야 한다."면서 "이 법으로 인해 어려운 이웃에게 사회각계각층이 동참해 따뜻한 손길을 나눌 수 있는 계기가 됐으면 한다."고 말했다.

자료 : 파이낸스뉴스, 2009년 3월 5일

노숙인 지원사업의 법제화

노숙인문제는 제도화를 통해 국가의 책임임을 명백히 할 때 비로소 노숙인보호 및 지원에 관한 재정적 지원을 안정적으로 보장할 수 있으며, 지속적이고 일관된 정책의 입안과 운영이 가능하다. 따라서 노숙인을 독립된 서비스 제공의 대상으로 하는 노숙인지원법의 마련이 시급하다. 이와 관련해 최근 사회복지사업법이 개정되어 일부 조항에 노숙인이 추가되었지만 이것만으로는 부족한 상황이다. 장기적으로 주거지원이나 취업 등 종합적 자립지원을 위한 독립적 법률제정을 검토할 필요가 있다.

노숙인 규정의 확대

노숙인을 흔히 거리노숙인과 보호시설 이용 노숙인 혹은 쉼터노숙인으로 구분한다. 그러나 이와 같은 분류는 우리나라의 노숙인 복지 관련 행정지침이나 노숙인 복지 관련 연구, 실무현장에서 일반적으로 사용되어 왔다. 다른 사회복지 서비스와 달리 숙식을 포함한 생활시설 서비스를 받고 있는가가 중요한 의미를 가지는 노숙이라는 대상개념의 특징에 의한 것이다.

하지만 현재 노숙인 복지시설과 다른 인접 영역의 사회복지시설 입소자가 그 특성상 명확히 구별되지 않고 있는 상황이다. 부랑인복지시설만이 아니라 정신요양시설, 노인복지시설, 장애인복지시설, 여성복지시설 중 상당수 시설의 입소자는 노숙인쉼터 등 노숙인복지시설 입소자와 잘 구별되지 않고 있다. 특히 노숙인쉼터에 대해 자활, 재활의 유형과 아울러 여성, 노인, 알코올, 장애요양 등 별도의 인구학적 특징에 따른 특성화가 추진되는 상황에서 이러한 혼란은 증폭될 우려가 있다(남기철, 2008 : 37).

이렇게 볼 때, 노숙인에 대한 규정은 현재의 노숙인만이 아니라 잠재적 노숙인까지 확대되어야 할 것이다. 즉, 노숙인, 쪽방거주자, 부랑인 등을 일원화하여 통합관리하여야 할 것이다.

지역사회의 참여유도와 민간참여 활성화

노숙인 지원에 관한 국가의 책임과 지방정부의 역할을 명시함으로써 지방정부의 책임을 강화하고 지역사회의 참여를 유도해야 한다. 이렇게 할 때 지방노숙인이 서울로 집중되는 현상을 막을 수 있고, 해당 지역사회의 지지와 책임 아래 이들을 연고지에서부터 보호함으로써 사회복귀도 빨라질 수 있다. 또한 노숙인문제는 공공부문으로만 해결하기 어려운 만큼 민간의 참여를 활성화하고 유기적 민관협력이 이루어질 수 있도록 명문화하여야 할 것이다.

내용요약

1. 합계출산율

여자 한 명이 가임기간 동안 연령별 출산율과 동일한 출산을 하게 될 때 낳을 수 있는 자녀 수

2. 신인구정책

합계출산율을 인구대치수준으로 유지하고, 가족보건사업은 출산억제 위주의 가족계획사업에서 벗어나 모자보건 강화, 출생성비 불균형 해소, 인공임신중절 예방, 청소년 성문제 해결 등 사회문제 해결 위주로 추진하며 노동력 부족에 대비하기 위해 여성 및 노령인구 활용 프로그램을 개발하는 한편, 인구 노령화에 대비하여 노인복지 서비스를 확대하는 내용

3. 노숙자(homelessness)

자신과 가족에게 필요한 거처를 항구적으로 상실한 사람

4. 도시문제의 종류

① 도시빈민, ② 주택문제, ③ 학교문제, ④ 약물중독 · 에이즈 · 범죄, ⑤ 교통문제, ⑥ 환경훼손

5. 노숙인문제의 해결방안

① 포괄적 정책수립의 필요, ② 노숙인 지원사업의 법제화, ③ 노숙인 규정의 확대, ④ 지역사회의 참여유도와 민간참여 활성화

check list

1. 인구과잉으로 야기되는 문제에 대해 생각해 봅시다.

2. 재가노인 보건복지 서비스의 내용에 대해 정리해 봅시다.

3. 도시문제의 유형에 대해 정리해 봅시다.

4. 노숙인문제의 해결방안에 대해 생각해 봅시다.

CHAPTER 18

환경문제

주요용어

환경문제, 자연환경오염, 폐기물오염, 대기오염, 수질오염
오염총량관리제도, 해양오염사고, 적조, 환경개선부담금

환경문제의 개념

환경문제

인간에 의한 환경의 파괴는 오랜 역사를 가지나 환경문제가 사회문제로 부각된 것은 극히 최근의 일이다. 환경문제는 거의 대부분의 사회문제와 직·간접적으로 관련되어 있다. 오존층 파괴, 지구기온 상승, 산림훼손 및 생물종 다양성 감소 등 전지구적 차원의 환경훼손 및 파괴문제가 인류의 생존을 위협하는 가장 큰 요소로 등장하고 있으며, 지구상에 살고 있는 모든 생명체의 삶에 영향을 미치는 문제로 대두되고 있다. 따라서 다른 사회문제 못지않게 해결의 필요성이 요청되는 문제가 환경문제이다.

환경문제는 어느 한 국가에 국한된 문제가 아닌 지구 전체의 문제이며, 국지적인 문제가 아니라 국제적인 문제로 인식되고 있다. 따라서 지구촌의 모든 국가들은 다른 나라의 환경문제에도 관심을 기울이고 있으며, 국제적인 공동노력을 더욱 확대해 가고 있다.

우리나라에서도 「환경정책기본법」 등 환경법제의 정비, 환경문제를 다루는 행정부처의 승격(1994년 12월), 시민운동 차원에서의 환경운동의 전개 등 환경에 대한 관심이 고조되고 있으며, 환경문제 해결을 위한 노력도 증가하고 있다.

우리나라의 「환경정책기본법」은 환경을 자연환경과 생활환경으로 분류하고 있다. 자연환경은 지하, 지표, 해상 및 지상의 모든 생물과 이들을 둘러싸고 있는 비생물적인 것을 포함한 자연을 총칭하며, 생활환경은 대기, 물, 폐기물, 소음 · 진동, 악취 등 우리들의 일상생활과 관계되는 환경을 말한다.

환경문제의 개념

환경문제라 함은 환경이 오염됨으로 인하여 각종 인적 · 물적 피해가 발생하는 문제, 따라서 환경이 어떻게 오염되며 어떻게 오염피해가 발생하는지를 잘 파악하고 이에 따라 환경오염 행위를 잘 단속하며 오염물질을 잘 처리하면 끝나는 문제로 생각하기 쉽다. 그러나 환경문제는 기술적 혹은 자연과학적 차원의 문제만은 아니다. 환경문제는 오히려 사회 · 경제적 문제라 할 수 있다. 환경은 개별유기체 또는 유기체집단을 둘러싸고 그에 영향을 미치는 모든 조건 및 주변여건을 가리키며 이는 유기체의 생존과 삶의 질에 영향을 미치게 된다(Sullivan, 1980 : 138). 따라서 환경문제란 "인간의 생존과 삶의 질에 부정적인 방향으로 환경에 영향을 미치는 문제"라고 할 수 있다.

「환경정책기본법」 제3조 제4항에서는 환경오염을 "사업활동 기타 사람의 활동에 따라 발생되는 대기오염, 수질오염, 토양오염, 해양오염, 방사능오염, 소음, 진동, 악취 등으로 사람의 건강이나 환경에 피해를 주는 상태를 말한다"고 규정하고 있다. 이렇게 볼 때 환경문제는 다음과 같이(자연환경오염, 폐기물오염, 대기오염, 수질오염으로 분류) 구분이 가능하다.

자연환경오염(despoiling the land)
자연경관의 오염과 훼손, 광산 개발, 석유시추, 벌목, 고속도로 건설, 송유관 설치, 과도한 가축방목 등 다양한 요인에 의해 야기된다.

폐기물오염(waste disposal)
방사능폐기물질, 생활폐기물, 독성물질폐기물 등으로 인한 환경오염을 말한다.

대기오염(air pollution)
매연, 먼지, 가스, 악취 등 사람의 건강과 재산에 해를 주거나 동 · 식물의 생육환경 등 자연환경에 악영향을 미치는 물질로 인한 오염으로 피해의 범위가 가장 넓다.

수질오염

강과 바다의 오염으로 오염원이 매우 다양하다.

환경문제의 원인과 특성

환경문제가 다양하게 나타나는 만큼 그 원인 역시 다양하게 나타나고 있다.

환경문제의 원인

인구증가

주택의 신축과 여가시설의 확충을 필요로 하고 이는 필연적으로 자연의 훼손과 파괴를 낳는다. 인구증가는 대기오염도 가중시킨다.

풍 요

인간의 풍요는 자연자원을 보다 많이 사용하는 데 있다. 하지만 자원의 사용은 환경을 오염시킨다. 인간이 풍요로워지면서 생활에 필요한 상품을 끊임없이 생산하고 소비하는데, 이는 자연의 파괴 없이는 불가능한 것이다.

기 술

기술발전으로 인한 새로운 상품의 출현은 자연훼손을 동반한다.

경제성장

경제성장은 상품과 서비스의 증가를 가져오고 이는 환경오염을 가져온다.

문화적 가치

인간은 만물의 영장이기 때문에 자연은 인간의 통제를 받아야 한다는 인간 우월적 가치, 환경보다는 개발이 중요하다는 개발주의 가치, 다른 사람에 대한 배려보다는 자신의 이익만을 중시하는 개인주의적 가치가 환경을 위협한다.

환경문제의 특성

이러한 환경문제는 사회조직과 환경 사이에서 발생하기 때문에 다른 사회문제와는 다른 독특한 특성을 나타낸다. 그 특성은 다음과 같이 정리할 수 있다(강대기, 1982 : 187-

189).

첫째, 다른 사회문제에 비하여 많은 사람들에게 직 · 간접으로 영향을 미친다.

둘째, 다수 지역주민의 건강과 동 · 식물의 생존을 직접적으로 위협하여 다른 어떤 사회문제보다 절박한 문제로 대두된다.

셋째, 상세한 영향이 다 밝혀지지 않고 있어 이들 문제에 대한 심각성이 훨씬 클지 모른다.

넷째, 대부분의 피해가 잠정적이거나 점진적이어서 과소평가되는 경향이 있다.

다섯째, 오염물 배출자와 피해자가 다른 경우가 많다.

여섯째, 환경오염으로 인한 생태계의 파괴는 다른 어느 사회문제보다 회복이 어렵고 오랜 시간이 걸리며 많은 비용이 든다.

일곱째, 생태체계의 연속적 오염으로 그 결과가 누적된다.

여덟째, 관할구역과 책임소재가 불분명하여 행정적 조치가 어려운 경우가 많다.

아홉째, 국제적인 문제가 될 수 있다.

환경문제 실태

자연환경 오염

자연환경 오염의 가장 큰 원인은 무분별한 개발이다. 고밀도 일변도의 개발관행과 준농림지의 무분별한 개발로 대도시는 물론 농촌지역의 환경마저 악화되었다.

경제개발과 함께 농경지와 산지도 잠식되고 있다. 농경지와 산지의 도시용지로의 전용과 무분별한 개발은 녹지면적과 생물의 서식공간을 점차 축소시켰다. 이와 함께 생태적 보전가치가 큰 지역도 훼손을 면치 못하고 있다.

대기오염

대기오염물질의 발생원

자연적 발생원

황사, 산불, 화산 등

인위적 발생원

인간의 활동에서 기인한다.

- 점오염원 : 발전소나 대규모 공장과 같이 하나의 시설이 대량의 오염물질을 배출하는 것이다.
- 면오염원 : 주택과 같이 일정 면적 내에 소규모 발생원 다수가 모여 오염물질을 발생함으로써 해당 지역 내에 오염문제를 발생시키는 것이다.
- 선오염원 : 자동차, 기차, 비행기, 선박 등과 같이 이동하면서 오염물질을 연속적으로 배출하는 것이다.
  - 대기배출사업장 : 「대기환경보전법」에서는 대기오염물질 주요 발생원인 대기배출업체를 연간 연료 사용량에 따라 1종에서 5종 사업장으로 구분한다. 대기배출업체를 연료사용량에 따라 구분하는 이유는 대기오염물질의 발생이 주로 연료의 연소과정에서 나타나므로 연료를 다량 소비하는 사업장일수록 대기오염물질 배출량도 많기 때문이다.
  - 자동차 : 자동차에서 배출되는 오염물질은 연료에 따라 약간씩 다르며, 휘발유나 가스연료를 사용할 경우에는 일산화탄소(CO), 탄화수소(HC), 질소산화물(NOx) 등이 주로 배출되고, 경유를 사용할 경우에는 미세먼지(매연), 질소산화물 등이 주로 배출된다.

주요 대기오염물질

아황산가스(SO_2)

연료 중 함유된 황성분이 연소과정에서 산소와 결합하여 발생, 환경기준치는 0.03ppm이다.

1993년 이전까지 서울·광주를 제외한 주요 도시지역의 아황산가스 오염도가 연간 환경기준치(0.02ppm)를 초과하였다. 저황유 공급 및 청정연료 사용 의무화 등으로 인하여

표 18-1 주요 도시의 연도별 아황산가스 오염도 현황 (단위 : ppm)

연도 \ 시·도	서울	부산	대구	인천	광주	대전	울산
1992	0.035	0.033	0.040	0.036	0.017	0.022	0.031
1997	0.011	0.018	0.016	0.013	0.009	0.011	0.019
2002	0.005	0.007	0.006	0.006	0.004	0.004	0.010
2005	0.005	0.006	0.006	0.007	0.004	0.005	0.008
2006	0.005	0.006	0.006	0.007	0.004	0.005	0.007

자료 : 환경부(2008), 「2008 환경백서」

1990년대 중반부터는 점차 감소하였다. 서울의 오염도는 1980년 0.094ppm을 정점으로 점차 줄어들어 1988년에는 0.062ppm, 1994년에는 0.019ppm, 2006년에는 0.005ppm까지 감소하였다.

서울 외 대부분의 도시도 1997년 이후 WHO 권고기준(0.019ppm)을 달성하였다. 대규모 배출업체가 밀집되어 있는 울산지역의 경우 다른 지역에 비해 상대적으로 높은 오염도를 나타내고 있으나 지역 전체 평균 오염도는 2006년의 경우 0.007ppm으로 환경기준보다 낮게 유지되고 있다.

먼지(TSP, PM10)

먼지는 대기 중의 아황산가스와 복합적으로 작용하여 호흡기 질환을 유발한다. 한국에서는 1984년부터 주요 도시의 총 먼지(TSP) 오염도를 측정하기 시작하였다. 1995년부터는 인체에 미치는 영향이 큰 미세먼지(PM10)를 측정하기 시작하였는데, 2001년부터 미세먼지 관리체제로 전환하였다. 이 과정에서 PM10 오염도가 TSP 오염도보다 높은 도시(부산, 대구, 대전, 광주, 울산)가 발생하였다.

미세먼지는 서울의 경우 1996년 72㎍/㎥, 1997년 68㎍/㎥, 1998년 59㎍/㎥, 1999년 66㎍/㎥, 2000년 65㎍/㎥, 2001년 71㎍/㎥, 2002년 76㎍/㎥, 2003년 69㎍/㎥, 2004년 61㎍/㎥, 2005년 58㎍/㎥, 2006년 60㎍/㎥으로 2005년보다 다소 증가하였으나, 전체적으로는 1998년 이후 증가하는 추세에서, 2002년을 고비로 감소하는 경향을 보이고 있다.

주요 도시의 계절별 먼지오염도를 보면 황사가 발생하고 비교적 상대습도가 낮은 시기

표 18-2 주요 도시의 연도별 먼지오염도

(단위 : ㎍/㎥)

시·도 연도	서울	부산	대구	인천	광주	대전	울산
1991	121	134	109	144	100	68	104
1995	85(78)	93(73)	73(81)	93(76)	63(49)	69(63)	106(69)
2000	99(65)	–(62)	–(63)	–(53)	–(58)	–(51)	43(52)
2001	71	60	67	52	57	48	55
2005	58	58	55	61	49	48	50
2006	60	59	54	68	55	49	52

주 : ( )는 미세먼지(PM10) 오염도이고, 2001년 이후 수치는 미세먼지 농도임

표 18-3 주요 도시의 계절별 미세먼지 오염도(2006년)

(단위 : ㎍/㎥)

도시 계절	서울	부산	대구	인천	광주	대전	울산
겨울(12~2월)	59	49	55	64	56	50	41
봄(3~5월)	82	76	71	88	74	67	74
여름(6~8월)	46	53	42	52	38	35	46
가을(9~11월)	47	52	47	57	48	41	42

자료 : 환경부(2008), 「2008 환경백서」

인 봄철의 오염도가 높게 나타나고 있다.

산성비(Acid Rain)

오염되지 않은 비는 대기 중의 탄산가스와 반응하여 약산성을 띤다. 그러나 대기 오염원으로부터 배출된 황산화물 및 질소산화물이 공기 중의 물방울에 녹아들게 되면 비는 산성화 된다.

산성도가 강한 비가 장기간에 걸쳐 내릴 경우 건물 · 교량 · 구조물을 부식시키고, 식물의 수분 흡수를 억제하거나 토양의 유기물 분해를 방해하는 등 토양과 수질을 오염시키고, 생태계에 손상을 입힌다. 산성비 문제는 1960년대 들어 유럽에서 제기되기 시작하였

표 18-4 주요 도시의 연도별 강우 중 산도

시 도 \ 연 도	1995	1997	1999	2000	2001	2002	2003	2004	2005	2006
서 울	5.8	5.3	5.0	4.8	4.7	5.0	4.8	4.5	4.4	4.7
부 산	5.2	5.2	4.8	4.9	5.0	6.2	4.9	5.0	4.8	5.7
대 구	5.7	5.8	5.6	5.8	6.0	5.6	4.8	5.3	5.3	5.5
인 천	5.9	5.0	4.6	5.0	4.7	4.8	4.7	4.7	4.5	5.4
광 주	6.2	5.9	5.2	5.2	5.0	5.1	5.0	5.2	4.8	5.2
대 전	5.9	6.2	5.0	4.7	4.9	5.1	4.7	4.8	4.6	4.7

주 : 1997년까지는 산술평균, 1998년 이후는 가중평균값임

고, 1970년대는 미국과 캐나다가 산성비 원인물질의 국가 간 이동을 둘러싼 산성비 논쟁을 벌임으로써 관심이 커졌다.

한국의 경우 주요 도시의 2006년 평균 강우산도(pH)를 보면 pH 4.7~5.7의 분포를 보이고 있으며, 서울 및 대전이 4.7로 다른 도시보다 강한 산성도를 나타내고 있다.

기 타

앞의 오염물질 이외에 환경기준이 설정되어 있는 물질로 오존(O_3), 이산화질소(NO_2), 일산화탄소(CO), 납(Pb) 등이 있다.

- 오존 : 이산화질소와 자동차 배기가스 등에 포함되어 있는 탄화수소가 강한 햇빛과 반응하여 생성되는 2차 오염물질로, 대기 중 농도가 높아지면 눈을 자극하고 호흡기 장애를 일으킨다.
- 이산화질소 : 자동차 배기가스에 포함되어 있고, 연료의 고온연소 시 공기 중 질소와 산소가 결합하여 생성되기도 하는데, 코와 목을 자극하며 호흡기에 나쁜 영향을 미치는 한편, 탄화수소와 함께 광화학 스모그를 발생시키는 원인이 되기도 한다.
- 일산화탄소 : 산소가 부족한 상태에서 연료가 불완전 연소할 때 주로 발생하며, 혈액 중의 헤모글로빈과 결합하여 산소공급을 저해시키고 두통과 현기증을 유발하는 특징이 있다.

수질오염

1991년에 발생한 '낙동강 페놀오염사고' 와 1994년에 발생한 '낙동강 유기용제 오염사고' 는 수질과 먹는 물의 중요성을 일깨운 사건이다. 1997년 이후에 전반적으로 수질이 개선되었다. 이는 그동안의 환경기초시설 확충, 4대강 특별대책 수립 및 특별법 제정 · 시행 등 수질개선 노력의 효과가 나타난 것이었다.

1998년부터 2002년까지 5년 동안 지역주민, 시민단체, 전문가 및 자치단체 등과 총 420여 회의 각종 토론회 및 공청회 등을 거쳐 '4대강 물관리종합대책' 을 완성하였다. 1998년 11월에 '한강수계 상수원 수질관리 특별종합대책' 을 시작으로 1999년 12월 '낙동강수계 물관리종합대책' , 2000년 10월에는 금강 및 영산강 수계에 대한 대책이 수립되었다. 이 대책을 법적으로 뒷받침하기 위해 1999년 8월 「한강수계 상수원 수질개선 및 주민지원 등에 관한 법률」이, 2002년 7월에는 나머지 3대강에 대한 특별법이 각각 제정 · 시행되었다.

4대강 물관리 종합대책의 주요 내용은 다음과 같다. 4대강 종합대책의 목표는 "궁극적으로 지속가능한 유역공동체를 건설하는 것" 이고, 목표달성을 위해 ① 물환경보전과 환경친화적 지역개발을 동시에 고려할 수 있는 '오염총량관리제도' , ② 하천 인접지역에서 완충역할을 수행할 수 있는 '수변구역제도' , ③ 상류지역 주민들의 재산권 행사제한을 보전

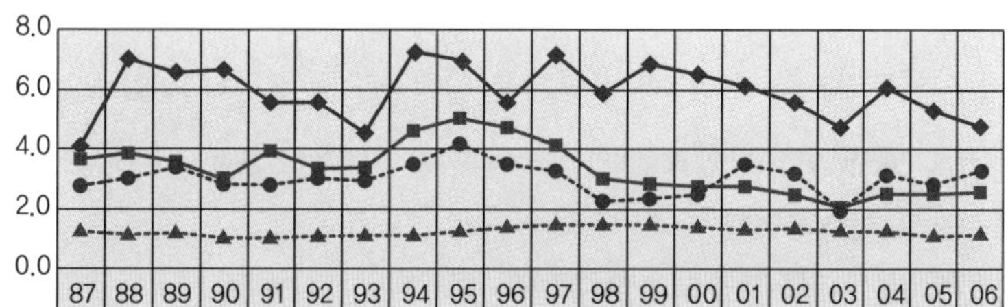

	87	88	89	90	91	92	93	94	95	96	97	98	99	00	01	02	03	04	05	06
영산강(나주)	4.2	7.0	6.6	6.7	5.6	5.6	4.5	7.3	7.0	5.6	7.2	5.9	6.8	6.5	6.2	5.6	4.8	6.1	5.3	4.8
낙동강(물금)	3.6	3.9	3.6	3.0	4.0	3.3	3.4	4.6	5.1	4.8	4.2	3.0	2.8	2.7	3.0	2.6	2.1	2.6	2.6	2.7
금강(부여)	2.9	3.2	3.5	3.1	3.0	3.2	3.1	3.7	4.3	3.7	3.4	2.4	2.6	2.7	3.7	3.3	2.1	3.2	2.9	3.4
한강(팔당)	1.3	1.1	1.2	1.0	1.0	1.1	1.2	1.2	1.3	1.4	1.5	1.5	1.5	1.4	1.3	1.4	1.3	1.3	1.1	1.2

그림 18-1 연도별 수질변화 추이

자료 : 환경부(2008), 「2008 환경백서」

하고 환경기초시설 설치를 촉진하는 한편 물 절약을 유도하기 위한 '물이용부담금제도', ④ 상수원지역 지원제도, 토지매수제도 및 민간수질감시활동지원제도 등 새로운 여러 제도를 도입하였다.

주요 대책의 추진현황을 오염총량관리제도, 수변구역제도, 토지매수제도, 물이용부담금 및 수계관리기금, 상수원지역 지원제도, 민간수질감시활동 지원제도, 수계관리위원회로 나누어 살펴본다.

주요 대책의 추진 현황

오염총량관리제도

수질오염총량관리제는 과학적 바탕 위에서(scientific), 수질관리의 효율성을 제고하고(efficient), 각 경제 주체들의 책임성을 강화하여(responsible), 행정목표(목표수질)를 적기에 달성하고자 하는 제도이다. 목표수질 한도 내에서 오염물질 배출총량을 할당하고 '환경과 개발' 을 함께 고려하여 지속가능성을 확보할 수 있는, 공공수역의 수질보전은 물론 유역공동체의 경제적 · 환경적 형평과 상생을 꾀하는 선진 유역관리제도이다.

한강수계의 경우에는 특별대책 수립과정에서 자치단체가 임의적으로 실시 여부를 선택할 수 있도록 하고 있다. 한강의 경우도 궁극적으로는 수질오염총량관리제 의무제로 전환하여 계획적인 수질관리가 가능하도록 추진하고 있다.

낙동강, 금강, 영산강 · 섬진강 등 3대강 수계는 지자체에서 목표수질을 달성하지 못하는 경우 의무적으로 오염총량관리제를 시행하도록 규정하고 있으며, 2004년 8월 낙동강수계 부산 및 대구광역시를 시작으로 2008년 8월까지 3대강 수계 전역에서 오염총량제가 단계적으로 시행되었다.

수변구역제도

하천에 인접한 지역에서 발생되는 오염물질은 자정작용을 거치지 않고 바로 유입되기 때문에 수질을 악화시킬 우려가 크다. 따라서 하천에서 일정구간을 하천생태계와 육상생태계를 연결하는 완충지대로 조성, 건강한 하천생태계와 맑은 물 확보를 위하여 수변구역(riparian buffer zone)으로 설정하여 음식점, 숙박시설, 목욕탕, 공장, 축사 등을 설치하는 것을 제한하고 수변구역 내의 토지는 단계적으로 협의 매수하여 수변녹지(riparian buffer forest)를 조성, 수변생태계를 복원하는 한편 비점오염원으로부터의 수질오염영향을 줄일 수 있도록 하였다.

토지매수제도

수변구역 등 상수원 수질영향이 큰 지역과 수변생태계 복원에 필요한 지역의 토지나 건축물을 소유하고 있는 자와 협의하여 매수하는 제도로서 상수원관리지역 지정으로 행위제한되는 토지나 건물을 매수하여 국·공유화시켜 사유재산권 침해를 보전하고 또한 오염증가 억제, 수변완충녹지 조성을 통한 상수원의 수질개선과 수변생태계 보호를 목적으로 하고 있다.

물이용부담금 및 수계관리기금

상수원 보호를 위해 각종 규제를 받고 있는 상수원지역의 주민 및 자치단체에 대한 지원과 상수원 수질에 큰 영향을 주는 토지의 매입 등에 필요한 재원을 마련하기 위하여 물이용부담금제도를 도입하였다.

물사원의 절약과 효율적 배분을 위하여 '사용자부담원칙(the user pays principle)'에 따라 공공수역으로부터 취수된 원수를 직접 또는 정수하여 공급받는 최종사용자에게 물사용량에 비례하여 부과한다.

상수원지역 지원제도

상수원지역 지원은 주민지원과 지방자치단체 지원으로 구분한다. 주민지원제도는 상수원관리지역에서 각종 규제로 불이익을 받고 있는 지역주민들의 생활환경을 개선하고 소득수준을 향상시킴으로써 규제에 따른 불이익을 최소화하는 한편 상수원 수질보호에 적극적인 협조와 참여를 유도하기 위하여 도입한 것이다.

상수원지역 지방자치단체의 환경기초시설 설치·운영비의 일부를 수계관리기금에서 지원한다. 이는 환경개선특별회계에서 지원하거나 지방양여금으로 지원하는 하수처리시설, 고도처리시설, 하수관거 등의 시설 설치·운영사업 지방비 부담분을 수계관리기금으로 지원함으로써 자치단체의 재정부담을 덜어주는 동시에 환경기초시설의 설치·운영을 촉진하여 상수원지역 수질개선을 도모하고자 하는 것이다. 수계관리기금의 지원 정도는 수계별로 차이가 난다. 시설 설치비의 경우 지방비 분담분의 10~100%를, 시설운영비는 지역에 따라 전체 운영비의 25~100%를 지원하고 있다.

민간수질감시활동 지원제도

민간부문의 자발적인 참여 및 파트너십에 기초한 유역관리 추진을 유도하기 위하여 수계관리기금에서 민간수질감시활동을 지원하는 것으로, 지원대상은 각 수계별로 지역적 기반을 두고 활동하고 있는 비영리 민간단체이다. 이 중 환경보전을 위한 활동을 주목적으로 하는 단체로서 지역 주민들이 쉽게 인지하고 신뢰할 수 있는 단체, 환경보전활동 실적과 경험이 풍부하고 환경문제 해결을 위하여 국가 · 사회적으로 기여한 바가 큰 단체에 대하여 우선적으로 지원한다.

지원대상사업은 상수원수질보전 홍보 · 교육 및 각종 캠페인 등 대국민 환경의식고취 사업, 유역주민의 참여를 유도하기 위한 교육 프로그램 개발 및 시행, 오염물질 배출감시 및 모니터활동, 기타 상수원 수질개선에 도움이 된다고 인정되는 사업 등이다.

수계관리위원회

수계관리위원회는 4대강 유역관리를 위한 대표적 의사결정기구로서 다수의 자치단체가 걸치는 유역을 효율적으로 관리하기 위하여 수계별로 설치하고 있다. 수계관리위원회는 환경부장관을 위원장으로, 수계별로 관계 시 · 도지사, 한국수자원공사 사장 등 물 관련 기관의 장을 위원으로 하여 구성된 공법인으로 다음 사항에 대하여 협의 · 조정한다.

- 수질개선을 위한 오염물질삭감계획
- 물이용부담금의 부과 · 징수
- 기금의 운용 · 관리
- 토지매수
- 주민지원사업 계획 및 민간수질감시활동의 지원에 관한 사항 등

해양오염

연안수질은 1991년 이후 II등급(COD 기준 2mg/L 이하) 수질을 유지하고 있다. 해양오염의 대표적인 지표로 사용하는 것이 화학적 산소요구량(Chemical Oxygen Demand : COD)으로, 이는 '해수 내에 존재하는 유기물을 산 등을 사용하여 화학적 산화를 시킬 때 필요로 하는 산소의 양' 을 말한다.

연안의 평균 수질상태는 제주도 연안이 가장 양호하다. 제주도 연안은 해류의 흐름이

원활하여 오염물질의 정체가 일어나지 않고, 제주도의 인구 분포와 산업구조상 다른 해역과 비교할 때 기본적으로 오염부하량이 많지 않기 때문이다. 상대적으로 동해연안의 오염도가 높은 것으로 나타나고 있다. 전체 연안의 평균 오염도는 대체로 개선되고 있으나 적조 발생의 주요 원인물질로 지적되고 있는 총 질소(total nitrogen), 총 인(total phosphorus) 등 영양염류의 오염도는 해수 수질기준을 크게 초과하고 있다.

해양오염사고

해양오염의 중요한 원인 중 하나가 해양 유류오염사고이다. 해양 유류오염사고는 해상 물동량의 증가로 매년 370여 건의 해양유류오염사고가 발생하고 있으며, 유조선의 대형화로 인한 대규모 오염사고도 빈발하고 있다.

오염부하가 발생하면 생태계의 구성요소들은 자체 환경특성에 따라 적응하고 오염부하를 저감시키는 방향, 즉 항상성(homeostasis)을 유지하는 생리·생태적 기능을 발휘하게 된다. 그러나 기존의 생태계에서 관계치 않던 물질이 유입될 경우, 생물학적 요소(특히 미생물 등의 분해자 기능을 가진 생물체들)가 유입된 물질에 적응할 시간이 필요하게 되고 그동안에 오염은 더욱 확산된다. 유류의 경우에는 화학적인 구조가 간단하지 않으며, 분해에 소요되는 시간 또한 매우 길다.

우리나라 근해의 오염도(COD 기준)는 비교적 낮은 수치를 보이고 있다. 이는 육상으로

표 18-5 근해오염도 현황(2007년) (단위 : mg/L)

항 목 / 해 역	DO	COD	T-N	T-P	SS
동해 중부	6.78	0.66	0.200	0.020	1.77
동해 남부	7.00	0.78	0.206	0.026	2.57
남해 동부	6.74	0.66	1.300	0.020	20.40
남해 서부	6.48	0.77	0.771	0.021	18.30
서해 남부	7.40	0.57	0.129	0.015	1.30
서해 중부	7.79	0.62	0.106	0.011	1.80

자료 : 국립수산과학원(2008), 한국해양환경조사연보 제12권

표 18-6 선박종류별 유류사고 발생 현황 (단위 : 건, Kl)

구 분	2000년		2001년		2002년		2003년		2004년		2005년		2006년		2007년	
	건수	유출량	건수	유출량	건수	유출량	건수	유출량	건수	유출량	건수	유출량	건수	유출량	건수	유출량
합 계	483	583	455	668	335	410	297	1,458	343	1,462	335	410	285	365	345	14,022
유조선	27	3	33	412	32	38	29	1,185	39	1,223	13	38	26	12	36	12,626
화물선	61	187	52	51	33	23	41	104	39	66	43	30	33	58	47	141
어 선	272	181	259	141	218	105	134	107	149	30	183	149	112	21	141	49
기 타	123	212	111	64	102	244	93	62	116	143	116	193	114	274	121	1,206

자료 : 해양경찰청(2007 기준)

부터 연안으로 유입되는 오염물질이 해양 내에서 이동 · 확산되는 과정에서 자정작용에 의해 지속적으로 정화될 뿐만 아니라 연안해역에 비해 해수유통이 원활하기 때문이다.

2007년 현재 우리나라 근해의 오염도는 COD기준으로 1등급 내외의 수질을 유지하였다. 해역별 근해 오염도의 경우 남해에서 부유물질, 총 질소가 다소 높은 경향을 보이고 있으며, 최근 들어 근해 해역에서 다소 높아지는 경향이므로 지속적인 모니터링이 요구된다.

1997~2007년간 총 4,260건의 오염사고가 발생하여 2만 4,256kl의 기름이 유출되었다. 최근 10년간 유출량 100톤 이상의 대량유출사고는 14건에 불과하지만 전체 유출량의 68%를 차지하고 있다. 특히 2007년 12월 7일 ' 서해안 원유 유출 사고' 혹은 '삼성-허베이 스피리트 원유 유출 사고' 로 유조선 탱크에 있던 총 1만 2,547KL의 원유가 태안 해역으로 유출되는 사고가 발생하였다.

적 조

적조(赤潮, red tide, harmful algal blooms)는 수계환경에서 발견되는 자연현상의 하나로 수계환경 내의 동 · 식물 플랑크톤의 대량번식으로 인한 해수의 색깔이 적 · 황 · 적갈색 등으로 변색하는 자연현상을 말한다.

과학의 발전과 발생시작에 대한 규명이 점차 이루어짐에 따라 적조(해수) 또는 녹조(담수)라는 현상적 명칭보다는 '유해조류대번식' 이라는 포괄적이고 과학적인 용어를 사용한다.

우리나라에서 적조발생은 오랜 옛날부터 있었던 것으로 기록되어 있는데, 신라시대부터 적조현상이라고 생각할 수 있는 내용이 삼국사기 선덕여왕조의 기록에 남겨져 있다. 조선왕조실록을 보면, 1403년(태종 3년) 8월과 10월에 경남 기장, 고성, 거제연안 및 진해만 일대에서 해수가 적색으로 변하면서 고기가 떼죽음을 당했다는 기록이 있고, 1412년에는 순천연안에서, 1423년에는 거제도 연안에서, 1928년에는 마산 앞바다에서 해수가 붉게 변해 고기가 죽었다는 기록이 있다.

과학적으로 조사 · 연구된 기록으로는 국립수산과학원에 의해 보고된 1961년 10월의 진동만 적조발생이 최초라 할 수 있다. 1970년대 중반까지는 진해만 일원 등 좁은 해역에서 단기성 적조가 주로 발생하였으나, 1981년부터는 유해조류에 의한 광역, 장기성 적조로 변화되어 발생해 왔다. 특히 1995년에 경남 통영해역에서 발생하여 남해안 전역과 포항 등 동해남부까지 확산된 대규모 적조는 양식어업에 큰 피해를 준 예도 있다.

적조가 환경에 미치는 영향은 주로 조류(코클로디니움)의 대번식 후 소멸 시 분해에 따른 무산소상태, 어패류의 아가미에 부착하여 호흡장애를 일으켜 대량 폐사를 일으키는 것이 대표적이다. 이 외에도 해수욕장의 폐쇄에 따른 경제적인 피해 등도 간과할 수 없다.

적조발생의 원인은 매우 복합적으로, 그 원인을 정리해 보면 다음과 같다.

- 여러 경로를 통한 질소 · 인 등 영양염류의 유입이 많아졌을 때
- 충분한 일사량으로 광합성 작용이 활발해져 조류(藻類, algal)의 대량번식이 이루어질 조건이 형성되었을 때
- 철(Fe), 구리(Cu), 망간(Mn), 니켈(Ni) 등 미량금속이나 비타민 등 유기물질의 작용과 수온, 염분, pH 등이 적합할 때
- 무풍상태가 계속되어 해수의 유동이 없을 때

표 18-7 연도별 적조발생건수 및 피해액

구 분	2000	2001	2002	2003	2004	2005	2005	2007
발생건수	69	56	59	45	65	39	31	38
피해액(억 원)	2.6	84	49	215	1.2	10.6	0.7	0

자료 : 국립수산과학원(2007 기준)

이러한 적조발생의 일반적인 원인 이외에 특정 원인생물이 특정 시기에 특정 해역에서 왜 발생하는가 하는 구체적인 이유와 인과관계는 아직까지 밝혀진 것이 매우 적다.

우리나라의 경우 적조가 발생하기 좋은 조건과 일반적으로 양식장을 설치하는 조건이 매우 유사하여 적조의 발생에 따른 피해가 직접적으로 수산업 및 양식업에 미칠 확률이 매우 크다.

최근 5년간의 적조발생상황을 보면, 남해안의 대부분 연안에서 거의 매년 적조가 발생되고 있어 환경기초시설의 확충, 어장정화 및 오염퇴적물 준설 등이 시급한 과제로 대두되고 있다. 1996년 이후부터는 민간의 적극 대처와 황토살포 등을 통한 조직적 방제활동에 힘입어 적조발생에 따른 피해를 최소화하고 있다.

폐기물

폐기물은 인간활동의 필연적인 결과물로서 경제발전단계와 보는 시각에 따라 달라진다. 현재 문제가 되는 음식쓰레기는 1960년대 가축의 사료나 농업용 퇴비로 유용하게 활용되었었다. 현재는 폐기물로 취급을 받는 물질이라도 앞으로의 재활용 기술의 발전에 따라서는 소중한 자원으로 이용될 수도 있는 것이다.

폐기물의 종류

폐기물이란 「폐기물관리법」 제2조 제1호에 의하면, "사람의 소비활동이나 생산과정에서 필요하지 아니하게 된 물질로서, 쓰레기, 연소재, 오니(汚泥), 폐유, 폐산, 폐알칼리, 동물의 사체 등을 포함한다." 폐기물은 사업장폐기물과 생활폐기물로 나누어 볼 수 있다.

사업장폐기물

대기환경보전법 · 수질환경보전법 또는 소음 · 진동규제법의 규정에 의하여 공장 등 배출시설을 설치 · 운영하는 사업장, 지정폐기물을 배출하는 사업장, 폐기물을 1일 300kg 이상 배출하는 사업장, 일련의 작업 등으로 인하여 폐기물을 5톤 이상 배출하는 사업장에서 폐기되는 물질을 말한다. 사업장 폐기물은 유해성을 기준으로 지정폐기물과 사업장일반폐기물로 구분 가능하다. 여기에서 지정폐기물이란 사업장 폐기물 중 폐유, 폐산 등 주변 환경을 오염시킬 수 있거나 감염성 폐기물 등 인체에 위해를 줄 수 있는 유해한 물질을 일컫는다.

생활폐기물

'사업장 폐기물 외의 폐기물' 로 포괄적으로 정의한 것이 생활폐기물이다.

폐기물의 총량은 점진적으로 증가하는 추세에 있으나, 생활폐기물은 1990년대 들어 점차 감소하여 일정 수준을 보이고 있다. 그러나 사업장 폐기물은 매년 10% 이상 증가하고 있다.

폐기물의 총 발생량은 1993년을 기점으로 점진적으로 증가하는 추세에 있다. 이 가운데 일상생활과 경제활동 과정에서 발생하는 우리나라의 생활폐기물은 1995년 쓰레기 종량제가 도입된 이후 크게 감소하였다. 1999년 이후에는 점차적으로 발생량이 증가하고 있다. 1인당 생활폐기물 발생량은 1994년의 1일 1.3kg에서 2005년에는 1일 0.99kg으로 감소하였다. 특히, 실제로 매립 또는 소각 처리되는 폐기물의 양은 종량제 시행 이후 재활용률의 급증으로 크게 감소한 것을 알 수 있다. 사업장 일반폐기물과 지정폐기물을 포함하는 사업장폐기물은 매년 증가하다가 2005년부터 감소추세를 보이고 있다.

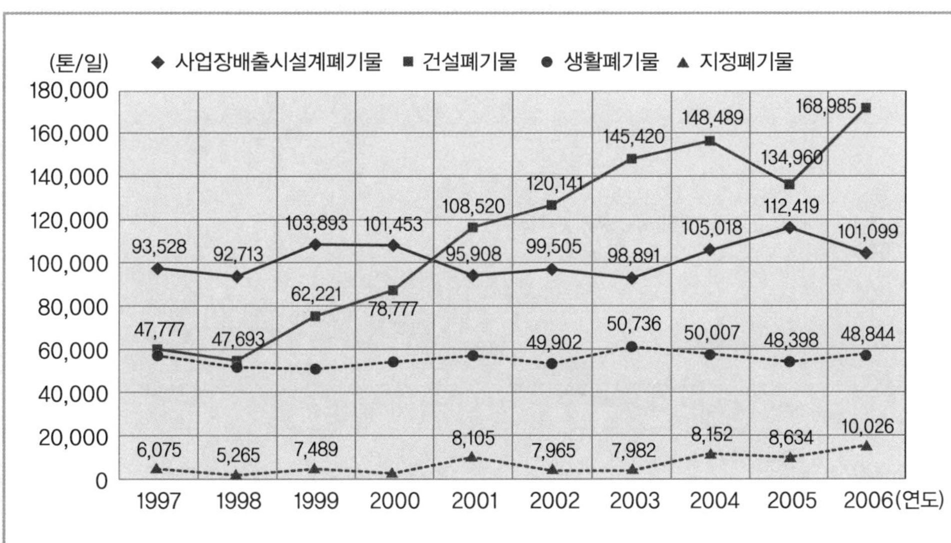

그림 18-2 폐기물 발생 추이

자료 : 환경부(2006), 전국(지정)폐기물 발생 및 처리 현황

폐기물의 처리

전체적인 폐기물 처리 현황을 보면 재활용이 크게 확대되고, 매립처리비율이 크게 낮아진 한편, 소각처리율은 점진적으로 증가하는 추세에 있다.

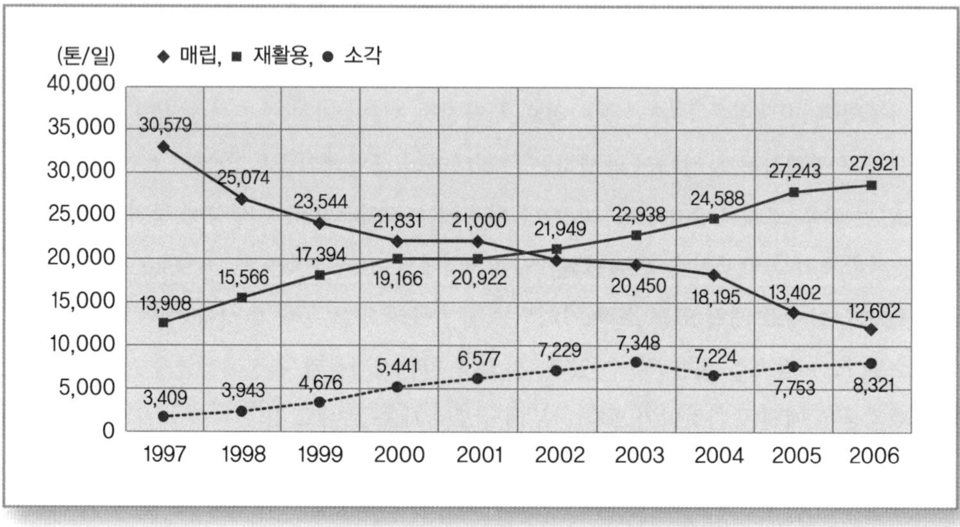

그림 18-3 생활폐기물의 처리 현황

자료 : 환경부(2006), 전국(지정)폐기물 발생 및 처리 현황

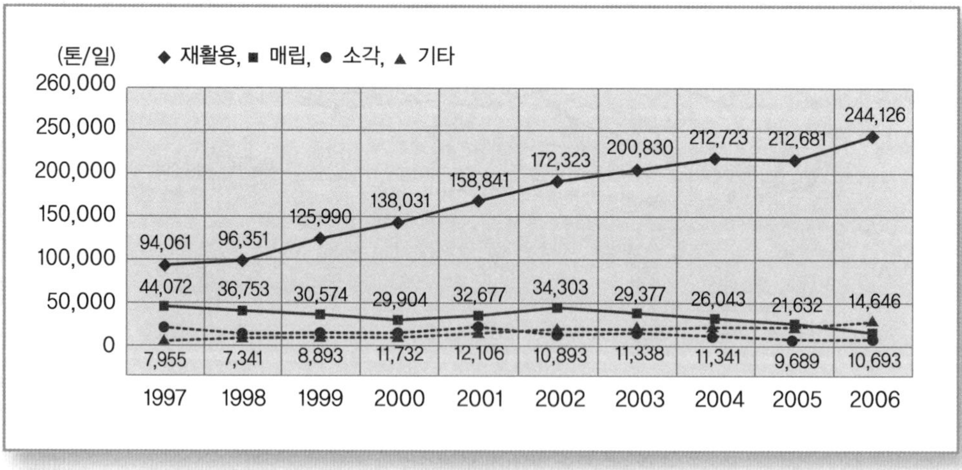

그림 18-4 사업장폐기물의 처리 현황

자료 : 환경부(2008), 「환경백서」, 2006 전국(지정)폐기물 발생 및 처리 현황

1995년에는 생활폐기물 중 72.3%를 매립처리하고, 23.7%만을 재활용하였으나, 쓰레기종 량제 실시 및 재활용정책 등에 힘입어 2005년에는 재활용률이 56.3%로 크게 증가하고 매립처리율은 27.7%로 낮아지는 등 폐기물처리구조가 바람직한 방향으로 변화가 일어났다.

생활폐기물 소각율은 전년대비(2005년 16.0%, 2006년 17.0%) 크게 증가하지 않았으나, 주민반대 등으로 지연되던 사업들이 점차 추진됨에 따라 증가할 것으로 예상된다.

사업장폐기물은 생활폐기물과 유사하게 매립에 의한 처리는 지속적으로 감소하고 있다. 재활용률은 지속적으로 증가하여 2006년의 경우에는 재활용률이 87.2%에 이르고 있다.

정부의 주요 환경정책

기후변화에 적극 대응하여 저탄소 사회로 이행

- 탄소시장, 그린카 등 신성장동력 시장 진출 기반 마련
- 저탄소, 저오염 투자를 그린뉴딜 및 수출산업화와 연계

생태적으로 건강하고 쾌적한 도시환경 조성

- 국토의 생태적 건강성 확보 및 쾌적한 정주환경 조성
- 대도시 대기환경개선대책의 합리적 보완
- 비산먼지 · 악취 등 생활형 오염해소

국민건강보호를 위한 환경보건정책 강화

- 환경보건법 시행(2009. 3. 22) 등 환경보건정책의 기반강화
- PCBs(다염화비페닐) 함유 폐기물 안전처리 등 화학물질 관리 선진화
- 친환경 안심놀이터 조성사업 추진 등 어린이 건강보호대책 강화
- 인체위해성이 큰 PM2.5(초미세먼지), HAPs(유해대기오염물질), 황사 등에 대한 관리강화

자연자원 보전과 사전예방적 국토환경 관리

- 생태관광을 지역경제 활성화의 새로운 동력으로 발전
- IUCN(세계자연보전연맹) 등 국제협력을 통한 자연환경제도의 혁신적 개선

생태적으로 건강하고 지속가능한 물환경 관리

- 기후변화에 대비하고 저탄소 녹색성장 실현을 위한 물환경 관리체계 도입 · 추진
- 유해물질 등으로부터 안전한 수질관리 체계를 구축
- 수질오염물질 관리체계를 강화하고 관련 산업을 육성

자원순환사회 기반조성으로 자원생산성 제고

- 자원순환 촉진을 통한 자원생산성 제고로 녹색성장 달성
- 생산 · 소비, 물질재활용, 에너지회수 및 처리 등 자원순환 전 분야에서 자원의 효율성 극대화 및 환경성 보장

환경 · 경제 · 사회의 통합발전체계 구축 및 국제환경문제에 적극대응

- 기업의 녹색경영지원 및 환경교육지원체계 확립
- 환경산업육성융자(100억) 등 환경산업육성지원
- 녹색성장 실현을 위한 제도적 장치 마련 등 대응기반 구축
- 지구환경보호를 위한 환경협약 및 환경통상 논의와 협상에 적극 참여 대응

환경오염대책

환경을 보호 · 유지하기 위해서는 소비 · 생산활동에서 발생하는 오염을 적정수준으로 통제해야 한다. 적정 오염수준은 환경용량을 보전 · 확대하여 미래 세대의 능력을 손상시키지 않는 수준을 말하는데, 환경오염의 사회적 비용과 사회적 편익이 일치하는 수준을 의미한다. 적정 오염수준을 유지하기 위해 현재 정부가 시행하고 있는 방법은 지시 및 통제 방식의 직접규제와 시장기구를 이용한 경제적 유인제도가 있다.

표 18-8 각종 환경기준

구 분	환경기준	근거법령
수 질	수질환경기준(하천, 호수, 지하수, 해역), 먹는 물 수질 기준, 방류수 수질기준, 폐수 배출 허용기준	환경정책기본법, 수질환경보전법, 오수 분뇨 및 축산폐수의 처리에 관한 법률
대 기	대기환경기준, 대기배출허용기준, 제작차 배출허용기준, 운행차 배출가스 허용기준	대기환경보전법
소음진동	소음 환경기준, 공장소음 진동 배출허용기준, 자동차의 소음허용기준(제작 자동차, 운행자동차, 건설 및 생활소음 진동규제 기준)	소음진동 규제법
토양보전 및 유독물관리	토양오염 우려기준 및 대책기준, 농수산물 재배를 제한할 수 있는 어염기준, 유독물 및 관찰물질의 지정기준	토양환경보전법, 유해화학물질관리법

자료 : 환경부(2008), 「환경백서」

직접규제

오염매체별 환경기준, 시설기준 등의 각종 기준과 배출시설 인·허가 및 지도·점검이 있는데, 이를 위반했을 경우 개선 명령, 조업 정지, 사용 중지, 허가취소, 벌금형 및 징역형 등의 처벌을 부과한다. 배출시설의 관리체계로는 인·허가와 지도·점검이 있다.

부담금

1990년 이전까지 직접규제 위주의 환경정책수단이 주로 이용되어 왔으나, 1990년 이후부터 각종 경제적 유인제도가 본격적으로 도입되었다. 현재 환경개선부담금, 배출부과금 등 25종의 부담금제도가 운영되고 있으며, 징수목적과 대상을 기준으로 크게 다섯 가지 유형으로 분류 가능하다.

환경개선부담금

대표적인 경제적 유인제도로 유통·소비과정의 오염원인자에게 오염물질 처리비용을 부담토록 하여 환경오염의 확산을 차단하고, 환경개선을 위한 투자재원을 합리적으로 조달

표 18-9 환경 관련 부담금제도 현황

유형(목적)	현행 부담금
오염물질 배출억제	배출부과금(대기,수질,축산), 환경개선부담금(경유차, 시설물), 협의기준초과부담금(대기,수질), 총량초과부과금(낙동강등 3대강유역)
환경자원의 보전	수질개선부담금(지하수), 물이용부담금(한강 등 4대강 유역), 생태계보전협력금
폐기물배출저감 및 재활용촉진	폐기물부담금, 재활용부과금
예치금	폐기물처리 이행보증금, 폐기물처리시설의 사후관리 이행보증금, 원상회복예치금
사업비용 부담금	원인자부담금(수도,하수도), 손괴자부담금(수도,하수도), 환경오염방지사업비용부담금

하기 위하여 1993년에 도입하였다. 그 부과대상은 각층 바닥면적의 합계가 160㎡ 이상의 시설물과 경유를 연료로 사용하는 자동차관리법상 자동차의 소유자로서 매 반기별로 부과하고 있으며, 부담금액은 시설물의 경우에는 용도, 연료 및 용수사용량, 소재지역에 따라, 자동차의 경우에는 배기량, 차량연식, 등록지역에 따라 차등하여 산정한다.

징수된 환경개선부담금(당해년도)은 환경개선중기계획에 의해 시행되는 각종 대기, 수질, 폐기물, 소음 · 진동분야 환경개선사업비의 지원 · 융자, 저공해기술개발 연구비의 지원 및 자연환경보전사업 등에 사용된다.

배출부과금

본 제도는 1983년 9월 1일부터 시행되어 왔으며, 1996년 6월 30일까지는 배출허용기준을

부과금 부과대상 오염물질

- 수질의 경우 : 초과부과금은 BOD 또는 COD, SS 및 카드뮴 등 19종, 기본부과금은 BOD 또는 COD, SS
- 대기의 경우 : 초과부과금은 먼지, SO_2, 암모니아, 황화수소 등 10종, 기본부과금은 먼지와 SO_2

초과하여 배출되는 오염물질량에 대하여 부과하는 초과배출부과금만이 운영되었으나, 1997년 7월 1일부터는 배출허용기준 이내로 배출되는 오염물질량에 대하여도 부과하는 기본배출부과금제도가 시행되었다.

폐기물 예치금

「자원의 절약과 재활용촉진에 관한 법률」에 의거하여, 사용 후 폐기물이 다량 발생하는 제품·용기 중 회수·재활용이 용이한 제품·용기의 제조업자 또는 수입업자로 하여금 폐기물의 회수·처리에 소용되는 비용을 예치하게 하고, 적정한 기준과 방법에 따라 제품·용기를 회수·처리한 경우 납부된 예치금 중에서 회수·처리한 정도에 따라 반환해 주는 폐기물 재활용 촉진제도이다.

폐기물 부담금

폐기물 발생을 억제하고 자원의 낭비를 방지하기 위하여 특정대기·수질유해물질 및 유독물을 함유하고 있거나, 재활용이 어렵고 폐기물관리상의 문제를 초래할 가능성이 있는 제품·재료·용기의 제조업자 또는 수입업자로 하여금 그 폐기물의 처리에 드는 비용을 부담하게 하여 환경비용을 상품에 내재화함으로써 시장기능에 의하여 수요와 공급을 억제하기 위한 것이다. 「자원의절약과재활용촉진에관한법률」 제12조 규정에 따라 1993년도부터 시행하고 있다. 폐기물부담금 부과대상품목은 ① 살충제, 유독물제품을 담는 용기, ② 부동액, ③ 껌, ④ 1회용 기저귀, ⑤ 담배, ⑥ 플라스틱제품 등 총 여섯 개 품목이 부과대상이다. 징수된 부담금은 환경개선특별회계에 귀속되며, 폐기물재활용사업과 폐기물처리시설 설치 지원 등에 사용된다.

수질개선부담금

공공의 지하수자원을 보호하고 먹는 물의 수질개선을 위해 샘물을 개발하여 이를 원료로 사용하여 제품을 판매한 자와 먹는 샘물 수입업자에게 부담금을 부과하는 제도이다. 식수의 수질개선시책사업비의 지원, 식수의 수질검사비용의 지원, 지하수 자원의 개발·이용 및 보전·관리를 위한 기초조사와 복구사업의 실시비용 등의 용도에 사용한다.

표 18-10 환경개선 특별회계 예산내역(2007년) (단위 : 백만 원)

구 분	2006년		2007년		2008년		
	예 산	실 적	예산(A)	실적(B)	예산(C)	증감(C-A)	%
합 계	2,632,588	2,784,024	2,896,672	2,921,672	3,115,983	219,311	7.6
〈자체수입〉	1,084,943	1,146,031	1,198,072	1,223,072	1,310,658	112,586	9.4
환경개선부담금	633,120	601,811	670,805	624,845	646,183	△24,622	△3.7
배출부과금	14,742	11,252	10,809	12,905	13,772	2,963	27.4
폐기물예치금	176	449	206	68	219	13	6.3
재활용부과금	4,508	4,204	3,877	3,373	4,396	519	13.4
폐기물부담금	48,887	50,538	48,940	56,614	55,188	6,248	12.8
수질개선부담금	15,465	18,958	19,371	19,356	21,226	1,855	9.6
생태계보전협력금	35,233	42,728	46,042	58,995	107,527	61,485	133.5
융자회수원금	168,380	191,406	293,306	297,873	363,832	70,526	24.0
수입대체경비	762	1,508	945	909	838	△107	△11.3
기 타	143,266	135,151	66,307	89,160	68,712	2,405	3.6
전년도이월금	20,404	88,026	37,464	58,974	28,765	△8,699	△23.2
〈일반회계전입금〉	1,547,645	1,637,993	1,698,600	1,698,600	1,805,325	106,725	6.3

자료 : 환경부(2008), 「환경백서」

환경문제의 해결책

환경문제를 근본적으로 해결하는 데에는 많은 대가가 요구된다. 한 번 파괴된 환경은 본래의 모습을 되찾는 것이 거의 불가능하다. 본 절에서는 환경문제의 해결을 위해 세 가지 차원에서 그 대안을 제시해 보고자 한다.

환경정책적 대안

환경문제는 모든 분야에 연관되어 있기 때문에 단편적으로 다룰 수 있는 문제가 아니다.

경제개발정책을 비롯해 사회, 문화, 정치 등의 모든 분야와 연관 지어 문제의 전체성을 다루어야만 정책적 대안으로서의 효과가 있을 것이다.

이에 무엇보다도 정부의 환경정책이 합리적으로 수립되어야 할 것이다. 환경문제는 정부의 노력이나 민간의 노력만으로도 해결하기가 불가능하므로, 환경정보가 주민들에게 보다 더 개방되는 방향으로 정책이 수립되어야 할 것이다. 이를 통해 환경문제의 해결에 주민들을 참여시켜야 할 것이다.

한편 모든 개발은 환경적으로 건전하고 지속가능한 개발이 되도록 해야 할 것이다. 그리고 모든 국민이 적극적 협력과 참여를 유도하여 공동체전략 차원에서 환경보전 인식운

표 18-11 환경관계법

분 야	법률명
환경정책 및 제도 (15개)	① 환경정책기본법, ② 환경분쟁조정법, ③ 환경범죄의단속에관한 특별조치법, ④ 환경기술개발 및 지원에 관한 법률, ⑤ 환경개선특별 회계법, ⑥ 환경개선비용 부담법, ⑦ 환경관리공단법, ⑧ 유해화학물질 관리법, ⑨ 잔류성유기오염물질 관리법, ⑩ 친환경상품 구매촉진에 관한 법률, ⑪ 남극활동및환경보호에관한법률, ⑫ 환경분야 시험 · 검사 등에 관한 법률, ⑬ 지속가능발전 기본법, ⑭ 환경보건법, ⑮ 환경교육진흥법
자연환경 (9개)	① 자연환경보전법, ② 자연공원법, ③ 환경영향평가법, ④ 독도 등 도서지역의 생태계보전에 관한 특별법, ⑤ 습지보전법, ⑥ 야생동 · 식물보호법, ⑦ 토양환경보전법, ⑧ 백두대간보호에 관한 법률, ⑨ 문화유산과 자연환경자산에 관한 국민신탁법
대기관리 (5개)	① 대기환경보전법, ② 소음 · 진동규제법, ③ 다중이용시설 등의 실내 공기질 관리법, ④ 수도권 대기환경개선에 관한 특별법, ⑤ 악취방지법
물관리 (9개)	① 수질 및 수생태계 보전에 관한 법률, ② 먹는물관리법, ③ 한강 수계 상수원수질개선 및 주민지원 등에 관한 법률, ④ 수도법, ⑤ 하수도법, ⑥ 낙동강수계 물관리 및 주민지원 등에 관한 법률, ⑦ 금강수계 물관리 및 주민지원 등에 관한 법률, ⑧ 영산강 · 섬진강수계 물관리 및 주민지원 등에 관한 법률, ⑨ 가축분뇨의 관리 및 이용에 관한 법률
자원순환 (8개)	① 폐기물관리법, ② 자원의 절약과 재활용촉진에 관한 법률, ③ 폐기물의국가간 이동 및 그 처리에 관한 법률, ④ 한국환경자원공사법, ⑤ 폐기물처리시설 설치촉진 및 주변지역 지원 등에 관한 법률, ⑥ 수도권매립지관리공사의 설립 및 운영 등에 관한 법률, ⑦ 건설폐기물의 재활용촉진에 관한 법률, ⑧ 전기 · 전자제품 및 자동차의 자원순환에 관한 법률
기상청(2개)	① 기상법, ② 기상관측표준화법

자료 : 환경부(2008), 「환경백서」

동이 이루어져야 할 것이다.

그리고 현재의 환경행정체계에서 우선적으로 지적될 수 있는 것은 환경행정 수요는 폭증하고 있으나, 환경부 등 환경행정체계가 이를 충분히 수용하지 못하는 것이다. 따라서 새로운 환경행정수요에 대응하기 위해서는 기존의 환경행정을 핵심역량 위주로 개편하여 지방에서 수행이 가능한 업무는 과감히 지방으로 위임하고 민간위탁을 확대해야 할 것이다. 또한 유해화학물질, 도시 대기오염관리, 생물다양성 보존 및 유전자원의 관리, 오염총량관리제 등 사전예방적 환경관리기능, 행정구역단위를 벗어나 하천의 유역을 통합 관리하는 유역관리 기능 등 범지구차원의 환경문제에 대응하기 위한 기능 등 새로운 핵심기능에 선택과 집중을 강화하는 방향으로 행정체계를 개편해야 할 필요가 있다.

다른 한편, 환경행정기능이 여러 부처에 분산 수행됨으로 인하여 상호견제 등 긍정적인 측면보다는 부처 간 갈등, 업무 비효율 등 부정적인 측면이 더 크게 부각되고 있다. 이러한 정부기능의 분산으로 인한 비효율성과 낭비를 제거하기 위해서는 부처 간 기능의 과감한 조정을 통하여 유사 기능을 통합하는 합리적인 환경행정체계 마련이 시급하다.

더불어 자치단체 스스로 환경정책을 결정 · 집행할 수 있는 전문적인 능력을 갖추지 못하는 등 환경행정 집행력이 아직은 부족하며, 환경행정 전문인력과 예산이 부족하여 환경관리가 원활하게 이루어지지 못하고 있는 점을 고려하여 자치단체 공무원의 전문화 및 중앙정부의 지도 · 지원 강화, 자치단체의 환경행정체계 개선 등을 통하여 자치단체의 환경관리능력을 제고하는 노력이 필요하다.

환경운동적 대안

환경정책을 살아 움직이는 동태적 현상으로 만드는 것은 환경정책과정에 적극적으로 참여하여 영향력을 미치려고 노력하는 정책행위자들이다. 환경정책의 과정에 참여하는 정책행위자들 중 대표적인 것으로 비정부조직(NGO), 이익집단, 자생적 시민조직, 과학자들을 들 수 있다. 그 구체적인 운동으로는 환경보전 인식운동의 전개, 환경오염 방지를 위한 시민운동, 자연환경에 대한 시각 변화를 들 수 있다.

환경보전 인식운동의 전개

모든 개발은 환경적으로 건전하고 지속가능해야 할 것이다. 그리고 기업을 포함한 모든 국민의 적극적 협력과 참여를 유도하여 공동체전략 차원에서 환경보전 인식운동이 이루어져야 할 것이다.

환경오염방지를 위한 시민운동 활성화

환경문제의 해결을 위해서는 우선 생활영역의 주민이 스스로 전체관련성 · 통합성 · 지속성을 가진 주체성을 확립해야 한다. 환경운동은 당장의 피해자가 보이지 않는 환경파괴의 문제를 제기하고, 아울러 미래의 자손에게 미칠 수 있는 잠재적 피해를 밝히는 등의 시민운동으로 발전해야 할 것이다(이시재, 1994 : 353-356).

특히 지역환경운동은 전문환경운동단체, 시민운동과 결합함으로써 보다 넓은 범위에서 새로운 주체성을 확립할 수 있을 것이며, 지역이기주의라는 비난이나 사회적 딜레마의 위험을 벗어날 수 있다.

사회복지적 차원에서의 대안

환경의 질을 개선하기 위한 기본적 전략단위로서의 생활공간을 설정하는 일이 무엇보다도 우선되어야 한다. 무엇보다도 먼저 환경권을 인간다운 삶을 보장하는 기본적 권리의 하나로 인정할 필요가 있다. 환경권은 복지권과 마찬가지로 사회권적 기본권의 하나이다. 즉 인간다운 생활을 영위하는 데 필수적인 권리의 하나이다. 따라서 이러한 권리가 적극적으로 보장될 수 있도록 하여야 할 것이다.

자연환경에 대한 기본적인 시각변화가 필요하다. 정복의 대상으로서의 자연이 아니라 인간과 조화를 이루어 함께 살아가는 생존과 삶의 질을 보장하는 기본 터전으로서의 환경이라는 방향으로 인식의 전환이 이루어져야 한다. 이를 위하여 학교교육 및 사회교육에 환경교육을 필수적으로 포함시켜야 할 것이다.

내용요약

1. 환경문제

인간의 생존과 삶의 질에 부정적인 방향으로 환경에 영향을 미치는 문제

2. 폐기물

사람의 소비활동이나 생산과정에서 필요하지 아니하게 된 물질로서, 쓰레기 · 연소재 · 오니(汚泥) · 폐유 · 폐산 · 폐알카리 · 동물의 사체 등을 포함한다.

3. 적정 오염수준

환경용량을 보전 · 확대하여 미래 세대의 능력을 손상시키지 않는 수준을 말하는데, 환경오염의 사회적 비용과 사회적 편익이 일치하는 수준을 의미한다.

4. 적조(red tide)

수계환경에서 발견되는 자연현상의 하나로 동 · 식물 플랑크톤 과다번식으로 인해 해수 색깔의 변화를 지칭하는 것. '유해조류대번식' 이라는 과학 용어가 사용되고 있다.

5. 4대강 물관리 종합대책의 주요 내용

① 물환경보전과 환경친화적 지역개발을 동시에 고려할 수 있는 '오염총량관리제도' , ② 하천 인접지역에서 완충역할을 수행할 수 있는 '수변구역제도' , ③ 상류지역 주민들의 재산권 행사제한을 보전하고 환경기초시설 설치를 촉진하는 한편 물 절약을 유도하기 위한 '물이용부담금제도' , ④ 상수원지역 지원제도, 토지매수제도 및 민간수질감시활동지원제도 등 새로운 여러 제도를 도입한다.

check

1. 환경문제의 특성에 대해 생각해 봅시다.

2. 해양 유류오염사고의 예를 찾아보고, 그 사건의 전개와 결말에 대해 내용을 정리해 봅시다.

3. 적조와 녹조의 폐해에 대해 정리해 봅시다.

4. 일상생활 속에서의 환경운동의 예를 들어 설명해 봅시다.

PART 5

과학기술의 발전과 사회문제

CHAPTER 19

인터넷윤리문제

주요용어

인터넷윤리, 네티켓, 네티즌강령, 인터넷중독, 사이버폭력, 개인정보침해

인터넷윤리 개요

인터넷윤리의 개념과 역사적 전개

인터넷윤리의 개념

인터넷윤리학이란, 인터넷과 관련된 문제들에 대한 윤리적 탐구를 목표로 하는 응용규범 윤리학의 한 분야이다. 인터넷윤리학이란 용어를 공식적으로 사용한 이는 미국의 랭포드(Langford Duncan, 2003)이다. 그는 인터넷 윤리학을 "인터넷을 매개로 하여 이루어지는 인간의 도덕적 관계에 관심을 가지며, 그러한 관계를 규율하는 도덕적 원리들에 의거하여 사이버 공간 속에서 활동하는 모든 행위자들의 도덕적 책임과 의무를 규정해 주는 것을 목표로 하는 학문" 이라고 정의하고 있다.

역사적 전개

인터넷윤리학은 컴퓨터윤리학에 그 기원을 두고 있다고 할 수 있다. 컴퓨터윤리학이란 용어는 1976년 월터 매너(Walter Maner)가 처음 사용하였다. 매너는 컴퓨터 및 컴퓨터 기술이 제기하는 문제들을 식별하고 해결하기 위해서는 컴퓨터윤리학이라는 새로운 학문이 필요함을 역설하였다.

매너에 의해 제기된 컴퓨터윤리학에 대한 관심은 1970년대 후반과 1980년대 초 데보라 존슨(Deborah Johnson)과 제임스 무어(James Moore) 등으로 이어진다. 존슨은 컴퓨터윤리학을 전문가 윤리의 한 영역으로 발전시키는 데 중요한 역할을 하였고, 무어의 '컴퓨터윤리학' 은 "컴퓨터기술의 사회적 본질과 사회적 영향력에 대해 분석하고, 컴퓨터기술의 윤리적 사용을 위한 정책 입안과 정당화를 목표로 하는 학문" 이라고 정의하고 있다(Moore J, 1985).

1980년대 중반에 이르러 컴퓨터윤리학의 제2세대인 정보윤리학(Information Ethics)이 등장하게 된다. 2세대 컴퓨터 윤리학은 개념적 기초를 형성하고 더욱 정교하게 만드는 가운데 실천적 행동을 이끌어 낼 수 있는 준거체제를 개발함으로써 정보통신 기술의 적용에 있어서 예측하지 못한 영향들의 가능성을 감소시키는 데에 관심을 두었다.

개념적 기초와 관련해 가장 주목할 만한 연구를 한 학자가 크리스티나 고니악(Krystyna Gorniak)이다. 고니악은 '컴퓨터윤리학' 은 '200년 전의 계몽주의 이래 윤리학에서 거둔 가장 중요한 이론적 발전' 이라고 주장하고 있다. 고니악에 의하면, 칸트와 벤덤은 인쇄 및 산업기술에 의해 혁명적으로 변화하는 세계에 대한 반응으로서 그들의 윤리학을 발전시켰으나, 재택근무, 가상현실, 원격진료 등으로 표현되는 지금의 상황에서는 이른바 사이버 사회(Cyber Society)를 위한 의사결정 도구들과 지침들을 제공해 줄 수 있는 새롭고 강력한 윤리이론을 필요로 하고 있는 것임을 강조하면서 컴퓨터윤리학이야말로 앞으로의 윤리이론에 있어 중요한 발전을 위한 산실이 될 것이라고 설명하고 있다.

2000년대에 진입하면서 정보윤리학자들의 관심영역은 사이버 공간으로 확대되었으며, 그 결과 '사이버윤리학' 이란 용어를 사용하기 시작하였다. 그들은 '사이버윤리학' 을 "사이버 공간에서 발생하는 도덕 · 윤리적 이슈들의 전 영역을 탐색하는 학문" 으로 규정하였다. 리차드 스피넬로(Richard Spinello, 2006)는 사이버 공간에서 발생하는 윤리적 문제인 인터넷의 관리와 규제, 표현의 자유와 게시물 통제, 지적 재산권, 프라이버시 규제, 전자국경의 보호에 적용하는 방식을 채택하고 있다.

인터넷윤리의 기능

전통적 윤리학은 앞으로 발생할 일에 대한 예방기능보다는 이미 일어난 일에 대한 도덕적 평가에 초점을 맞추었다. 그 결과 시대변화를 따라가지 못하는 윤리적 지체(ethical lag) 현상을 빚었다. 이러한 현실을 고려해 볼 때 인터넷윤리학은 다음의 기능을 수행하는 윤리학이 되어야 할 것이다.

인터넷윤리학의 기능

처방윤리(prescriptive ethics)
인터넷 이용에 있어 해야 할 것과 해서는 안 되는 것을 분명히 규정해 주어야 한다.

예방윤리(preventive ethics)
정보통신 기술발전이 수반하게 될 제반 윤리적 문제에 대해 사전에 숙고하고 예방하도록 도와주어야 할 것이다.

변형윤리(transformative ethics)
인터넷윤리학은 사이버 공간의 무질서와 혼돈에 대한 하나의 반응으로서 출현한 것이므로 인간의 경험이나 제도 · 정책의 변형 필요성을 강조해야만 한다.

세계윤리(global ethics)
지구상의 모든 구성원이 따라야 할 보편적인 규범체계를 제시해 주어야 한다.

책임윤리(responsability ethics)
책임윤리에 따라 행동하는 것은 행위의 실현가능성을 수단-목적의 관점에서 추론하고, 예측할 수 있는 자기행동의 결과를 설명하며, 수단을 목적에 비추어, 목적을 부수적 결과 및 다른 모든 가능한 목적들과 비교하여 합리적으로 숙고하여 행위를 하는 것이다.

종합윤리(comprehensive ethics)
기존의 윤리학 이론들 가운데 인터넷을 통해 야기되는 여러 도덕적 문제들의 해결에 직 · 간접적으로 도움을 줄 수 있는 여러 윤리학 이론들을 종합하여 활용하여야 한다. 인터넷의 특성상 어느 한 가지의 배타적인 윤리학 이론만으로는 온라인상에서 발생하는 복잡한 문제들의 본질을 이해하고 어떤 도덕적 판단이나 평가를 내리는 일이 사실상 어렵기 때문이다(인터넷윤리실천협의회 외, 2008 : 17).

인터넷윤리의 원리

사이버 공간의 윤리적 문제를 해결하기 위해서는 인터넷윤리의 기본 원리에 입각하여 신중히 사고하는 자세가 필요하다. 세버슨(Severson Richard J.)은 인터넷윤리의 네 가지 원리로 지적 재산권 존중, 프라이버시 존중, 공정한 표현, 해악금지를 제시하고 있으며, 스피넬로(Spinello Richard)는 인터넷윤리의 네 가지 규범적 원리로 자율성, 해악금지, 선행, 정의를 들고 있다. 이러한 연구를 종합해 볼 때, 사이버 공간에서의 인간 완성에 기여할 수 있는 네 가지 도덕원리로서 존중(respect), 책임(responsibility), 정의(justice), 해악금지(non-maleficience)를 생각할 수 있고, 지향해야 할 궁극적 선으로서의 인간완성과 네 가지 원리들의 관계를 구조화하면 그림 19-1과 같다.

존중의 원리

존중은 먼저 자신에 대한 존중을 의미한다. 자신에 대한 존중은 우리 자신의 생명과 몸을 소중한 것으로 대우할 것을 요구하고 있다. 또한 다른 사람에 대한 존중은 다른 사람의 지적 재산권, 사생활, 다양성을 인정하고 존중하는 것을 의미한다.

책임의 원리

사이버 공간에서는 통일적 정체감의 상실, 역할상실에 따른 책임회피가 쉽게 일어날 수 있으므로 현실공간에 비해 높은 수준의 책임의식이 요구된다.

정의의 원리

정의에는 세 가지 의미가 담겨 있다. 첫째, 공정한 것 자체를 추구하려는 것, 즉 동일한 경우는 동일한 것으로 다루려 하는 것이다. 둘째, 함께 살아가는 다른 사람들을 위해 주는 이타적 삶을 뜻하며, 셋째, 옳지 못한 규칙이나 법에 저항하는 것을 뜻한다. 정보사회에서는 정의의 원리에 따라 참되고 공정한 정보를 교환해야 하고, 정보화의 혜택이 고르게 보

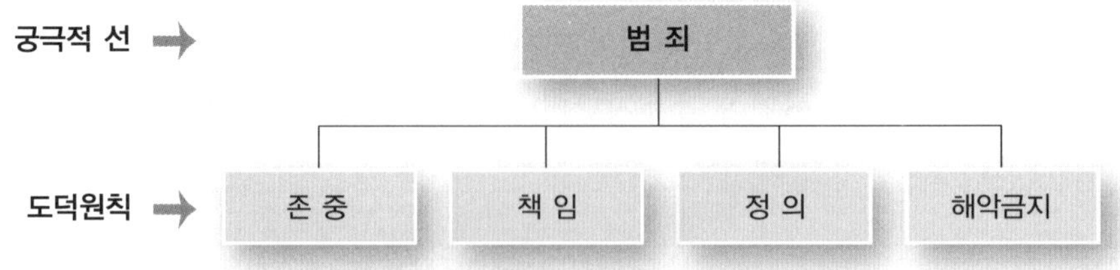

그림 19-1 인간완성과 도덕원칙과의 관계

편적으로 돌아갈 수 있게 해야 하며, 타인의 권리를 함부로 침해해서는 안 된다.

해악금지의 원리
사이버 공간에서 타인에게 폭력을 행사하거나, 해킹을 하거나, 바이러스 유포, 타인비방과 욕설 등의 금지를 내용으로 하고 있다.

이러한 네 가지 기본원리를 구체적 상황에 적용할 때의 절차는 다음과 같다.

- 관련된 사실을 정확하게 수집
- 그 상황에서의 도덕적 딜레마를 확인
- 어느 대안적 행동이 더 많은 윤리적 지지 근거를 확보하고 있는가를 결정하기 위해 네 가지 원리를 이용해 도덕적 딜레마를 평가
- 자신의 해결방안을 보편화 가능성 및 인간존중의 관점에 입각해 평가

네티켓

네티켓은 인터넷을 사용하는 데 있어 지켜야 할 예절을 의미한다. 통신망(network)과 예의범절(etiquette)의 합성어로 네티즌들이 사이버 공간에서 지켜야 할 자율적 규범인 인터넷 예절을 의미한다.

네티켓의 핵심원칙

셰어(Shea, Virginia G., 1994)의 『The Core Rules of Netiquette』(네티켓의 핵심원칙)에서는 인터넷의 역기능을 순화하여 인간적인 인터넷 문화를 정착시키기 위한 원칙을 제시하고 있다.

제1원칙

인간임을 기억하라.

익명으로 인터넷을 통해 대화를 하거나 게임 등을 하기 때문에 상대방이 인격을 가진 인간임을 간과하는 경우가 있다. 상대방도 나와 같은 인간임을 명심해야 한다는 것이다.

제2원칙

실제 생활에서 적용된 것처럼 똑같은 기준과 행동을 고수하라.

실제 생활에서는 사람들이 사회적 품위유지, 법적 처벌의 두려움 때문에 법을 준수하지만 사이버 공간에서는 윤리기준이나 행동규범의 적용을 덜 받는다고 생각하기 쉽다. 사이버 공간에서의 윤리적 문제는 실제생활의 규범과 똑같은 기준과 행동을 가지고 해결하는 것이 바람직하다.

제3원칙

현재 자신이 어떤 곳에 접속해 있는지 알고 그곳 문화에 어울리게 행동하라.

네티켓은 해당 영역마다 다양하다는 것을 알아야 한다. 어떤 영역에서는 허용되는 행동이 다른 영역에서는 그렇지 않은 경우가 많음을 알아야 한다. 가상공간에 새롭게 참여하고자 할 때에는 그 환경을 잘 파악하여야 한다.

제4원칙

다른 사람의 시간을 존중하라.

메일을 보내거나 게시판에 글을 띄울 때, 다른 사람들이 시간을 방비하지 않도록 배려를 해야 한다. 다른 사람들이 원하지 않는 정보라면 그들의 시간을 빼앗지 않도록 주의해야 한다.

제5원칙

온라인상의 당신 자신을 근사하게 만들어라.

온라인상에서는 익명성이라는 특성으로 인해 자신의 외양이나 행동보다는 그 사람이 쓴 글의 수준에 따라 평가받게 된다. 따라서 글의 내용에 주의를 기울이고 무엇에 관해 이야기하는가를 명확히 하는 것이 중요하다.

제6원칙

전문적인 지식을 공유하라.

자신이 가지고 있는 정보나 지식을 다른 이들에게 제공하고, 다른 사람들이 제공한 정보를 통해 많은 지식을 얻을 수 있다.

제7원칙

논쟁은 절제된 감정 아래 행하라.

다양한 네티즌들이 만날 수 있는 인터넷 공간에서는 언제나 논쟁이 있을 수 있다. 서로 얼굴을 보지 않고 문자로 논쟁하게 되므로 자신의 생각이나 의견을 논리적이고 객관적인 근거를 가지고 펼치는 것이 중요하다. 논쟁을 할 때에는 이성적 · 논리적으로 해야 한다.

제8원칙

다른 사람의 사생활을 존중하라.

이메일을 비롯한 상대방의 정보를 훔쳐보거나 허가없이 복사하여 배포하는 등의 행동은 다른 사람에게 피해를 주므로 다른 사람의 사적인 생활을 함부로 침범해서는 안 된다.

제9원칙

당신의 권력을 남용하지 마라.

사이트 운영자나 동호회 시삽은 회원정보를 개인용도로 사용하거나 네티즌의 권익을 해치는 방향으로 남용해서는 안 된다.

제10원칙

다른 사람의 실수를 용서하라.

누군가 실수를 할 때에는 그것에 관해 친절을 베풀어야 한다. 비록 그것이 크다고 느껴질지라도 정중하게 그것을 지적하여야 한다. 타인의 실수를 지적함에 있어서도 신중하게 다시 한 번 더 생각하고 공개적이 아닌 개인적인 메일로 생각을 전달해야 한다.

네티즌 윤리강령

방송통신심의위원회(구 정보통신윤리위원회)는 2000년 6월 15일 '네티즌 윤리강령' 을 선포하여 네티즌의 기본정신과 행동강령을 발표하였다.

네티즌 기본 정신

사이버 공간의 주체는 인간이다

사이버 세계에서도 인간이 중심이 되어야 하며 인격적 존재로서 주인으로 행동해야 한다.

사이버 공간은 공동체의 공간이다

사이버 공간도 여러 개성을 가진 인격체로 만나서 생활하는 공간이므로 상대방을 배려해야 한다.

사이버 공간은 누구에게나 평등하며 열린 공간이다

사이버 공간에서는 절대적 권력을 가진 사람도 없고 누구나 평등한 권리를 가지며 생활할 수 있는 곳이다. 또한 사이버 공간은 특정인만을 위한 곳이 아니라 성별, 학력, 직업에 관계없이 모든 사람들에게 열려 있는 공간이다.

사이버 공간은 네티즌 스스로 건전하게 가꾸어 나간다

사이버 공간을 만들어 나가고 지키는 사람은 바로 사이버 공간에 참여하고 있는 네티즌임을 인식하고 주인의식을 갖고 사이버 공간을 바른 공간으로 가꾸어 나갈 수 있도록 모두가 노력하여야 한다.

행동강령

- 타인의 인권과 사생활을 존중하고 보호한다.
- 건전한 정보를 제공하고 올바르게 사용한다.
- 불건전한 정보를 배격하며 유포하지 않는다.
- 타인의 정보를 보호하며, 자신의 정보도 철저히 관리한다.
- 비속어나 욕설 사용을 자제하고, 바른 언어를 사용한다.
- 실명으로 활동하며, 자신의 ID로 행한 행동에 책임을 진다.
- 바이러스 유포나 해킹 등 불법적인 행동을 하지 않는다.
- 타인의 지적재산권을 보호하고 존중한다.
- 사이버 공간에 대한 자율적 감시와 비판활동에 적극적으로 참여한다.

■ 네트즌 윤리강령실천을 통해 건전한 네티즌 문화를 조성한다.

인터넷 중독

정 의

인터넷 중독(Internet Addiction)이란, "정보이용자가 지나치게 컴퓨터에 접속하여 일상생활에 심각한 육체적 · 정신적 · 사회적 · 금전적 지장을 받고 있는 상태"라고 정의할 수 있다. 인터넷 접속으로 인하여 정보이용자가 내성, 의존성, 금단증상 등이 발생하여 일상생활이 힘들어진 상태를 말하는 것이다.

1990년대 컴퓨터와 인터넷의 급격한 보급으로 인한 역기능들이 발견되었는데, 정신과 의사인 이반 골드버그(Ivan Goldberg)는 일상생활에서 컴퓨터와 인터넷의 병적인 사용으로 인한 정신과적 질환을 겪을 수 있다고 규정하고, 이런 증상에 '인터넷중독질환(Interner Addiction Disorder)' 이란 용어를 처음 사용하였다(1995). 이에 피츠버그대학의 킴벌리 영(Kimberly S. Young)은 인터넷 중독을 체계화하고 이에 대한 자가진단방법을 제안하였다(1996). 국내에서도 많은 관련 학자들이 2000년대에 들어서면서 인터넷 중독과 관련된 분야를 연구하고 있고, 그 결과물 중 한국정보문화진흥원에서는 국내 환경에 적합한 '인터넷 자가 중독진단 척도(K 척도)' 를 개발하였다.

인터넷중독과의 유사용어로는 사이버 중독, 컴퓨터 중독, 게임 중독, 채팅 중독, 인터넷 중후군, 웨버홀리즘(webaholism) 등이 있다.

원 인

왜 인터넷에 빠져들게 되는 것인가? 일반적으로 학자들 사이에서는 인터넷 중독의 원인을 '인터넷 자체의 속성' 과 이를 통해 강화받게 되는 '인간의 사회 · 심리적인 욕구' 의 두 측면에서 지적하고 있다.

표 19-1 인터넷 중독의 원인

인터넷 자체의 속성	인간의 사회 · 심리적 욕구
• 높은 흥분 제공 • 시 · 공의 제약이 없음 • 현실세계와 달리 유능함, 흥분, 강렬함을 유발 • 시간 지각의 왜곡(분열) 제공 • 익명성 보장 • 탈 억제(disinhibition) 현상 • 높은 친밀감과 사회적 관계감 제공 • 무한 반복적인 흥밋거리 제공을 통한 비 완성감 • 상호작용성	• 인터넷이용 결과에 대한 기대 • 감각 추구성향 • 자존감, 자기통제력, 자기 효능감이 낮고, 충동성, 우울수준이 높다. • 가족특성

인터넷 자체의 속성

높은 흥분(high stimulation) 제공

인터넷이 사용자 간 상호작용이 있다는 점과 정보의 표현이 단순한 텍스트나 정지된 영상이 아닌 멀티미디어적인 표현이 가능하다는 점 때문이다.

시간 · 공간상의 무제약

인터넷은 언제, 어디서나 이용이 가능하기 때문에 중독성이 강하고, 다른 매체를 통한 흥분경험보다 높은 유혹 요인이 된다.

현실세계와 달리 유능함, 흥분, 강렬함을 유발

타인들로부터 현실에서와 달리, 선망의 대상이 되고 싶은 인간의 기본적 본능을 표현한다.

시간 지각의 왜곡(분열) 제공

인터넷은 사용자로부터 인터넷 서비스를 이용하면서 소비한 시간을 망각하게 만드는 특성이 있다.

익명성 보장

익명성(anonymity)이란 어떤 개인이 발언을 했을 때, 제3자가 그 발언으로부터 개인에 관한 어떤 정보도 얻을 수 없는 상태를 말하며 이는 '표현의 자유를 위한 기반' 으로 간주되고 있다. 그러나 인터넷에서 완벽한 익명성은 존재하지 않는다. 그럼에도 불구하고 인터넷의 익명성은 아무런 힘도 없는 인터넷 사용자를 보호하기 위해서 반드시 필요하며, 인터넷 속에서 사용자의 익명성을 완벽히 구현하기 힘든 만큼, 개인에게 얼마 정도의 익명성을 보장할 것인가의 문제가 남게 된다.

탈 억제(disinhibition) 현상

시공간의 초월성과 익명성이 바탕이 되고 있다. 일상생활에서는 도덕적 관습이나 타인의 이목을 염두에 두고 스스럼없이 실행할 수 없었던 행동들을 시도하는 경우가 많다.

높은 친밀감과 사회적 관계감 제공

인터넷 공간에서는 대면관계가 아닌 문서화된 메시지를 통해서 의사소통을 하기 때문에, 더욱 개방적이고 직설적으로 자신을 드러낼 수 있는 것이다. 일반적으로 문서화된 의사소통은 높은 신뢰감과 지각된 정직성을 갖기 때문이며, 이러한 특징들이 익명성과 탈 억제 현상과 결합되었을 때 더욱 강렬한 친밀감을 불러일으킬 수 있는 것이다.

무한 반복적인 흥밋거리 제공을 통한 비완성감

끝없는 새로운 이야깃거리와 즐길거리를 제공하는 인터넷이 가지는 비완성감으로 인해 무언가를 새로이 개척하고 이를 끝맺음하기 위해 몰두하는 경향을 가진다.

상호작용성

인터넷 사용자들이 서로 상호작용하는 역동적이고 반복적인 과정을 만들어 냄으로써 인터넷에서 참가자인 동시에 관찰자로서의 역할을 수행하게 된다.

인간의 사회 · 심리적 욕구

인터넷 이용 결과에 대한 기대

인터넷 기대와 인터넷 중독 간에는 정적 상관관계가 있다. 인터넷에 대한 기대도가 높을수록, 인터넷을 통해 이익을 얻고자 하는 마음이 클수록 인터넷의 사용빈도 또한 높은 것으로 나타나고 있다.

감각추구 성향

감각추구 성향이 높을수록 인터넷 중독 경향 수준이 높은 것으로 나타난다. 이는 인간이 인터넷을 통해 보다 다양하고 새로우며 복잡한 자신의 욕구에 대해서 해결할 수 있는 해결책을 가지고 있다고 생각하기 때문이다.

자존감, 자기통제력, 자기효능감, 충동성, 우울수준

자존감, 자기통제력, 자기효능감이 낮은 사람일수록 인터넷에 빠져들어 중독 성향을 나타낼 확률이 높다.

가족구성원으로서의 고립감

가족성원들이 상호간에 냉담하고, 가족응집력이 낮거나 자녀에 대한 부모의 통제가 심할수록 청소년들은 인터넷에 중독될 위험성이 높다. 킴벌리 영은 사람들이 가족에서 고립을 느끼면, 인터넷상에서 자신의 억압된 감정을 표출하고 감추어져 있는 면을 나타낼 수 있기 때문에 인터넷 중독에 빠진다고 설명하고 있다(Young K.S., 1998).

인터넷 중독의 유형

인터넷 중독이 인터넷을 사용하는 사용자가 나타내는 사회적 · 정신적 · 경제적 일탈상태를 의미하기 때문에 인터넷 중독의 유형을 구분하기 위한 일관된 기준이 있는 것은 아니나, 본 절에서는 킴벌리 영과 한국정보문화진흥원의 유형 구분을 따르기로 한다.

킴벌리 영의 유형 구분

사이버 성적 중독(Cybersexual addiction)

사이버 섹스나 사이버 포르노 등을 다루는 성인 인터넷 사이트에 대한 중독증상을 보이는 예이다.

표 19-2 인터넷 중독 유형 구분

킴벌리 영의 유형 구분	한국정보문화진흥원의 유형 구분
사이버 성적 중독	사이버 게임 중독
사이버 관계 중독	사이버 채팅 중독
넷 강박 중독	사이버 섹스 중독
정보 과부하	사이버 거래 중독
인터넷 게임 중독	정보 검색 중독

사이버 관계 중독(Cyber-relationship addiction)

인터넷에서 관계를 맺게 된 사람이나 그룹에 대한 중독 증상을 말한다. 채팅이나 커뮤니티에 대한 중독 증상이 대표적인 예로, '싸이폐인' 과 같은 용어가 만들어질 만큼 중독증상을 초래하기도 하였다.

넷 강박 충동(Net compulsions)

인터넷 서비스를 이용해 일상생활에서의 편리함을 추구하고자 개발된 서비스들에 의존감이 생겨 이를 확인하지 않으면 불안함을 느끼는 경우를 말한다. 직장에서 근무 중 증권거래나 은행업무 혹은 인터넷쇼핑을 하는 행위 등이 업무에 지장을 주는 것이 그 예이다.

정보 과부하

인터넷 중독의 유형 중에서 파악하기 가장 어렵고 현실적으로 문제가 되지 않는다고 인식하는 경우가 많은 유형이다. 강박적으로 타인보다 많은 정보를 소유하고자 하는 우월감이나 일반적으로 다른 사람들이 구하기 어려워하는 정보를 습득하여 보관하고 있는 것을 사랑스럽게 생각하는 점에서 기인한 유형이다. 이로 인해 하루에 대부분의 시간을 정보를 검색하고 습득하기 위해 소비해 버리는 경우이다.

컴퓨터 게임 중독

컴퓨터를 이용한 게임에 강박적으로 집착하는 경우로 게임과 현실을 구분하지 못하고 이로 인해 현실생활에 지장을 초래하는 직접적이고 가장 피해가 큰 유형이다. 이는 청소년과 성인을 가리지 않고 중독으로 인해 현실생활을 포기하거나 2차적으로 강력범죄와 연결되는 등의 사회적으로 매우 부정적인 형태를 띠고 있다.

한국정보문화진흥원의 인터넷 중독 유형

사이버게임중독

청소년들의 인터넷 중독 중 현실적으로 가장 심각한 문제이다.

사이버 체팅 중독

1 대 1 채팅, 멀티 채팅, 메신저를 통한 대화, 커뮤니티나 게시판을 통한 상대방과의 대화 시도 등의 경우이다.

사이버 섹스 중독

인터넷이나 무선통신환경을 사용하여 음란물을 다운로드 받거나 유통하는 데 심취하는 유형을 의미한다. 이러한 유형의 사람들은 이를 제지할 경우 불안감을 느끼거나 더욱 강력한 음란성을 탐닉하게 된다. 이로 인하여 일상생활이나 업무 생산성에 차질을 초래하고 성에 대한 왜곡된 인식으로 인해 성범죄를 저지를 수도 있다.

사이버 거래 중독

인터넷이나 무선통신환경을 사용하여 온라인 뱅킹, 증권거래, 인터넷 쇼핑 등에 집착하는 유형을 의미한다.

정보 검색 중독

자신이 원하는 정보를 언제, 어디서나 손쉽게 구할 수 있으나 이로 인해 타인보다 우월감을 느낄 목적으로 혹은 자랑의 대상으로 정보검색에 집착하는 경우가 이에 해당된다.

인터넷 중독의 예방과 치료

사이버중독정보센터 제안 인터넷 중독의 예방 및 치료방법

- 목적 없는 웹서핑 금지 : 뚜렷한 목적이 없는 웹서핑을 하지 말아야 하며, 자신에게 주어진 일을 다 마친 후에 컴퓨터를 켜는 습관을 들인다.
- 공개된 공간에서 컴퓨터 사용 : 남에게 드러나지 않는다는 은밀성이 사이버 중독증을 악화시키므로 공개된 장소, 예를 들어 거실 등으로 컴퓨터의 위치를 옮기는 것도 한 방법이다.
- 불필요한 CD정리 : 컴퓨터는 업무 또는 공부의 목적으로만 사용하고, 오락과 휴식의 도구로써 사용하지 않는다. 불필요한 CD는 과감하게 정리하고, 게임파일을 삭제한다.
- 규칙적인 운동
- PC방엔 친구와 동행 : 현실공간에서의 대인관계를 늘린다. 게임방에 갈 경우에도 친구와 동행하거나 동행하게 한다.
- 대안활동의 다양화 : 인터넷 이외에 자신에게 즐거움을 주는 대안활동을 찾아서 즐

긴다. 다양한 대안활동을 개발한다.

킴벌리 영의 인터넷 중독에서 벗어나는 방법(Young K. S., 1998)

- 인터넷보다 흥미를 가질 수 있는 취미를 찾아라.
- 자신의 인터넷 사용 패턴을 구체적으로 분석하라.
- 인터넷 사용 패턴을 기반으로 한 중독 정도에 따라 생활습관을 교정하라.
- 규칙적인 인터넷 사용 계획을 성립하라.
- 인터넷 사용습관을 교정하라.
- 인터넷 사용시간 지각 왜곡 현상에 빠지지 않도록 외부 방해물을 이용한다.
- 인터넷 중독으로부터 벗어나고자 노력하는 자신에게 대가를 부여한다.
- 인터넷 중독에 대한 가족단위의 치료와 노력을 한다.

사이버 폭력

사이버 폭력의 정의와 유형

정 의

인터넷 매체의 발달은 우리 생활에 많은 긍정적 변화를 가져왔다. 그러나 사이버 공간상에서 타인에 대한 악의적 행위로 인해 다양한 사회적 문제점들이 발생하고 있다. 작게는 개인에서 크게는 단체나 국가단위로 이루어지는 여러 행위들 중 의도적인 악의를 가지고 시행되는 인터넷상의 행위들을 사이버 범죄라고 한다.

사이버 범죄, 사이버 폭력, 사이버 테러라는 용어는 엄밀히 따지자면 다른 의미를 갖기도 하지만 넓은 의미에서는 일반적으로 유사한 의미로 혼용되어 사용되고 있다.

본 절에서의 사이버폭력이란, "사이버 공간에서 정보통신망을 통하여 부호, 음향, 화상 등을 이용하여 타인을 모욕하거나 명예 또는 권익을 침해하는 온갖 형태의 폭력적인 표현과 행위"를 말한다(방송통신심의위원회).

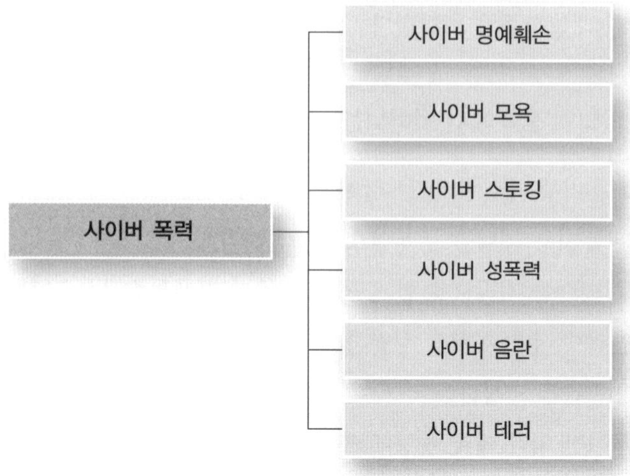

그림 19-2 사이버 폭력 유형

유형

앞선 개념정의에 기초하여 사이버 폭력의 일반적 사례를 유형별로 분류하면, 특정인에 대한 허위의 글이나 명예에 관한 사실을 인터넷에 게시하여 불특정 다수인에게 공개하는 '사이버 명예훼손', 인터넷상에서 특정인에 대하여 모욕적인 언사나 욕설 등을 행하는 '사이버 모욕', 정보통신망을 이용하여 특정인에게 원하지 않는 접근을 지속적으로 시도하거나 성적 괴롭힘을 행사하는 '사이버 스토킹', 인터넷상에서 음란한 대화를 강요하거나 성적 수치심을 주는 대화로 상대방에게 정신적 피해를 주는 '사이버 성폭력', 몰래카메라 촬영물 등 음란물을 유통시키는 '사이버 음란물' 등이 이에 해당될 수 있다. 이러한 유형들은 개인 대상의 일반 사이버 범죄에 해당되는 것들이다.

사이버 폭력의 원인과 특징

사이버 폭력의 원인

사이버 폭력이 발생하는 원인은 표 19-3에서 볼 수 있는 것처럼 일곱 가지 원인에 의한 경우가 대부분이다. 이 중에서 사이버 윤리의식의 부재가 가장 근본적인 원인이라 할 수 있다. 표 19-3의 일곱 가지 설명 외에도 인터넷이 가지는 다양한 속성이나 통신과정에서

표 19-3 사이버 폭력의 발생원인

사이버 폭력 발생원인	내 용
인터넷 윤리의식의 부재	인터넷기술의 발전에 적합한 인터넷윤리가 부재한 상황에서 인터넷을 이용하는 누리꾼들에게 기본적인 윤리를 교육하거나 알리는 자료나 기관 혹은 제도적 장치 등이 부족한 실정이다.
익명성	인터넷 공간에서 자료를 복사하거나 이동시키는 데 있어 타인에게 자신의 신분을 보호받을 기본적인 권리인 개인정보보호 방침에 따라서 이용자의 신분을 보호받을 수 있다. 이를 이용하여 타인에게 사이버 폭력을 가하는 원인으로 작용되기도 한다.
비대면성	인터넷상에서는 타인과의 대화나 글을 게시함에 있어 상대방을 마주하고 행위를 하는 것이 아니므로 타인에 대해서 쉽게 언어적 혹은 행위적 폭력을 가할 수 있다.
시·공간적 무제약성	인터넷이 가지는 기본 속성인 시간과 공간적인 제약이 없다는 특징으로 자유로운 정보의 공유가 가능. 이러한 속성으로 인해 올바른 정보인지 혹은 잘못된 정보인지 구별 없이 복사, 이동, 게시가 가능하다.
빠른 정보의 집약 및 파급성	인터넷 사회의 발전으로 인해 정보의 전달과 수집이 매우 빠르게 진행됨. 이를 악용하여 타인을 비방하거나 명예회손을 하는 경우도 가능하다.
비감독성	인터넷 환경에서 사용자에 대한 실시간 감시가 여러 가지 환경적 이유로 매우 어려움. 절대적인 제3자가 모든 인터넷 환경에서의 정보의 전달이나 복사, 게시에 대해 감독할 수 없다는 속성이 단점으로 작용한다.
전문성 및 기술성	멀리 있는 시스템이나 네트워크 환경을 편리하게 관리 및 조작하기 위해서 전문가들에 의해 개발된 긍정적인 기술들이 일반 사용자들에게 공개되면서 이를 악용하여 사이버 폭력의 수단으로 이용되기도 한다.

의 단점 및 내부적인 문제점들을 이용하여 사이버 폭력의 수단으로 삼는 경우가 있을 수 있다. 그러나 첫 번째 원인으로 제시된 인터넷 윤리의 부재와 같이 근본적인 원인을 해결한다면 다른 기술적 원인들에 대해서는 각각의 기술적 혹은 법·제도적 대응 방안을 마련하여 해결할 수 있을 것이다.

사이버 폭력의 특징

인터넷 자체의 속성과 인터넷 윤리의식 부재라는 이유로 인해 발생하게 되는 사이버 폭력

표 19-4 사이버 폭력의 특징

특 징	내 용
피해확산이 빠르다	인터넷의 빠른 파급성으로 인해 피해자가 인지하기도 전에 사이버 폭력으로 인한 피해가 빠르게 확산된다.
집단성 양상을 띤다	게시된 글에 대한 펌 댓글이나 스팸 메일과 같은 수단을 이용해 많은 간접적인 가해자가 존재한다.
가해자를 찾기 어렵다	사이버 공간에서 익명성, 비대면성과 같은 속성으로 인해 대화명이나 아이디만을 사용하여 가해자를 찾는 것이 어려움. 가해자에 대한 신상정보를 확보하여도 이에 대한 사실 여부를 확인하는 것이 어렵다.
자신도 모르게 피해가 발생한다	인터넷 포털 사이트의 경우 너무 많은 사용자가 존재하고 이로 인해 누구에 의해 최초의 사이버 폭력이 발생하였고 이는 어떤 과정과 경로를 통해 파급되었는지 확인하는 데 어려움이 존재한다.
원상회복이 어렵다	사이버 폭력으로 인한 손해배상이나 가해자에 대한 법적인 처벌을 위한 규정을 마련하고 있으나 이로 인한 현실적인 원상회복이 어렵다.
일일이 규율 · 처벌하기 어렵다	사이버 폭력은 시 · 공간적으로 제약이 없기 때문에 각각의 번죄에 대해서 단죄하는데 어려움이 있다.
현실생활로 2차 피해가 발생가능하다	사이버 폭력으로 인해 피해를 입은 피해자의 개인정보가 노출되어 이로 인한 일상적인 사회생활이나 경제활동이 불가능해지는 것과 같은 2차 피해가 발생하기도 한다.

은, 피해확산이 현실생활에 비해 매우 빠르고, 가해자를 찾기 어려우며, 가해자를 안다고 해도 이에 대한 증명과 원상회복이 어렵고, 사이버공간에서의 피해가 2차적으로 현실생활과 연계되어 피해가 발생하기도 한다는 특징을 가지고 있다.

사이버 폭력의 대응방안

다른 사이버 범죄와 마찬가지로 사이버 폭력도 발생 이후에 그 증거들을 수집하고 이에 적법한 절차를 통해서 신고를 하고 이에 대한 법적 구제를 수행하는 데 어려움이 많다. 본 절에서는 사이버폭력의 대응방안을 사전 대응방안과 사후 대응방안으로 나누어 살펴본다.

사전 대응방안

일반적인 사전 대응방안

- 사이버 폭력 가해자가 되지 않기 위해 주의할 점
  - 음란한 용어나 욕설이 포함된 ID나 닉네임을 사용하지 않는다.
  - 도메인에 타인의 명의나 닉네임을 도용하지 않는다.
  - 바른 언어를 사용한다.
  - 장난이 타인에 대한 범죄가 될 수 있음을 기억한다.
  - 논쟁이 발생할 경우 절제할 줄 안다.
  - 현실생활에서처럼 상대방을 존중한다.
- 사이버 폭력 피해자가 되지 않기 위해 주의할 점
  - 중성 ID를 사용하자.
  - 개인정보를 철저히 관리하자.
  - 원치않는 메일에 답변하지 말고, 필터링 소프트웨어를 사용하자.
  - 온라인 대화 시 상대방을 주의하자.
  - 온라인에서의 만남을 오프라인으로 확대하는 데 주의하자.
  - 상대방의 성적 유혹에 반응하지 말자.
  - 내용선별 프로그램을 이용하자.

사후 대응방안

- 상대방의 글에 감정적으로 대응하지 않는다.
- 가해자의 행위를 원하지 않는다는 의사를 밝힌다.

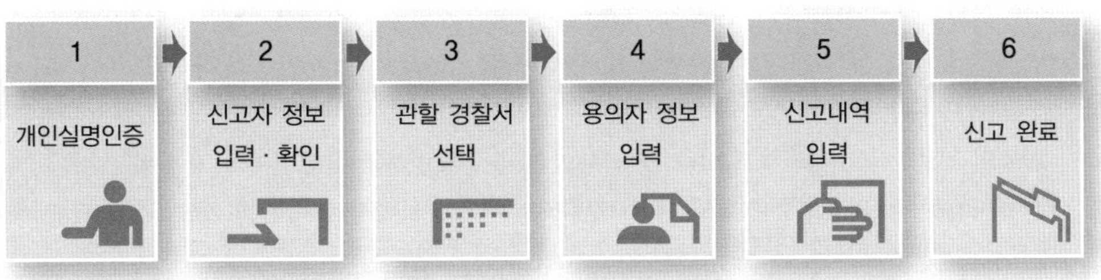

그림 19-3 사이버 테러 대응기관 접속

자료 : 사이버테러대응센터

■ 피해사실에 대해 공개자료를 수집한다.
■ 사이버 테러 대응기관에 피해구제를 요청한다.
■ 정보통신사업자에게 해당 글의 삭제를 요청한다.
■ 발생된 사이버 성폭력에 대해 시스템관리자 및 경찰 등에 신고한다.
■ 해당 범죄에 대한 가해자를 형사고발할 수 있다.
■ 손해배상 책임을 묻는다.

개인정보 침해

개인정보의 개념

개인정보란 일반적으로 "생존하는 자연인의 식별이 가능한 모든 종류의 정보"라고 규정하고 있다. 개인의 이름, 주소, 전화번호, 나이, 성별, 주민등록번호와 같이 개인을 알아볼 수 있는 정보는 물론이려니와, 다른 정보와 결합하여 특정 개인을 구별하고 그 사람의 정신적 · 신체적 · 사회적 상태(신분, 재산 등)를 판단 · 평가 · 사실확인이 가능하게 하는 정보도 포함된다.

국내법에서의 개인정보의 정의

「공공기관의 개인의 정보보호에 관한 법률」 제2조 제2호에서는 "생존하는 개인에 관한 정보로서 당해 정보에 포함되어 있는 성명, 주민등록번호 등의 사항에 의하여 당해 개인을 식별할 수 있는 정보(당해 정보만으로 특정개인을 알아볼 수 없는 경우에도 다른 정보와 용이하게 결합하여 알아볼 수 있는 것을 포함한다)"라고 정의하고 있으며, 「정보통신망이용촉진 및 정보보호 등에 관한 법률」 제2조 제6호에서는 "생존하는 개인에 관한 정보로서 성명 · 주민등록번호 등에 의하여 당해 개인을 알아볼 수 있는 부호 · 문자 · 음성 · 음향 및 영상 등의 정보" 라고 정의하고 있다. 즉, "본인의 의사에 반하거나 본인이 알지 못하는 상태에서 이용될 경우 정보주체(당사자)의 안녕과 이해관계에 영향을 미칠 수 있는 개인 관련 정보"라고 할 수 있다.

개인정보는 국가의 행정편의, 기업의 상업성에 의해 계속적으로 수집 · 관리되어 오고 있으며 네트워크의 확산으로 공공기관은 물론, 개인에 이르기까지 개인정보의 접근이 쉬워지고 오 · 남용이 만연되고 있는 실정이다. 특히 정보사회에서 개인정보는 한 개인의 가치를 판단하게 하는 제2의 인격의 가치를 갖게 되어 개인정보의 오 · 남용은 개인 프라이버시의 침해는 물론 개인 권익의 손실, 인간의 존엄성 침해를 가져올 수 있다.

개인정보의 요건과 유형

개인정보의 요건

- 법률에 의한 보호대상이 되는 개인정보는 살아 있는 개인에 관한 정보여야 한다. 사자(死者)나 실종신고를 받은 자의 정보는 보호대상에서 제외된다.
- 식별성이 없는 개인정보(예 : 성명, 주민등록번호)는 개인정보가 될 수 없다.
- 특정 정보만으로는 식별성이 없더라도 다른 정보와 용이하게 결합하여 본인 식별이 가능하면 개인정보에 해당한다.

개인정보의 유형

개인정보 유형의 분류는 각종 권리관계를 구분하는 데 큰 영향을 미치게 된다. 본 절에서는 개인정보의 유형을 관리주체별 분류, 성격별 분류, 내용별 분류로 살펴본다.

공공개인정보와 민간개인정보(관리주체별)

공공개인정보는 수집단계부터 각종 법규에 근거한 정보이고, 민간개인정보는 사업영역별 신용, 의료, 통신, 상거래, 고용 등의 정보이다.

민감도 높은 정보와 민감도 낮은 정보(성격별)

민감도 높은정보 : 개인적 차별대우의 기준이 될 수 있는 정보(예 : 인종, 민족, 정치적 견해, 종교 및 신앙 등)

와이블(Weible)의 개인정보 분류(14종으로 분류)

일반 인적 정보, 가족정보, 교육 및 훈련정보, 병역정보, 부동산정보, 동산정보, 소득정보, 기타 수익정보, 신용정보, 고용정보, 법적 정보, 의료정보, 조직정보, 습관 및 취미정보 등

8대 원칙

- 수집제한의 원칙(collection limitation principle) : 개인정보 수집의 방법은 정보의 주체에게 통지하거나 동의를 얻는 것이 원칙이다. 그러나 상황에 따라 달라질 수 있다.
- 정확성의 원칙(data quality principle) : 개인정보는 사용목적에 부합되어야 한다.
- 목적 명확화의 원칙(Purpose specification principle) : 개인정보 수집 시 그 수집 목적이 명확하게 제시되어야 하고 이를 사용할 때에는 애초 목적과 모순되지 않아야 하며 사용목적이 변하는 각각의 경우에는 다시 명시되어야 한다.
- 사용제한의 원칙(use limitation principle) : 개인정보는 정보 주체의 동의가 있거나 법률 규정에 의하지 않고는 수집 당시 목적 이외의 용도로 누출되거나 사용되어서는 안 된다.
- 보안 확보의 원칙(security safeguards principle) : 개인정보의 유출, 권한 이외의 접근 · 파괴 · 사용 · 수정 · 누출 위험에 대비하여 합리적인 보안장치를 마련해야 한다.
- 공개의 원칙(openness principle) : 개인정보에 관한 개발, 운용 및 정책에 관해서는 일반적인 공개정책을 취해야 한다.
- 개인참여의 원칙(individual participation principle) : 자신의 정보에 대해 이의를 제기하고 삭제 · 정정 · 보완 · 수정을 청구할 수 있어야 한다.
- 책임의 원칙(accountability principle) : 정보관리자는 위의 원칙들이 지켜지도록 필요한 제반조치를 취할 책임이 있는 것이다.

OECD의 개인정보 보호원칙

OECD는 1978년부터 프라이버시에 대한 논의가 시작하였고, 1980년에는 「프라이버시 보호와 개인정보의 유통에 관한 가이드라인에 관한 이사회 권고」를 채택하였다. 본 가이드라인을 통해 국가의 정보화 정책 수립 시 정보보호문제를 우선 고려하도록 권고하였다.

개인정보 침해의 대응방안

개인정보 침해의 대응방안은 사전 대응방안과 사후 대응방안으로 나누어 살펴보기로 한다.

개인정보 침해의 사전 대응방안

신중한 정보제공

자신의 개인정보를 함부로 외부에 제공해서는 안 된다. 길거리에서 서명이라든가 설문조사를 부탁받았을 때, 주소와 이름, 전화번호 등의 기입란이 있더라도 가능한 한 기입하지 않도록 한다.

신분확인

개인정보를 요구받았을 때, 상대방의 신분을 확인하는 자세가 필요하다.

철저한 쓰레기 관리

자신의 개인정보가 담긴 쓰레기를 통해 개인정보가 유출되지 않게 조심해야 한다.

철저한 이메일 관리

이메일은 일반적으로 생각하는 것보다 개인정보가 유출되기 쉬운 통신수단이므로 비밀번호와 신용카드 번호와 같은 중요한 개인정보를 이메일에 기입하는 것을 삼가야 할 것이다.

신중한 쿠키이용

쿠키란 웹 사이트의 거래내역이 기록되는 파일로, 한 번 입력한 비밀번호 등을 기록하여 보관하는 쿠키사용을 설정해 두면, 비밀번호를 비롯한 열람자의 열람 관련 정보를 웹사이트측에 제공하기 때문에 이를 이용하여 정보를 유출할 가능성도 있다. 따라서 쿠키 이용을 신중히 해야 할 것이다.

개인정보 침해 사후 대응방안

정부기록정보

- 공공기관의 개인정보 보호에 관한 법률 : 국가 · 공공기관 보유의 개인정보 보호, 수집/처리/이용 과정상의 정보주체와 공공기관의 권리/의무 비율
- 공공기관의 정보공개에 관한 법률 : 개인정보의 비공개, 부분공개 규제
- 주민등록법 : 주민등록의 열람 또는 등 · 초본의 교부, 주민등록 전산정보자료의 이용 등 규제
- 자동차관리법 : 자동차 관리 업무의 전산처리 시 사생활 보호
- 통계법 : 통계 작성과정 시 개인, 단체 법인의 비밀보호

- 국정감사 및 조사에 관한 법률 : 사생활 침해목적의 감사, 조사 제한
- 국가공무원법, 독점규제 및 공정거래에 관한 법률 등 : 업무상 취득한 비밀의 보호

통신비밀

- 통신비밀보호법 : 우편물의 검열, 전기통신의 감청 등 통신 관련 사생활의 보호
- 통신제한조치의 허가절차 및 비밀유지에 관한 규칙 : 범죄수사/국가안보를 위한 통신제한조치의 허가절차
- 전기통신사업법 : 개별이용자에 관한 정보의 공개 및 유용금지 등
- 형법의 비밀침해죄(제316조) : 봉함, 기타 비밀장치한 편지, 문서, 도화 또는 전자기록 등 특수매체기록에 대한 기술적 침해 규제

보건의료정보

- 보건의료기본법 : 보건의료 관련 사생활의 보호
- 의료법, 전염병예방법, 후천성면역결핍증예방법 : 업무상 비밀 누설 금지
- 생명윤리 및 안전에 관한 법률 : 유전자정보의 보호 등

소비자 정보

- 정보통신망 이용촉진 및 정보보호 등에 관한 법률 : 정보통신 서비스 제공자에 의한 개인정보 수집 및 처리 규제, 여행업/호텔업/항공운송사업/ 학원 등 사업자의 개인정보 보호
- 신용정보의 이용 및 보호에 관한 법률 : 민간부문에 의한 개인신용정보 처리의 규제, 신용정보주체의 열람 및 정정 청구 등 규제
- 금융실명거래 및 비밀보장에 관한 법률 : 금융거래의 비밀보장
- 증권거래법 : 정보의 제공, 누설금지
- 위치정보의 이용 및 보호 등에 관한 법률 : 위치정보의 수집 · 제공의 범위, 오 · 남용 방지
- 은행법, 변호사법, 외국환거래법, 법무사법, 공증인법 등 : 업무상 취득한 비밀의 보호

내용요약

1. 인터넷윤리학의 기능은?

① 처방윤리(prescriptive ethics), ② 예방윤리(preventive ethics), ③ 변형윤리(transformative ethics), ④ 세계윤리(global ethics), ⑤ 책임윤리(responsability ethics), ⑥ 종합윤리(comprehensive ethics)

2. 킴벌리 영(Kimberly Young)의 인터넷 중독 유형구분

① 사이버 성적 중독(Cybersexual addiction), ② 사이버 관계 중독(Cyber-relationship addiction), ③ 넷 강박 충동(Net compulsions), ④ 정보 과부하, ⑤ 컴퓨터게임중독

3. OECD의 개인정보 보호 8대 원칙

① 수집제한의 원칙(collection limitation principle), ② 정확성의 원칙(data quality principle), ③ 목적 명확화의 원칙(Purpose specification principle), ④ 사용제한의 원칙(use limitation principle), ⑤ 보안 확보의 원칙(security safeguards principle), ⑥ 공개의 원칙(openness principle), ⑦ 개인 참여의 원칙(individual participation principle), ⑧ 책임의 원칙(accountability principle)

4. 네티켓

인터넷을 사용하는 데 있어 지켜야 할 예절을 의미. 통신망(Network)과 예의범절(Etiquette)의 합성어. 네티즌들이 사이버 공간에서 지켜야 할 자율적 규범인 인터넷 예절을 의미한다.

5. 인터넷 중독

정보이용자가 지나치게 컴퓨터에 접속하여 일상생활에 심각한 육체적 · 정신적 · 사회적 · 금전적 지장을 받고 있는 상태

6. 사이버 폭력

사이버 공간에서 정보통신망을 통하여 부호, 음향, 화상 등을 이용하여 타인을 모욕하거나 명예 또는 권익을 침해하는 온갖 형태의 폭력적인 표현과 행위

7. 개인정보의 개념

"본인의 의사에 반하거나 본인이 알지 못하는 상태에서 이용될 경우 정보주체(당사자)의 안녕과 이해관계에 영향을 미칠 수 있는 개인 관련 정보"라고 할 수 있다.

check list

1. 인터넷윤리학의 기능에 대해 생각해 봅시다.

2. 온라인(on-line)대학교의 학생으로서 지켜야 할 네티켓의 내용에 대해 정리해 봅시다.

3. OECD의 개인정보 보호 8대 원칙을 정리해 봅시다.

4. 개인정보 침해 시의 대응방안에 대해 생각해 봅시다.

CHAPTER 20

의료윤리문제

주요용어

의료윤리, 인간의 생명, 인공유산, 태아의 생명권, 여성의 신체적 자율권, 안락사, 미끄러운 경사길, 유전공학, 인간복제

의료윤리의 개념

정 의

의료윤리는 윤리학의 한 분과이다. 사회의 모든 분야에는 그 분야에 적용되는 독특한 윤리문제가 있고, 그 독특한 윤리문제를 연구하는 윤리학 분과가 발전하고 있다. 윤리문제는 한 사람이나 집단이 다른 사람이나 집단에 영향을 끼칠 때 발생하고, 그 영향이 올바른지에 대해 해답을 얻기 위해 노력하는 분야가 윤리학 분야이다. 의료 분야에서는 의사가 환자에게 또는 다른 의료 요원들에게 여러 형태로 영향을 끼친다.

급속히 발전되고 있는 의학지식과 기술을 실제로 적용할 때 지금껏 경험해 보지 못한 문제들이 만들어져 사회에 영향을 끼치게 된다. 따라서 의료윤리학은 윤리학 분야 중 가장 급속하게 발전하고 있는 분야의 하나이다.

의료에서 의료윤리의 위치

의료제도를 구축하는 기본이념은 윤리학의 기본 대상

의료는 의료제도에 의해 크게 영향을 받는다. 한 나라의 의료제도를 형성하는 기본이념이

무엇이냐에 따라 그 나라의 의료제도가 결정되고 의료제도에 따라 의료행위의 양상이 크게 영향을 받는다. 의료제도를 구축하는 기본이념은 윤리학의 기본 대상이 된다.

우리나라의 의료제도형성의 기본이념은, "모든 국민이 필요할 때 의료를 받을 권리와 사회정의에 입각한 의료분배에 초점"을 맞추고 있다. 이러한 기본이념에 따라 사회보험 형태의 건강보험제도, 의료전달체계, 의료수가의 통제, 진료거부 금지, 선택진료의 규제, 일정률의 일반병실의 확보 등 제도가 수립되었고, 의료는 이에 따라 규제와 영향을 받게 된다.

의사는 윤리적으로 최신의 지식과 기술을 습득하여 환자진료에 최선을 다해야 한다

이러한 윤리적 요구로 의사들은 보수교육을 받아야 할 의무를 지게 된다. 이는 의료사고 시 '의사가 최신지식과 기술을 적용하여 환자를 진료하였는지?'가 법적 판단의 기준이 된다.

그러나 의사의 의료행위의 선택 자체가 의학지식보다는 윤리적 판단이 더 중요하게 작용하는 경우도 많다. 예를 들어, 인공임신중절, 안락사문제, 뇌사, 약의 선택, 진료방법의 선택 등이 그러한 경우이다.

의학지식과 기술의 적용에 있어 윤리적 판단이 중요하다

획기적인 의학지식과 기술의 적용 여부에 윤리적 판단이 중요하게 작용한다. 대리모, 유전자 재조합, 태아성감별, 생명복제 등이 그러한 경우이다.

의학연구의 발전방향과 연구방법의 선택에도 윤리적 판단이 작용한다

의학연구 자체의 발전방향 및 연구방법의 선택에도 윤리적 판단이 크게 작용한다. 생명복제 기술의 인간에의 적용 등이 그 대표적인 예이다. 생명복제 기술을 인간생명의 복제를 위해서는 거의 모든 나라들이 이를 윤리적인 이유로 연구를 하지 못하도록 하고 있다.

의료윤리영역에 포함되는 주제들

의료윤리영역은 크게 세 분야로 분리할 수 있는데, 인간관계 윤리, 생명과 관련된 윤리 그리고 의료분배와 관련된 윤리가 그것이다.

인간관계 윤리

인간관계 윤리에서는 의사와 환자와의 관계, 의사와 다른 의료요원과의 관계, 의학자와 연구대상자와의 관계, 환자와 환자의 관계, 환자와 그 가족과의 관계 등의 내용이 있다.

의사와 환자와의 관계

환자의 권리장전으로 대변되는 여러 가지 윤리적 문제가 존재한다. 의사와 같은 전문직이 오래 전부터 가지고 있는 본질적인 윤리문제에는 아래의 내용이 주를 이룬다.

- 권위의식과 특권의식 : 이는 의사들은 다른 사람들보다는 교육을 많이 받았고, 의업은 고귀한 직업이므로 이에 종사하는 사람들은 특별한 대우를 받아야 한다는 생각이 그 바탕을 이루고 있다.
- 의사와 환자와의 관계에서 의사가 환자보다 유리한 위치에 있다는 사실

그러나 '환자권리장전'의 주요 내용은, 관심과 존중을 받을 권리, 인간으로서 존경과 대우를 받을 권리, 사생활과 육체적인 비밀을 보장받을 권리, 설명을 듣고 승낙할 권리, 자기의 질병에 대한 진실을 설명 들을 권리, 진료비에 대한 설명을 들을 권리 등으로 환자들의 주장은 너무도 당연한 것들이고 이러한 권리들이 오랜 기간 동안 병·의원에서 의사들에 의해 침해되었던 것을 부정할 수는 없다.

의료인과 다른 의료요원과의 관계

의료인들이 유리한 입장에서 다른 의료요원을 착취하거나 사사로운 요구를 하는 경우들이 제기되고 있다.

삶과 죽음에 관계된 윤리

삶과 죽음에 관련된 윤리적 과제들로는 다음의 내용들을 열거할 수 있다.

- 기형이 심한 여아의 출생 시 어떻게 할 것인가?
- 사고로 불구가 되었거나 회복 불가능한 질환의 젊은이가 삶을 포기하려 할 때는?
- 인공수정된 난자는 필요 없어졌을 때 버려도 무방한가?

- 임신중절의 시행은 정당한가? 어떤 경우에 정당한가?
- 뇌사환자에 대해서는 어떻게 할 것인가?
- 환자가 편안한 죽음을 맞도록 도와야 하는가?
- 회복 불가능한 환자의 인공호흡기를 제거해도 되는가?

의료분배와 관련된 의료윤리문제

의료제도의 궁극적 목표는, "모든 사람들이 필요할 때 질적으로 우수한 의료를 싸고 쉽게 받도록 해주는 것" 이다. 그러나 이러한 목표를 달성하기 위해 필요한 의료자원은 항상 부족하다. 따라서 '부족한 자원을 어떻게 배분하는 것이 가장 좋은가?' 하는 문제를 해결해야 한다. 가장 이상적이라 할 수 있는 배분의 원칙이 존재하지는 않으나, 일반적으로 배분에는 네 가지 원칙이 통용된다.

분배의 네 가지 원칙

- 공리주의적 이론
- 공동체주의 이론
- 자유지상주의적 이론
- 평등주의적 이론

출생과 관련된 윤리문제

출생과 관련된 윤리문제는 인간으로서의 존엄과 가치를 지닌 인간 주체로서의 생명은 언제부터 시작되는지를 규정하여야 하고, 이에 근거하여 인공유산의 허용한계를 명시하여야 할 것이다.

인간생명의 시작

인격성에 관한 문제

태아의 인격성에 관한 고전적인 학설을 펴 온 미국의 의료윤리학자 다니엘 캘러헌(Kallahan D.)은 태아의 위치설정에 대한 주장들을 세 학파로 나누어 설명하고 있다.

유전학파(genetic school)
인간의 유전인자를 지닌 모든 존재를 인간으로 규정한다. 수정되는 순간에 유전자형이 결정되므로 수정란 시기부터 인간이라는 것을 의미한다.

발달학파(development school)
수정은 개별적인 인간에 대해 단지 유전적인 기초를 설명해 주는 것에 지나지 않고 어느 정도 발달한 뒤에야 인간이 된다고 주장하고 있다.

사회결과학파(school of social consequence)
"생명이 언제 시작되었는가?" 보다 "인간적인 생명이 언제 시작되는가?" 라는 물음에 더 깊은 관심을 가지고 있다.

생명의 시작

생명의 시작에 대한 주장들은 다음과 같다.

- 수정과 동시에 유전학적 주체성(genetic identity)을 갖게 되면서부터 인간으로서의 생이 시작된다는 학설
- 수정 후 3주부터, 즉 기관형성이 시작되는 단계인 배아기(embryonic period)부터 인간 주체로서의 생이 시작된다는 학설
- 최종 월경일 이후 9~10주부터, 즉 태아의 성장과 발육이 일어나는 태아기(fetal period)로부터 인간으로서의 생이 시작된다는 학설
- 태아가 모체 밖으로 나와서도 생존이 가능한 시기부터 인간으로서의 생이 시작된다는 학설
- 분만 이후부터 인간으로서의 생이 시작된다는 학설

앞에서 열거한 논리 중 어느 학파의 의견을 따르느냐에 따라 인공유산에 대한 입장이

달라질 것이다. 또한 태아가 생존능력을 갖게 되는 시기 이전에 인공유산을 하더라도 태아가 생명 또는 생명이 될 충분한 잠재성을 가진 존재라는 것을 이해하고 신중한 적응하에 시행되어야 의학적 윤리성을 유지할 수 있을 것이다.

인공유산에 관련된 태아의 생명권과 여성의 신체적 자율권

인공유산을 둘러싼 논쟁은 여성의 생명과 관련된 자율성을 유산에까지 확대할 수 있겠느냐 하는 것과 인공유산 시 태아를 무엇으로 보아야 할 것인가에 초점이 맞추어져 있다.

태아의 생명권

'태아는 인간' 이라는 기본가정에 기초하고 있다. 태아는 임신 순간으로부터든 혹은 어떤 발달단계에 있든 다른 인간들이 소유하고 있는 것과 동일한 죽음을 당하지 않을 권리를 갖는다는 것이다.

그러나 여기에서의 한계점은, 태아의 생명권에 대한 주장에서 '인간은 인격적 존재' 라고 그 의미를 해석할 때, '수정란이 인격적 존재로 해석될 수 있을까?' 하는 문제이다.

여성의 신체적 자율권

인간이 갖는 권리 중에는 자신의 신체에 관련된 문제를 결정할 수 있는 권리가 있으며 따라서 어머니가 될 것인지, 언제 될 것인지를 결정할 권리가 있다고 보는 견해이다.

생명의 존엄성

생명의 존엄성은 다음과 같은 측면들을 포함하고 있다.

- 인간종족의 보존 : 인간은 살아남기 위해 일 해야만 한다.
- 가계의 보존 : 자기 가족의 크기를 결정하는 데 있어 자유로워야 한다.
- 신체적 생명의 존중 : 인간은 다른 인간에 의해 보호받고 있다는 확신을 가져야 한다.
- 자기결정의 존중 : 개인적인 선택에 있어서나 자기자신의 복지에 관계되는 문제를 결정하는 데 있어서 자유로워야 한다.
- 신체적 온존성의 존중 : 개인은 자신의 신체가 침해되는 것으로부터 보호받아야만

한다.

여기에서 마지막의 개인적인 선택의 존중과 신체적 온전성의 존중이라는 두 요소는 신체적 생명의 존중과 인간종족의 보존과 함께 판단되어져야 한다.

인공유산에 대한 입장들

인공임신중절에 대한 논리는 태아의 생명권을 강조하는 '생명우선론' 과 여성의 신체적 자율권을 강조하는 '선택우선권' 으로 대별할 수 있다.

보수주의

어떠한 환경에서도 임신중절은 금지되어야 한다는 주장이다. 생명의 절대적 존엄성, 무고한 인간에 대한 신설불가침, 배아(embryo)와 태아는 임신하는 바로 그 순간부터 인간이므로 침해해서는 안 된다는 가톨릭의 전통적 가르침 등이 있다.

자유주의

임신여성의 신체적 자율권을 전제로 여성이 원한다면 언제든지 인공유산이 가능하다는 입장이다. 인간이라고 하면 시간의 경과에 따른 자기자신에 대한 인식과 의식이 있어야 하는데, 태아는 아직 그만큼 성숙되지 못하였다고 주장한다.

절충주의

태아의 생명권과 여성의 신체적 자율권을 동시에 존중하면서, 두 권리가 충돌할 때 가능한 한 악이 최소화하는 방식으로 선택이 이루어져야 한다고 주장한다. 절충주의의 주장자들은 비극적이고 손실이 뒤따르는 경우에만 임신중절을 허용한다. 예를 들어 임신을 지속할 경우 임부의 생명이 위험하다면 임부는 자신의 생명을 위한 정당방위로써 인공유산이 가능하다.

죽음과 관련된 윤리문제

인간이 살아가는 과정에서 죽음은 누구도 피할 수 없는 필연적 사건이며, 모든 인간은 자신의 죽음만은 고통이 따르지 않고 편안하게 맞이하고자 하는 욕망이 있다. 그러나 고통을 느끼지 않는 자연적인 죽음인 경우에는 윤리적이나 사회통념상 아무런 문제를 야기하지 않지만 타인에 의하여 환자의 생명을 마감하게 하는 데는 판단방식에 따라 많은 이론을 제기할 수 있다. 본 절에서는 죽음과 관련된 윤리문제를 안락사를 중심으로 살펴보고자 한다.

안락사의 정의

안락사(euthanasia)는 eu(well, good)와 thanatos(death)가 합쳐진 용어이며, 행복한 죽음을 맞이하는 것, 아름답고 존엄한 죽음, 행복하고 품위 있는 죽음, 고통이 없는 빠른 죽음, 잠자는 것과 같은 평화로운 죽음, 가벼운 죽음, 깨끗한 죽음 등의 뜻을 가지고 있다. 환자의 측면에서는 편안한 죽음으로 가게 되지만 시술자의 측면에서는 많은 뜻을 내포하게 된다. 왜냐하면 이는 자연적인 죽음이 아닌 최소한의 인위적인 의도 내지 행위를 내포하고 있으므로 이에 대한 이해가 기본적으로 이루어져야 한다.

안락사에 대한 정의를 몇 가지 경우로 살펴보기로 한다.

- 『옥스포드 영어사전』: 조용하고도 안락한 죽음을 야기하는 행위
- 『웹스터 새 국제사전』(1976) : 치료할 수 없는 상황이나 질병으로 인하여 고통받는 사람을 아무런 고통도 주지 않고 죽여 주는 행위나 관행
- 임종식 : "회복될 수 없거나 불치병으로 고통을 받고 있는 환자를 고통에서 벗어나게 하기 위하여 환자의 죽음을 유발시키거나 허용하는 관행이나 행위

앞에서 몇 가지 정의를 살펴보았다. 안락사에 대한 정의에는 '환자가 생을 마감하고 싶다는 의사표명' 이 필수적으로 있어야 할 것이다. 이러한 측면에서 임종식의 정의가 좀더 설득력이 있다고 할 수 있다.

환자의사에 따른 안락사의 분류

안락사는 환자 자신의 의사에 따라 자의적 안락사, 비자의적 안락사, 반자의적 안락사로 분류할 수 있고, 시술방법에 따라 적극적 안락사, 소극적 안락사, 생존의 윤리성에 따라 자비적 안락사, 존엄적 안락사, 도태적 안락사로 나눌 수 있다.

환자 자신의 의사에 따른 분류

자의적 안락사(voluntary euthanasia)

판단능력이 있는 성인 환자가 자신의 판단에 따라 죽음을 요청할 때 안락사를 수행하는 경우로, 엘리자베스 부비아의 경우가 자의적 안락사의 전형적인 예이다.

예

1983년 26세의 부비아(Bouvia)는 캘리포니아 리버사이드 종합병원에 입원하여 위생상의 배려 및 진통제는 받아들이겠으나 음식을 강요 말아 달라고 병원 측에 요청하였다.

태어날 때부터 뇌성마비였던 그녀는 부모가 이혼하고 돌보지 않아 병원에서 혼자 살았다. 주 정부의 보조금으로 대학에서 사회사업을 전공하고 직업도 가지고 결혼도 하였으나 임신 후 유산을 하였고, 남편과도 헤어졌다. 그녀는 모든 것을 잃었다고 생각하고 자살을 원하였고, 방법으로는 굶기로 하였다. 병원 측은 법원에 문의한 결과 병원은 자살을 동조하지도 않아야 하며 급식을 중단해서도 안 된다는 판결을 받는다.

병원 측은 그녀의 요구를 거부하고 튜브를 통한 음식공급을 강행하였다. 음식을 거부하는 그녀의 저항과 비인간적으로 비치는 병원 측의 강제의료행위, 즉 반자의적 강제급식은 사회와 법정에서 많은 논란이 되었으나 최종적으로 환자의 감성적인 또는 정신적인 측면도 육체적인 측면과 동일하게 존중되어야 하며, 강제적이고 비인간적인 치료를 거부하는 것은 환자의 권리행사이며, "판단능력이 있고 지각이 있는 환자의 진료거부 의사를 존중하는 데는 형사적 · 민사적 책임이 따르지 않는다"고 결론을 내렸다.

비자의적 안락사(nonvoluntary euthanasia)

생명의 주체가 의사를 표시할 능력이 없거나, 결정 능력을 상실하여 환자 자신이 아닌 환자 가족이나 친권자의 동의하에서 시행되는 안락사로, 그 예로는 다운증후군의 신생아, 식물인간상태의 환자, 중증의 치매환자, 정신장애자 등의 경우를 들 수 있다.

예

1975년 4월 21세의 미국 여성인 카렌 퀸란(Karen Quinlan)은 약명 미상의 약을 복용 후 친구 생일파티에 참석했다가 혼수상태에 빠졌다. 그녀는 뉴저지에 있는 성 클라라병원에서 6개월간 정맥주사와 산소호흡기로 연명하는 지속적 식물인간에 빠졌다. 그녀의 부모는 소생이 불가능하다는 의사의 파단과 가톨릭 교회법에서는 희망이 없는 환자에게는 비정상적인 방법을 사용하면서까지 생명을 연장시켜야 할 의무가 없다는 본당 신부의 신학적 해석에 따라 품위와 존엄 속에서 죽을 수 있도록 인공호흡기를 제거해 주도록 의료진에게 요청하였다.

담당의사가 인공호흡기의 제거를 거절하자 이 문제는 법정으로 옮겨졌고 안공호흡기 제거는 명백한 살인행위라는 판정을 받았다. 그 후 1976년 5월 뉴저지주 대법원은 의사와 병원당국이 찬성한다면 인공호흡기를 제거해도 좋다는 판결을 내렸고 인공호흡기는 제거되었다. 그러나 놀랍게도 그녀는 인공호흡기의 도움 없이 9년간 더 생존하다 1985년 6월 감염합병증으로 사망하였다.

반자의적 안락사(involuntary euthanasia)

생명을 가지고 있는 사람(환자)의 의사는 무시하고 주위 사람이 고통을 덜어 주고자 시행하는 안락사를 말한다. 이는 환자가 동의하지 않았음에도, 환자가 죽음을 원하지 않았는데도 불구하고 환자의 고통을 덜어 준다는 자비로운 마음에서 그 환자를 죽음에 이르게 하는 행위인 것이다.

시술방법에 따른 분류

적극적 안락사

- 생명을 단축시키는 특수수단을 사용하는 경우이다. 예로는 독극물을 준비하여 생명을 단축시키는 방법이 있다.
- 생명을 연장시키는 일반수단을 사용하지 않는 경우로, 그 예로는 생명을 유지하기 위하여 영양공급이 필요한 환자에게 영양공급방법을 취하지 않은 경우가 있다.

예

78세된 남성 환자가 진행성 담도암으로 치료를 받았는데, 효과를 얻지 못하고 다른 장기로 전이되고 심한 통증을 호소하여 호스피스 치료를 받기로 결정하였다. 환자에게 직접적으로 병세에 대해 설명하지는 않았으나 환자 스스로 자신의 상태를 파악하고 주치의에게 더 이상의 고통을 받지 않고 가족들도 고생을 시키지 않기 위해 안락사를 받겠다고 요구하였다.

주치의는 가족들에게 환자의 요구에 대해 이야기하고 협조하지 않겠지만 통증완화를 위한 마약성 진통제의 용량을 적극적으로 증량하지만 약제의 부작용으로 인한 호흡정지나 심정지 등이 생길 수 있다는 것에 승낙을 받았다. 환자는 통증 완화를 위한 자가통증조절법을 시술받았고 통증완화는 만족스러웠다. 환자는 만족스러운 통증완화로 인해 안락사의 요구를 철회하고 환자 자가통증 조절법을 시술한 지 약 3주 만에 편안한 임종을 맞이하였다.

소극적 안락사

- 생명을 단축시키는 일반수단을 사용하는 경우이다. 예로는, 마약성 진통제의 반복 사용이 환자의 생명을 단축시키는 줄을 알지만 통증을 해소시키기 위하여 모르핀을 투여하는 행위가 있다.
- 생명을 연장시키는 특수수단을 사용하지 않는 경우이다. 예로는, 호흡기능의 저하가 있는 무뇌아에게 인공호흡기를 사용하지 않는 행위가 있다.

예

71세 된 환자가 췌장암과 전이에 의해 심한 통증이 복부와 회음부에 하루 종일 발생하였다. … 환자보호자는 신경차단을 원하였지만 약물치료가 가능하다고 판단하여 팬타닐과 항우울제를 포함한 진통보조제 등으로 투여하고 통증치료를 하였다. 외래로 통원치료가 가능하다고 판단하고 외래치료를 받던 중 환자보호자의 면담요청을 받고 의논한 결과 환자의 안락사를 요청하였다. 그 이유로 환자가 혼자 생활을 하면서 남을 의심하는 피해망상증으로 장남에 대해 재산분배 문제로 의심이 심해져 이제껏 형성되었던 모자관계가 마지막에 나쁘게 될 수 있다는 것이었다.

이해되지 않는 이유였으나 보호자의 의견을 참고하여 할로펠리돌을 추가로 투여하여 환자를 안정시키고 보호자와는 7일간 만나지 않도록 하였다. 환자가 장남을 다시 찾았을 때는 두 사람 관계가 양호하게 유지되었고, 약 2주간의 간병 뒤 환자는 편안하게 임종을 맞았다. 환자의 장남은 미국으로 돌아간 뒤 한국병원의 원장에게 한국의 의료 서비스가 생각보다 훨씬 높아 자랑스럽다는 감사의 편지를 보내왔다.

윤리성에 따른 분류

자비적 안락사(beneficient euthanasia)

암성통증이나 그 외의 원인에 의해 하루종일 심한 통증으로 거의 일상적인 생활을 할 수 없는 경우의 환자나 상황에서는 생명을 유지하고 있는 그 자체가 무의미하므로 차라리 생명을 단축시켜 환자를 고통으로부터 해방하게 하는 것이 자비로운 행위라는 것이다. 이를 반고통사(antidythanasia)라고도 한다.

존엄적 안락사(euthanasia with dignity)

이성적인 판단력이나 사고력이 없는 생명체는 생존의 의미를 알지 못하기에 생존할 가치가 없다는 것이다. 깊은 혼수에 있는 심한 뇌 손상 환자나 지속적인 식물인간은 이미 인격의 존엄성을 유지하기 어려우므로 생명을 단축시켜 개체의 존엄성을 유지하자는 의미의 안락사이다.

도태적 안락사(selective euthanasia)

어떤 생명체가 질병이나 사고로 심신의 상태가 극도로 약화되어 조직에 큰 부담이 되며 그 이상 희생을 인내할 수 없는 경우로, 이러한 생명의 주체는 생존의 의미가 없다고 거부하는 것이다. '도태사' 또는 '엽기적 안락사' 라고도 한다.

안락사에 대한 논란

안락사의 허용 여부는 끊임없는 논란의 대상이 되고 있으나 대체적으로 '의사는 환자의 생명을 해쳐서는 안 된다' 는 도덕적 원리에 의존하고 있다.

종교계에서도 고통스러운 상황에 처해 있더라도 인간생명이 존엄성을 지켜야 한다는 주장과 인간은 자신의 생명과 운명의 주체이며 자신의 문제를 자발적으로 결정할 수 있어야 한다는 교리적 주장이 맞서 의견의 일치를 보지 못하고 있다.

미국의사협회에서는, 안락사 시술여부를 판단하는 데 결정적인 역할을 하고 있는 전통적인 견해에 따라, 의사가 환자의 죽음을 의도하는 경우인 적극적인 안락사(환자를 죽인다는 의미)는 허용될 수 없는 반면 '환자의 죽음이 의도되지 않고 단지 예견만 되는 경우인 소극적인 안락사(환자를 죽게 방치하는 의미)는 허용' 하고 있다.

안락사 찬성의 이유

- 죽을 권리(right to die) : 자신의 운명에 대해 스스로 결정할 권리
- 환자에 대한 동정심(compassion) : 환자를 통증에서부터 해방시키고 삶의 질을 더 이상 나쁘지 않게 한다는 입장
- 우생학적 견지(eugenic, social darwinism) : 기형으로 사회적응 능력이 없는 사람들을 도태시킴으로 인류를 보다 나은 방향으로 개선할 수 있다는 입장
- 경제적 논리(economic necessity) : 회복되거나 치유될 수 없는 환자들에게 의료자원을 과도하게 소비하는 것은 사회 전체로 비효율적이라는 입장

반대논리

- 비합리적 접근 : 말기환자에 대한 안락사적 접근은 파괴적인 접근
- 윤리적 부적절성 : 전체를 위한 부분의 희생은 윤리적으로 부적절
- 법적 악용가능성 : 안락사를 허용하는 경우 나쁜 목적으로 이용될 수 있음
- 의사-환자의 기본관계 파괴 위험성 : 의사-환자 관계의 기본은 환자의 생명을 유지하기 위해 노력하는 의사의 접근에서 출발한다. 안락사가 보편화될 경우 이 기본이 파괴될 위험성이 있다.
- 다른 제도로의 대체 가능 : 최근 말기 암 환자에서도 환자의 삶의 질을 높이면서 생을 마감할 수 있는 기관이나 병원의 수가 증가하고 있으므로 이의 이용으로 안락사를 줄일 수 있는 것이다.

미끄러운 경사길(slippery slope)의 의미

안락사가 법적이나 윤리적으로 허용이 되는 경우에 발생될 수 있는 상황에 대한 비유법으로 이용되고 있다. 본 논변은 무고한 사람을 직접적으로 죽이는 것을 금지하는 현재의 엄격한 규칙이 유용한 목표에 기여하고 있다는 주장에 의해 옹호되고 있다.

살 만한 가치가 있는 유아와 명백히 그렇지 못한 유아를 구분하기란 매우 어렵다. 어떤 종류의 인간을 어떤 여건에서 죽이는 것을 본 사람은 그와 다르지 않은 다른 사람을 죽이는 것이 그릇되지 않다는 결론을 내리는 데까지 갈 수도 있다. 어떤 필연적인 중단점이 없

> **예**
>
> "만일 초기 14일 내의 배아에 대한 실험이 허용된다면 연구자들은 그 이후의 발전단계에 있어 모든 배아에 대한 각종 실험을 하게 될 것이며, 이는 위험하고 바람직하지 못한 결과를 낳게 될 것이다." "초기 단계의 배아를 희생시키는 배아줄기세포 연구를 허용한다면 이는 곧 낙태를 정당화하기 위한 안전한 초석을 마련하는 것이 될 것이다." "말기 환자에 대한 자의적 안락사 허용은 결국 가족이나 사회에 부담이 되는 환자에 대한 비자의적(또는 반자의적) 안락사를 허용하게 될 것이다."
>
> 따라서 생명의료윤리에서 미끄러운 경사길 논변을 사용하는 사람들은 대부분 이러한 이유로 "만일 우리가 모든 생명이 신성하다는 점을 다시금 천명하지 않는다면 이 세상의 그 어떠한 생명도 신성하게 남아있지 않을 것이다."라는 결론이 주장되곤 한다.

다면 결과적으로 인간의 생명에 대한 존중은 상실하고 말 것 아닌가 하는 위험성을 우려하는 이론이다.

법이 바뀌고 그로 인해 누구라도 안락사를 수행할 수 있다면 정당하게 죽임을 당하는 사람과 그렇지 못한 사람들 사이의 명백한 구분이 없다는 것은 실제로 커다란 위험을 내포하는 것이다.

유전공학과 인간복제를 둘러싼 윤리문제

유전공학의 발달과 관련 윤리문제

멘델(J. Mendel)이 유전현상에 대한 과학적 원리를 처음 발견한 이후, 미쉬(F. Miescher)가 DNA를 발견하였고, 모건(T. Morgan)은 초파리를 재료로 유전현상에 대한 내용을 분명히 하였다. 왓슨(J. Watson)과 크릭(F. Crick)이 1차적 유전물질인 DNA의 입체적 분자 구성을 명백히 밝혔고, 1970년에 이르러 유전공학은 하나의 독립된 학문으로 인정받기에 이르렀다. 유전공학은 "유전자를 인공 조작하여 새로이 유용한 생명체를 개조 또는 창조하는 공학기술"을 말한다. 또한 21세기에 이르러(2000년 6월) 미국의 민간기업인 셀레라 제노믹스사(社)에서 인간유전자지도를 발표하기에 이른다.

유전공학의 발달과 응용이 인류에게 주는 긍정적인 면

유전공학 발달의 긍정적인 면은 다음과 같다.

- 지금까지 해결하지 못한 질병들의 원인을 찾아내고 예방 치료할 수 있는 길이 열린다.
- 새롭게 태어날 자녀가 보다 건강하고 부모가 원하는 기질을 갖게 되도록 할 수 있다.
- 암, 노화, 치매 등 유전자와 관계된 질병들을 퇴치하며 노화를 방지하고 인간의 수명을 연장할 수 있다.

유전공학이 영향을 주는 부정적인 면

반대로 유전공학 발달의 부정적인 측면은 아래와 같다.

- 출생 전 유전자 진단으로 사전에 자녀의 장애가능성을 파악하면 더욱더 많은 인공유산이 이루어지고 성별선택 임신까지 수행될 가능성이 크다. 따라서 태아의 인권문제가 윤리적으로 대두하게 된다.
- 유전적 결함을 갖고 있다는 이유로 의료보험 계약의 체결을 거부 받거나 위험에 대한 추가부담을 요구받을 수 있다. 개인의 유전자 정보가 고용기회에 중대한 영향을 줄 수도 있다.
- 유전자검사로 인해 수정란이 착상되기 전 부모가 원하는 기질, 즉 성뿐만 아니라 키, 머리카락, 지능, 예술적 감각 등 슈퍼 베이비(super baby)를 선택할 수도 있다.
- 특허를 통해 막대한 부를 축적하려는 특허전쟁과 기술적 경쟁이 일어날 것이다.

1997년 제29차 유네스코 총회에서 '인간게놈과 인권에 관한 세계선언'을 반포하였다. 그 내용은 "어떠한 첨단 의학적 연구와 활동도 인간 존엄성과 인권에 우선할 수 없으며,

- 제6조 : 그 어느 누구도 유전적 특질로 인해 인권, 기본적 자유 및 인간 존엄성을 침해하려고 의도하거나 침해하는 결과를 초래하는 차별을 받아서는 안 된다.
- 제11조 : 인간 존엄성에 반하는 행위, 즉 인간복제 따위는 결코 허용하지 않을 것이다. 각국과 자격 있는 국제기구들은 이러한 행위를 식별해내고 본 선언에서 제시된 원칙들의 존중을 보증하는 적절한 수단을 취하기 위해 국가적·국제적 차원에서 협력할 것을 권고한다.

연구를 수행하거나 그 결과를 적용하는 경우 인간 존엄성과 인권을 침해해서는 안 된다."는 내용으로 제6조와 제11조에서 그 세세한 내용을 정리하고 있다.

인간복제 기술의 발달과 관련 윤리문제

20세기 중반에 이르러 분자생물학적 지식이 축적되면서 생명조작이 본격적으로 시행되었다. 1978년 인간이 체외수정이 가능하게 되면서, 인공수정된 배(胚)는 최고 2년까지 냉동보관이 가능하게 되었고, 하나의 배에서 여러 개의 클론인간(Clonus, 복제인간)이 태어나게 하는 일이 가능해졌다.

1997년 스코틀랜드의 로슬린 연구소에서 윌머트(Ian Wilmut) 박사의 주도로 복제 양 돌리가 탄생하였다. 복제양 돌리는 어미 양의 체세포를 가지고 세포핵 이식기법을 사용해 새끼 양을 복제함으로써 1세대 유전자와 똑같은 2세대를 탄생시킨 것으로, 인간의 생식에도 응용된다면 인간복제가 가능하다는 것을 시사하였다.

그러나 인간 생명세포를 대상으로 하는 연구와 응용되는 여러 가지의 시도를 인간에게 적용하는 데 있어 발생하는 윤리적 문제들을 해결해야만 했다. 그 문제들을 지적해 보면 다음과 같다.

- 인간개체의 복제를 목적으로 체세포핵 이식, 수정란 분할 등의 방법으로 연구를 시도하는 것
- 수정란 또는 체세포액 이식 후 14일을 경과한 인간 배아를 대상으로 하는 연구
- 복제되거나 생명과학적 처리를 거친 인간 배아를 인간의 자궁에 이식하는 연구
- 인간의 배아를 동물의 자궁에 이식하는 연구와 동물의 배아를 인간의 자궁에 이식하는 연구 등

이러한 문제들이 거론되면서 인간복제에 찬성하는 논리가 있는가 하면, 이에 반대하는 논리가 팽팽하게 대립되었다.

인간복제에 대한 찬성 이유

- 성 비율이 이상적으로 조화된 사회를 건설하는 데 도움이 된다.
- 복제될 인간에게 해가 되지 않는다.

- 건강한 사람을 복제함으로써 유전적인 결함이 있는 사람의 수를 줄일 수 있다.
- 불임부부에게 희망을 줄 수 있다.
- 천재 등을 복제할 수 있다.
- 기술이 개발되었으므로 사용되어야 한다.

인간복제에 대한 반대 이유

- 비자연적이다.
- 유전적으로 유일하게 될 권리를 침해한다.
- 프라이버시를 보호받을 권리를 침해한다.
- 유일성의 가치를 상실하게 한다.
- 인류의 생존가능성을 감소시킬 수 있다.
- 복제될 인간이 그가 태어날 환경에 적응하지 못할 수 있다.
- 초기 단계에 있는 인간 생명의 소중함을 저버리는 행위이다.
- 처음 복제될 인간은 세상의 관심으로 피해를 입게될 것이다.
- 옳지 않은 목적으로 사용될 수 있다.

생명의 시작에 관한 학설

'인간복제와 관련된 윤리문제로서 인간생명의 시작을 어떻게 볼 것인가?' 하는 문제가 제기되었고, 본 절에서는 네 가지 관점으로 정리해 본다.

- 배아는 인간적 존재가 아닌 세포의 덩어리(bunch of cells) : 배아를 비인격적 물체로 파악함으로 임신한 여성의 소유물로 간주하고 있다. 소유자의 결정에 따라 언제든지 파기할 수 있는 존재로 인식하는 관점으로 인공중절을 합리화하는 논거로 사용되고 있다.
- 배아는 잠재적 인간(a potential human being) : 완전한 인간으로는 볼 수 없으나 얼마간의 시간이 지나면 인간으로 자랄 수 있기에 어느 정도의 권리는 인정하나 인간과 동일한 존재로 받아들이지 않는 관점이다. 어느 시점에 완전한 인간으로 인정될 수 있느냐는 물음에 답해야 하는 문제를 가지고 있다.

■ 배아는 우리와 같은 동일한 인간으로서의 모든 요소를 갖춘 존재, 즉 잠재력을 가진 인간(a human being with potentiality)으로 인식하는 관점이다. 인간 배아를 실험과 연구에 사용하려는 과학자들은 인간 생명의 시작을 수정 후 14일에 원시선(promitive streak)이 생겨난 이후라고 주장하고 있다.

■ 종교적 접근 : 로마 교황청(2000년 8월 24일)은 "인간 수정란을 복제하는 것은 매우 비도덕적이며, 중대한 불법행위" 라고 주장하고 있다. 또한 인간 수정란에 대해 교황청 생명학술원은 '인간수정란은 그 자체가 조화롭고 점진적인 발달을 시작하는 주체성을 지닌 인간실체', '단순한 세포의 집합체로 간주해서는 안 된다', '수정란은 고유의 생명에 대한 권리가 있다', '인간 수정란에 손상을 주는 세포 제거는 비도덕적이고 매우 불법적인 행위이다', '수정 후 태아의 신체와 영혼은 무조건 존중되어야 하며, 수정란 파괴행위가 뒤따르는 어떠한 치료목적의 복제에도 반대한다' 고 인간복제를 반대하고 있다.

한편 대한의사협회는 1999년 '생명복제연구지침' 을 발표한 바 있다.

생명복제연구지침(대한의사협회)

지침내용

제1조(지침의 목적)

① 이 지침은 대한의사협회 의사윤리지침에 의거 질병의 예방과 치료, 건강의 증진 등 국민과 인류의 복지를 향상시키기 위한 생명복제연구의 허용범위와 연구절차 등에 관한 사항을 규정함으로써 생명복제연구의 위험성과 비윤리성을 배제하고 인간과 생명의 존엄성을 보호하기 위하여 제정한다.

제2조(지침준수의무) 대한의사협회 회원은 단독 또는 공동으로 생명복제에 관한 연구를 하는 경우 이 지침을 준수해야 한다.

② 대한의사협회 소속 학회가 생명복제연구와 관련된 세부지침 등을 제정하고자 하는 경우에는 이 지침의 정신과 규정을 따라야 한다.

제3조(생명복제의 정의) "생명복제"라 함은 "체세포핵이식" 또는 "수정란분할" 등의 방법으로 유전정보가 같은 생명체를 복제하는 것을 말한다.

제4조(연구의 허용과 금지)

① 질병의 예방과 치료, 건강의 증진 등 국민과 인류의 복지를 향상시키기 위한 목적의 생명복제에 관한 연구는 이 지침이 정하고 있는 심의 · 감독기구의 엄격한 심의절차를 거쳐 제한적으로 인정하고 인간과 생명의 존엄성을 훼손할 수 있는 다음 각 호의 1에 해당하는 연구와 이에 준하는 연구는 금지된다.

1. 인간개체 복제를 목적으로 체세포 핵이식 또는 수정란 분할 등의 방법으로 인간의 체세포나 생식 세포를 복제하는 연구
2. 수정된지 또는 난자에 체세포핵이 이식된 지 제14일을 경과한 인간배아를 대상으로 하는 연구
3. 복제되거나 생명과학적 처리를 거친 인간배아를 인간의 자궁에 이식하는 연구
4. 인간의 배아를 동물의 자궁 또는 인공자궁에 이식하는 연구
5. 동물의 배아를 인간의 자궁에 이식하는 연구

② 이 지침에서 규정하지 않는 연구방법이나 이 지침 시행 이후에 새로이 개발되는 연구방법 등에 대하여는 국내외 생명복제기술의 변화와 사회적 합의 등을 고려하여 추후에 규정한다.

내용요약

1. 안락사

"회복될 수 없거나 불치병으로 고통을 받고 있는 환자를 고통에서 벗어나게 하기 위하여 환자의 죽음을 유발시키거나 허용하는 관행이나 행위"를 의미

2. 미끄러운 경사길(slippery slope)

안락사가 법적이나 윤리적으로 허용이 되는 경우에 발생될 수 있는 상황에 대한 비유법. 누구라도 안락사를 수행할 수 있다면 정당하게 죽임을 당하는 사람과 그렇지 못한 사람들 사이의 명백한 구분이 없다는 것은 실제로 커다란 위험을 내포하는 것이라는 논리

3. 안락사 찬성의 이유

① 죽을 권리, ② 환자에 대한 동정심, ③ 우생학적 견지, ④ 경제적 논리

4. 안락사 반대논리

① 비합리적 접근, ② 윤리적 부적절성, ③ 법적 악용가능성, ④ 의사-환자의 기본관계 파괴 위험성, ⑤ 다른 제도로의 대체 가능

5. 유전공학

유전자를 인공 조작하여 새로이 유용한 생명체를 개조 또는 창조하는 공학기술

6. 생명의 시작에 관한 학설

① 배아는 인간적 존재가 아닌 세포의 덩어리(bunch of cells)
② 배아는 잠재적 인간(a potential human being)
③ 배아는 잠재력을 가진 인간(a human being with potentiality)으로 인식하는 관점
④ 종교적 접근

check list

1. 의료윤리영역에 포함된 주제들에 대한 내용을 정리해 보고, 사회복지 차원에서 이러한 논의들은 어떻게 풀어나갈 수 있는가를 생각해 봅시다.

2. '생명의 시작을 언제부터로 잡을 것인가?'에 대한 본인의 생각을 정리해 봅시다.

3. 한국사회에서의 '안락사' 인정의 가능성에 대한 각자의 생각을 정리해 봅시다.

PART 6

사회문제와 사회복지정책

CHAPTER 21

사회문제 해결의 열쇠를 찾아서

주요용어

사회문제, 전문사회사업, 사회복지정책

사회문제는 한 사회의 상당수의 사람들이 사회를 중시하는 가치를 위협하는 사회적인 조건들이 존재하는 것을 깨닫고, 공동의 노력으로 그 조건들을 개선할 수 있다고 믿을 때, 그것이 사회문제가 되는 것임을 이미 파악하였다. 본 장은 사회문제를 해결하는 것과 관련된 논의로, 본 서에서 제기했던 각각의 사회문제들을 어떻게 해결할 것인가에 대해 정리하고자 한다.

사회문제 해결의 전제

사회문제와 집단이해

사회문제 해결이 공동의 노력이라는 의미 속에는 사회문제와 관련이 있는 이해집단들의 상호작용이 매우 중요하다는 것을 암시한다. 모든 사회문제는 정치집단, 경제집단, 전문가집단, 자원봉사집단 등의 다양한 이해가 걸려 있어 반드시 이상적인 방향으로 해결책이 강구되는 것은 아니다. 흔히 "사회복지정책을 항구적인 것이 아닌, 다양한 이해집단들이 타협과 협상을 통해 잠정적인 합의에 도달하는 상태"라 하는 것의 의미는 사회복지정책의 수립 혹은 사회문제 해결의 과정이 정치적인 과정이라는 것을 의미한다.

표 21-1 힘을 제공할 수 있는 자원의 예

경제적	정치적	사회적 지위
• 수입 • 부 • 신용에 대한 접근 • 고용조건에 대한 통제 • 임금과 가격에 대한 통제	• 군사력 • 영향력 • 현직 • 직책의 권위 • 입법권	• 영예 • 정치적 · 경제적 힘을 갖는 자에 대한 접근 • 언론에 대한 접근

사회복지정책의 수립과정에 대해 점증주의(incrementalism)를 강조하는 학자들은 정책결정(Decision-making)이란 궁극적으로 합리성을 성취하려는 것이라기보다는 참여자들간의 합의를 도출하려는 것이라고 주장하고 있다.

사회문제를 해결하기 위한 정책의 최종산물은 합의의 결과라고 할 수 있으나 합의에 도달과정에는 힘의 경쟁이 있음에 주목해야 한다.

힘은 한 개인 혹은 집단이 타인 혹은 타집단의 저항이 있음에도 불구하고 자기의 뜻대로 일을 처리할 수 있는 기회라고 할 수 있다. 이러한 힘의 원천을 설비번은 세 가지로 구분하고 있다.(Sullivan, 1980)

- 타 집단에 비해 수가 많은 경우
- 조직(organization) : 자기들이 원하는 목표를 향해 행동을 효과적으로 조정할 수 있는 것
- 다른 사람을 자기의 뜻대로 복종하게 할 수 있는 자원에 대한 접근

그런데 모든 다른 조건이 동일하다면 자원을 많이 가질수록 그 집단은 최대한의 힘을 갖는다.

이렇게 본다면 사회문제를 해결하기 위한 정책수립은 경제 · 정치 · 사회적으로 많은 힘의 원천을 소유하는 집단들이 원하는 방향으로 이루어진다고 말할 수 있다.

정책수립에 대한 접근

현실적으로 문제해결을 하려는 노력이란 다양한 해결방안 중에 가장 이상적인 방안을 선택하는 것을 말한다. 이상적 대안(alternative)을 선택하는 접근방법으로 ① 포괄적 합리주

의, ② 점증주의, ③ 제한적 합리주의에 대해 살펴보기로 한다.

포괄적 합리주의

사회문제를 해결하기 위한 완전무결한 목표들을 우선순위에 따라 열거하고, 이러한 목표들을 달성할 수 있는 모든 가능한 대안들을 찾아내고, 각각의 대안들을 실천하는 데 따른 비용과 효과를 분석하여, 비용이 가장 적게 들면서 가장 큰 효과를 거줄 수 있는 정책방안을 찾아내는 것이 포괄적 합리주의(comprehensive rationalism)이다. 이렇게 하기 위해서는 모든 대안에 대한 완전무결한 정보를 가져야 하는 것이 필수적이고, 문제해결과 관련된 집단들 간 목표에 대한 고도의 합의가 있어야 한다.

점증주의 접근

포괄주의가 이상적이기는 하나 그 정보에 대한 비용과 효과를 계산하는 것이 현실적으로 매우 힘든 작업이기 때문에 보다 현실적인 접근방법으로서 대두된 것이 점증주의적 접근이다. 점증주의 접근방법은 사회문제 해결을 위한 정책결정이라고 하는 것은 정치적 필요나 편의성에 맞게 현재 존재하는 정책을 점차적으로 조정해 나가야 한다고 주장한다.

이러한 점증주의의 강점은, ① 수단과 목표라는 것이 분명하지 않기 때문에, 수단과 목표분석은 부적절하거나 한정적이다. ② '좋은 정책' 이란 많은 정책분석가들이 그 정책에 합의한다는 것이지, 그 정책이 합의된 목표에 대해 가장 적합한 수단이라고 동의한 것이라고는 할 수 없다. ③ 여러 대안들을 계속해서 비교해 나가다 보면 이론적인 것에 대한 의존성을 상당히 줄이거나 그것으로부터 벗어날 수 있다(Lindblom, 1959 : 81). 즉, 기존의 정책이 문제가 없으면 그대로 두고, 문제가 나타나면 이상이 있는 부분만 수정하면 된다는 것이다.

이러한 접근에 대해 보울딩(Boulding), 드로어(Dror), 에치오니(Etzioni) 등은 다음과 같이 비판하고 있다(최일섭 외, 2003 : 463).

- 점증주의적 접근이 현상유지에 집착함으로써 사회의 힘있는 집단들의 이익을 대변하고 있다.
- 약자들을 보호하지 못하며, 중요한 개혁적 방안을 강구하지 못하게 한다.

예

- 정부가 빈민들을 위한 생활보호사업을 실시하면서 매년 보호의 수준을 약간씩 개선해 나가는 것
- 민간 사회복지기관에서 미혼모들에게 직업훈련 프로그램을 기존의 프로그램에 첨가해서 실시하는 것 등

점증주의적 접근은 정부나 민간 사회복지기관의 정책수립과 프로그램의 개발에 가장 많이 적용되는 방법이다.

이러한 접근은 빈곤문제나 미혼모 문제 등을 일으키는 근본적인 원인에 대한 대대적인 변화를 추구하기보다는 다소의 개선을 시도하는 점증주의에 입각한 것이다.

제한적 합리주의

제한적 합리주의(limited rationality)는 점증주의가 갖는 지나친 현상유지적 접근에 대한 비판에서 대두하였다. 그 대표적 접근법으로는 에치오니(Etzioni)의 '혼합관조(mixed scanning)' 이다. 이는 각 대안의 비용과 효과를 분석하는 것이 현실적으로 불가능하므로 대안을 선택하는 범위를 가장 불만족스럽고 심각한 문제에 국한하여 제한된 수의 대안들을 갖고 비용과 효과를 분석하는 방법을 취하는 것이다. 이 접근법은 상식적인 수준에서 쓸모가 적다고 생각되는 대안들을 미리 제거시킨다는 점에서 포괄적 합리주의와 다르며, 선택 가능한 대안들을 놓고 철저한 합리성을 부과한다는 점에서 점증주의와 차이가 있다.

사회문제 해결과정

사회문제 해결과정은 학자에 따라 달리 나타나나, 일반적으로 ① 문제발견단계, ② 목표설정단계, ③ 프로그램 개발단계, ④ 실천단계, ⑤ 평가단계를 거친다. 그리고 각 단계는 단선적 관계가 아닌 순환적 관계이며, 상호의존적이다.

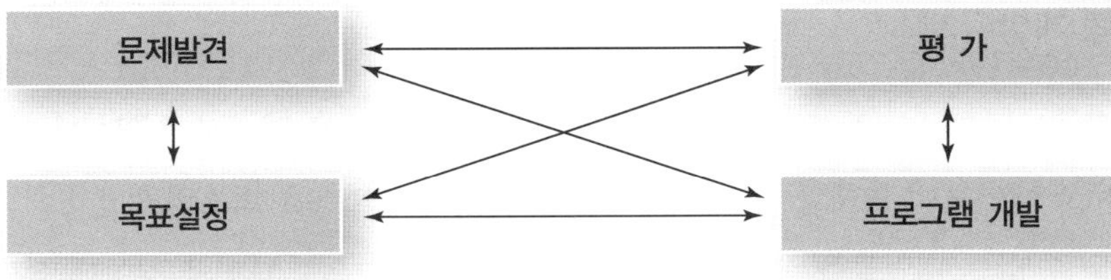

그림 21-1 사회문제 해결과정

문제발견단계

사회문제에 대한 정확한 개념규정과 문제분석이 그 첫 번째 과제이다. 일반적으로 사회조건에 대하여 관심을 표명하는 세 집단이 있다. 첫째, 이익집단으로 이들은 문제의 심각성을 일반인에게 제시하여 조치를 강구하도록 한다. 둘째, 언론집단으로 이들은 그 조건이 얼마나 뉴스의 가치가 있는가에 따라 반응함으로써 조치들을 취할 것을 자극하며, 셋째, 공무원들로서 자기들의 맡은 바 임무와 관련하여 그 조건에 반응하는 것이다.

하나의 사회문제가 규정되면서 사회복지사, 사회정책입안자, 사회계획가, 지역사회조직가 등의 전문가에 의한 문제분석이 뒤따른다(York, 1982 : 53-59).

목표설정단계

목표를 설정하는 것은 해결하고자 하는 사회문제의 프로그램을 설정하고 추진하는 방향을 제시하기 위한 것이다. 사회문제의 해결과정에서 말하는 목표에는 상호 밀접한 관련이 있으면서도 다른 두 개념이 있다. 하나는 '목표(goals)' 로 이는 '성취하고자 하는 바에 대한 원대한 선호(long-range preference)' 를 의미한다. 즉, '넓은 목표' 를 의미한다. 다른 하나는 목적(objectives)으로 목표(goal)에 도달하기 위한 진도(進度)의 양(量)을 구체적으로 표현한 것으로 '단기적 목표' 라고 표현할 수 있다.

사회문제 해결을 위한 정책을 수립하거나 프로그램을 개발할 때에는 그 정책과 프로그램이 달성하고자 하는 목표를 분명히 해야 한다.

목적의 설정은 구체적이고 측정 가능한 언어로 기술되어, 이것들이 달성되면 목표를 달성하는 데 공헌할 수 있다는 것을 보여 줄 수 있도록 논리적으로 설정되어야 하는 것이다. 좋은 목표는 특정적이어야 하고, 측정가능해야 하며, 현실적이어야 한다.

프로그램 개발단계

프로그램 개발이란 목표를 달성하기 위해 무엇을 할 것인가를 결정하는 것이다. 이는 다양한 서비스 대안들이 초래할 비용과 효과 등을 분석하여 비용을 최소화하면서 최대의 효과를 거둘 수 있는 대안들을 선택하는 것이다. 보다 구체적으로 대안을 찾아내 선택할 때에 적용하는 기준으로는 ① 편의성, ② 중요성, ③ 효율성, ④ 비용효과성, ⑤ 가능성 등을 들 수 있다.

여기에서 프로그램의 실현가능성을 파악하기 위해 다음의 질문들을 제기해 볼 수 있다.

- 목표(objectives)가 얼마나 현실성이 있는가?
- 프로그램과 관련해 과거에 어떤 실천경험이 있는가?
- 프로그램을 실행할 직원의 역량(기술, 지식 등)은 적절한가?
- 대상자들이 이 서비스에 접근하기 용이하며, 이용가능성이 있는가?

실천단계

대안의 선택과 프로그램이 개발된 후에는 여러 활동들(activities)을 통해 이를 실천에 옮기는 것이 필요하다. 프로그램 실행에 있어 영향을 미치는 조건으로는 다음의 것들이 있다.

- 프로그램을 전개하는 데 영향을 주는 사회적 · 경제적 · 정치적 환경이 안정적인가 : 예기치 않은 상황변화로 프로그램을 실천하는 데 제약을 받을 수도 있다. 이럴 경우 프로그램의 목표자체를 수정하거나, 목표는 그대로 두고 프로그램의 활동을 조정하는 작업을 해야 한다.
- 프로그램 수행에 따른 예산배정이 순조로운가 : 예산투입의 변화는 프로그램의 실천에 변경을 가져와야 할 상황을 만들게 된다.

평가단계

평가는 실시된 프로그램이 내용과 형식에서 설정된 목표를 제대로 달성했는가를 파악하기 위한 것이다. 평가방법으로는 중간평가와 최종평가로 구분해 볼 수 있다.

중간평가

프로그램 시행 기간 중 일정한 간격으로 프로그램의 활동들이 계획대로 수행되고 있는가를 점검하는 것이다.

최종평가

여러 평가기법을 활용하여 프로그램의 최종산물이 계획된 목표를 어느 정도 달성했는가를 평가하는 것이다. 평가의 결과를 가지고 프로그램의 종결, 존속 또는 수정의 필요성 등을 파악할 수 있다.

사회복지정책과의 상관관계

사회복지정책은 사회문제를 해결하려는 다양한 차원 중에서 사회구조와 제도를 개선하고 프로그램을 개발하려는 거시적인 차원의 노력으로, 이는 임상적 접근과는 차이가 있다. 즉, 사회문제 해결의 합리적인 과정으로서 사회복지정책은 임상적 접근방법에 비해 정치, 경제, 사회, 문화 등의 조건에 많은 영향을 받게 되는 것이다.

사회복지의 핵심 분야로서 전문사회사업이 사회문제를 해결하려는 정책적 차원에서 극복해야 할 과제를 제시해보면 다음과 같다.

- 사회복지정책은 과학적이고 합리적인 과정이라고는 하나 해당국가와 사회의 지배적인 이데올로기에 역행되는 정책을 수립하는 데 한계가 있다는 점이다. 전통적으로 사회사업은 기존체제에 대해 기능적(functionary)이며, 반동적(reactionary)이지 못하기 때문에 사회문제를 해결하는 데 한계가 있다는 비판을 받는다. 또한 대상자 중심(client-centered)의 서비스를 강조하는 전문사회사업이 사회복지정책의 수립과정에서 기존의 보수적인 이데올로기와 어떻게 조화를 이룰 것인가가 극복되어야 할 주요 과제이다.
- 하나의 사회문제를 해결하고자 하는 정책은 다른 사회문제를 파생시킬 수 있다. 주어진 사회문제를 해결하고자 하는 정책을 개발함에는 그 정책이 가져올 수 있는 긍정적, 부정적 결과를 고려하는 것이 중요한 과제이다.
- 사회복지정책의 사회적 책임성(accountability)을 어떻게 높이느냐가 문제이다.

사회문제		사회복지
개인적 문제	↔	전문사회사업
공적 쟁점	↔	사회복지정책
일탈행위	↔	전문사회사업
제도적 문제	↔	사회복지정책

그림 21-2 사회문제와 사회복지와의 인과관계

> 1980년대 후반부터 민간 사회복지기관들이 정부나 주요 민간 사회복지재단으로부터 재정지원을 얻기 위해서는 그들이 제공하는 서비스가 어느 정도의 효과를 가져올 수 있는지를 객관적으로 제시하여야 하는 요청에 직면하였다. 따라서 사회복지정책은 그 프로그램의 개발에서 과학적 기법을 활용하여 책임성을 과시하는 것이 중요하다.

이러한 논리하에 사회문제와 사회복지와의 관계를 정리해 보았다. 이는 앞서 언급한바와 같이 개인적 곤란과 공적 쟁점, 사회문제의 두 가지 유형, 즉 일탈행위와 제도적 문제에 대응시켜 보았다. 개인적 곤란이 주로 전문사회사업(professional social work)의 주된 대상이 된다면, 공적 쟁점은 사회복지정책(social welfare policy)의 대상이 되고, 일탈행위가 전문사회사업의 주된 대상이 된다면, 제도적 문제는 사회복지정책의 주된 대상이 되었던 것이다.

본 서에서 다루었던 개별적 사회문제도 사회복지제도와 사회복지실천 분야와 대응시킴으로서 구체적으로 파악할 수 있었던 것이다. 즉, 개인의 복지와 사회문제에서 청소년비행은 청소년복지, 범죄의 문제는 교정복지, 성매매문제는 여성복지, 약물남용문제와 정신건강문제는 정신보건사회사업에 대응되고, 사회구조와 사회문제에서 가족문제는 가족복지, 교육문제는 교육복지, 노동문제는 산업복지와 사회보장정책과, 빈곤문제는 공공부조와 사회보장정책과, 성차별문제, 다문화가족문제, 새터민문제 등은 인권과 사회복지일반에 대응되며, 또한 삶의 질과 관련된 인구/도시문제는 지역복지와 노인복지에, 환경문제

표 21-2 사회문제와 사회복지의 연관관계

범 주	사회문제	사회복지
개인의 복지와 사회문제	청소년비행	청소년복지
	범 죄	교정복지
	성매매문제	여성복지
	약물남용문제	정신보건사회복지
	정신건강문제	정신보건사회복지
	가정 · 성폭력문제	가족복지
사회구조와 사회문제	가족문제	가족복지
	교육문제	학교사회복지
	노동문제	산업복지
	빈곤문제	공공부조, 사회보장정책
	성차별문제	여성복지
	다문화가족문제	사회복지일반, 인권
	새터민문제	사회복지일반, 인권
삶의 질과 사회문제	인구 · 도시문제	가족 · 노인 · 여성복지
	환경문제	환경복지
과학기술의 발전과 사회문제	인터넷윤리문제	청소년 · 정신보건사회복지
	의료문제	의료사회복지

는 환경복지에, 인터넷윤리문제는 청소년 · 정신보건사회복지에, 의료윤리문제는 의료사회복지에 대응되는 것이다.

이렇게 현대사회 문제의 해결을 사회복지 영역에서 찾아보려는 시도가 이어져 왔고, 이는 앞으로도 지속될 것이다.

내용요약

1. 사회문제 해결의 전제로서의 정책수립의 접근방법에는 포괄적 합리주의, 점증주의적 접근, 제한적 합리주의가 있다.
2. 이반적인 사회문제 해결과정은 문제발견단계, 목표설정단계, 프로그램 개발단계, 실천단계, 평가단계를 거친다.
3. 전문사회사업이 사회문제를 해결하려는 정책적 차원에서 극복해야 할 과제
   ① 사회복지정책은 과학적이고 합리적인 과정이라고는 하나 해당국가와 사회의 지배적인 이데올로기에 역행되는 정책을 수립하는 데 한계가 있다.
   ② 하나의 사회문제를 해결하고자 하는 정책은 다른 사회문제를 파생시킬 수 있다.
   ③ 사회복지정책의 사회적 책임성(accountability)을 어떻게 높이느냐가 문제이다.

check list

1. 개별적으로 사회문제를 범주화시켜 봅시다.

2. 개별 사회문제에 대응하는 전문사회사업에 대해 정리해 봅시다.

참고문헌

국내문헌

강대기 · 홍동식(1982). "대도시의 주거환경과 근린관계형성(近隣關係形成)에 관한 연구". 「한국사회학」, vol. 16, no. 1.

강은영(2001). 「노인수형자의 특성 및 처우실태에 관한 연구」. 한국형사정책연구원.

고영복(1995). 『현대사회문제』. 사회문화연구소.

교육과학기술부(2009). 「주요과학기술통계」. 내부자료.

교육과학기술부(각 연도). 「교육통계연보」.

구본희 · 최무진(2006). "인터넷 중독과 정보윤리에 영향을 미치는 요인에 관한 연구". 「정보시스템연구」, vol. 15, no. 3.

구영모(편, 2008). 『생명의료윤리』. 동녘.

국가인권위원회(2007). 『새터민 정착과정 실태조사 : 직업실태를 중심으로』. 국가인권위원회.

국미애(2006). 『젠더차별과 간접노동』. 푸른사상

국제노동브리프(2008). "게리 베커 교수의 한국 노동시장 문제 해결을 위한 제언". 연구원자료, vol. 6, no. 10.

권승 외(2008). 『사회문제론』. 공동체.

금재호 · 김승택(2001). "빈곤의 원인에 대한 실증분석 : 패널데이타 분석을 중심으로". 「한국노동경제학회 2001년 추계 학술세미나 발표문」.

기든스 앤서니 저, 송호근 외 역(2003). 『현대사회학』. 을유문화사.

김갑성(2008). "한국 내 다문화가정의 자녀교육 실태조사 연구", 「청소년문화포럼」, vol. 18.

김경준 외(2008). 「북한이탈 청소년 종합대책연구」. 한국청소년정책연구원.

김경호(2006). "새터민 정착지원체계의 대안적 모색". 「대한정치학회보」, vol. 14, no. 1.

김경희(2004). 『양성평등과 적극적 조치』. 푸른사상.

김근홍 외(2005). 『사회문제와 사회복지』. 학현사.

김대규(2001). "환경문제와 환경윤리". 「경주대학교 논문집」, vol. 14. 경주대학교.

김대원 외(2007). 『사회문제와 사회복지』. 학지사.

김성이(2002). 『약물남용총론』. 양서원.

김성학(2008). "저소득층 청소년 대상 교육복지 사업의 현황, 과제 그리고 가능성". 「청소년복지연구」, vol. 10, no. 3.

김시업(2000). "청소년 원조교제에 대한 대학생들의 의식조사 연구". 「경기교육논총」. 경기대학교 교육대학원.

김신일(1981). "한국의 교육불평등현황". 『현대사회문제론』. 한국복지정책연구소.
김안나(2007). "교육사회학에서의 성 불평등 논의". 「교육사회학연구」, vol. 17, no. 2.
김영모 편(2007). 『현대사회문제론』. 고헌출판부.
김영인 · 배민오(2001). "정보사회의 정보윤리문제 제고에 대한 연구". 「정보과학연구」, vol. 15.
김영종(1994). "컴퓨터 범죄의 원인과 대책". 「교정연구」 제4호.
김영화(1993). 『한국의 교육불평등』. 과학교육사.
김영화 외(2005). 『정치경제학적 사회문제론』. 교육과학사.
김옥주(2003). "의과대학 윤리 교육의 현황과 개선점". 「통합연구」, vol. 16, no. 1.
김용세(2002). "범죄피해자구조제도에 관한 소고". 「비교형사법연구」. 한국비교형사법학회.
김은경(2000). 「사이버 성폭력의 개념과 유형」. 『형사정책연구소식』. 제61호.
김재엽(1998). "가정폭력의 태도와 행동간의 상관관계 연구". 「한국가족복지」 제2호.
김재엽(2008). "직장-가정 갈등과 스트레스가 남편의 아내폭력에 미치는 영향". 「한국가정관리학회」, vol. 26, no. 1.
김재엽 외(1999). 『한국 가정폭력 실태와 행위자 교정 프로그램 개발 연구』. 범우사.
김종길(1996). "위험 사회에서의 환경문제 발생논리와 환경정책 개선방향". 「한국사회학」, vol. 30, no. 4.
김종일 외(2005). 『사회문제론』. 청목출판사.
김준호 · 박정선(1993). 『청소년의 가출과 비행의 관계에 관한 연구』. 한국형사정책연구원.
김준호 · 박해광(1994). 『음란물과 청소년비행과의 관계에 관한 연구』. 한국청소년개발원.
김준호 · 이동원(1996). 『청소년의 긴장과 비행』. 한국형사정책연구원.
김태현 · 이문숙(2002). 『21세기에 만나는 여성의 삶』. 성신여대출판부
김태현 · 이문숙(2007). 『여성복지론』. 교문사.
김현수 외(1997). "환경문제 해결을 위한 환경친화적 발전의 원리와 방향성". 「한국농촌지도학회지」, vol. 4, no. 1.
김혜영 외(2005). "여성빈곤의 구조적 요인과 빈곤의 여성화". 「아세아여성연구」. vol. 44, no. 1.
남기철(2008). "노숙인 개념과 공공의 인식". 「생활과학연구」, vol. 13.
남미애(1999). "여성가출청소년의 사회적 지원방안". 「여성연구논집」. 신라대여성문제연구소.
남미애(2001). "청소년의 매춘에 영향을 미치는 요인에 관한 연구". 「청소년학연구」, vol. 8, no.1. 한국청소년학회.
남미애(2004a). "우리나라 청소년비행의 실태와 향후 정책방향". 「대전발전 Forum」. 제12권. 대전발전연구원.

남미애(2004b). “소년시법처리과정 청소년의 교정복지 증진을 위한 지역사회협력방안에 관한 연구”. 「청소년학 연구」. 제11권 제3호.

노기호(2007). “미국의 교육복지정책과 법제의 동향”. 「공법연구」, vol. 35, no. 3.

노대명(2006). “취약계층을 위한 일자리 창출방안 연구”. 「장애인고용」, vol. 16, no. 1.

노동부(2008). 「고용보험백서」.

노동부(2008). 「노동백서」.

노동부(각 연도). 「임금구조기본통계조사보고서」.

대검찰청(2008). 「마약백서」.

대검찰청(2008). 「범죄백서」.

박광섭(1998). “한국 여성범죄의 실태 및 연구동향”. 「교정연구」 제8호.

박윤숙(2007). 『탈북청소년의 사회적 지지와 적응』. 한국학술정보.

박윤영(1998). “영구아파트단지 내 생활조호대상자의 빈곤문화 존재가능성에 관한 연구 : 서울시를 중심으로”. 「보건과 복지」, 창간호.

박재형(1997). 『의료윤리의 새로운 문제들』. 예영커뮤니케이션.

박정란(2008). 「새터민의 노동시장 진입을 위한 직업능력개발 지원 개선 방안」. 한국직업능력개발원.

방하남 · 황덕순(2002). “노동과 복지의 연계를 위한 정책설계 및 실천방안”. 「사회보장연구」, vol. 18, no. 2.

백장현 · 김도윤 · 김영식(2003). “청소년의 인터넷 중독 예방 및 처방 학습에 관한 연구”. 「컴퓨터교육학회논문지」, vol. 6, no. 1.

법무부(2008). 「법무백서」.

변화순 · 황정임(1998). 「산업형 매매춘에 관한 연구」. 한국여성개발원.

보건복지가족부(2008). 「2007 보건복지가족백서」.

보건복지가족부(2008). 「노인복지시설현황」.

보건복지가족부(2008). 「보건복지가족백서」.

보건복지가족부(2008). 「2007 보건복지가족백서」.

보건복지가족부(2008). 「2008년 정신보건사업 안내」.

보건복지가족부(2008). 「2008 아동청소년백서」. 보건복지가족부.

보건복지가족부(2009). 「가족정책의 비전과 핵심정책」.

보건복지부(2000). 「아동학대 실태 및 후유증 연구」.

서문희(2005). 『한국가족 : 문제와 대안』. 경문사.

서혁(2007). “다문화 가정 현황 및 한국어교육 지원 방안”. 「인간연구」, no. 12.

심영희(1993). 『여성의 사회참여와 성폭력』. 나남.

심영희(1994). 『현대사회문제론』. 한국복지정책연구소.

안동현(1999). "가정폭력 피해자 및 가해자 상담 실태". 「한국가정생활진흥회」, 1-28.

양경숙(2002). "Pierre Bourdieu의 아비투스와 문화자본에 관한 교육적 논의". 「논문집」. 경북외국어테크노대학.

양옥경(1994). "한국 만성정신장애인에 대한 서비스 전달체계". 한국정신건강복지연구소 편. 『만성정신장애와 사회복지서비스』. 인간과 복지.

양옥경(1996). 『지역사회 정신건강』. 나남.

양옥경(2002). 『여성과 사회복지』. 이화여자대학교출판부.

여성부(2008). 「성매매방지법 시행 3년 리포트」.

염철현(2006). "미국의 적극적 차별 수정 정책(Affirmative Action)의 전개과정과 시사점". 「비교교육연구」, vol. 16, no. 4.

오경석 외(2007). "어떤 다문화주의인가? : 다문화사회 논의에 관한 비판적 조망". 『한국에서의 다문화주의』. 한울아카데미.

오성배(2006). "한국 사회의 소수 민족(ethnic minority), '코시안' (Kosian) 아동의 사례를 통한 다문화 교육의 방향 탐색". 「교육사회학연구」, vol. 16, no. 4.

오성배(2007). "국제결혼 가정 자녀의 교육기회 실태와 대안 모색". 「인간연구」, no. 12.

원석조(2008). 『사회문제론』. 양서원.

유영주(1993). 『한국가족의 기능연구 : 대내적 기능을 중심으로』. 교문사.

유영주(2004). 『현대사회와 가정폭력』. 앰-에드.

유재형(2003). "환경영향평가에 관한 국가관할권의 역외적용". 「미국헌법연구」, no. 14.

유채영 · 조성남(2001). 「지역사회 협력체계망을 활용한 청소년 약물남용 예방 및 치료 시범사업보고서」. 청소년보호위원회.

윤기관 · 성봉석(2001). "환경문제에 대한 기업의 환경전략유형과 성과". 「貿易學會誌」, vol. 26, no. 2.

윤홍식(2006). "부모 · 부성휴가를 통해 본 남성 돌봄 노동참여 지원정책 비교". 「한국사회복지학」, vol. 58, no. 2.

이건만(2006). "문화적 계급지배와 교육불평등". 「교육사회학연구」, vol. 16, no. 2.

이기식(2007). "인터넷시대 사이버윤리(cyberEthics)의 영향요인분석". 「한국정책과학학회보」, vol. 11, no. 3.

이명숙(2003). "우리나라 소년교정보호현황과 범죄소년의 사법복지 욕구분석". 「소년교도소의 방향과 모델-천주교 민영교도소 연구발표회」. 천주교 서울대교구 사회사목부 사회교정사목 위원회.

이백철(1995). 「중간처우제도에 관한 연구」. 한국형사정책연구원.

이병훈 · 류만희(2002). "노동복지의 국가별 접근유형에 관한 비교연구". 「산업노동연구」, vol. 8, no. 2.

이성식(2007). "청소년 사이버비행의 동기, 기회와 통제요인을 통한 모형의 구성과 검증". 「정보화정책」, vol. 14, no. 3.

이소희(2004). 『가족문제와 가족복지』. 대왕사.

이수성(1990). "우리나라의 범죄상황과 범죄대책의 기본방향". 「형사정책연구 1」. 형사정책연구원.

이수연(2008). "새터민 청소년의 학교적응에 관한 질적 분석". 「청소년학연구」, vol. 15, no. 1.

이시재(1994). "환경윤리의 사회학적 연구". 「사회과학연구」, vol. 10. 가톨릭대학교 사회과학연구소.

이영자(1996). "소비사회와 여성문화". 「한국여성학」. 12권 제2호.

이용교(2006). "새터청소년을 위한 자립지원정책의 개선방안 연구". 「청소년복지연구」, vol. 8, no. 1.

이정균(1988). 『정신의학』. 일조각.

이정숙(2006). 『가족문제』. 교문사.

이태진 · 김선미(2002). "노숙자 지원정책의 구조적 방향". 「보건복지포럼」 제73호. 한국보건사회연구원.

이향규(2007). "새터민 청소년의 학교 적응 실태와 과제". 「인간연구」, vol. 12.

이현애 · 김종욱(2004). "지역환경문제 참여를 통한 환경의식 변화와 지역공동체 형성". 「환경교육」, vol. 17, no. 2.

인터넷윤리실천협의회 외(2008). 『U시대의 인터넷 윤리』. 이한출판사.

임종식(2007). 『과학의 발전과 윤리적 고민』. 라이프사이언스.

장문강(2008). "새터민 청소년의 학교적응에 관한 연구". 「청소년 문화포럼」, vol. 19.

장미영(2008). "여성결혼이민자의 자기정체성 형성을 위한 한국문화교육 방안". 「한국언어문학」, vol. 64.

장세면(2006). "새터민 청소년을 통한 학교 통일교육 방안". 「정책과학연구」, vol. 16, no. 2.

정경환(2003). "신정부 대북정책의 원칙과 방향". 『통일전략』, 제3권 제1호. 한국통일전략학회.

정완(2005). "사이버폭력의 피해실태와 대응방안". 「피해자학연구」, vol. 13, no. 2. 한국피해자학회.

정완(2007). "사이버범죄의 현상". 「형사정책」, vol. 19, no. 2. 한국형사정책학회.

정원섭(2004). "사이버 공간의 윤리학적 함축에 대한 연구". 「철학사상」, vol. 18.

정진연(2004). "청소년의 약물사용과 그 통제방안에 관한 연구". 「성균관법학」. 성균관대 비교법연구소.
정해룡(2000). “소년보호정책의 현안과제 및 발전방향”. 「형사정책연구」, 11(4).
조순경(1994), “성희롱, 왜 고용상의 차별인가?, 『직장내 성희롱, 어떻게 볼 것인가?』, 남녀고용평등을 위한 교수모임.
조학래(2001). “청소년의 약물남용에 영향을 미치는 요인 연구”. 「청소년복지연구」. 한국청소년복지학회.
조형(2007). 『여성주의 시티즌십의 모색』. 이화여자대학교출판부.
조홍식 외(2000). 『여성복지학』. 학지사.
최경석(2007). “새로운 철학함의 요구, 이론과 실제의 넘나듦”. 「철학과 현실」, vol. 74.
최경석(2007). “의료윤리와 전문직 교육”. 「인간연구」, no. 12.
최규련 외(1997). “가정폭력 예방 및 대처 프로그램 모형개발 : 배우자 학대를 중심으로”. 『가정폭력에 관한 프로그램 개발 연구』. 한국가족상담교육단체협의회, 2-31.
최선화 외(2008). 『사회문제와 사회복지』. 양서원.
최운선(2007). “국제결혼 이주여성의 사회문화 적응에 관한 연구”. 「아세아여성연구」, vol. 46, no. 1.
최응렬(1997). “신용카드범죄의 실태와 그 대책”. 「한국공안행정학보」. 한국공안행정학회지.
최일섭 · 최성재(2003). 『사회문제와 사회복지』. 나남.
최정규 · 최재성(2002). “사회보장이전의 빈곤감소효과성과 표적효율성 분석”. 「정책분석평가학회보」, 제12권 제1호.
KOSIS(2009). 「한국의 주요지표」.
토머스머 D. C. 저, 이상헌 역(2003). 『탄생에서 죽음까지 : 과학과 생명윤리』. 문예출판사.
통계청(2005). 「인구주택총조사보고서」.
통계청(2006). 「한국의 사회지표」.
통계청(2007). 「경제활동인구조사」. 원자료분석.
통계청(2007). 「혼인통계결과」.
통계청(2008). 「경제활동인구연보」.
통계청(2008). 「2007 경제활동인구연보」.
통계청(2008). 「2007년 출산통계」.
통일부(2008). 「2008 통일백서」.
통계청(2009). 「장례인구추계」.
통계청(각 연도). 「인구동태 통계연보」.
파이낸셜뉴스. 2009년 2월 24일.

파이낸스뉴스. 2009년 3월 5일.

표갑수(1986). 『청소년비행원인이론』. 한국복지정책연구소.

표갑수(1993). "청소년 약물남용 실태, 요인 및 대처방안". 「성곡논총」 제24집. 성곡학술진흥재단.

표갑수(2006). 『사회문제와 사회복지』. 나남.

표갑수(2006). 『현대사회와 사회문제』. 나남.

한국가정법률상담소(2008). 『통계로 본 현대 한국 가족의 제 문제 2 』. 한국가정법률상담소.

한국보건사회연구원(1997). 「치매관리 Mapping 개발연구」.

한국여성개발원(1989). 『여성과 발전 II』. 한국여성개발원.

한국여성개발원(1992). 「성폭력 예방과 대책에 관한 연구」. 한국여성개발원.

한국여성개발원(1993). 「가정폭력의 예방과 대책에 관한 연구」. 한국여성개발원.

한국여성개발원(2006). 『새터민의 문화갈등과 문화적 통합 방안』. 한국여성개발원.

한국여성연구소(2005). 『새여성학강의』. 동녘.

한국여성정책연구원(2008). 「2008년 여성가족패널조사」.

한국여성정책연구원(2008). 「2007 전국 성매매 실태조사」.

한국은행(2008). 「고용구조의 변화와 학력별 임금격차」.

한국의료윤리교육학회(2008). 『의료윤리학』. 계축문화사.

한국형사정책연구원(1992). 「가정폭력의 실태와 대책에 관한 연구-서울시의 남편과 아내폭력 현황을 중심으로」. 연구보고서.

한상욱(1991). "환경문제, 환경과학기술, 환경정책의 특성 및 상호관계". 「환경과 산업의학」, vol. 1, no. 1.

허경미(1997). "화이트칼라 범죄의 특징 및 그 대책에 관한 연구". 「경찰대논문집」, 17. 경찰대학교.

홍봉선(1997). "비행청소년 자아개념 강화를 위한 집단사회사업 프로그램 개발과 그 적용에 관한 연구". 부산대학교 대학원 박사학위논문.

홍봉선(2007). 『교정복지론』. 공동체.

홍봉선 · 남미애(2007). 『청소년복지론』. 공동체.

환경부(2008). 「2008 환경백서」.

국외문헌

Andersen M. L.(1983). *Thinking About Women: Sociological and Feminist Perspective*. NY: Macmillan Pub.

Bart P. B. & Moran E. G.(ed.)(1993). *Violence Against Women-The Boldly Footprints*. London: Sage.

Beauchamp Tom L. & Childress James F.(2008). *Principles of Biomedical Ethics*. Oxford University Press.

Beck et al. (1979). *Cognitive Therapy of Depression*. New York: Guiford.

Becker H.(1963). *Outsiders: Studies in the Sociology of Deviance*. New York: Free Press.

Bergen Raquel Kennedy et al.(2004). *Violence Against Women: Classic Papers*. Allyn & Bacon.

Bergen Raquel Kennedy(1996). *Wife Rape: Understanding the Response of Survivors and Service Providers*. (SAGE Series on Violence against Women). Sage Publications.

Blum Deborah(1997). *Sex on the Brain: The Biological Diffrences Between Men and Women*. New York: Viking.

Bonvillain Nancy(2007). *Women and Men: Cultural Constructs of Gender*. 4th ed.. Upper Saddle River. NJ: Prentice Hall.

Bourdieu P.(2002). *Questions de Sociologie*. Paris: Les Editions de Minuit.

Coleman J. W. & Cressey D. R.(1999). *Social Problems*. Addison-Wisley Education Publishers Inc.

Curran D. J. & Renzetti C. M.(1993). *Social Problems: Society in Crisis*. 3rd ed.. Boston: Allyn & Bacon.

Dekeseredy W. S. et al.(2003). *Under Siege: Poverty and Crime in a Public Housing Community*. Lanham. MD: Lexington Books.

Dixon & Macarov(ed.) (1998). *Poverty: A Persistent Global Reality*. London: Routledge.

Eitzen S. D., Zinn A. B. and Smith K. E.(2009). *Social Problems*, 11th ed.. Boston: Allyn and Bacon.

Etzioni A.(1976). *Social Problems*. Englewood Cliffs. NJ: Prentice-Hall.

Henslin J. M.(1994). *Social Problems*. Englewood Cliffs. NJ: Prentice Hall.

Henslin J. M.(ed.)(1990). *Social Problems*(2nd). Englewood Cliffs. NJ: Prentice-Hall.

Hollingshead & Redlich(1958). *Social Class and Mental Illness: A Community Study*. New York:

Wiley.

Kornblum W. & Julian J.(1992). Social Problems, 7th ed.. NJ: Prentice Hall.

Kornblum W. & Julian J.(1992). *Social Problems*. Englewood Cliffs. NJ: Prentice Hall.

Langford Duncan(2003). *Internet Ethics*. Palgrave Macmillan.

Laquer Estin Ann(2008). *The Multi-Cultural Family(The Family, Law & Society)*. Ashgate.

Lewis O.(1966). "The Culture of Poverty". *Scientific American*, 2(5).

Liebow E.(1993). *Tell Them Who I am: The Lives od Homeless Women*. New York: Free Press.

Malthus Thomas R.(2008). *An Essay on the Principle of Population(Oxford World's Classics)*. Oxford University Press.

Marx K.(1972). "Relative Surplus Population and Capital Accumulation" in Helen Ginsburg(ed.). *Poverty Economics and Society*. Boston: Little Brown, 1972 quated from A. Etzioni, Social Problems, Englewood Cliffs. NJ: Prentice-Hall, 1976.

McKinney Micheal et al.(2007). *Environmental Science: Systems and Solutions*. Jones & Bartlett Publisher.

Merton R. & Nisbet R.(ed.)(1971). *Contemporary Social Problems*(3rd). New York: Harcourt Brace Jonavich, Inc.

Miller Tyler et al.(2007). *Environmental Science: Problems*. Connections and Solutions. Brooks Cole.

Mooney, Knox & Schacht(2002). *Understanding Social Problems*, 3rd ed.. Boston: Allyn and Bacon.

Moore & Rosenthal(1993). *Sexuality in Adolescence*. Routledge.

Moore James(1985). *Computers and Ethics*. Basil Blackwell.

Mullen et al.(2000). *Stalkers and their victims*. Cambridge Univ. Press.

Munson Ronald(2007). *Intervention and Reflection: Basic Issues in Medical Ethics*. 8th ed.. Wadsworth Publishing.

OECD Health Data(2007).

OECD Health Data(2008).

Pavavic Irene and Reskin Barbara F.(2007). *Women dan Men at Work*, 2nd ed.. Thousand Oaks. CA: Sage.

Pence Gregory(2007). *Medical Ethics: Accounts of the Cases that Shaped and Define Medical Ethics*. McGraw-Hill Humanities.

Rejda G. E.(1999). *Social Insurance and Economic Security*, 6th ed.. NJ: Prentice-Hall.

Rubington E. & Weinberg M. S.(1989). *The Study of Social Problems*. New York: Oxford University Press.

Rubington F. & Weinberg M. S.(eds.)(1981). *The Study of Social Problems: Five Perspectives*. New York: Oxford Univ. Press.

Schneider L., Stephan C. W., Zurcher L., Ekland-Olson, S. R.(1981). *Human Response to Social Problems*. Homewood. Illinois: The Drosey Press.

Shaw John(1974). *The Self in Social Work*. London: Routledge & Kegan Paul.

Simon D.R.(2006). *Elite Deviance*, 8th ed.. Boston: Allyn & Bacon.

Spinello Ricjard(2006). *Cyberethics: Morality And Law in Cyberspace*. Jones & Bartlett Pub, 3rd. (ed.).

Straus M. A.(1978). "Measuring conflict and violence: The conflict tactics scale". *Journal of Marriage and the Family*, 40(1).

Sullivan T. et al.(1980). *Social Problems: Divergent Perspectives*. New York: John Wiley & Sons.

Sullivan T. J. & Thompson K. S.(1994). *Introduction to Social Problems*. New York: Macmilan.

Sullivan Thomas J.(2009). *Introduction to Social Problems*, 8th ed.. Boston: Allyn and Bacon.

Taylor Ronald L.(2001). *Minority Families in the United States: A Multicultural Perspective*, 3rd ed.. Prentice Hall.

The Mental Health Foundation(1999).

U. S. Congress(1987).

U. S. DHHS(1999).

Vold G. B.(1958). *Theoretical Criminology*. Oxford University Press.

Walker Lenore E.(1980). *Battered Woman*. Harper Paperbacks.

WHO(1974).

WHO(2002).

York Reginald O.,(1982). Human Service Planning: Concepts. *Tools and Methods*. Chapel Hill. North Carolina: The University of North Carolina Press.

Young K. S.(1998). *Caught in the net*. New York: John Wiley & Son.

Zastrow C.(2000). *Social Problems: Issues and Solutions*, 5th ed.. Belmont: Wadsworth.

참고 사이트

http://shindonga.donga.com(신동아).

http://www.chosun.com(조선일보).

http://www.dreamstart.kr(한국청소년상담원).

http://www.drugfree.or.kr(한국마약퇴치운동본부).

http://www.hani.co.kr(한겨레신문).

http://www.kgib.co.kr(경기일보).

http://www.khan.co.kr(경향신문).

http://www.lawhome.or.kr(한국가정법률상담소).

http://www.le-pacs.fr.

http://www.me.go.kr(환경부).

http://www.mest.go.kr(교육과학기술부).

http://www.moge.go.kr(여성부).

http://www.moj.go.kr(법무부).

http://www.molab.go.kr(노동부).

http://www.mw.go.kr(보건복지가족부).

http://www.netan.go.kr(사이버테러대응센터).

http://www.nhic.or.kr(국민건강보험공단).

http://www.nps.or.kr(국민연금).

http://www.nso.go.kr(통계청).

http://www.police.go.kr(사이버경찰청).

http://www.unikorea.go.kr(통일부).

http://www.yonhapnews.co.kr(연합뉴스).

찾아보기

인명

저자 소개

김태현(金兌玄)
이화여자대학교 가정대학 가정관리학과 졸업
고려대학교 대학원 가정학과 졸업(석사)
고려대학교 대학원 가정학과 졸업(박사)
성신여자대학교 생활과학대학 복지학과 교수 역임
현재 한국여성정책연구원 원장

이문숙(李文淑)
성신여자대학교 사범대학 사회교육학과 졸업
이화여자대학교 대학원 정치외교학과 졸업(정치학 석사)
프랑스 Université des Sciences Sociales de Toulouse I 졸업(정치학 박사)
현재 서울사이버대학교 인간복지학부 사회복지학과 교수

사회문제론

2009년 5월 15일 초판 인쇄
2009년 5월 20일 초판 발행

지은이 김태현 · 이문숙
펴낸이 류제동
펴낸곳 (주)교문사

책임편집 강선혜
본문디자인 이연순
표지디자인 황옥성
제작 김선형
영업 김재광 · 정용섭 · 송기윤

출력 교보 피앤비
인쇄 동화인쇄
제본 과성제책

우편번호 413-756
주소 경기도 파주시 교하읍 문발리 출판문화정보산업단지 536-2
전화 031-955-6111(代)
FAX 031-955-0955
등록 1960. 10. 28. 제406-2006-000035호

홈페이지 www.kyomunsa.co.kr
E-mail webmaster@kyomunsa.co.kr
ISBN 978-89-363-0984-8 (93330)

값 22,000원
*잘못된 책은 바꿔 드립니다.